화엄경소론찬요
華嚴經疏論纂要

25

화엄경소론찬요 ㉕
華嚴經疏論纂要

◉ 일러두기 ◉

1. 이 책의 원서는 명말청초 때의 승려인 도패 스님※이 약술 편저한 《화엄경소론찬요》이다. 《대방광불화엄경》 80권본을 기초로 하여, 경문에 청량 스님의 소초(疎鈔)와 이통현 장자의 논(論)을 붙여 상세하게 풀이하였다.

2. 경(經), 소(疎), 논(論)은 원문에 토를 붙여서 그 뜻을 이해하기 편하도록 했으며, 원문 바로 아래 번역문을 넣었다.

3. 원문을 살려 그대로 옮겨 놓음을 원칙으로 하다 보니 본문의 제목 번호에 있어서 다소 혼동이 올 수 있다. 그럴 경우 목차를 참고하기 바란다.

4. 산스크리트어 표기는 〈표준국어대사전〉과 〈불광 사전〉 등에 등재된 음역어를 사용하였으며, 불교 용어에 대한 설명은 주로 〈불광 사전〉을 참고하였다.

5. 내용을 좀 더 쉽게 풀기 위하여 중간에 체계가 약간 바뀌었음을 밝힌다.

※ 위림도패(爲霖道霈, 1615~1702) 스님은 명말청초 때의 조동종 승려이다. 14세 때 백운사(白雲寺)에서 출가하여 경교(經敎)를 공부했다. 영각원현을 모시며 법을 이었고, 천동산(天童山) 밀운원오(密雲圓悟)에게 배워 크게 깨달았다. 그 후 백장산(百丈山)에 암자를 짓고 5년 동안 정업(淨業)을 닦았다. 나중에 고산(鼓山)으로 옮겨 20여 년 동안 살았는데 귀의하는 사람이 매우 많았다.
저술로는 《인왕반야경합소(仁王般若經合疏)》 3권을 비롯하여 《화엄경소론찬요(華嚴經疏論纂要)》 120권, 《법화경문구찬요(法華經文句纂要)》 7권, 《불조삼경지남(佛祖三經指南)》 3권, 《위림도패선사병불어록(爲霖道霈禪師秉拂語錄)》 2권, 《여박암고(旅泊庵稿)》 4권, 《선해십진(禪海十珍)》 1권, 《사십이장경지남(四十二章經指南)》, 《불유교경지남(佛遺敎經指南)》, 《고산록(鼓山錄)》 6권, 《반야심경청익설(般若心經請益說)》, 《팔십팔불참(八十八佛懺)》, 《준제참(準提懺)》, 《발원문주(發願文註)》 등이 있다.

● 간행사 ●

《화엄경소론찬요》번역서를 간행하면서

 《화엄경》은 비로자나 세존께서 보리도량에서 처음 정각을 성취하신 후, 일곱 도량 아홉 차례의 법문에서 일진(一眞)의 법계(法界)와 제불의 과원(果願)을 보여주시어 미묘한 현지(玄旨)와 그지없는 종취(宗趣)를 밝혀주신 최상의 경전이다. 이처럼《화엄경》은 법계와 우주가 둘이 아닌 하나로 그 광대함을 말하면 포괄하지 않음이 없고, 그 심오함을 말하면 갖춰져 있지 않음이 없어 공간으로는 법계에 다하고 시간으로는 삼세에 통하고 있다.

 이러한 이유에서《화엄경》은 근본 법륜으로 중국은 물론 동양 각국에서 높이 받들며 수많은 주석서가 간행되어 왔다. 그러나 세상에 널리 알려진 것은 청량 국사의《대방광불화엄경소초(大方廣佛華嚴經疏鈔)》와 통현 장자의《대방광불화엄경론(大方廣佛華嚴經論)》이다. 소초(疏鈔)는 철저한 장구(章句)의 분석으로 본말을 지극히 밝혀주었고, 논(論)은 부처님의 논지를 널리 논변하여 자심(自心)으로 회귀하고 있는 것이 특징이다. 이처럼 청량소초와 통현론은 양대 명저(名著)로 모두 수증(修證)하는 데에 지극한 궤범(軌範)이었다.

 탄허 대종사께서는 이러한 점을 토대로 통현론을 주(主)로 하고 청량소초를 보(補)로 하여 번역하심으로써《화엄경》이 동양에 전해진 이후 동양 최초의《화엄경》번역이라는 쾌거를 이룩하셨다. 일찍이 한국불교에 침체된 화엄사상은 대종사의 번역에 힘입어 다시 온 누리에 화엄의 꽃비가 내려 화엄의 향기로 불국정토를 성취하여 더할 수 없는, 지극한 법륜을 설하셨다.

그러나 대종사께서 열반하신 이후, 불법은 날로 쇠퇴하고 중생의 근기는 날로 용렬하여 방대한 소초와 논을 열람하기에는 역부족이었다. 이에 대종사의《화엄경》을 다시 한 번 밝히기 위해서는 또 다른 모색을 필요로 할 시점에 이르렀다. 보다 쉽게 볼 수 있고 간명한 데에서 심오한 데로, 물줄기에서 본원을 찾아갈 수 있는 진량(津梁)을 찾지 않는다면 대종사의 평생 정력을 저버리게 된다는 절박한 마음이 없지 않았다.

청대(淸代) 도패(道霈) 대사는 청량의 소초와 통현의 논 가운데 그 정요(精要)만을 뽑아《화엄경소론찬요(華嚴經疏論纂要)》를 편집하였다. 이는 매우 방대한 소초와 논을 축약하여, 가까이는 청량 국사와 통현 장자의 심법을 전수하였고 멀리는 비로자나불의 묘체(妙諦)를 밝혀주는 오늘날 최고의《화엄경》주석서이다.

이에《화엄경소론찬요》를 대본으로 하여, 다시 대종사의 번역서를 참고하면서 현대인이 보다 쉽게 이해할 수 있는 번역서를 간행하기에 이르렀다.

이제 돌이켜 생각하면 무상한 세월 속에 감회가 적지 않다. 내 지난날 출가 입산하여 겨우 이레가 되던 날, 처음 접한 경전이《화엄경》이었다. 행자 생활을 시작한 영은사는 대종사께서 오대산 수도원이 해산된 후, 이의 연장선상에서 3년 결사(結社)를 선포하시고《화엄경》번역이라는 대작불사를 시작하여 강의하셨던, 한국불교사에 한 획을 그려준 역사의 도량이었다.

그 당시 대종사께서는 행자인 나에게《화엄경》을 청강하라 하시면서 "설령 알아듣지 못할지라도 들어두면 글눈이 생겨 안 들은 것보다 낫다."고 권면하셨다. 이제 생각해보면 행자 출가 즉시《화엄경》공부 자리에 참여했다는 것은 전생의 숙연(宿緣)이 아니었으면 어떻게 그 당시 그 법회에 참석이나 할 수 있었겠는가. 이는 행운 중 행운으로 다겁의 선근공덕이 아닐까 생각되며, 아울러 늦게나마 대종사의 영전에 하나의 향을 올리는 바이다.

처음《화엄경》설법을 듣는 순간, 끝없는 우주법계의 장엄세계가 황홀하고 법계를 맑혀주고 무진 보배를 담고 있는 바다의 불가사의한 공덕이라는 대종사의 사자후가 머릿속에 쟁쟁하게 울려왔을 뿐, 그 도리를 이해한다는 것은 나의 근기로써는 도저히 불가능한 일이었다. "쭉정이만도 못하다."고 꾸지람을 하시던 대종사의 방할(棒喝)을 맞으며 영은사에서의 결사가 끝난 후, 나는 단 한 번도《화엄경》을 펼쳐 볼 엄두를 내지 못했다.

그러던 몇 해 전, 무비 스님께서 범어사에서《화엄경》을 강좌하시면서 서울에서도《화엄경》강좌를 열어보라고 권할 적만 하더라도 언감생심《화엄경》을 강의하겠다는 생각을 하지 못하였다. 그러나 씨앗을 뿌려놓으면 새싹이 돋아나듯, 반드시 인연법은 사라지지 않는 모양이다. 영은사에서의《화엄경》인연이 자곡동 탄허기념박물관에 화엄각건립불사를 발원하게 되었고, 화엄각건립불사를 위하여《화엄경》강좌를 열기에 이를 줄은 꿈에도 생각지 못하였다.

　미력한 소견으로 강좌를 열면서 정리된 강의 자료를 여러 뜻있는 이들과 다시 한 번 토론하고 강마하면서 우선 〈세주묘엄품〉 출간을 시작으로 계속 연차적으로 간행하고 있다.

　이 책이 간행되어 그동안 추진되어온 화엄각 창건 불사 또한 원만히 성취되길 기원한다. 이 귀한 인연공덕으로 다시 한 번 화엄사상이 꽃피어 온 누리에 탄허 대종사의 공덕이 빛나고, 아울러 화엄정토가 구현되어 남북의 통일과 세계의 평화가 이루어지길 진심으로 축원하는 바이다.

五臺山 後學 慧炬 合掌 再拜

• 추천사 •

인류사에서 가장 위대한 화엄경의 가르침

평소에 늘 두려워하며 존경하는 도반 혜거 스님이 《화엄경소론찬요》를 번역하고 출판하여 이 분야의 사람들을 온통 놀라게 하였습니다. 본디 화엄경에 이 몸을 바친 사람으로서, 어찌 가슴 떨리는 일이 아니겠습니까. 《화엄경소론찬요》 번역을 세상에 알리고 추천하는 글을 이 우둔한 글솜씨로라도 백 번이라도 쓰고 싶습니다.

    화엄경이란 무엇입니까? 만약 화엄경을 알지 못하면 불법의 이치를 알지 못합니다. 또 화엄경을 알지 못하면 사람이 본래로 청정법신비로자나 부처님이라는 사실을 알지 못합니다. 이 세상이 그대로 화장장엄세계라는 사실도 알지 못합니다. 세간과 출세간의 진리를 전혀 알지 못합니다. 아름다운 세상과 환희로운 인생을 결코 알 길이 없습니다. 그러니 화엄경을 읽지 않고 어찌 불교를 입에 담으며 어찌 부처님을 입에 담겠습니까. 그래서 청량(淸涼) 스님은 화엄경을 두고 "이 몸을 바쳐서 그 죽을 곳을 얻었다[亡軀得其死所]."라고 하였습니다. 이 얼마나 가슴 저미는 말씀입니까. 그러므로 "화엄경이 있고서야 비로소 불교가 있다."라고 하겠습니다.

화엄경이 흥하면 불교가 흥하고, 화엄경이 흥하면 국가가 흥하였습니다. 원효(元曉) 스님과 의상(義湘) 스님이 화엄경을 흥성(興盛)시키던 신라가 그러했으며, 청량 스님과 통현(通玄) 장자가 화엄경을 흥성시키던 당(唐)나라가 그러하였습니다.

거기에 더하여 찬요(纂要)란 무엇입니까? 그것은 청량 스님의 화엄경에 대한 소(疏)와 통현 장자의 논(論)을 잎과 가지는 남겨두고 뿌리와 큰 줄기에 해당하는 요점만을 추려서 모아온 것입니다. 마치 흙과 잡석들을 걷어내고 진금들만을 모아왔으니 이 어찌 빛나지 않겠습니까. 그래서 화엄경을 그토록 빛나게 한 것은 알고 보면 소론찬요(疏論纂要)였던 것입니다.

옛말에 "산고수장(山高水長)이요, 근고지영(根固枝榮)"이라 하였습니다. 근세 한국의 불교를 중흥시킨 경허(鏡虛) 스님은 수월(水月)·혜월(慧月)·만공(滿空)·한암(寒巖) 등 기라성 같은 제자들을 길러내었는데, 한암 스님 밑으로 선교(禪敎)를 겸비하신 희대의 대석학이요 대선사이신 탄허(呑虛) 큰스님이 계셨습니다.

한암 스님 밑에서 오래 사셨던 범용(梵龍) 스님은 평소에 상원사에서 한암 스님이 화엄경을 강의하시던 일을 들려주셨습니다. 당시 교재는 통현 장자의《화엄경합론(華嚴經合論)》이었으며 중강(仲講)은 언제나 탄허 스님이셨으므로, 대중들이 모두 동원되는 큰 운력까지도 면해주셨다고 하였습니다. 그날의 그 화엄법수(華嚴法水)가 흘러흘러 영은사의 혜거 행자에게까지 전해지더니 수십 년이 지난 오늘에는 드디어 이와 같은《화엄경소론찬요》출판 불사의 큰 바다를 이루게 되었습니다. 이 얼마나 기쁘지 아니합니까. 큰스님께서도 또한 크게 환희용약하시리라 믿습니다.

필자도 또한 작은 인연이 있어서 역경연수원 수학과 큰스님께서 《화엄경합론》을 번역하신 후 교열하고 출판하고 기념 강의를 하시던 일까지 함께하였으니, 가슴이 뜨거운 홍복(洪福)이라는 사실을 알고 있습니다. 그것에 더하여 처음 통도사 강주로 가기 전에 법맥을 전해주시어 큰스님의 뜻을 잇게 하였으니 더없는 영광이지만, 그 보답을 다하지 못하여 아직도 큰 짐을 내려놓지 못하고 있습니다.

앞으로 남은 시간이라도 혜거 화엄도반과 함께 인류사에서 가장 위대한 화엄경의 가르침을 깊이깊이 공부하여 더욱 널리, 더욱 왕성하게 펼쳐서 크나큰 은혜에 보답하려 합니다.

나아가서 이 아름다운 출판 불사에 뜻을 함께한 모든 분께도 큰 감사의 인사를 올리며 이 책이 만천하에 널리 유포되기를 마음 다해 추천하는 바입니다. 이 인연으로 부디 화엄의 큰 물결이 온 세상에 흘러넘쳐서 집집마다 평화와 행복이 가득하기를 기도드립니다.

나무 대방광불화엄경
나무 대방광불화엄경
나무 대방광불화엄경

신라 화엄종찰 금정산 범어사 如天 無比 삼가 씀

● 목 차 ●

간행사 《화엄경소론찬요》 번역서를 간행하면서 5
추천사 인류사에서 가장 위대한 화엄경의 가르침 9

화엄경소론찬요 제110권 ● 입법계품 제39-13

제7. 개부일체수화주야신開敷一切樹華主夜神,
　　원행지遠行地 선지식 019
　　　1. 가르침을 따라 선지식을 찾아가 법을 구하다 019
　　　2. 친견하여 절을 올리고 법을 묻다 019
　　　3. 자기의 법계를 전수하다 020
　　　　1) 법의 행을 밝히다 021
　　　　2) 법의 이름을 세우다 024
　　　　3) 법의 일과 작용을 밝히다 025
　　　　4) 법문의 근원이 심오함을 논변하다 040

제8. 대원정진력주야신大願精進力主夜神,
　　부동지不動地 선지식 113
　　　1. 가르침을 따라 선지식을 찾아가 법을 구하다 113
　　　2. 친견하여 절을 올리고 법을 묻다 114

1) 뛰어난 작용을 살펴보다 115
  2) 절을 올리고 증득하여 들어가다 118
  3) 법의 요체를 묻다 138
  3. 자기의 법계를 전수하다 139
  1) 해탈 명제의 물음에 답하다 140
  2) 발심한 지 얼마나 되었는가에 대해 답하다 158
  4. 몸을 낮추면서 선지식의 훌륭함을 추켜올리다 207
  5. 뒤의 선지식을 소개하다 208

화엄경소론찬요 제111권 ◉ 입법계품 제39-14

제9. 룸비니림신嵐毘尼林神, 선혜지善慧地 선지식 217
  1. 가르침을 따라 선지식을 찾아가 법을 구하다 218
  2. 친견하여 절을 올리고 법을 묻다 218
  3. 자기의 법계를 전수하다 219
  1) 법문의 의의를 밝히다 219
  2) 법문의 명칭을 세우다 250
  3) 법문으로 하는 일과 작용을 밝히다 251
  4) 법문의 근원이 심오함을 밝히다 268

4. 몸을 낮추면서 선지식의 훌륭함을 추켜올리다 280

5. 뒤의 선지식을 소개하다 282

제10. 석녀 구파釋女瞿波, 법운지法雲地 선지식 291

1. 가르침을 따라 선지식을 찾아가 법을 구하다 291

2. 친견하여 절을 올리고 법을 묻다 305

3. 자기의 법계를 보여주다 311

1) 법문의 의의를 밝히다 312

2) 법문의 명칭을 세우다 321

3) 법문의 업용을 밝히다 322

4) 법문의 근원이 심오함을 밝히다 336

4. 몸을 낮추면서 선지식의 훌륭함을 추켜올리다 408

5. 뒤의 선지식을 소개하다 410

화엄경소론찬요 제112권 ● 입법계품 제39-15

Ⅱ. 반연을 회통하여 실상으로 들어가는 모양 434

[1] 마야부인摩耶夫人의 총상 부분 436

1. 가르침을 따라 선지식을 찾아가 법을 구하다 437

1) 장차 찾아가 관찰하면서 성취하다 437

2) 좋은 인연으로 인도하다 441

    2. 친견하여 절을 올리고 법을 묻다 463
    3. 자기의 법계를 전수하다 486

[2] 별상 부분 521

제1. 천주광 공주天主光公主, 환지염력幻智念力 선지식 521

제2. 변우동자사偏友童子師, 환지사범幻智師範 선지식 533

제3. 선지중예동자善知衆藝童子, 환지자모幻智字母 선지식 537
    1. 가르침을 따라 선지식을 찾아가 법을 구하다 538
    2. 친견하여 절을 올리고 법을 묻다 538
    3. 자기의 법계를 전수하다 539
    4. 몸을 낮추면서 선지식의 훌륭함을 추켜올리다 606
    5. 뒤의 선지식을 소개하다 609

제4. 현승우바이賢勝優婆夷, 환지무의幻智無依 선지식 612

제5. 견고장자堅固長者, 환지무착幻智無著 선지식 619

제6. 묘월장자妙月長者, 환지지광幻智智光 선지식 623

제7. 무승군장자無勝軍長者, 환지무진상幻智無盡相 선지식 627

제8. 최적정바라문最寂靜婆羅門, 환지성원어幻智誠願語 선지식 630

화엄경소론찬요 제110권
華嚴經疏論纂要 卷第一百之十

◉

입법계품 제39-13
入法界品 第三十九之十三

第七 開敷一切樹華夜神 寄遠行地【鈔_ 寄遠行地者는 謂至無相住功用後邊이니 出過世間二乘道故니라】

제7. 개부일체수화주야신, 원행지 선지식【초_ 원행지에 붙여 말한 것은 無相住의 작용 뒤에 이르렀음을 말한다. 세간 이승의 도에서 벗어났기 때문이다.】

初는 趣求오 二는 敬問이라

1. 가르침을 따라 선지식을 찾아가 법을 구하고,
2. 친견하여 절을 올리고 법을 물었다.

經

爾時에 善財童子 入菩薩甚深自在妙音解脫門하야 修行增進하고 往詣開敷一切樹華夜神所하야 見其身이 在衆寶香樹樓閣之內妙寶所成師子座上하사 百萬夜神의 所共圍遶하고 時에 善財童子 頂禮其足하며 於前合掌하야 而作是言호되

聖者여 我已先發阿耨多羅三藐三菩提心호니 而未知菩薩이 云何學菩薩行이며 云何得一切智리잇고 唯願垂慈하사 爲我宣說하소서

그때, 선재동자가 보살의 매우 깊고 자재한 미묘 음성의 해탈문에 들어가 수행이 증진되었고, '일체 나무의 꽃을 피워주는, 밤을 주관하는 신'을 찾아가, 그 신의 몸이 보배 향나무로 지은 누각 안

에서 미묘한 보배로 만든 사자법좌에 앉아 있는데, 밤을 주관하는 백만의 신이 함께 모시고 있는 것을 보았다.

그때, 선재동자는 그의 발에 예배하고 앞에 서서 합장하고 말하였다.

"거룩하신 이여, 저는 이미 아뇩다라삼먁삼보리심을 내었습니다.

하지만 보살이 어떻게 보살의 행을 배우며, 어떻게 일체 지혜를 얻는지 모르겠습니다.

바라건대 자비하신 마음으로 저를 위하여 말해주십시오."

● 疏 ●

初二는 可知니라

1. 선지식에게 법을 구함과, 2. 친견하여 절을 올린 부분은 말하지 않아도 알 수 있다.

第三 授己法界

於中에 四니

一은 顯法行이오 二는 立法名이오 三은 明業用이오 四는 辨根深이라

今은 初라

3. 자기의 법계를 전수하다

이 부분은 4단락이다.

1) 법의 행을 밝혔고,

2) 법의 이름을 세웠으며,

3) 법의 일과 작용을 밝혔고,

4) 법문의 근원이 심오함을 논변하였다.

이는 '1) 법의 행을 밝힌' 부분이다.

經

夜神이 言하사대 善男子야 我於此娑婆世界에 日光已沒하고 蓮華覆合하야 諸人衆等이 罷遊觀時에 見其一切若山若水와 若城若野인 如是等處의 種種衆生이 咸悉發心하야 欲還所住하고 我皆密護하야 令得正道하며 達其處所하야 宿夜安樂케호라

善男子야 若有衆生이 盛年好色하야 憍慢放逸하야 五欲自恣하면 我爲示現老病死相하야 令生恐怖하야 捨離諸惡하고 復爲稱歎種種善根하야 使其修習하며

爲慳悋者하야 讚歎布施하며

爲破戒者하야 稱揚淨戒하며

有瞋恚者면 敎住大慈하며

懷惱害者면 令行忍辱하며

若懈怠者면 令起精進하며

若散亂者면 令修禪定하며

住惡慧者면 令學般若하며

樂小乘者면 **令住大乘**하며

樂着三界諸趣中者면 **令住菩薩願波羅蜜**하며

若有衆生이 **福智微劣**하야 **爲諸結業之所逼迫**하야 **多留礙者**면 **令住菩薩力波羅蜜**하며

若有衆生이 **其心暗昧**하야 **無有智慧**면 **令住菩薩智波羅蜜**케호니

　밤을 주관하는 신이 말하였다.

　"선남자여, 나는 이 사바세계에 해가 저물고 연꽃이 오므리어 사람들이 놀이를 마칠 적이면, 산이나 물, 성이나 들녘 이런 곳곳의 가지가지 중생들이 모두 마음을 내어 그들이 머문 곳으로 돌아가려는 것을 보면서, 나는 그 모든 이를 가만히 보호하여 바른길을 찾아 그들의 처소에 이르러 편안한 밤을 지내도록 하였다.

　선남자여, 어떤 중생이 한참 젊은 나이에 색욕을 좋아하여 교만하고 방탕한 생활로 5가지 욕락[財·色·名·食·睡]을 마음껏 누리려 하면, 나는 그를 위해 늙고 병들어 죽는 일들을 보여주어, 두려운 생각으로 모든 악업을 버리게 하고, 다시 가지가지 선근을 칭찬하여 닦아 익히도록 하였으며,

　인색한 이를 위해서는 보시를 찬탄하고,

　파계한 이를 위해서는 청정한 계율을 칭찬하며,

　성을 잘 내는 이를 위해서는 인자한 데 머물도록 가르치고,

　해코지하려는 마음을 가진 이를 위해서는 인욕을 행하도록 하며,

게으른 이를 위해서는 정진을 일으키도록 하고,

산란한 이를 위해서는 선정을 닦도록 하며,

나쁜 꾀를 가진 이를 위해서는 반야를 배우도록 하고,

소승을 좋아하는 이를 위해서는 대승에 머물도록 하며,

삼계의 여러 길을 좋아하는 이를 위해서는 보살의 서원바라밀에 머물도록 하고,

복덕과 지혜가 미약하여 번뇌와 업의 핍박으로 걸림이 많은 중생을 위해서는 보살의 역바라밀에 머물도록 하며,

그 마음이 혼미하여 지혜가 없는 중생을 위해서는 보살의 지혜바라밀에 머물도록 하였다.

● 疏 ●

亦是法門所作業用이니 對先問行일새 故總示其行하고 未擧法門之名이라

於中二니

先은 明安樂衆生行이오

後善男子若有下는 利益衆生行이니 令物斷惡修善故니라

於中에 先은 總이오 後'爲慳吝下는 別顯十度로 治十蔽障이라

이 또한 법문으로 짓는 일과 작용이다.

앞의 '行을 물음'을 상대로 말한 까닭에 행만을 총괄하여 보여주었고, 법문의 명칭은 전혀 언급하지 않았다.

이 부분은 2단락이다.

앞은 중생에게 안락을 주는 행을 밝혔고,

뒤의 '善男子若有' 이하는 중생에게 이익을 주는 행을 밝혔다. 중생으로 하여금 악업을 끊고 선업을 닦도록 하기 때문이다.

'뒤의 중생 이익' 가운데 앞은 총상이고,

뒤의 '爲慳吝' 이하는 십바라밀로 10가지 가린 장애를 다스림에 대해 개별로 밝혔다.

第二 立法名

2) 법의 이름을 세우다

經

善男子야 **我已成就菩薩出生廣大喜光明解脫門**호라

선남자여, 나는 이미 보살의 큰 기쁨을 내는 광명의 해탈문을 성취하였다."

◉ **疏** ◉

此有二意하니 一은 望前에 稱己益物 悲智之心일세 故生大喜오 二者는 望後에 照佛攝生廣大悲智일세 故生大喜니라

여기에는 2가지 뜻이 있다.

(1) 앞부분과 대조하여 보면, 중생에게 이익을 베푼 자기의 자비와 지혜 마음에 알맞기에 큰 기쁨을 냄이며,

(2) 뒷부분과 대조하여 보면, 중생을 받아들이는 부처의 광대한 자비와 지혜를 비춰주기에 큰 기쁨을 내었다.

―

第三 明業用

3) 법의 일과 작용을 밝히다

經

善財 言호되 大聖이시여 此解脫門이 境界云何니잇고
夜神이 言하사대 善男子야 入此解脫에 能知如來普攝衆
生巧方便智니 云何普攝고
善男子야 一切衆生의 所受諸樂이
皆是如來威德力故며
順如來敎故며
行如來語故며
學如來行故며
得如來所護力故며
修如來所印道故며
種如來所行善故며
依如來所說法故며
如來智慧日光之所照故며
如來性淨業力之所攝故니라

선재동자가 말하였다.

"거룩하신 성자여, 이 해탈문의 경계가 어떻습니까?"

밤을 주관하는 신이 말하였다.

"선남자여, 이 해탈에 들어가면 여래께서 중생을 두루 받아들이는 뛰어난 방편 지혜를 알 수 있다.

무엇을 중생을 두루 받아들임이라 말하는가?

선남자여, 일체중생이 누리는 여러 가지 즐거움이란

모두 여래의 위덕의 힘이기 때문이며,

여래의 가르침을 순종한 때문이며,

여래의 말씀을 실행한 때문이며,

여래의 힘을 배운 때문이며,

여래께서 가호하신 힘을 얻은 때문이며,

여래께서 인가한 바의 도를 닦은 때문이며,

여래께서 행하셨던 선근을 심은 때문이며,

여래께서 말씀하신 법을 의지한 때문이며,

여래 지혜의 태양으로 비춰준 때문이며,

여래 성품의 청정한 업의 힘으로 거두어 주신 때문이다.

● *疏* ●

於中에 先問 後答이라

問中에 以是業用分齊일세 故云境界니라

答中三이니

初는 總標니 謂知佛攝生之智爲業用分齊오
二云何普攝下는 畧顯普攝之相이니 謂一切佛樂이 皆由佛得일새 故知佛攝이라

이 부분의 앞은 물음이고, 뒤는 대답이다.

물음 부분에서 해탈의 일과 작용의 한계를 말한 까닭에 이를 '경계'라고 말하였다.

대답 부분은 3단락이다.

(1) 총괄의 표장이다. 중생을 받아들이는 부처의 지혜를 아는 것으로 해탈의 일과 작용의 한계를 삼는다.

(2) '云何普攝' 이하는 널리 중생을 받아들이는 모습을 간단하게 밝혔다. 일체 불법의 즐거움은 모두 부처에 의하여 얻어지기에 부처님이 널리 중생을 받아들였음을 아는 것이다.

經

云何知然고
善男子야 我入此出生廣大喜光明解脫에 憶念毘盧遮那如來應正等覺의 往昔所修菩薩行海하야 悉皆明見하니라

어떻게 그런 줄을 아는가.

선남자여, 내가 큰 기쁨을 내는 광명의 해탈에 들어가, 비로자나 여래, 응공, 정등각이 과거에 닦았던 보살의 수행 바다를 기억하여 분명하게 보았기 때문이다.

● 疏 ●

三은 廣顯巧方便智니 先徵은 可知니라

後釋意에 云我見如來從因至果히 大悲巧攝일세 故知樂由佛生이라 於中二니 先은 總明이라

(3) 뛰어난 방편 지혜를 자세히 밝혔다.

앞의 물음은 말하지 않아도 알 수 있다.

뒤의 해석에서 "내가 여래의 因地로부터 佛果에 이르기까지 大悲로 뛰어나게 중생을 받아들이기에, 즐거움이 부처에 의해 생겨남을 알 수 있다."고 말하였다.

이는 2단락이다.

앞은 총체로 밝혔다.

經

善男子야 世尊이 往昔爲菩薩時에 見一切衆生이 着我我所하야 住無明暗室하며 入諸見稠林하야 爲貪愛所縛과 忿怒所壞와 愚癡所亂과 慳嫉所纏하야 生死輪廻하며 貧窮困苦하야 不得値遇諸佛菩薩하고 見如是已에 起大悲心하야 利益衆生하시니

所謂起願得一切妙寶資具하야 攝衆生心과
願一切衆生이 皆悉具足資生之物하야 無所乏心과
於一切衆事에 離執着心과
於一切境界에 無貪染心과

於一切所有에 無慳吝心과

於一切果報에 無希望心과

於一切榮好에 無羨慕心과

於一切因緣에 無迷惑心하며

起觀察眞實法性心하며

起救護一切衆生心하며

起深入一切法淵渡心하며

起於一切衆生에 住平等大慈心하며

起於一切衆生에 行方便大悲心하며

起爲大法蓋하야 普覆衆生心하며

起以大智金剛杵로 破一切衆生煩惱障山心하며

起令一切衆生으로 增長喜樂心하며

起願一切衆生이 究竟安樂心하며

起隨衆生所欲하야 雨一切財寶心하며

起以平等方便으로 成熟一切衆生心하며

起令一切衆生으로 滿足聖財心하며

起願一切衆生의 究竟皆得十力智果心이니라

　선남자여, 세존께서 옛적에 보살로 계실 적에 일체중생이 '나'라는 생각과 '나의 것'이라는 생각에 집착하여 무명의 암실에 머물며, 여러 소견의 숲속에 들어가 탐애에 얽매이고, 성냄에 무너지고, 어리석음에 어지러워지고, 인색함과 질투에 얽힌 바로서, 나고 죽는 데 윤회하며, 가난의 어려움으로 부처님이나 보살을 만나지 못하는 것을 보았다.

그런 모습을 보시고 가엾이 여기는 마음을 일으켜 중생에게 이익을 주었다.

이른바 일체 보배로 된 도구를 얻어 중생을 거두어 주려는 마음,

일체중생이 생활에 필요한 물품을 넉넉히 모자람이 없게 하려는 마음,

일체 많은 일에 집착을 여의게 하려는 마음,

일체 경계에 물들고 탐내지 않으려는 마음,

일체 소유를 아끼지 않으려는 마음,

일체 과보를 바라지 않으려는 마음,

일체 영화를 부러워하지 않으려는 마음,

일체 인연에 미혹하지 않으려는 마음을 내었고,

진실한 법성을 관찰하려는 마음을 일으키고,

일체중생을 구호하려는 마음을 일으키고,

일체 법의 소용돌이에 깊이 들어가려는 마음을 일으키고,

일체중생에 대하여 평등한 데 머물려는 인자한 마음을 일으키고,

일체중생에게 방편을 행하려는 가엾이 여기는 마음을 일으키고,

큰 법의 일산이 되어 중생을 두루 덮어주려는 마음을 일으키고,

큰 지혜의 금강저로써 일체중생의 번뇌의 산을 무너뜨리려는 마음을 일으키고,

일체중생의 기쁨을 더욱 키워주려는 마음을 일으키고,

일체중생을 끝까지 안락케 하려는 마음을 일으키고,

　　중생의 원하는 바를 따라 일체 보배를 내려주려는 마음을 일으키고,

　　평등한 방편으로 일체중생을 성숙시키려는 마음을 일으키고,

　　일체중생으로 하여금 성스러운 재물을 만족케 하려는 마음을 일으키고,

　　일체중생이 끝내 모두 열 가지 지혜의 결과를 얻게 하려는 마음을 일으켰다.

◉ 疏 ◉

後는 別顯이라
於中에 亦二니
先은 發善巧普攝之心이오 後는 起善巧普攝之行이라
前中 亦二니
先은 見發心之境이 沉苦集故오 後 見如是下는 正發救心하야 令得滅道니라
於中에 先은 竝起慈悲心이오 後起觀察下는 雙運悲智니라

　　뒤는 개별로 밝혔다.

　　이 부분은 또한 2단락이다.

　　앞은 뛰어난 방편으로 널리 중생을 받아들이려는 마음을 일으킴이며,

　　뒤는 뛰어난 방편으로 널리 중생을 받아들이려는 행실을 일으

킴이다.

앞의 '방편의 마음' 또한 2단락이다.

㈀ 발심의 경계가 '苦·集'에 빠진 중생을 보았기 때문이며,

㈁ '見如是' 이하는 바로 중생 구제의 마음을 일으켜 중생으로 하여금 '滅·道'를 얻도록 하였다.

'중생 구제'의 앞부분은 자비심을 모두 일으킴이며, 뒤의 '起觀察' 이하는 자비와 지혜를 모두 운용하였다.

經

起如是心已에 得菩薩力하사 現大神變하야 徧法界虛空界하사 於一切衆生前에 普雨一切資生之物하사 隨其所欲하야 悉滿其意하야 皆令歡喜하사 不悔不悋하며 無間無斷하시니

以是方便으로 普攝衆生하야 敎化成熟하사 皆令得出生死苦難하고 不求其報하며 淨治一切衆生心寶하야 令其生起一切諸佛同一善根하야 增一切智福德大海니라

菩薩이 如是念念成熟一切衆生하며

念念嚴淨一切佛刹하며

念念普入一切法界하며

念念皆悉徧虛空界하며

念念普入一切三世하며

念念成就調伏一切諸衆生智하며

念念恒轉一切法輪하며
念念恒以一切智道로 利益衆生하며
念念普於一切世界種種差別諸衆生前에 盡未來劫토록 現一切佛成等正覺하며
念念普於一切世界一切諸劫에 修菩薩行호되 不生二想하시니
所謂普入一切廣大世界海와 一切世界種中에 種種際畔諸世界와 種種莊嚴諸世界와 種種體性諸世界와 種種形狀諸世界와 種種分布諸世界와 或有世界穢而兼淨과 或有世界淨而兼穢와 或有世界一向雜穢와 或有世界一向淸淨과 或小或大와 或麤或細와 或正或側과 或覆或仰한 如是一切諸世界中하사 念念修行諸菩薩行하사 入菩薩位하고 現菩薩力하며 亦現三世一切佛身하사 隨衆生心하야 普使知見케하시니라

　이런 마음을 일으켜 보살의 힘을 얻어 큰 신통변화를 법계와 허공계에 두루 나타내어, 일체중생의 앞에 생활에 필요한 모든 물건을 내려주되, 그들이 원하는 대로 그들의 마음을 만족하게 하여, 모두 기쁨으로 후회하지도 인색하지도 않으며 끊임이 없고 사이가 없도록 하였다.

　이러한 방편으로 중생들을 널리 거두어 교화하고 성숙시켜 생사의 고통에서 벗어나게 하면서도 그 보답을 바라지 않으며, 일체 중생의 마음 보배를 청정하게 다스려서 그들로 하여금 일체 부처

님과 똑같은 선근을 일으켜 일체 지혜와 복덕 바다를 더욱 키워주었다.

보살이 이처럼 모든 생각마다 일체중생을 성숙시키려 하였으며,

모든 생각마다 일체 부처님 세계를 청정히 장엄하려 하였으며,

모든 생각마다 일체 법계에 두루 들어가려 하였으며,

모든 생각마다 허공계에 두루 가득하려 하였으며,

모든 생각마다 일체 삼세에 두루 들어가려 하였으며,

모든 생각마다 일체중생의 지혜를 성취하고 조복하려 하였으며,

모든 생각마다 일체 법륜을 항상 굴리려 하였으며,

모든 생각마다 일체 지혜의 도로써 중생에게 이익을 주려 하였으며,

모든 생각마다 일체 세계의 가지가지 다른 중생의 앞에서 미래 세월이 다하도록 일체 부처님의 등정각의 성취를 나타내려 하였으며,

모든 생각마다 널리 일체 세계의 모든 겁에 보살행을 닦되 두 생각을 내지 않으려고 하였다.

이른바 일체 광대한 세계 바다, 일체 세계의 종성 가운데 있는,

가지가지 경계의 모든 세계,

가지가지 장엄한 세계,

가지가지 체성의 세계,

가지가지 형상의 세계,

가지가지 널려 있는 세계,

혹은 더러우면서도 청정함을 겸한 세계,

혹은 청정하면서도 더러움을 겸한 세계,

혹은 하나같이 더러운 세계,

혹은 하나같이 청정한 세계,

혹은 작은 세계, 혹은 큰 세계, 혹은 거친 세계, 혹은 미세한 세계, 혹은 반듯한 세계, 혹은 기울어진 세계, 혹은 엎어진 세계, 혹은 잦혀진 세계, 이처럼 일체 모든 세계에 들어가서,

모든 생각마다 보살의 행을 행하여 보살의 지위에 들어가고 보살의 힘을 나타내며, 또한 삼세 일체 부처님의 몸을 나타내어 중생의 마음을 따라 모두 알고 보게 하였다.

● 疏 ●

二起普攝行中에 亦二니 先은 別明利益衆生行이오 後'善男子毘盧遮那'下는 雜明種種行이라

前中三이니 初는 擧攝生行體오 次'以是方便'下는 明攝生本意오 後'菩薩如是念念'下는 辨攝生周徧이니 卽廣大意니라

뒤의 '뛰어난 방편으로 널리 중생을 받아들이려는 행실을 일으킨' 부분은 또한 2단락이다.

(ㄱ) 중생에게 이익을 베푸는 행을 개별로 밝혔고,

(ㄴ) '善男子毘盧遮那' 이하는 중생에게 이익을 베푸는 가지가지 행을 뒤섞어 밝혔다.

'(ㄱ) 중생 이익의 행'은 다시 3단락이다.

① 중생을 받아들이는 행의 자체를 들어 말하였고,
② '以是方便' 이하는 중생을 받아들이는 본의를 밝혔으며,
③ '菩薩如是念念' 이하는 두루 중생을 받아들임을 논변하였다. 이것이 바로 '광대'하다는 뜻이다.

經

善男子야 毘盧遮那如來 於過去世에 如是修行菩薩行時에 見諸衆生이 不修功德하야 無有智慧하며 着我我所하야 無明翳障하며 不正思惟하야 入諸邪見하며 不識因果하야 順煩惱業하며 墮於生死險難深坑하야 具受種種無量諸苦하시고 起大悲心하사 具修一切波羅蜜行하사 爲諸衆生하야 稱揚讚歎堅固善根하사 令其安住하야 遠離生死貧窮之苦하고 勤修福智助道之法케하며

爲說種種諸因果門하며

爲說業報不相違反하며

爲說於法證入之處하며

爲說一切衆生欲解하며

及說一切受生國土하사

令其不斷一切佛種하고

令其守護一切佛敎하고

令其捨離一切諸惡하며

又爲稱讚趣一切智助道之法하사

令諸衆生으로 心生歡喜하며
令行法施하야 普攝一切하며
令其發起一切智行하며
令其修學諸大菩薩波羅蜜道하며
令其增長成一切智諸善根海하며
令其滿足一切聖財하며
令其得入佛自在門하며
令其攝取無量方便하며
令其觀見如來威德하며
令其安住菩薩智慧케하시니라

　　선남자여, 비로자나여래가 지난 과거 세계에서 이처럼 보살행을 닦을 적에,

　　많은 중생이 공덕을 닦지 않아서 지혜가 없으며,

　　'나'라는 생각, '나의 것'이라는 생각에 집착하여 무명에 가려 있으며,

　　바르지 못한 생각으로 삿된 소견에 빠지며,

　　인과를 알지 못하여 번뇌의 업을 따르며,

　　생사의 험난한 구렁에 빠져 가지가지 한량없는 고통을 받는 것을 보고서,

　　크게 가엾이 여기는 마음을 일으켜 일체 바라밀 행을 모두 갖추어 닦으면서 중생을 위하여 견고한 선근을 일컬어 찬탄하여, 중생으로 하여금 편안히 머물게 하여, 생사와 가난의 고통을 여의고

복덕과 도를 돕는 법을 부지런히 닦도록 하였다.

　그들을 위하여 가지가지 인과 법문을 말해주었고,

　그들을 위하여 업보가 서로 어긋나지 않음을 말해주었고,

　그들을 위하여 법에 증득하여 들어갈 곳을 말해주었고,

　그들을 위하여 일체중생의 욕망과 이해를 말해주었고,

　여러 가지 몸을 받아 태어날 모든 국토를 말해주면서,

　그들로 하여금 일체 부처의 종성을 끊이지 않도록 하였고,

　그들로 하여금 일체 부처님의 가르침을 수호하도록 하였고,

　그들로 하여금 일체 악업을 버리도록 하였다.

　또한 그들을 위하여 일체 지혜에 나아가는 도를 돕는 법을 찬탄하여,

　중생으로 하여금 환희의 마음을 내도록 하였고,

　법보시를 행하여 일체중생을 널리 받아들이도록 하였고,

　일체 지혜의 행을 일으키도록 하였고,

　모든 보살의 바라밀의 도를 닦아 배우도록 하였고,

　일체 지혜를 이루는 모든 선근 바다를 더욱 키워나가도록 하였고,

　일체 거룩한 재물을 만족하도록 하였고,

　부처님의 자재한 법문에 들어가도록 하였고,

　한량없는 방편을 거두어 지니도록 하였고,

　여래의 위엄과 공덕을 살펴보도록 하였고,

　보살의 지혜에 편안히 머물도록 하였다."

● 疏 ●

二雜明種種行中二니

先은 明觀機하야 彰苦集無涯오

後'起大悲心'下는 顯修行無量이니

於中三이니

初는 總明化益이오 次'爲說種種'下는 別明化法이오 後'令諸衆生'下는 總結化意니라

　'(ㄴ) 중생에게 이익을 베푸는 행을 뒤섞어 밝힌' 부분은 2단락이다.

　　① 근기의 관찰을 밝혀서 끝이 없는 '苦·集'을 나타냈고,

　　② '起大悲心' 이하는 한량없는 수행을 나타냈다.

　　'② 한량없는 수행' 부분은 다시 3단락이다.

　　㉠ 교화의 이익을 총괄하여 밝혔고,

　　㉡ '爲說種種' 이하는 교화의 법을 개별로 밝혔으며,

　　㉢ '令諸衆生' 이하는 교화의 의의를 총괄하여 끝맺었다.

■

第四辨法根深

先問 後答이라

答中二니

先은 歎深許說이오 二'乃往'下는 承力正酬니라

今은 初라

4) 법문의 근원이 심오함을 논변하다

앞은 물음이고, 뒤는 대답이다.

'뒤의 대답' 부분은 2단락이다.

ㄱ) 심오함을 찬탄하면서 설법을 허락함이며,

ㄴ) '乃往' 이하는 부처의 위신력을 받들어 바로 대답함이다.

이는 'ㄱ) 심오함을 찬탄하면서 설법을 허락한' 부분이다.

經

善財童子 言호되 聖者여 發阿耨多羅三藐三菩提心이
其已久如니잇고
夜神이 言하사대 善男子야 此處 難信이며 難知며 難解며
難入이며 難說이라 一切世間과 及以二乘은 皆不能知오
唯除諸佛神力所護와 善友所攝으로
集勝功德하야 欲樂淸淨하야 無下劣心하며 無雜染心하며
無諂曲心하며
得普照耀智光明心하며
發普饒益諸衆生心과 一切煩惱及以衆魔無能壞心하며
起必成就一切智心과 不樂一切生死樂心하며
能求一切諸佛妙樂하며
能滅一切衆生苦惱하며
能修一切佛功德海하며
能觀一切諸法實性하며

能具一切淸淨信解하며

能超一切生死瀑流하며

能入一切如來智海하며

能決定到無上法城하며

能勇猛入如來境界하며

能速疾趣諸佛地位하며

能卽成就一切智力하며

能於十力에 已得究竟한 如是之人이라야 於此에 能持能入能了니

何以故오 此是如來智慧境界라 一切菩薩도 尙不能知어든 況餘衆生가 然我今者에 以佛威力으로 欲令調順可化衆生으로 意速淸淨하며 欲令修習善根衆生으로 心得自在하야 隨汝所問하야 爲汝宣說호리라

　　선재동자가 말하였다.

　　"거룩하신 이여, 아뇩다라삼먁삼보리심을 내신 지 얼마나 오래되었습니까?"

　　밤을 주관하는 신이 대답하였다.

　　"선남자여, 그 자리는 믿기 어렵고, 알기 어렵고, 이해하기 어렵고, 들어가기 어렵고, 말하기 어렵다. 일체 세간의 사람이나 이승으로서는 모두가 도저히 알 수 없다.

　　오직 부처님 신통력의 가호를 입은 이와 선지식이 거두어 주는 이로서,

훌륭한 공덕을 모아 욕망과 좋아함이 청정하여 용렬한 마음이 없고, 물든 잡된 마음이 없으며, 아첨한 마음이 없고,

널리 비춰주는 지혜 광명의 마음을 얻으며,

중생에게 널리 이익을 주려는 마음과 일체 번뇌와 많은 마군이 깨뜨릴 수 없는 마음을 일으키고,

일체 지혜를 반드시 성취하려는 마음과 일체 생사의 낙을 좋아하지 않는 마음을 일으키며,

일체 부처님의 미묘한 낙을 구하고,

일체중생의 괴로움을 없애주며,

일체 부처님의 공덕 바다를 닦고,

일체 법의 진실한 성품을 관찰하며,

일체 청정한 믿음과 이해를 갖추고,

일체 생사의 흐름을 초월하며,

일체 여래의 지혜 바다에 들어가고,

위없는 법의 성에 기어이 이르며,

여래의 경계에 용맹스럽게 들어가고,

모든 부처님의 지위에 빨리 나아가며,

일체 지혜의 힘을 성취하고,

열 가지 힘에 이미 최고의 경계를 얻은, 이러한 사람만이 이를 지닐 수 있고, 이에 들어갈 수 있고, 이를 알 수 있을 것이다.

무엇 때문일까?

이는 여래의 지혜 경계이다. 일체 보살로서도 알 수 없는 자리

인데, 하물며 여느 중생이야.

그러나 나는 지금, 부처님의 위신력으로써 다듬어 있고 화순하여 교화할 만한 중생으로 하여금 생각을 빨리 청정케 하며, 선근을 닦는 중생으로 하여금 마음에 자재함을 얻도록 하기 위하여, 그대의 물음에 따라 그대를 위해 말하고자 한다."

● 疏 ●

前中二니

先은 長行이라 亦二니

先은 歎深難知오 後는 承力許說이라

前中四니 一은 標難知니 非唯久遠難知라 抑亦當時發心도 已得深法하야 滿佛境故온 況無久近相가 非常見聞故로 難信이오 非聞慧境故로 難知오 非思修故로 難解難入이니 上皆心緣處滅故오 難說者는 言語道斷故니라 二 '一切'下는 顯不知人이오 三 '唯除'下는 揀去能知니 卽善財之類오 四 '何以故'下는 徵釋所以니 以是佛境故로 權敎菩薩도 尙不能知온 況前劣耶아

二 '然我今'下는 承力許說이라

앞부분은 2단락이다.

앞은 산문인데, 이 또한 2단락이다.

(1) 심오하여 알기 어려움을 찬탄하였고,

(2) 부처님의 위신력을 받들어 설법을 허락하였다.

'(1) 심오함의 찬탄' 부분은 4단락이다.

① 알기 어려움을 밝혔다. 오직 너무 오래되어 알기 어려울 뿐 아니라, 또한 당시 발심할 적에 이미 심오한 법을 얻어 부처의 경계가 원만하기 때문인데, 하물며 얼마 되었는지에 대한 양상이 없는 것이야.

일상으로 보고 듣는 바가 아닌 까닭에 믿기 어렵고,

들어서 아는 지혜로 알 수 있는 경계가 아닌 까닭에 알기 어려우며,

생각하거나 수행으로 이루어질 자리가 아닌 까닭에 이해하기 어렵고 들어가기 어렵다.

이상은 모두 마음의 반연처가 사라졌기 때문이며,

말하기 어렵다는 것은 언어로 표현할 수 없기 때문이다.

② '一切' 이하는 알지 못하는 사람들을 나타냈으며,

③ '唯除' 이하는 알 수 있는 사람을 가려낸 것으로, 이는 선재동자의 유이며,

④ '何以故' 이하는 알 수 있는 이유를 묻고 해석하였다. 이는 부처의 경계이기 때문에 權敎菩薩로서도 알 수 없는 자리인데, 하물며 앞의 용렬한 사람들이야.

(2) '然我今' 이하는 부처님의 위신력을 받들어 설법을 허락하였다.

經

爾時에 開敷一切樹華夜神이 欲重明其義하사 觀察三世

如來境界하고 **而說頌言**하사대

　그때, 개부일체수화주야신이 이 뜻을 거듭 밝히고자, 삼세 여래의 경계를 관찰하고 게송으로 말하였다.

佛子汝所問　　　　　**甚深佛境界**여
難思刹塵劫에　　　　**說之不可盡**이로다

　불자여, 그대가 물은
　깊고 깊은 부처님 경계여
　헤아릴 수 없는 겁에도
　말로 다할 수 없어라

◉ 疏 ◉

後는 偈頌이라

二十一偈는 分二니

初 十九偈는 頌歎深難說이오 後 二偈는 頌承力爲說이라

前中四니 初 一偈는 頌標深難說이라

　뒤는 게송이다.

　21수 게송은 2단락이다.

　앞의 19수 게송은 심오하여 말하기 어려움에 대한 찬탄을 읊었고,

　뒤의 2수 게송은 부처의 위신력을 받들어 설법함을 읊었다.

　앞의 19수 게송은 4단락이다.

첫 1수 게송은 심오하여 말하기 어려움에 대해 밝힌 바를 읊었다.

經

非是貪恚癡와　　　　憍慢惑所覆한
如是衆生等의　　　　能知佛妙法이여

　　탐욕, 성냄, 어리석음
　　교만, 미혹에 가려진
　　이런 중생들이 알 수 있는
　　부처님의 미묘한 법이 아니다

非是慳悋嫉과　　　　諂誑諸濁意하야
煩惱業所覆의　　　　能知佛境界며

　　간탐과 질투, 아첨과 속임
　　온갖 혼탁한 생각에 빠져
　　번뇌업에 뒤덮인 이로서
　　알 수 있는 부처님의 경계가 아니다

非着蘊界處하고　　　及計於有身하는
見倒想倒人의　　　　能知佛所覺이로다

　　5온, 12처, 18계에 집착하거나
　　나의 몸이 있다고 생각하는
　　전도망상 견해의 사람이

알 수 있는 부처님의 깨달음이 아니다

◉ 疏 ◉

二 有三偈는 頌不知人이라

둘째, 3수 게송은 알지 못하는 사람을 읊었다.

經

佛境界寂靜하고　　　　性淨離分別하니
非着諸有者의　　　　　能知此法性이로다

　　부처님 경계 고요하고
　　성품이 청정하여 분별 여의니
　　3계 25유에 집착한 자가
　　알 수 있는 법성이 아니다

◉ 疏 ◉

三 有一偈는 超頌前釋이니 以是佛境일새 故惑者不知니라

　　셋째, 1수 게송은 앞의 해석을 건너뛰어 읊었다. 이는 부처의 경계이기 때문에 미혹한 자로서는 알 수 없다.

經

生於諸佛家하야　　　　爲佛所守護하야
持佛法藏者인　　　　　智眼之境界로다

부처님 집안에 태어나
부처님의 수호 입어
부처님 법장을 지닌 자만이
지혜 눈으로 보는 경계여라

親近善知識하고　　　　愛樂白淨法하야
勤求諸佛力하야사　　　聞此法歡喜로다

선지식 가까이 모시고
순백 청정한 법 좋아하여
부처님 힘, 부지런히 구하여야
법문 듣고 기뻐하리라

心淨無分別하야　　　　猶如太虛空하며
慧燈破諸暗이　　　　　是彼之境界로다

분별없는 청정한 마음
허공과 같아
지혜 등불로 어둠 깨뜨림이
바로 해탈법문의 경계

以大慈悲意로　　　　　普覆諸世間하야
一切皆平等이　　　　　是彼之境界로다

대자비의 마음으로

모든 세간 두루 덮어

일체 모두 평등함이

바로 해탈법문의 경계

歡喜心無着하고 　　　**一切皆能捨**하야
平等施衆生이 　　　　**是彼之境界**로다

기쁜 마음 집착 없어

일체 모두 희사하여

중생에게 평등한 보시가

바로 해탈법문의 경계

心淨離諸惡하고 　　　**究竟無所悔**하야
順行諸佛教 　　　　　**是彼之境界**로다

청정한 마음, 모든 악업 여의고

마침내 후회한 바 없어

부처님 가르침 따라 행함이

바로 해탈법문의 경계

了知法自性과 　　　　**及以諸業種**하야
其心無動亂이 　　　　**是彼之境界**로다

모든 법의 자성과

모든 업의 종성 알아

그 마음 흔들리지 않음이
바로 해탈법문의 경계

勇猛勤精進하고　　　　**安住心不退**하야
勤修一切智　　　　　　**是彼之境界**로다

부지런한 용맹정진
안주의 마음 물러서지 않고서
일체 지혜 부지런히 닦음이
바로 해탈법문의 경계여라

其心寂靜住三昧하며　　**究竟淸凉無熱惱**하야
已修一切智海因이　　　**此證悟者之解脫**이며

그 마음 고요히 삼매에 머물고
끝까지 시원하여 번뇌 없으며
일체 지혜의 원인 닦음이
깨달은 이의 해탈이어라

善知一切眞實相하고　　**深入無邊法界門**하야
普度群生靡有餘　　　　**此慧燈者之解脫**이며

일체 진실한 모양 잘 알고
그지없는 법계의 문에 들어가
중생 널리 제도하여 남김 없음이

지혜 등불의 해탈이어라

了達衆生眞實性하고　　　**不着一切諸有海**하야
如影普現心水中이　　　　**此正道者之解脫**이며

　중생의 진실한 성품 잘 알고

　3계 25유 세계에 집착하지 않고서

　마음 맑은 물에 널리 비춰주는 그림자

　바른 도의 해탈이어라

從於一切三世佛의　　　　**方便願種而出生**하야
盡諸劫刹勤修行이　　　　**此普賢者之解脫**이며

　삼세 모든 부처님의

　방편과 서원의 힘으로 생겨나

　모든 세계와 겁에 부지런히 수행함이

　보현보살의 해탈이어라

普入一切法界門하야　　　**悉見十方諸刹海**하고
亦見其中劫成壞호되　　　**而心畢竟無分別**하며

　일체 법계의 문에 두루 들어가

　시방의 세계 바다 모두 보고

　그 가운데 이뤄지고 무너지는 겁도 보았지만

　마음은 끝까지 분별없어라

法界所有微塵中에　　　悉見如來坐道樹하사
成就菩提化群品이　　　此無礙眼之解脫이로다

　　법계의 모든 티끌 속에
　　보리수 아래 앉은 여래 보고서
　　보리지혜 성취하여 중생 교화함이
　　걸림 없는 눈의 해탈이어라

● 疏 ●

四有十四偈는 總頌揀去能知라

　　넷째, 14수 게송은 앎의 주체를 간별하여 총체로 읊었다.

經

汝於無量大劫海에　　　親近供養善知識하고
爲利群生求正法하야　　聞已憶念無遺忘이로다

　　그대는 한량없는 겁 바다에
　　선지식 모셔 공양하였고
　　중생 이익 위해 바른 법 구하여
　　들었으면 기억하여 잊지 말라

毘盧遮那廣大境이　　　無量無邊不可思어늘
我承佛力爲汝說하야　　令汝深心轉淸淨이로다

　　비로자나불 광대한 경계

한량없고 그지없어 불가사의지만

부처님 힘 받들어 그대 위해 설법하여

그대의 깊은 마음 더욱 청정케 하여라

◉ 疏 ◉

次第로 頌前佛力所護等이라 恐繁不配니 說者隨宜니라

　차례로 앞서 말한 부처님의 위신력 가호 등을 읊은 것이다.

　번거로울까 염려의 마음에 짝지어 말하지 않은 것이니, 이를 말하는 이는 편의에 따라 보아야 한다.

第二 承力正酬中二니

先은 長行이라

亦二니 先은 正說이오 後는 結會古今이라

　ㄴ) 부처의 위신력을 받들어 바로 대답한 부분은 2단락이다.

　앞은 산문이다.

　산문은 또다시 2단락이다.

　⑴ 앞은 바로 말하였고,

　⑵ 뒤는 고금의 일을 회통하여 끝맺었다.

經

善男子야 乃往古世에 過世界海微塵數劫하야 有世界海

하니 名普光明眞金摩尼山이오

其世界海中에 有佛出現하시니 名普照法界智慧山寂靜威德王이라

善男子야 其佛이 往修菩薩行時에 淨彼世界海하니

其世界海中에 有世界微塵數世界種하고

一一世界種에 有世界微塵數世界하고

一一世界에 皆有如來 出興於世어시든

一一如來 說世界海微塵數修多羅하고

一一修多羅에 授佛刹微塵數諸菩薩記하사

現種種神力하며 說種種法門하사 度無量衆生하시니라

善男子야 彼普光明眞金摩尼山世界海中에 有世界種하니 名普莊嚴幢이오

此世界種中에 有世界하니 名一切寶色普光明이니

以現一切化佛影摩尼王으로 爲體하야 形如天城하고 以現一切如來道場影像摩尼王으로 爲其下際하야 住一切寶華海上하니 淨穢相雜이라

此世界中에 有須彌山微塵數四天下어든 有一四天下 最處其中하니 名一切寶山幢이라 其四天下 一縱廣이 十萬由旬이오 一一各有一萬大城이러라

其閻浮提中에 有一王都하니 名堅固妙寶莊嚴雲燈이니 一萬大城이 周匝圍遶하고 閻浮提人壽萬歲時러라

　"선남자여, 지난 옛적 세계 바다의 티끌 수 겁 이전에 하나의 세

계 바다가 있었는데, 그 이름을 '보광명 진금 마니산 세계'라 하고,

그 세계 바다 가운데 부처님이 나셨는데, 그 이름을 '보조법계 지혜산 적정위덕왕불'이라 한다.

선남자여, 그 부처님이 예전 보살행을 닦을 적에 그 세계 바다를 청정히 하였다.

그 세계 바다 가운데 세계의 티끌 수 세계 종성이 있고,

하나하나 세계 종성마다 세계의 티끌 수 세계가 있으며,

하나하나 세계마다 모두 여래가 나셨는데,

하나하나 여래께서 세계 바다 티끌 수의 경을 말씀하셨고,

하나하나 경에서 세계의 티끌 수 보살들에게 수기를 주시어,

가지가지 신통력을 나타내고, 가지가지 법문을 말하여 한량없는 중생을 제도하였다.

선남자여, 저 '보광명 진금 마니산 세계' 바다 가운데 하나의 세계 종성이 있는데, 그 이름을 '보장엄당 종성'이라 한다.

그 세계 종성 가운데 하나의 세계가 있는데, 그 이름을 '일체보색 보광명 세계'라 한다.

일체 화신불 그림자를 나타내는 마니왕으로 자체를 만들어 그 형상이 하늘의 성과 같고, 일체 여래 도량의 영상을 나타내는 마니왕으로 밑바닥을 만들어 일체 보배 꽃 바다 위에 있는데, 청정함과 더러움이 섞여 있다.

이 세계에 수미산의 티끌 수 사천하가 있고, 한 사천하가 그 복판에 있는데, 그 이름을 '일체보산당'이라 한다. 그 사천하의 너비

와 길이가 10만 유순이며, 하나하나 사천하에 각각 1만의 큰 성이 있다.

그 염부제에 하나의 도읍이 있는데, 그 이름을 '견고묘보 장엄운등'이라 한다. 1만 큰 성들이 두루 둘러 있고, 그 염부제 사람의 수명이 1만 세였다.

◉ 疏 ◉

前中四니
初는 總顯發心時處佛興이오
二 '善男子彼普光明' 下는 別擧本生時處오
三 '其中有王' 下는 明發心勝緣이오
四 '時此會中有長者女' 下는 正顯發心本事니라
初二는 可知라

(1) 바로 말한 부분은 4단락이다.

제1 단락, 발심의 시간과 장소, 부처가 나옴을 총상으로 밝혔고,

제2 단락, '善男子彼普光明' 이하는 본생의 시간과 장소를 개별로 들어 말했으며,

제3 단락, '其中有王' 이하는 발심의 뛰어난 반연을 밝혔고,

제4 단락, '時此會中有長者女' 이하는 발심의 본생 일을 밝혔다.

'제1 단락, 총상'과 '제2 단락, 개별'은 말하지 않아도 알 수 있다.

經

其中有王하니 名一切法音圓滿蓋라 有五百大臣과 六萬婇女와 七百王子하니 其諸王子 皆端正勇健하야 有大威力이러라
爾時에 彼王威德이 普被閻浮提內하야 無有怨敵이러니

그 도읍에 왕이 있는데, 그 이름을 '일체 법음이 원만한 일산[一切法音圓滿蓋] 대왕'이라 한다.

5백 대신, 6만 궁녀, 7백 왕자가 있는데, 그 모든 왕자가 모두 용모가 단정하고 용맹스러워 큰 위덕이 있었다.

그 왕의 위덕이 염부제에 널리 퍼져 원수와 적이 없었다.

◉ 疏 ◉

三中에 有四니 初는 明大王治化니 卽鐵輪王일세 故云閻浮니라

제3 단락, 발심의 뛰어난 반연 부분은 4단락이다.

㈀ 대왕의 다스림과 교화를 밝혔다. 이는 철륜왕이기에 염부제라 말하였다.

經

時彼世界의 劫欲盡時에 有五濁起하야 一切人衆이 壽命短促하고
資財乏少하며 形色鄙陋하야 多苦少樂하며
不修十善하고 專作惡業하며 更相忿諍하고 互相毁辱하며

離他眷屬하고 妬他榮好하며
任情起見하야 非法貪求일세
以是因緣으로 風雨不時하고 苗稼不登하며 園林草樹 一切枯稿하며 人民匱乏하야 多諸疫病하며 馳走四方하야 靡所依怙라

　그 세계의 겁이 다하려 할 적에, 다섯 가지 혼탁[命濁, 衆生濁, 煩惱濁, 見濁, 劫濁]함이 일어나 모든 사람의 수명은 짧아지고,

　재물은 모자라고 생김새는 비루하여 고통이 많고 즐거움이 적으며,

　열 가지 선업을 닦지 않고 오로지 악업만 지으며, 서로 다투고 서로 헐뜯으며, 다른 이의 권속을 떠나게 하고, 남의 영화를 질투하며,

　마음대로 소견을 내고 법답지 못한 탐심을 내었다.

　그런 인연으로 비바람이 때맞춰 오지 않고 곡식이 풍년 들지 않으며, 동산에 풀과 나무가 모두 말라 죽고, 백성들이 궁핍하여 질병이 많으며, 사방으로 흩어져 의지할 데가 없었다.

● 疏 ●

二는 五濁爲因하야 感三災果니 壽命短促은 卽命濁이오 '資財'下는 衆生濁이오 '不修'下는 煩惱濁이오 '任情'下는 見濁이오 劫濁은 則通이라【鈔_ '五濁爲因 感三災果'者는 三災有二하니 一은 小三災니 謂饑饉·疾疫·刀兵이니 謂七年·七月·七日止니 謂各是一七이오

二는 大三災니 謂水·火·風이 壞於器界니라 今此는 是前이니 經文에 具云호되 '初 明饑饉은 以天不降澤故오 二 多諸疫病은 卽疾疫也오 三 馳走四方하야 靡所依怙는 義兼刀兵이라 然三災 復有二義하니 一은 約劫欲盡時에 人壽十歲等이오 二者는 少分이니 往往多起하나니 今此는 約少分災耳라】

(ㄴ) 5탁이 원인이 되어 삼재의 결과를 불러들였다.

수명이 짧아짐은 명탁,

'資財' 이하는 중생탁,

'不修' 이하는 번뇌탁,

'任情' 이하는 견탁,

겁탁은 모두 통한다.【초_ "5탁이 원인이 되어 삼재의 결과를 불러들였다."는 것은 삼재에 2가지가 있다.

하나는 작은 삼재이다. 기근, 질병, 전쟁을 말한다. 7년, 7월, 7일에 그친다. 이는 각기 하나의 7을 말한다.

둘째는 큰 삼재이다. 수재, 화재, 풍재가 器世界를 무너뜨리는 것이다.

여기에서는 앞의 작은 삼재이다. 경문에 구체적으로 말한, ① 기근을 밝힘은 하늘에서 비가 내리지 않았기 때문이며, ② 궁핍하여 질병이 많다는 것은 질병이며, ③ 사방으로 흩어져 의지할 데가 없다는 것은 전쟁을 겸한 것이다.

그러나 삼재에는 또한 2가지 뜻이 있다.

① 겁이 다하고자 할 때, 사람의 수명이 10이라는 등을 말하고,

② 적은 부분이다. 이따금 흔히 일어남이다.
여기에서는 적은 부분의 삼재로 말한다.】

經
咸來共遶王都大城하야 無量無邊百千萬億이 四面周
匝하야 高聲大呼하며 或擧其手하고 或合其掌하며 或以
頭叩地하고 或以手搥胸하며 或屈膝長號하고 或踊身大
叫하며 頭髮蓬亂하고 衣裳弊惡하며 皮膚皴裂하고 面目
無光하야 而向王言호되
大王大王하 我等이 今者에 貧窮孤露와 饑渴寒凍과 疾
病衰羸와 衆苦所逼으로 命將不久호되 無依無救하며 無
所控告일세 我等이 今者에 來歸大王이로소이다
我觀大王의 仁慈智慧하고 於大王所에 生得安樂想과 得
所愛想과 得活命想과 得攝受想과 得寶藏想과 遇津梁
想과 逢道路想과 値船筏想과 見寶洲想과 獲財利想과
升天宮想하노이다

　모두 도읍으로 몰려와 백천만억 겹을 둘러싸고, 사방에서 고래
고래 소리를 지르며,
　손을 들기도 하고 합장하기도 하며,
　머리를 땅에 조아리기도 하고 손으로 가슴을 두들기기도 하며,
　무릎을 꿇고 부르짖기도 하고 뛰면서 왜장치기도 하며,
　머리를 풀어헤치고 옷은 남루하며,

살갗이 터지고 눈은 빛을 잃은 채, 임금을 향하여 하소연하였다.

'대왕이여, 대왕이여. 저희들은 지금 빈궁하고 외롭고 굶주리고 헐벗고 병들고 쇠약하여 온갖 고통에 시달리고 있습니다. 목숨을 오래 부지하지 못하겠지만, 의지할 데도 없고 구해줄 이도 없고 하소연할 데도 없습니다. 그래서 저희들이 지금 대왕을 찾아온 것입니다.

저희들이 보기에 대왕께서는 인자하시고 슬기로우시어, 대왕이 계신 곳에서 살아 안락을 얻으리라는 생각, 사랑을 받으리라는 생각, 살려주시리라는 생각, 거두어 주시리라는 생각, 보배 창고를 얻으리라는 생각, 나루를 만나리라는 생각, 길을 찾으리라는 생각, 뗏목을 만나리라는 생각, 보물섬을 보리라는 생각, 금은보화를 얻으리라는 생각, 천상 궁전에 오르리라는 생각을 내었습니다.'

● 疏 ●

三은 悲境現前이라

㈐ 비탄의 경계가 앞에 나타남이다.

經

爾時에 大王이 聞此語已하고 得百萬阿僧祇大悲門하야 一心思惟하야 發十種大悲語하니
其十者는 何오
所謂哀哉衆生이여 墮於無底生死大坑하니 我當云何而

速勉濟하야 **令其得住一切智地**며

그때, 대왕은 이런 말을 듣고서, 백만 아승지 가엾이 여기는 법문을 얻어 하나같은 마음으로 생각하여, 열 가지 가엾이 여기는 말을 하였다.

무엇이 열 가지 가엾이 여기는 말인가?

'가엾다, 중생이여! 바닥 모를 생사의 깊은 구렁에 떨어졌으니 내가 어떻게라도 빨리 구제하여 일체 지혜의 땅에 머물게 하리라.

● 疏 ●

四는 正明起行이라 於中二니 先은 深起大悲오 後는 廣行大施니라 初又二니 一은 總明이니 謂三求衆生이 皆墮無底生死深坑하니 難勉出故니라

㈃ 대비행을 일으킴에 대해 밝혔다.

이 부분은 2단락이다.

첫째, 깊이 대비의 마음을 일으켰고,

둘째, 큰 보시를 널리 행하였다.

'첫째, 대비'는 또한 2부분이다.

첫 부분은 총상으로 밝혔다. 3가지를 추구하는 중생[三求衆生: 欲求, 有求, 邪梵行求衆]이 모두 바닥 모를 생사의 깊은 구렁에 떨어졌다. 힘써 벗어나기 어렵기 때문이다.

經

哀哉衆生이여 爲諸煩惱之所逼迫하니 我當云何而作救護하야 令其安住一切善業이며

가엾다, 중생이여! 온갖 번뇌에 핍박당하고 있으니, 내가 어떻게라도 구제하여 그들을 일체 선업에 안주하도록 하리라.

● 疏 ●

餘九는 爲別이라

又分爲二니

初一은 解邪니 理外推求를 總名爲邪니라 橫計世間 常樂我淨하야 起貪等惑일새 故令住善業이니라

나머지 9가지는 별상이다.

이 또한 2단락으로 나뉜다.

앞부분은 삿된 이해이다. 진리 밖에서 추구하는 것을 모두 삿됨이라고 말한다. 세간의 常樂我淨을 부질없이 헤아려서 탐욕 등의 미혹을 일으키기에, 그들로 하여금 선업에 머물도록 하였다.

經

哀哉衆生이여 生老病死之所恐怖니 我當云何爲作歸依하야 令其永得身心安穩이며
哀哉衆生이여 常爲世間衆怖所逼하니 我當云何而爲祐助하야 令其得住一切智道며

哀哉衆生이여 **無有智眼**하야 **常爲身見疑惑所覆**하니 **我當云何爲作方便**하야 **令其得決疑見瞖膜**이며

　가엾다, 중생이여! 나고 늙고 병들고 죽음의 공포에 떨고 있으니, 내가 어떻게라도 의지가 되어 몸과 마음이 평온함을 영원히 얻게 하리라.

　가엾다, 중생이여! 항상 세상의 공포 속에서 시달리니, 내가 어떻게라도 도움이 되어 일체 지혜의 길에 머물게 하리라.

　가엾다, 중생이여! 지혜의 눈이 없어 항상 나의 몸이라는 소견의 의혹에 뒤덮여 있으니, 내가 어떻게라도 방편이 되어 의혹의 소견과 눈에 가린 막을 걷어내 주리라.

● 疏 ●

餘八은 行邪니 於中에 別顯三求衆生이니

卽分爲三이니

初는 五悲欲求衆生이오 次二는 悲有求衆生이오 後一은 悲邪梵行求衆生이라

初中 又二니

前三은 悲現行五欲에 受用生過오

後二는 悲未得五欲하야 追求生過니라

前中은 卽爲三別이니

一은 悲不共財衆生이니 欲資身命호되 爲生老等苦之所逼迫而不得安하야 令不著財면 則心安矣오

二는 悲受無厭衆生이니 內心難滿하야 恐得惡名하고 怖失財利라 故令得佛因이오

三은 悲貯積財衆生이니 不能了達財多禍多일세 名無智眼이니 決其疑見이 卽爲方便이니라

나머지 8가지는 삿된 행이다. 여기에서는 '3가지를 추구하는 중생'을 개별로 밝혔다.

이는 3단락으로 나뉜다.

① 5가지는 欲求衆生을,

② 2가지는 有求衆生을,

③ 1가지는 邪梵行求衆生을 가엾이 여겼다.

'① 5가지 욕구중생' 또한 2부분이다.

앞의 3가지는 현행 5욕을 수용한 데서 생겨난 허물을 가엾이 여겼고,

뒤의 2가지는 5욕을 얻지 못하여 이를 추구한 데서 생겨난 허물을 가엾이 여겼다.

'앞의 3가지 현행 5욕'은 다시 3가지로 구별된다.

㉠ 재물을 함께하지 않은 중생을 가엾이 여김이다. 몸과 목숨을 기르고자 하되, 나고 늙는 등 고통의 핍박으로 평안함을 얻지 못하기에, 재물에 집착하지 않으면 마음이 평안하다.

㉡ 싫어함이 없이 받아들이는 중생을 가엾이 여김이다. 내면의 마음이 만족하기 어려워 악명을 얻을까 두려워하며, 재리를 잃을까 두려워하기에 그들로 하여금 부처의 원인을 얻도록 하였다.

㉢ 재물을 쌓아가는 중생을 가엾이 여김이다. 재물이 많음에 따라 재화가 많은 것을 알지 못하기에 그 이름을 '지혜의 눈이 없다[無智眼].'고 말한다. 그 의심의 견해를 결단함이 바로 방편이다.

經

哀哉衆生이여 常爲癡暗之所迷惑하니 我當云何爲作明炬하야 令其照見一切智城이며
哀哉衆生이여 常爲慳嫉諂誑所濁하니 我當云何而爲開曉하야 令其證得淸淨法身이며

　　가엾다, 중생이여! 항상 어리석음에 미혹되었으니, 내가 어떻게라도 밝은 횃불이 되어 일체 지혜의 성을 비춰주어 이를 보도록 하리라.
　　가엾다, 중생이여! 항상 인색하고 질투하고 아첨하는 데 흐려졌으니, 내가 어떻게라도 깨우쳐주어 그들로 하여금 청정한 법신을 증득하도록 하리라.

● 疏 ●

後中에 悲未得五欲追求生過니 前三은 悲其所惑이오 此二는 悲其造業이라
前門은 悲求後報하야 造有漏善이니 如夜暗行에 迷失道路라 當示慧炬오
後門은 悲求現報하야 造諸惡行이니 慳己所有하고 嫉他勝己하며 諂

誑求財에 諸惑濁亂이니 若絕諸惡이면 則法身淸淨이라

뒤의 2가지는 5욕을 얻지 못했을 적에 추구하는 데서 허물을 내는 것을 가엾이 여겼다.

앞의 3가지는 그 미혹한 바를 가엾이 여겼고,

이 2가지는 그 업장을 지음에 대해 가엾이 여겼다.

'앞의 3가지'는 뒤의 과보를 추구하여 유루선 짓는 것을 가엾이 여겼다. 어두운 밤길에 길을 잃은 것과 같기에 지혜의 횃불을 보여주었다.

'뒤의 2가지'는 현생의 과보를 구하여 모든 악행을 지음을 가엾이 여겼다. 자신이 소유한 것을 아끼며, 남들이 나보다 뛰어난 것을 시기하며, 아첨과 속임으로 재물을 추구함에 모든 미혹이 흐리고 어지럽게 만든다. 만약 모든 악업을 끊으면 바로 법신이 청정하다.

經

哀哉衆生이여 長時漂沒生死大海하니 我當云何而普運度하야 令其得上菩提彼岸이며
哀哉衆生이여 諸根剛强하야 難可調伏하니 我當云何而爲調御하야 令其具足諸佛神力이며

가엾다, 중생이여! 나고 죽는 바다에 오랫동안 빠졌으니, 내가 어떻게라도 널리 건져내어 보리의 피안에 오르게 하리라.

가엾다, 중생이여! 여러 감관이 억세어 조복하기 어려우니, 내가

어떻게라도 잘 다스려서 여러 부처님의 신통력을 갖추게 하리라.

● 疏 ●

第二. 二門은 悲有求衆生이라 前門은 卽道差別이니 爲五道循環하야 藏識漂溺惑苦大海일새 故令升彼岸이오 後門은 卽界差別이니 謂眼等諸根을 六塵等牽하야 不得自在하야 無有出期일새 以佛威神으로 引之令出이니라

②2가지는 유구중생을 가엾이 여겼다.

앞부분은 5세계의 길이 각기 다르다. 5세계의 길에 순환하면서 藏識이 미혹 고뇌의 큰 바다에 빠뜨리기에 그들로 하여금 지혜의 피안에 오르도록 하였고,

뒷부분은 경계가 각기 다르다. 눈 등의 감각기관을 六塵 등이 이끌려서 자재함을 얻지 못한 까닭에 벗어날 시기가 없다. 이 때문에 부처님의 위신력으로 인도하여 그를 벗어나게 하였다.

經

哀哉衆生이여 猶如盲瞽하야 不見道路하니 我當云何而 爲引導하야 令其得入一切智門이라

가엾다, 중생이여! 소경과 같아서 길을 보지 못하니, 내가 어떻게라도 잘 인도하여 일체 지혜의 문에 들어가게 하리라.'

● 疏 ●

第三 以第十門은 悲邪梵行求衆生이니 行不正道하야 迷無我理하야 隨逐邪見하야 乃至九十五種別故로 引入智門이라 上十悲中에 皆有所對能治로되 畧以顯示니라 餘는 如二地하다

③ 제10 법문은 사범행구중생을 가엾이 여겼다.

부정한 도를 행하여 無我의 이치를 알지 못하여 삿된 견해를 따라서 95가지의 별상에 이른 까닭에 그들을 인도하여 지혜의 법문에 들어가게 하였다.

위의 10가지 대비 가운데 모두 대상과 다스림의 주체가 있지만 간략히 보여주었다.

나머지는 제2 이구지와 같다.

經

作是語已하고 擊鼓宣令호되 我今普施一切衆生호리니
隨有所須하야 悉令充足이라하고
即時頒下閻浮提內大小諸城과 及諸聚落하야 悉開庫藏하야 出種種物하야 置四衢道하니 所謂金銀瑠璃摩尼等寶와 衣服飮食과 華香瓔珞과 宮殿屋宅과 牀榻敷具오 建大光明摩尼寶幢하니 其光觸身하야 悉使安穩하며
亦施一切病緣湯藥과 種種寶器에 盛衆雜寶와 金剛器中에 盛種種香과 寶香器中에 盛種種衣와 輦輿車乘과 幢幡繒蓋하야 如是一切資生之物을 悉開庫藏하야 而以給

施하며

亦施一切村營城邑과 山澤林藪와 妻子眷屬과 及以王位와 頭目耳鼻와 脣舌牙齒와 手足皮肉과 心腎肝肺하야 內外所有를 悉皆能捨하나라

其堅固妙寶莊嚴雲燈城東面에 有門하니 名摩尼山光明이오

於其門外에 有施會處하니 其地廣博하야 淸淨平坦하며 無諸坑坎과 荊棘沙礫이오 一切 皆以妙寶所成이오 散衆寶華하며 熏諸妙香하며 然諸寶燈하며 一切香雲이 充滿虛空하며 無量寶樹 次第行列하며 無量華網과 無量香網이 彌覆其上하며 無量百千億那由他諸音樂器 恒出妙音하니 如是一切 皆以妙寶로 而爲莊嚴하니 悉是菩薩淨業果報라

於彼會中에 置師子座호되 十寶爲地하고 十寶欄楯과 十種寶樹로 周匝圍遶하며 金剛寶輪으로 以承其下하고 以一切寶로 爲龍神像하야 而共捧持하며 種種寶物로 以爲嚴飾하며 幢旛間列에 衆網覆上하며 無量寶香이 常出香雲하며 種種寶衣 處處分布하며 百千種樂이 恒奏美音하며 復於其上에 張施寶蓋하야 常放無量寶焰光明하니 如閻浮金이 熾然淸淨하며 覆以寶網하고 垂諸瓔珞하며 摩尼寶帶로 周廻間列하고 種種寶鈴이 恒出妙音하야 勸諸衆生하야 修行善業이어든

時彼大王이 處師子座하니 形容端正하야 人相具足하며 光明妙寶로 以爲其冠하며 那羅延身이 不可沮壞며 一一肢分이 悉皆圓滿하며 性普賢善하고 王種中生하야 於財及法에 悉得自在하며 辯才無礙하고 智慧明達하며 以政治國에 無違命者러라

爾時에 閻浮提無量無數百千萬億那由他衆生이 種種國土와 種種族類와 種種形貌와 種種衣服과 種種言辭와 種種欲樂으로 俱來此會하야 觀察彼王하고 咸言此王이 是大智人이며 是福須彌며 是功德月이라 住菩薩願하야 行廣大施라한대

時에 王이 見彼諸來乞者하시고 生悲愍心하며 生歡喜心하며 生尊重心하며 生善友心하며 生廣大心하며 生相續心하며 生精進心하며 生不退心하며 生捨施心하며 生周徧心하니라

善男子야 爾時彼王이 見諸乞者하시고 心大歡喜하야 經須臾頃이 假使忉利天王과 夜摩天王과 兜率陀天王의 盡百千億那由他劫所受快樂이라도 亦不能及이며

善化天王의 於無數劫所受快樂과

自在天王의 於無量劫所受快樂과

大梵天王의 於無邊劫所受梵樂과

光音天王의 於難思劫所受天樂과

徧淨天王의 於無盡劫所受天樂과

淨居天王의 不可說劫住寂靜樂도 悉不能及이러라
善男子야 譬如有人이 仁慈孝友호되 遭逢世難하야 父母妻息과 兄弟姉妹를 並皆散失이라가 忽於曠野道路之間에 而相値遇하면 瞻奉撫對에 情無厭足인달하야 時彼大王이 見來求者하고 心生歡喜도 亦復如是러라
善男子야 其王이 爾時에 因善知識하야 於佛菩提에 解欲增長하며 諸根成就하며 信心淸淨하며 歡喜圓滿하니
何以故오 此菩薩이
勤修諸行하야 求一切智하며
願得利益一切衆生하며
願獲菩提無量妙樂하며
捨離一切諸不善心하며
常樂積集一切善根하며
常願救護一切衆生하며
常樂觀察薩婆若道하며
常樂修行一切智法하며
滿足一切衆生所願하며
入一切佛功德大海하며
破一切魔業惑障山하며
隨順一切如來教行하며
行一切智無障礙道니라
已能深入一切智流하야 一切法流 常現在前하며

大願無盡하야 爲大丈夫하며
住大人法하야 積集一切普門善藏하며
離一切着하야 不染一切世間境界하며
知諸法性이 猶如虛空하야
於來乞者에 生一子想하며 生父母想하며 生福田想하며 生難得想하며 生恩益想과 生堅固想과 師想과 佛想하야 不簡方處하며 不擇族類하며 不選形貌하고 隨有來至하야 如其所欲하야 以大慈心으로 平等無礙하야 一切普施하야 皆令滿足호되 求飮食者엔 施與飮食하고 求衣服者엔 施與衣服하며 求香華者엔 施與香華하고 求鬘蓋者엔 施與鬘蓋하며 幢旛瓔珞과 宮殿園苑과 象馬車乘과 牀座被褥과 金銀摩尼의 諸珍寶物과 一切庫藏과 及諸眷屬과 城邑聚落을 皆悉如是普施衆生하니라

이처럼 말하고서 북을 울리면서 명을 내렸다.

'내가 지금 일체중생에게 널리 보시할 것이다. 필요한 것들을 모두 만족케 하리라.'

즉시 염부제 내의 크고 작은 여러 성과 모든 마을에 선포하여, 모두 창고를 열고서 가지가지 물품을 끄집어내어 사거리에 쌓도록 하였다.

이른바 금, 은, 유리, 마니주 따위의 보배, 의복, 음식, 꽃, 향, 영락, 궁전, 가옥, 평상, 이부자리들이다.

큰 광명 마니주 보배 당기를 세웠는데, 그 빛이 몸에 비치면 모

두 평온을 주었다.

또한 여러 가지 병에 필요한 탕약,

여러 가지 보배 그릇에 담은 여러 가지 보배,

금강 그릇에 담은 가지가지 향,

보배 향 그릇에는 갖가지 옷,

가마, 수레, 당기, 번기, 비단 일산을 보시하였다.

이처럼 모든 살림살이에 필요한 것들을 모두 창고 문을 열어 놓고 보시하였다.

또한 여러 마을과 고을, 동산과 숲, 처자와 권속, 왕의 지위, 머리, 눈, 귀, 코, 입술, 혀, 치아, 손, 발, 가죽, 살, 염통, 콩팥, 간, 허파를 보시하였다. 이처럼 안팎으로 소유한 것들을 모두 보시하였다.

그 견고묘보장엄운등성 동쪽에 문이 있는데, 그 이름을 '마니산 광명문'이라 하고, 그 광명문 밖에 보시하는 법회를 열었는데, 그 땅이 넓고 청정하고 평탄하여 구덩이, 가시덤불, 자갈이 없고, 일체 모두 아름다운 보배로 이뤄졌으며, 여러 보배 꽃이 흩뿌려 내리고 미묘한 향을 풍겼으며, 여러 가지 보배 등불이 켜져 있고, 모든 향기 구름이 허공에 가득하여, 한량없는 보배 나무가 차례로 줄을 지었고, 한량없는 꽃 그물, 한량없는 향 그물이 위에 덮였으며, 한량없는 백천억 나유타 악기에서는 언제나 아름다운 음악이 울려 나왔다. 이런 것들을 모두 미묘한 보배로 장엄하였다. 이는 모두 보살의 청정한 업으로 생겨난 과보이다.

그 보시 법회 가운데 사자법좌가 놓여 있는데, 열 가지 보배로 만들어진 바닥에 열 가지 보배의 난간, 열 가지 보배 나무가 사방으로 둘러져 있고, 금강보배 바퀴로 그 밑을 받쳤으며, 일체 보배로 용신(龍神)의 상을 만들어 함께 떠받쳤고, 가지가지 보물로 장엄하였으며, 당기와 번기를 사이사이로 나열하여 여러 가지 그물로 위를 뒤덮었고, 한량없는 보배 향에서는 향기 구름이 피어났고, 여러 가지 보배 옷이 곳곳에 깔려 있었고, 백천 가지 악기에서는 언제나 아름다운 음악이 울려 나왔으며,

또한 그 위에 보배 일산을 펼쳤는데, 한량없는 보배 불꽃 광명이 쏟아져 나왔다. 염부단금처럼 찬란하고 해맑으며, 보배 그물을 덮고 영락을 드리웠으며, 마니보배로 만든 띠가 두루 사이로 나열되었고, 가지가지 풍경에서는 항상 미묘한 소리가 울려 나와 중생들에게 선업을 닦도록 권하였다.

그때, 대왕이 사자법좌에 앉아 있는데, 형용이 단정하여 거룩한 모습이 구족하고, 빛이 찬란한 보배로 관을 만들어 썼으며, 나라연 같은 몸을 해칠 수 없고, 하나하나 사지와 관절이 모두 원만하며, 성품이 너그럽고 선량하여 왕족으로 태어나 재물과 법에 모두 자재하였고, 변재가 걸림이 없고, 지혜가 통달하였으며, 어진 정사로 나라를 다스려 그의 명을 어기는 자가 없었다.

그때, 염부제에 한량없고 수없는 백천만억 나유타 중생들이 있는데, 가지가지 국토, 가지가지 종족, 가지가지 형상, 가지가지 의복, 가지가지 언어, 가지가지 욕망을 가진 이들이 이 법회에 찾아와 대왕을 우러러보면서 모두 이렇게 말하였다.

'이 대왕은 큰 지혜를 지닌 분이며, 복이 수미산 같은 분이며, 공덕이 달과 같은 분으로서 보살의 서원에 머물러 광대한 보시를 행하셨습니다.'

그때, 대왕은 그들이 찾아와 구걸하는 것을 보고서, 가엾이 여기는 마음을 내었고, 환희의 마음을 내었고, 존중하는 마음을 내었고, 선지식이란 마음을 내었고, 광대한 마음을 내었고, 서로 이어가는 마음을 내었고, 정진하는 마음을 내었고, 물러서지 않는 마음을 내었고, 모든 것을 주려는 마음을 내었고, 두루 구제하려는 마음을 내었다.

선남자여, 그 당시, 대왕이 구걸하는 이들을 보고서 크게 환희의 마음을 내는 것이 잠깐 사이였지만,

가령 도리천왕, 수야마천왕, 도솔천왕이 백천억 나유타 겁에 누린 쾌락으로도 미칠 수 없었고,

선화천왕이 수없는 겁에 누린 쾌락,

자재천왕이 한량없는 겁에 누린 쾌락,

대범천왕이 그지없는 겁에 누린 범천의 쾌락,

광음천왕이 헤아릴 수 없는 겁에 누린 천사의 쾌락,

변정천왕이 그지없는 겁에 누린 천왕의 쾌락,

정거천왕이 말할 수 없는 겁에 적정삼매에서 누린 쾌락으로도 미칠 수 없었다.

선남자여, 이는 마치 인자하고 효도와 우애 깊은 사람으로서 난리를 만나 부모, 처자, 형제, 자매와 모두 헤어졌다가, 뜻밖에 거

친 벌판에서 서로 만나면 반겨 붙들고 어루만지며 어쩔 줄을 모르는 것처럼, 당시 그 대왕은 찾아와 구걸하는 이들을 보고서 기뻐하는 마음 또한 그와 같았다.

선남자여, 그 대왕이 그 당시 선지식을 만나 부처님의 보리를 이해하고 원하는 바가 더욱 증장되었으며, 근기가 성취되고 믿음이 청정하며, 환희의 마음이 원만하였다.

이는 무슨 까닭인가?

이 보살이 여러 가지 행을 부지런히 닦아 일체 지혜를 구하였고,

일체중생의 이익 얻기를 원하였으며,

보리지혜의 한량없는 미묘한 즐거움을 얻기를 원하였고,

일체 착하지 못한 마음을 버렸으며,

일체 선근을 쌓아가기를 언제나 좋아하였고,

일체중생을 구호하기를 언제나 원하였으며,

살바야의 도를 관찰하기를 언제나 좋아하였고,

일체 지혜의 법, 수행하기를 언제나 좋아하였으며,

일체중생의 소원을 만족케 하였고,

일체 부처님의 공덕 바다에 들어갔으며,

일체 마군의 번뇌와 업장을 깨뜨렸고,

일체 여래의 가르침을 따랐으며,

일체 지혜의 걸림 없는 도를 행하였다.

이미 일체 지혜의 흐름에 깊이 들어가 일체 법의 흐름이 항상 앞에 나타났고,

큰 서원이 그지없어 대장부가 되었으며,

거룩한 이의 법에 머물러 일체 보문의 선한 일을 쌓았고,

일체 집착에서 벗어나 일체 세간의 경계에 물들지 않았으며,

모든 법성이 허공과 같음을 알고서,

구걸하는 이에게 외아들 같다는 생각, 부모 같다는 생각, 복전이라는 생각, 만나기 어렵다는 생각, 이익과 은혜가 된다는 생각, 견고하다는 생각, 스승 같다는 생각, 부처님 같다는 생각을 내었다.

이 때문에 장소도 가리지 않고, 종족의 유도 가리지 않고, 얼굴도 가림 없이, 찾아오는 이를 따라서 그들이 원하는 대로, 큰 자비의 마음으로 평등하여 걸림 없이 일체 모든 사람에게 보시하여 만족하도록 하였다.

음식을 찾는 이에게는 음식을, 옷을 찾는 이에게는 옷을, 향과 꽃을 찾는 이에게는 향과 꽃을, 화만과 일산을 찾는 이에게는 화만과 일산을 주었으며,

당기, 번기, 영락, 궁전, 동산, 정원, 코끼리, 말, 수레, 평상, 보료, 금, 은, 마니, 보물과 고방에 쌓아둔 것, 권속, 도시, 마을까지 모두 이처럼 중생에게 보시하였다.

● 疏 ●

後는 廣行大施라

於中八이니

一은 施令彌布요 二 其堅固下는 施會大敷요 三 時彼大王下는 施

主超倫이오 四'爾時閻浮'下는 施田雲集이오 五'時王見彼'下는 施心殷重이오 六'善男子其王爾時'下는 施願廣深이오 七'已能深入'下는 施慧玄微오 八'不簡方'下는 施時均普니라

둘째, 큰 보시를 널리 행함이다.

이 부분은 8단락이다.

① 보시의 명령을 더욱 펼쳤고,

② '其堅固' 이하는 보시 법회를 크게 열었으며,

③ '時彼大王' 이하는 시주가 뛰어났고,

④ '爾時閻浮' 이하는 보시의 복전이 운집하였으며,

⑤ '時王見彼' 이하는 보시의 마음이 중대하였고,

⑥ '善男子其王爾時' 이하는 보시의 서원이 광대하고 심오했으며,

⑦ '已能深入' 이하는 보시의 지혜가 현묘하였고,

⑧ '不簡方處' 이하는 보시의 시간이 평등하고 두루 구제하였다.

經

時此會中에 有長者女하니 名寶光明이니 與六十童女로 俱호되 端正殊妙하야 人所喜見이라
皮膚金色이오 目髮紺靑이며
身出妙香하고 口演梵音하며
上妙寶衣로 以爲莊嚴하고
常懷慚愧하야 正念不亂하며

具足威儀하고 恭敬師長하며
常念順行甚深妙行하야 所聞之法을 憶持不忘하며
宿世善根이 流潤其心하야 淸淨廣大 猶如虛空하며
等安衆生하고 常見諸佛하야 求一切智러니
時에 寶光明女 去王不遠에 合掌頂禮하야 作如是念호되
我獲善利며 我獲善利니 我今得見大善知識이라하고
於彼王所에 生大師想과 善知識想과 具慈悲想과 能攝
受想하야 其心正直하야 生大歡喜하며 脫身瓔珞하야 持
奉彼王하고 作是願言호되
今此大王이 爲無量無邊無明衆生하야 作所依處하시니
願我未來에 亦復如是하며 如彼大王의 所知之法과 所載
之乘과 所修之道와 所具色相과 所有財産과 所攝衆會
無邊無盡하고 難勝難壞하야 願我未來에 悉得如是하야
隨所生處하야 皆隨往生이라한대
爾時 大王이 知此童女의 發如是心하고 而告之言하사대
童女야 隨汝所欲하야 我皆與汝호리니 我今所有를 一切
皆捨하야 令諸衆生으로 普得滿足이로라

    그때, 이 보시 법회 가운데 한 장자의 딸이 있었는데, 그 이름을 '보광명'이라 한다. 60명의 동녀들과 함께하였는데, 단정하고 아름다워 사람들이 좋아하였다.

    살갗은 금빛이고 눈과 머리카락은 검푸르며,

    몸에서는 아름다운 향기가 풍겨나고 입으로는 범천의 음성을

말하며,

훌륭한 보배 옷으로 단장하고,

항상 수줍은 모습으로 바른 생각이 산란하지 않으며,

위의를 갖추고 어른을 공경하며,

항상 깊고 미묘한 행을 따를 것을 생각하여 한 번 들은 법을 기억하여 잊지 않으며,

전생에 심은 선근이 그 마음을 윤택하게 하여 청정하고 광대함이 허공과 같으며,

중생을 평등하게 평안하게 하며,

언제나 부처님을 친견하면서 일체 지혜를 구하였다.

그때, 보광명 아가씨가 대왕과 멀지 않은 데서 합장 예배하면서 이런 생각을 하였다.

'나는 좋은 이익을 얻었다. 나는 좋은 이익을 얻었다. 나는 지금 큰 선지식을 뵈었다.'

대왕에게 대하여 큰 스승이라는 생각, 선지식이라는 생각, 자비가 구족하다는 생각, 거두어 주리라는 생각을 내고서, 그 마음이 정직하여 큰 환희의 마음을 내고, 몸에 걸었던 영락을 벗어 왕에게 올리면서 이런 서원을 하였다.

'지금 대왕께서 한량없고 그지없는 무명 중생을 위하여 의지처가 되었다. 나도 미래 세계에서는 또한 그와 같기를 원한다.

대왕이 아시는 법, 타시는 수레, 닦으신 도, 갖추신 모습, 지니신 재산, 거두어 주시는 대중이 그지없고 다함이 없으며 이길 수 없고

파괴할 수 없다. 나도 미래 세계에 모두 그와 같은 것을 얻어, 대왕이 몸을 받아 나시는 곳을 따라서 나도 따라 태어나기를 원한다.'

그때, 대왕은 이 아가씨가 이런 마음을 내는 줄을 알고서 말하였다.

'아가씨여, 네가 원하는 대로 모두 너에게 주리라. 내가 지금 소유한 모든 것을 모두 건네주어 일체중생이 모두 만족함을 얻도록 하리라.'

● 疏 ●

第四正顯發心本事中六이니
一은 發心身德이오 二'時寶光明女'下는 正發大心이 同王心故오
三'爾時大王'下는 王發攝言이오 四'時寶光明'下는 女讚王德이오
五'時彼大王'下는 大王述讚이오 六'王讚女已'下는 施行攝持니라
六中에 前三은 可知니라

제4 단락, 발심의 본생 일을 밝힌 부분은 6단락이다.

(ㄱ) 발심한 몸의 공덕이며,

(ㄴ) '時寶光明女' 이하는 바로 큰마음을 일으킴이 왕의 마음과 같기 때문이며,

(ㄷ) '爾時大王' 이하는 왕이 받아들이는 말을 하였으며,

(ㄹ) '時寶光明' 이하는 동녀가 대왕의 공덕을 찬탄한 게송이며,

(ㅁ) '時彼大王' 이하는 대왕이 찬탄한 게송이며,

(ㅂ) '王讚女已' 이하는 보시행을 받들어 지녔다.

6단락 가운데 앞의 3단락에 대해서는 말하지 않아도 알 수 있다.

經

時에 寶光明女 信心淸淨하야 生大歡喜하야 卽以偈頌으로 而讚王言호되

 그때, 보광명동녀는 신심이 청정하여 매우 기쁜 마음에 게송으로 대왕을 찬탄하였다.

往昔此城邑이　　　　　大王未出時에
一切不可樂이　　　　　猶如餓鬼處하야

　지난 옛날 이 고을에
　대왕이 나시기 전에는
　즐거운 일 하나도 없어
　마치 아귀 사는 곳 같았네

衆生相殺害하고　　　　竊盜縱婬佚하며
兩舌不實語와　　　　　無義麤惡言하며

　중생이 서로 죽이고
　훔치고 간음하며
　이간하고 거짓말하고
　이치 없는 말, 거친 욕설

貪愛他財物하고　　　　　瞋恚懷毒心하고
邪見不善行하야　　　　　命終墮惡道라

　　남의 재물 욕심내고
　　성 잘 내고 표독한 마음 품고
　　삿된 소견, 나쁜 행동으로
　　죽으면 삼악도에 떨어졌네

以是等衆生이　　　　　愚癡所覆蔽로
住於顚倒見하야　　　　天旱不降澤하니

　　이런 중생들이
　　어리석음에 가려
　　전도된 소견에 빠져
　　가뭄으로 비 내리지 않았네

以無時雨故로　　　　　百穀悉不生하며
草木皆枯槁하며　　　　泉流亦乾竭이로다

　　비 내리지 않은 터라
　　곡식은 싹이 나지 못하고
　　풀과 나무는 모두 타 죽고
　　우물과 시냇물 모두 말랐네

大王未興世에　　　　　津池悉枯涸하고

園苑多骸骨하야　　　望之如曠野러니

    대왕이 나시기 전에

    연못은 모두 메마르고

    동산에는 해골이 많아

    바라보면 거친 벌판 같았는데

大王昇寶位에　　　廣濟諸群生하시니
油雲被八方하야　　　普雨皆充洽이로다

    대왕께서 보위에 올라

    모든 중생 널리 구제하니

    짙은 구름 팔방 덮어

    단비 흠뻑 내렸어라

大王臨庶品에　　　普斷諸暴虐하시니
刑獄皆止措하고　　　惸獨悉安穩이로다

    대왕이 이 나라 다스릴 적

    모든 포악 없애주니

    감옥에는 죄인 없고

    외로운 이들 모두 평온하였네

往昔諸衆生이　　　各各相殘害하야
飮血而噉肉이러니　　　今悉起慈心이로다

예전에는 여러 중생

　　서로서로 해치면서

　　피를 빨고 살 씹더니

　　이제는 모두 자비심 지녔어라

往昔諸衆生이　　　　**貧窮少衣服**하야
以草自遮蔽하고　　　**饑羸如餓鬼**러니

　　예전에는 모든 중생

　　가난으로 헐벗어서

　　풀잎으로 앞가리고

　　굶주림에 아귀 같더니

大王旣興世에　　　　**粳米自然生**하고
樹中出妙衣하야　　　**男女皆嚴飾**이로다

　　대왕이 나신 뒤에

　　쌀이 절로 생겨나고

　　나무에서 옷이 나와

　　남녀 모두 새 옷 입었어라

昔日競微利하야　　　**非法相陵奪**이러니
今時竝豊足하니　　　**如遊帝釋園**이로다

　　예전에는 하찮은 이익 다퉈

법도 없이 서로 빼앗더니
이제는 모든 게 풍족하여
제석천 동산에 노닌 듯하여라

昔時人作惡에   **非分生貪染**하야
他妻及童女를   **種種相侵逼**이러니

  예전에는 사람들 악업 지어
  턱없이 탐욕 내어
  유부녀나 아가씨를
  가지가지 침해하더니

今見他婦人의   **端正妙嚴飾**호되
而心無染着이   **猶如知足天**이로다

  이제는 얌전하고
  단장한 부인 보고서도
  마음에 물듦 없어
  지족천에 사는 듯

昔日諸衆生이   **妄言不眞實**하며
非法無利益하며   **諂曲取人意**러니

  예전에는 모든 중생
  거짓말하고 진실하지 못하며

법도 없고 이익도 없이
아첨으로 잘 보이려 하더니

今日群生類 **悉離諸惡言**하야
其心旣柔軟하고 **發語亦調順**이로다

 이제 모든 사람들
 모든 악담 하나 없다
 그 마음 유순하고
 하는 말도 화순하다

昔日諸衆生이 **種種行邪法**하야
合掌恭敬禮 **牛羊犬屯類**러니

 예전에는 모든 중생
 온갖 삿된 짓으로
 개, 돼지, 소를 보고서도
 합장하고 절하더니

今聞王正法하고 **悟解除邪見**하야
了知苦樂報 **悉從因緣起**로다

 이제는 대왕의 바른 법 듣고서
 옳게 알아 삿된 견해 사라져
 고통과 괴로움의 모든 과보

인연으로 생기는 줄 알았네

大王演妙音에　　　　　　　**聞者皆欣樂**이라
梵釋音聲等이　　　　　　　**一切無能及**이로다
　　대왕이 연설하신 미묘 법음
　　듣는 이 모두 기뻐하니
　　제석 범천 음성으로도
　　모두 미칠 수 없어라

大王衆寶蓋　　　　　　　　**迥處虛空中**하니
擎以瑠璃幹하고　　　　　　**覆以摩尼網**하며
　　대왕의 많은 보배 일산
　　공중 높이 솟았는데
　　유리로 대를 삼고
　　마니 그물 덮었으며

金鈴自然出　　　　　　　　**如來和雅音**하야
宣揚微妙法하야　　　　　　**除滅衆生惑**이로다
　　황금 풍경에서는 절로
　　여래의 청아한 음성 울려 나와
　　미묘 법문 연설하여
　　중생 번뇌 없애주네

次復廣演法　　十方諸佛刹의
一切諸劫中에　　如來幷眷屬하며

　　또한 널리 연설하신 법문이여
　　시방 여러 세계
　　모든 겁에 나신
　　여래와 권속의 법이어라

又復次第說　　過去十方刹과
及彼國土中에　　一切諸如來하며

　　또한 차례차례 설법이여
　　과거의 시방세계
　　그 국토에 계시던
　　모든 여래의 법이며

又出微妙音하야　　普徧閻浮界하야
廣說人天等의　　種種業差別하니

　　또한 미묘한 음성 울려 나와
　　염부제에 널리 가득한데
　　인간과 천상계의
　　온갖 다른 업을 말하니

衆生聽聞已에　　自知諸業藏하야

離惡勤修行하야 　　　廻向佛菩提로다
　중생이 법문 듣고
　스스로 많은 업을 알아
　악업 버리고 부지런히 수행하여
　부처님 보리로 회향하였어라

● 疏 ●

四 女讚中三이니 初는 標心淨이오 次는 發口言이오 後는 展身禮라
口言偈中에 五十二偈는 分二니 初 二十五偈는 總顯王德이오 後
'王父'下 二十七偈는 顯王本生이라
前中有四하니 初六偈는 明王未興時損이오 次 二偈는 明王興世之
益이오 三有十偈는 翻損成德이니 卽翻十惡이오 四有七偈는 明依
正難思니라

　㈣ 보광명동녀가 대왕의 공덕을 찬탄한 부분은 3단락이다.
　첫째, 보광명동녀의 마음이 청정함을 밝혔고,
　둘째, 보광명동녀가 게송으로 말하였으며,
　셋째, 보광명동녀가 예를 갖추었다.
　'둘째, 보광명동녀의 게송'은 52수 게송으로 2단락이다.
　① 첫 25수 게송은 대왕의 공덕을 총상으로 밝혔고,
　②'王父淨光明' 이하 27수 게송은 왕의 本生을 밝히고 있다.
　'① 첫 25수 게송'은 다시 4부분으로 나뉜다.
　㉠ 6수 게송은 대왕이 세간에 나오기 이전의 재앙을 밝혔고,

ⓒ 2수 게송은 대왕이 세간에 나온 이후의 이익을 밝혔으며,
ⓒ 10수 게송은 재앙이 뒤집혀 이익의 공덕을 성취함이다. 이는 10가지 악을 뒤집음이다.
㉣ 7수 게송은 의보와 정보의 불가사의함을 밝혔다.

經

王父淨光明이오　　　王母蓮華光이니
五濁出現時에　　　　處位治天下로다

    대왕 부친의 이름은 정광명
    대왕 모친은 연화광
    다섯 가지 혼탁이 나타날 적에
    임금으로서 천하를 다스렸다

時有廣大園하고　　　園有七百池하니
一一千樹遶하야　　　各各華彌覆로다

    그때, 엄청난 동산이 있고
    동산에는 5백 곳 연못 있는데
    각각 1천 그루 나무 둘러 있고
    연못마다 연꽃 덮여 있었다

於其池岸上에　　　　建立千柱堂하니
欄楯等莊嚴이　　　　一切無不備로다

그 연못 언덕 위에
1천 기둥 우람한 집 지으니
난간이며 모든 장엄
일체 모두 갖췄어라

末世惡法起에 **積年不降雨**하야
池流悉乾竭하고 **草樹皆枯槁**러니
　말세에 악법 일어나
　여러 해 비 내리지 않으니
　연못은 모두 메마르고
　초목은 온통 말라 죽었는데

王生七日前에 **先現靈瑞相**하니
見者咸心念호되 **救世今當出**이로다
　대왕 나시기 이레 전에
　신령한 상서 나타나니
　보는 이 모두 생각했다
　구세성자 이제 나오실 것이라고

爾時於中夜에 **大地六種動**하며
有一寶華池에 **光明猶日現**하니라
　태어나신 그날 밤

여섯 가지로 땅이 진동하고
어느 보배 꽃 덮인 연못에는
광명이 햇빛처럼 빛났어라

五百諸池內에　　　　　**功德水充滿**하며
枯樹悉生枝하야　　　　**華葉皆榮茂**로다

　　5백 곳 모든 연못에
　　8공덕수 넘실대고
　　마른 나무 새 가지 돋아나고
　　꽃잎 모두 피었어라

池水旣盈滿에　　　　　**流演一切處**하야
普及閻浮地하니　　　　**靡不皆霑洽**이로다

　　연못에 가득 찬 물
　　모든 곳으로 흘러넘쳐
　　널리 염부제까지
　　모두 흡족히 적셔주었다네

藥草及諸樹와　　　　　**百穀苗稼等**의
枝葉華果實이　　　　　**一切皆繁盛**이로다

　　약풀이나 모든 나무
　　온갖 곡식과 채소들

가지, 잎, 꽃, 열매
모두 번성하였어라

**溝坑及堆阜와　　　種種高下處의
如是一切地　　　　莫不皆平坦이로다**

도랑이며 언덕이며
높은 곳, 낮은 땅
이처럼 모든 곳이
평탄하지 않은 데 없어라

**荊棘沙礫等의　　　所有諸雜穢
皆於一念中에　　　變成衆寶玉이로다**

가시덤불 자갈밭
온갖 잡된 곳이
모두 한 생각 찰나에
숱한 보배로 바뀌었네

**衆生見是已하고　　歡喜而讚歎하야
咸言得善利라하야　如渴飮美水러라**

중생이 이를 보고
기뻐하고 찬탄하면서
모두 좋은 이익 얻어

갈증에 감로수 마신 듯하다 말들 하네

**時彼光明王이　　　　眷屬無量衆으로
斂然備法駕하야　　　遊觀諸園苑할세**

　　그때, 정광명왕이
　　한량없는 권속과 함께
　　법의 수레 갖춰
　　동산에 나들이할 적

**五百諸池內에　　　　有池名慶喜오
池上有法堂하니　　　父王於此住라**

　　5백 연못 가운데
　　'경희'라는 연못 있고
　　그 연못 위의 법당에
　　부왕이 주석하였어라

**先王語夫人호되　　　我念七夜前에
中霄地震動하고　　　此中有光現하니**

　　선왕이 부인에게 말하기를
　　내, 생각하니 이레 전
　　한밤중에 땅이 진동하고
　　여기서 광명이 쏟아지니

時彼華池內에 　　　　千葉蓮華出호되
光如千日照하야 　　　上徹須彌頂이라

  그 당시 연화 연못에
  피어난 1천 잎 연꽃 송이
  1천 태양 햇살처럼 방광하여
  수미산 꼭대기까지 비쳤는데

金剛以爲莖하며 　　　閻浮金爲臺하며
衆寶爲華葉하며 　　　妙香作鬚蘂어든

  금강으로 줄기 삼고
  염부단금 대를 삼고
  여러 보배 꽃잎 되고
  미묘한 향 꽃술 마련하자

王生彼華上하야 　　　端身結跏坐하니
相好以莊嚴하야 　　　天神所恭敬이로다

  그 연꽃 위에 왕이 탄생하여
  단정하게 가부하고 앉으니
  거룩한 모습 장엄하여
  천신이 공경히 받들었네

先王大歡喜하사 　　　入池自撫鞠하야

持以授夫人호되   汝子應欣慶이어다
    선왕이 너무 기뻐
    연못에 들어가 얼싸안고
    부인에게 건네주며 말했네
    '당신 아들이니 경사 났소!'

寶藏皆涌出하고   寶樹生妙衣하며
天樂奏美聲하야   充滿虛空中하니
    묻힌 보배 모두 솟아나오고
    보배 나무에 옷이 열리며
    하늘 풍류의 아름다운 소리
    공중에 가득 울려오니

一切諸衆生이   皆生大歡喜하야
合掌稱希有호되   善哉救護世여
    일체 모든 중생
    모두 기쁜 마음으로 합장하며
    보기 드문 일이라 외치면서
    '훌륭하다, 세상 구할 분이여!'

王時放身光하사   普照於一切하사
能令四天下로   暗盡病除滅하시니

왕의 몸, 무시로 광명 내어
일체 두루 비춰주어
모든 사천하에
어둠이 다하고 질병이 사라지네

**夜叉毘舍闍와　　　　毒蟲諸惡獸의
所欲害人者　　　　　一切自藏匿이로다**

야차와 비사사
독충이며 흉악한 동물
사람을 해치던 온갖 것이
모두 스스로 몸을 숨겼어라

**惡名失善利와　　　　橫事病所持인
如是衆苦滅이라　　　一切皆歡喜로다**

나쁜 이름, 좋은 이익 잃는 일
횡액과 질병에 붙들리는
온갖 고통 사라져
일체중생 기뻐하여라

**凡是衆生類　　　　　相視如父母하야
離惡起慈心하야　　　專求一切智로다**

모든 이런 중생들이

부모처럼 우러러보며

악업 버리고 사랑의 마음 일으켜

오롯이 일체 지혜 구하여라

關閉諸惡趣하고　　　　開示人天路하며
宣揚薩婆若하사　　　　度脫諸群生이로다

모든 악도의 길 닫아걸고

인간과 천상의 길 열어주며

살바야를 선양하여

일체중생 제도하여라

我等見大王하고　　　　普獲於善利호니
無歸無導者　　　　　　一切悉安樂이니이다

저희는 대왕 뵈옵고

널리 좋은 이익 얻었나니

갈 곳 없고 끌어줄 이 없는 우리

모두 안락 얻었어라

● 疏 ●

後는 顯王本生中 四니

初 四偈는 明先王世末이오 次 八偈는 明王興先相이오 三有七偈는
正顯誕生이오 四有八偈는 生後之益이라

② 뒤의 27수 게송은 왕의 본생을 밝혔다.

이는 4단락이다.

㉠ 4수 게송은 선왕의 말세 끝부분을 밝혔으며,

㉡ 8수 게송은 대왕이 나오기 이전의 모습을 밝혔으며,

㉢ 7수 게송은 대왕이 바로 탄생할 시점을 밝혔으며,

㉣ 8수 게송은 대왕이 탄생한 이후의 이익이다.

經

爾時에 寶光明童女 以偈讚歎一切法音圓滿蓋王已하고 遶無量匝하며 合掌頂禮하며 曲躬恭敬하고 却住一面한대

時彼大王이 告童女言하사대 善哉童女여 汝能信知他人功德하니 是爲希有로다

童女야 一切衆生이 不能信知他人功德이니라

童女야 一切衆生이 不知報恩하고 無有智慧하며 其心濁亂하고 性不明了하며 本無志力하고 又退修行하나니 如是之人은 不信不知菩薩如來의 所有功德과 神通智慧니라

童女야 汝今決定求趣菩提하야 能知菩薩如是功德하며 汝今生此閻浮提中하야 發勇猛心하야 普攝衆生하야 功不唐捐하니 亦當成就如是功德이로다

王讚女已에 以無價寶衣로 手自授與寶光童女와 幷其眷屬하고 一一告言하사대

汝着此衣하라
時諸童女 雙膝着地하고 兩手承捧하야 置於頂上이라가 然後而着하니라
旣着衣已하고 右遶於王한대 諸寶衣中에 普出一切星宿光明이어늘 衆人이 見之하고 咸作是言호되
此諸女等이 皆悉端正하야 如淨夜天에 星宿莊嚴이라하니라

　그때, 보광명동녀가 게송으로 일체법음원만개왕을 찬탄하고, 한량없이 돌고 합장하고 엎드려 절하고서 허리를 굽혀 공경하며 한쪽 끝으로 물러가 있었다.

　그때, 대왕이 아가씨에게 말하였다.

　'착하다. 아가씨여, 네가 다른 이의 공덕을 믿고 안다는 것은 참으로 보기 드문 일이다.

　아가씨여, 일체중생은 다른 이의 공덕을 믿지도 않고 알지도 못한다.

　아가씨여, 일체중생은 은혜 갚을 줄을 알지 못하고, 지혜가 없으며,

　마음이 혼탁하거나 산란하고 성품이 밝지 못하며,

　본래 의지와 힘이 없고, 또한 수행하는 데 물러서고 있다.

　이런 사람들은 보살과 여래가 지닌 공덕과 신통한 지혜를 믿지도 않고 알지도 못한다.

　아가씨여, 너는 지금 반드시 보리에 나아가고자 보살의 이러한

공덕을 잘 알고 있으며,

너는 지금 이 염부제에 태어나 용맹한 마음을 일으켜 널리 중생을 거두어 주어 하는 일이 헛되지 않으니, 또한 반드시 이런 공덕을 성취할 것이다.'

왕은 이처럼 아가씨를 칭찬하고서 값을 매길 수 없는 보배 옷을 손수 들어 보광명동녀와 그 권속들에게 건네주면서, '이 옷을 입으라.'고 하나하나 말하였다.

그때, 아가씨들은 땅에 두 무릎을 꿇고 두 손으로 옷을 받들어 머리 위에 올렸다가 입었다. 옷을 입고서 왕의 오른쪽으로 돌았는데, 모든 보배 옷에서 모두 별처럼 반짝이는 광명이 쏟아져 나왔다.

모든 사람이 보고서 모두 이처럼 말하였다.

'이 아가씨들이 모두 단정하여 청정한 밤하늘에 별처럼 장엄하였구나.'

● 疏 ●

身禮와 及王讚述等은 可知라

몸을 굽혀 예를 올리는 것과 대왕의 찬탄 등은 말하지 않아도 알 수 있다.

第二 結會古今

(2) 고금의 일을 회통하여 끝맺다

經

善男子야 爾時一切法音圓滿蓋王者는 豈異人乎아
今毘盧遮那如來應正等覺이 是也며
光明王者는 淨飯王이 是며
蓮華光夫人者는 摩耶夫人이 是며
寶光童女者는 卽我身이 是며
其王이 爾時에 以四攝法으로 所攝衆生은 卽此會中一切菩薩이 是니
皆於阿耨多羅三藐三菩提에 得不退轉하며 或住初地와 乃至十地하며 具種種大願하며 集種種助道하며 修種種妙行하며 備種種莊嚴하며 得種種神通하며 住種種解脫하야 於此會中에 處於種種妙法宮殿하니라

선남자여, 그 당시 일체법음원만개왕은 어찌 다른 사람이겠느냐. 지금의 비로자나 여래, 응공, 정등각이시다.

또 정광명왕은 지금의 정반왕이며,

연화광부인은 마야부인이고,

보광명동녀는 바로 나의 전신이며,

정광명왕이 그 당시 사섭법으로 거두어 준 중생들은 지금 이 회상에 있는 여러 보살이다.

모두 아뇩다라삼먁삼보리에서 물러서지 않고,

혹은 초지에 머물거나 내지 십지에 있으며,

가지가지 큰 서원을 갖추었고,

가지가지 도를 돕는 법을 모았으며,

가지가지 미묘한 행을 닦았고,

가지가지 장엄을 갖췄으며,

가지가지 신통을 얻었고,

가지가지 해탈에 머물면서,

이 회상에서 가지가지 미묘한 법의 궁전에 거처하였다."

第二偈頌

뒤의 개부일체수화주야신 게송

經

爾時에 開敷一切樹華主夜神이 爲善財童子하사 欲重宣此解脫義하야 而說頌言하사대

그때, 모든 나무에 꽃을 피워주는 주야신이 선재동자를 위해 이 해탈의 뜻을 거듭 말하고자 게송으로 말하였다.

我有廣大眼하야 普見於十方
一切刹海中에 五趣輪廻者하며

나에게 넓고 큰 눈이 있어

시방 일체 세계에서

다섯 세계의 길에 윤회하는 이들을

널리 모두 보았으며

亦見彼諸佛이 　　　　　菩提樹下坐하사
神通徧十方하야 　　　　說法度衆生호라
　　그리고 저 여래 부처께서
　　보리수 아래 앉아
　　신통이 시방에 가득하여
　　설법으로 중생 제도함을 보았노라

我有淸淨耳하야 　　　　普聞一切聲하며
亦聞佛說法하고 　　　　歡喜而信受호라
　　나에게 청정한 귀가 있어
　　일체 소리 모두 듣고
　　부처님 설법도 듣고서
　　환희의 마음으로 믿고 받아들였노라

我有他心智하니 　　　　無二無所礙하야
能於一念中에 　　　　　悉了諸心海호라
　　나에게 남의 마음 아는 지혜 있어
　　둘도 없고 걸린 바 없이
　　한 생각 찰나에
　　사람 마음 모두 아노라

我得宿命智하야　　　　能知一切劫에
自身及他人하야　　　　分別悉明了호라

　나에게 전생 일 아는 지혜 있어
　일체 겁에 있었던
　나의 일과 남의 일을
　모두 분명하게 아노라

我於一念知　　　　　　刹海微塵劫에
諸佛及菩薩과　　　　　五道衆生類호라

　나는 한 생각에 알고 있다
　세계의 티끌 같은 겁에
　모든 부처님과 보살
　다섯 세계의 중생들을

憶知彼諸佛의　　　　　始發菩提願과
乃至修諸行하야　　　　一一悉圓滿하며

　기억하고 알고 있다, 여러 부처님이
　처음 보리 서원 내셨던 일
　내지 여러 가지 행을 닦아
　하나하나 원만하심을

亦知彼諸佛의　　　　　成就菩提道하사

以種種方便으로　　　爲衆轉法輪하며
　　또 알고 있다, 모든 부처님이
　　보리지혜 성취하여
　　가지가지 방편으로
　　중생 위해 법륜 굴리심을

亦知彼諸佛의　　　所有諸乘海와
正法住久近과　　　衆生度多少호라
　　또 알고 있다, 저 부처님께서
　　지니신 여러 승(乘)과
　　바른 법에 머무신 세월
　　얼마큼 중생 제도하심을

我於無量劫에　　　修習此法門일세
我今爲汝說하노니　佛子汝應學이어다
　　나는 한량없는 겁에
　　이 법문 닦아 익힌 터라
　　내 이제 그대 위해 말하노니
　　불자여, 그대는 배울지어다

● 疏 ●

但是總相으로 顯已能知니 於中에 先九는 明能知오 後一은 結勸이라

이는 총상으로 그 자신이 잘 알고 있는 바를 나타냈을 뿐이다.
이 부분에 앞의 9수 게송은 잘 알고 있음을 밝혔고,
뒤의 1수 게송은 끝맺으면서 권면하였다.

經

善男子야 我唯知此菩薩出生廣大喜光明解脫門이어니와
如諸菩薩摩訶薩은 親近供養一切諸佛하야
入一切智大願海하며
滿一切佛諸願海하며
得勇猛智하야 於一菩薩地에 普入一切菩薩地海하며
得淸淨願하야 於一菩薩行에 普入一切菩薩行海하며
得自在力하야 於一菩薩解脫門에 普入一切菩薩解脫門海하나니
而我云何能知能說彼功德行이리오
善男子야 此道場中에 有一夜神하니 名大願精進力救護一切衆生이니
汝詣彼問호되 菩薩이 云何敎化衆生하야 令趣阿耨多羅三藐三菩提며 云何嚴淨一切佛刹이며 云何承事一切如來며 云何修行一切佛法이리잇고하라
時에 善財童子 頂禮其足하며 遶無數匝하며 殷勤瞻仰하고 辭退而去하니라

"선남자여, 나는 오직 이 보살의 광대한 기쁨을 내는 광명의 해

탈문만을 알 뿐이지만,

　저 보살마하살들은 일체 부처님을 가까이 모시고 공양하여,

　일체 지혜의 큰 서원 바다에 들어갔으며,

　일체 부처님의 서원 바다를 원만 성취하였으며,

　용맹스러운 지혜를 얻어 한 보살의 지위에서 일체 보살 지위의 바다에 널리 들어갔으며,

　청정한 서원을 얻어 한 보살의 행에서 널리 일체 보살의 수행 바다에 들어갔으며,

　자재한 힘을 얻어 한 보살의 해탈문에서 널리 일체 보살의 해탈문 바다에 들어갔다.

　내가 그런 공덕의 행을 어떻게 알며, 어떻게 말할 수 있겠는가.

　선남자여, 이 도량에 밤을 주관하는 하나의 신이 있는데, 그 이름을 '큰 서원 정진의 힘으로 일체중생 구호하는[大願精進力救護一切衆生] 주야신'이라 한다.

　그대는 그를 찾아가 '보살이 어떻게 중생을 교화하여 아뇩다라삼먁삼보리에 나아가게 하며,

　어떻게 일체 부처님 세계를 장엄 청정케 하며,

　어떻게 일체 여래를 받들어 섬기며,

　어떻게 일체 불법을 수행하는가.'를 묻도록 하라."

　그때, 선재동자는 그의 발에 엎드려 절하고 수없이 돌고 은근한 마음으로 우러러보면서 하직하고 떠나갔다.

◉ 論 ◉

已上經文及頌은 大意 使令修習處俗大悲일세 不立出家之相하고 以毘盧遮那佛로 爲所依主니 卽表第七地之慈悲門이 通該五位하야 直至佛究竟果海故라

以是로 起初至終히 不異普光明智일세 但以一佛로 普會하고 不安立十地의 百佛勝進이니 不似前出纏三空般若位中에 其王及女出家하야 作比丘比丘尼表之라

此但以俗士로 表之일세 設佛果毘盧遮那佛이라도 亦是俗身이니 以華冠瓔珞環釧莊嚴이 非出家像也라 以此第七一位慈悲門이 與前後五位中同行이로대 但約出世處世하야 表像別故로 令識勝進總別同異니라

此是第七遠行地善知識이니 何故로 名遠行地者오 爲此地 修處世大慈悲行하야 遠徹十方世界海일세 人天地獄에 一切行徹也하야 不自有求一念出世間心이라

以方便波羅密로 爲主오 餘九로 爲伴이니 以治處世染淨二心大悲處生死不自在障하야 令得自在니라

至八地에 菩薩行이 得一分自在나 於佛十力엔 猶未自在오 十地라야 方終이니 自六地已前은 未得四攝中에 而得自在니 爲有染淨二業이 未亡이어니와 七地已去는 四攝事中에 方得自在일세 故以此位 治染淨二障하야 入無染淨慈悲行故니라

위의 경문과 게송에 대한 대의는 세속에 머물면서 대자비를 닦아 익히도록 한 까닭에 출가의 모습을 세우지 않고 비로자나불

로 의지의 주체를 나타낸 것이다. 이는 제7 원행지의 자비문이 5위를 총괄하여 바로 부처의 최고 경계의 果海에 이름을 나타냈기 때문이다.

이 때문에 처음부터 마지막에 이르기까지 普光明智와 다르지 않기에, 다만 하나의 부처로 널리 회통했을 뿐, 십지의 1백 부처의 단계로 나아가는 지위를 세우지 않았다. 앞서 속박을 벗어난 3空, 반야의 지위에서 왕과 딸이 모두 출가하여 비구와 비구니가 되었던 것을 나타낸 것과는 똑같지 않다. 이는 다만 세속의 선비를 나타낼 뿐이기에 설령 佛果인 비로자나불 또한 세속의 몸이다. 華冠과 영락, 팔찌의 장엄은 출가인의 모습이 아니다.

이는 제7 자비문의 지위가 전후의 5위와 행이 같으면서도 다만 출세간과 세간을 들어서 모습이 다른 것을 구별하여 나타냈기 때문에 위로 닦아가는 총상·별상·동상·이상을 알도록 함이다.

이는 제7 원행지의 선지식이다.

무엇 때문에 원행지라고 부르게 되었는가?

이 지위는 세간에 머물면서 대자비행을 닦아 멀리 시방세계의 바다까지 통하기 때문에 인간계, 천상계 및 지옥에도 일체행이 모두 통하여, 일념으로 출세간을 추구하는 마음이 있지 않다.

방편바라밀로 주체를 삼고, 나머지 9가지로 객체를 삼는다. 세간에 머물면서 오염과 청정 2가지 마음의 대자비로 생사에 있어 자재하지 못한 장애를 다스려 자재함을 얻도록 하는 것이다.

제8 부동지에 이르러, 보살이 1부분의 자재함을 얻기는 하지

만, 부처의 십력에 대해서는 오히려 자재하지 못하고, 십지에 이르러서야 비로소 끝나는 것이다.

제6 현전지 그 이전은 사섭법에서도 자재하지 못하다. 오염과 청정 2가지 업이 아직은 사라지지 않았지만, 제7 원행지 이후에서야 사섭법이 비로소 자재함을 얻기 때문에 이 지위가 오염과 청정 2가지 장애를 다스려서 오염이나 청정이 없는 자비행에 들어가기 때문이다.

第八 大願精進力夜神 寄不動地

無功用道로 任大願風하야 普救護故니라【鈔_ '寄第八不動地'者는 謂無分別智 任運相續하야 相用煩惱不能動故니라】

제8. 대원정진력주야신, 부동지 선지식

하는 일이 없는 도로 큰 서원의 바람에 맡겨 널리 중생을 구호하기 때문이다.【초_ 제8 부동지에 붙여 말한 것은 분별없는 지혜가 마음대로 이어지면서 相用煩惱가 그를 흔들지 못하기 때문이다.】

第一 依敎趣求

1. 가르침을 따라 선지식을 찾아가 법을 구하다

經

爾時에 善財童子 往大願精進力救護一切衆生夜神所하야

그때, 선재동자는 '대원정진력 구호일체중생주야신'의 도량을 찾아가,

● 疏 ●

畧無念法하니 亦表無功離念故니라

생각하는 법이 조금도 없다. 이 또한 하는 일이 없이 생각을 여의었음을 나타내기 때문이다.

第二 見敬諮問
然亦含二意하니 若約顯說인맨 則自此盡偈 皆第二段이오 至'夜神答言'下하야 方屬第三授己法界어니와 若約密授인맨 則此現勝用이 已爲授己法界오 善財 發同善友心이 便已得益이니 義雖通二나 爲欲順文하야 且依前判이라
就文分三이니
初는 見勝用이오
次'時善財童子'下는 設敬證入이오
後'爾時善財說此偈已'下는 諮問法要니라
今은 初라

2. 친견하여 절을 올리고 법을 묻다
  그러나 또한 2가지 뜻을 포함하고 있다.
  만약 분명한 부분으로 말하면, 이로부터 모든 게송이 제2 단락

이며, '夜神答言' 이하에 이르러서야 비로소 '3. 자기의 법계를 전수하다'에 속한다.

하지만, 만약 은밀한 전수로 말하면, 여기에서는 뛰어난 작용을 나타냄이 이미 '자기의 법계를 전수'함이며, 선재동자가 선지식과 같고자 하는 마음을 일으킴이 곧 이미 이익을 얻은 부분이다.

그 뜻은 이처럼 2가지 뜻에 모두 통하지만, 거슬리지 않게 문장의 맥락을 따라서 앞의 논지를 따른 것이다.

경문에 나아가 살펴보면 3단락이다.

1) 뛰어난 작용을 살펴봄이며,
2) '時善財童子' 이하는 절을 올리고 증득하여 들어감이며,
3) '爾時善財說此偈' 이하는 법의 요체를 물음이다.

이는 '1) 뛰어난 작용을 살펴봄'이다.

經

見彼夜神이 在大衆中하사 坐普現一切宮殿摩尼王藏師子之座하사

普現法界國土摩尼寶網으로 彌覆其上하고

現日月星宿影像身하시며

現隨衆生心하야 普令得見身하시며

現等一切衆生形相身하시며

現無邊廣大色相海身하시며

現普現一切威儀身하시며

現普於十方示現身하시며
現普調一切衆生身하시며
現廣運速疾神通身하시며
現利益衆生不絶身하시며
現常遊虛空利益身하시며
現一切佛所頂禮身하시며
現修習一切善根身하시며
現受持佛法不忘身하시며
現成滿菩薩大願身하시며
現光明充滿十方身하시며
現法燈普滅世暗身하시며
現了法如幻淨智身하시며
現遠離塵暗法性身하시며
現普智照法明了身하시며
現究竟無患無熱身하시며
現不可沮壞堅固身하시며
現無所住佛力身하시며
現無分別離染身하시며
現本淸淨法性身이러라

밤을 주관하는 신이 대중들 가운데 있는데, 일체 궁전이 널리 나타내는 마니장 사자법좌에 앉아 있는 것을 보았다.

법계의 국토를 두루 나타내는 마니주 그물로 그 위를 덮었고,

해와 달과 별의 영상을 나타내며,
중생의 마음을 따라 모두 볼 수 있는 몸을 나타내고,
일체중생의 형상과 평등한 몸을 나타내며,
그지없이 광대한 색상 바다의 몸을 나타내고,
일체 위의를 널리 보여주는 몸을 나타내며,
시방에 두루 나타내는 몸을 나타내고,
일체중생을 널리 조복하는 몸을 나타내며,
빠른 신통을 널리 부리는 몸을 나타내고,
중생의 이익이 끊이지 않는 몸을 나타내며,
항상 허공에 노닐면서 이익을 주는 몸을 나타내고,
일체 부처님 계신 데서 절을 올리는 몸을 나타내며,
일체 선근을 닦는 몸을 나타내고,
불법을 받아 지니고서 잊지 않는 몸을 나타내며,
보살의 큰 서원을 이룩하는 몸을 나타내고,
광명이 시방에 충만한 몸을 나타내며,
법의 등불로 세간의 어둠을 모두 없애주는 몸을 나타내고,
법이 요술과 같음을 아는 청정한 지혜의 몸을 나타내며,
티끌의 어둠에서 멀리 벗어난 법성의 몸을 나타내고,
넓은 지혜로 법을 비추어 분명히 아는 몸을 나타내며,
끝까지 우환이 없고 열이 없는 몸을 나타내고,
깨뜨릴 수 없는 견고한 몸을 나타내며,
집착한 바 없는 부처님 힘의 몸을 나타내고,

분별심 없이 때를 여읜 몸을 나타내며,
본래 청정한 법성의 몸을 나타냈다.

◉ 疏 ◉

先은 總見所依오 後現日月下는 別顯身相이라
有二十四身하니
初十은 卽應機攝化身이오
次現一切佛所下六身은 是應法成行身이오
餘는 是離障契理身이라 多隨內德應하야 顯身差別이니 見身了心이라

앞에서는 의지할 대상을 총체로 나타냈으며, 뒤의 '現日月' 이하는 몸의 모습을 개별로 밝혔다.

24가지의 몸이 있다.

첫 10가지 몸은 근기에 부응하여 중생을 교화하는 몸이며,

다음의 '現一切佛所' 이하 6가지 몸은 법에 응하여 행을 성취한 몸이며,

나머지는 장애에서 벗어나 진리와 하나가 되는 몸이다. 대부분 내면의 공덕을 따라서 각기 다른 몸으로 응하여 나타냈다. 몸을 보면 마음을 알 수 있다.

二 設敬證入

2) 절을 올리고 증득하여 들어가다

時에 善財童子 見如是等佛刹微塵數差別身하고 一心
頂禮하야 擧體投地라가 良久乃起하야 合掌瞻仰하고 於
善知識에 生十種心하니

何等이 爲十고

所謂於善知識에 生同己心이니 令我精勤하야 辦一切智
助道法故며

於善知識에 生淸淨自業果心이니 親近供養하야 生善根
故며

於善知識에 生莊嚴菩薩行心이니 令我速能莊嚴一切菩
薩行故며

於善知識에 生成就一切佛法心이니 誘誨於我하야 令修
道故며

於善知識에 生能生心이니 能生於我無上法故며

於善知識에 生出離心이니 令我修行普賢菩薩所有行願
하야 而出離故며

於善知識에 生具一切福智海心이니 令我積集諸白法故며

於善知識에 生增長心이니 令我增長一切智故며

於善知識에 生具一切善根心이니 令我志願으로 得圓滿
故며

於善知識에 生能成辦大利益心이니 令我自在하야 安住
一切菩薩法故며 成一切智道故며 得一切佛法故니

是爲十이니라

그때, 선재동자는 이처럼 세계 티끌 수만큼 각기 다른 몸을 보고, 한결같은 마음으로 엎드려 절하고 한참 후에 일어나 합장하고 우러러보면서 선지식을 마주하여 열 가지 마음을 내었다.

무엇이 열 가지 마음인가?

이른바 선지식을 마주하여 내 몸과 같다는 마음을 내었다. 나로 하여금 부지런히 정근하여 일체 지혜의 도를 돕는 법을 갖추도록 한 때문이다.

선지식을 마주하여 나의 업과 과보를 청정히 하려는 마음을 내었다. 가까이 모시고 공양하여 선근을 내기 때문이다.

선지식을 마주하여 보살행을 장엄하려는 마음을 내었다. 나로 하여금 모든 보살행을 빨리 장엄하도록 한 때문이다.

선지식을 마주하여 일체 불법을 성취하려는 마음을 내었다. 나를 가르쳐 도를 닦도록 한 때문이다.

선지식을 마주하여 이런 것을 내어야 한다는 마음을 내었다. 나에게 위없는 법을 내도록 한 때문이다.

선지식을 마주하여 삼계를 벗어나야 한다는 마음을 내었다. 나로 하여금 보현보살의 행과 원을 수행하여 삼계를 벗어나도록 한 때문이다.

선지식을 마주하여 일체 복덕과 지혜의 바다를 갖추려는 마음을 내었다. 나로 하여금 여러 가지 순백 청정한 법을 쌓도록 한 때문이다.

선지식을 마주하여 더욱 키워나가야 한다는 마음을 내었다. 나의 일체 지혜를 더욱 키워나가도록 한 때문이다.

선지식을 마주하여 일체 선근을 갖추어야 한다는 마음을 내었다. 나의 서원을 원만케 한 때문이다.

선지식을 마주하여 큰 이익을 이루려는 마음을 내었다. 나로 하여금 자재하게 모든 보살의 법에 안주하도록 한 때문이며, 일체 지혜의 도를 이뤄주기 때문이며, 일체 불법을 얻도록 한 때문이다.

이것이 열 가지 마음이다.

⦁ 疏 ⦁

於中四니

第一은 設敬陳禮오

第二'於善知'下는 發增勝心이오

第三'發是心已'下는 深證懸同이오

第四'旣獲此已'下는 以偈慶讚이라

初二는 可知니라

이 부분은 4단락이다.

(1) 친견하고 절을 올림이며,

(2) '於善知' 이하는 더욱 훌륭한 마음을 일으킴이며,

(3) '發是心' 이하는 깊은 증득이 아주 똑같음이며,

(4) '旣獲此' 이하는 게송으로 경하하고 찬탄함이다.

(1) 設敬陳禮, (2) 發增勝心은 말하지 않아도 알 수 있다.

121

發是心已에 得彼夜神과 與諸菩薩의 佛刹微塵數同行하니

所謂同念이니 心常憶念十方三世一切佛故며

同慧니 分別決了一切法海差別門故며

同趣니 能轉一切諸佛如來妙法輪故며

同覺이니 以等空智로 普入一切三世間故며

同根이니 成就菩薩清淨光明智慧根故며

同心이니 善能修習無礙功德하야 莊嚴一切菩薩道故며

同境이니 普照諸佛所行境故며

同證이니 得一切智하야 照實相海淨光明故며

同義니 能以智慧로 了一切法眞實性故며

同勇猛이니 能壞一切障礙山故며

同色身이니 隨衆生心하야 示現身故며

同力이니 求一切智하야 不退轉故며

同無畏니 其心清淨하야 如虛空故며

同精進이니 於無量劫에 行菩薩行호되 無懈倦故며

同辯才니 得法無礙智光明故며

同無等이니 身相清淨하야 超世間故며

同愛語니 令一切衆生으로 皆歡喜故며

同妙音이니 普演一切法門海故며

同滿音이니 一切衆生이 隨類解故며

同淨德이니 修習如來淨功德故며
同智地니 一切佛所에 受法輪故며
同梵行이니 安住一切佛境界故며
同大慈니 念念普覆一切國土衆生海故며
同大悲니 普雨法雨하야 潤澤一切諸衆生故며
同身業이니 以方便行으로 教化一切諸衆生故며
同語業이니 以隨類音으로 演說一切諸法門故며
同意業이니 普攝衆生하야 置一切智境界中故며
同莊嚴이니 嚴淨一切諸佛刹故며
同親近이니 有佛出世에 皆親近故며
同勸請이니 請一切佛轉法輪故며
同供養이니 常樂供養一切佛故며
同教化니 調伏一切諸衆生故며
同光明이니 照了一切諸法門故며
同三昧이니 普知一切衆生心故며
同充徧이니 以自在力으로 充滿一切諸佛刹海하야 修諸行故며
同住處니 住諸菩薩大神通故며
同眷屬이니 一切菩薩로 共止住故며
同入處니 普入世界微細處故며
同心慮니 普知一切諸佛刹故며
同往詣니 普入一切佛刹海故며

同方便이니 悉現一切諸佛刹故며
同超勝이니 於諸佛刹에 皆無比故며
同不退니 普入十方호되 無障礙故며
同破暗이니 得一切佛成菩提智大光明故며
同無生忍이니 入一切佛衆會海故며
同徧一切諸佛刹網이니 恭敬供養不可說刹諸如來故며
同智證이니 了知彼彼法門海故며
同修行이니 順行一切諸法門故며
同希求니 於淸淨法에 深樂欲故며
同淸淨이니 集佛功德하야 而以莊嚴身口意故며
同妙意니 於一切法에 智明了故며
同精進이니 普集一切諸善根故며
同淨行이니 成滿一切菩薩行故며
同無礙니 了一切法皆無相故며
同善巧니 於諸法中에 智自在故며
同隨樂이니 隨衆生心하야 現境界故며
同方便이니 善習一切所應習故며
同護念이니 得一切佛所護念故며
同入地니 得入一切菩薩地故며
同所住니 安住一切菩薩位故며
同記別이니 一切諸佛이 授其記故며
同三昧니 一刹那中에 普入一切三昧門故며

同建立이니 示現種種諸佛事故며
同正念이니 正念一切境界門故며
同修行이니 盡未來劫토록 修行一切菩薩行故며
同淨信이니 於諸如來無量智慧에 極欣樂故며
同捨離니 滅除一切諸障礙故며
同不退智니 與諸如來智慧等故며
同受生이니 應現成熟諸衆生故며
同所住니 住一切智方便門故며
同境界니 於法界境에 得自在故며
同無依니 永斷一切所依心故며
同說法이니 已入諸法平等智故며
同勤修니 常蒙諸佛所護念故며
同神通이니 開悟衆生하야 令修一切菩薩行故며
同神力이니 能入十方世界海故며
同陀羅尼니 普照一切總持海故며
同秘密法이니 了知一切修多羅中妙法門故며
同甚深法이니 解一切法如虛空故며
同光明이니 普照一切諸世界故며
同欣樂이니 隨衆生心하야 而爲開示하야 令歡喜故며
同震動이니 爲諸衆生하야 現神通力하야 普動十方一切刹故며
同不虛니 見聞憶念에 皆悉令其心調伏故며

同出離니 滿足一切諸大願海하야 成就如來十力智故
니라
時에 善財童子 觀察大願精進力救護一切衆生夜神하고
起十種淸淨心하야 獲如是等佛刹微塵數同菩薩行하니라

이런 마음을 낸 후에 저 밤을 주관하는 신과 여러 보살의 세계 티끌 수만큼 많은 행과 똑같았다.

이른바 생각이 같다. 마음으로 항상 시방의 삼세 일체 부처님을 생각하기 때문이다.

지혜가 같다. 일체 법 바다의 각기 다른 법문을 분별하여 결정하기 때문이다.

나아감이 같다. 일체 부처님 여래의 미묘한 법륜을 굴리기 때문이다.

깨달음이 같다. 허공과 같은 지혜로 일체 세 가지 세간[五陰, 衆生, 國土世間]에 널리 들어가기 때문이다.

근기가 같다. 보살의 청정 광명의 지혜 선근을 성취하기 때문이다.

마음이 같다. 걸림 없는 공덕을 잘 닦아서 모든 보살의 도를 장엄하기 때문이다.

경계가 같다. 부처님의 행하셨던 경계를 널리 비춰주기 때문이다.

증득함이 같다. 일체 지혜를 얻은 실상 바다를 비춰주는 청정한 광명이기 때문이다.

이치가 같다. 지혜로써 일체 법의 진실한 성품을 알기 때문이다.

용맹이 같다. 일체 장애의 산을 무너뜨리기 때문이다.

육신이 같다. 중생의 마음을 따라 몸을 나타내기 때문이다.

힘이 같다. 일체 지혜를 구하여 물러서지 않기 때문이다.

두려움 없음이 같다. 그 마음이 청정하여 허공과 같기 때문이다.

정진이 같다. 한량없는 겁에 보살의 행을 행하되 게으름이 없기 때문이다.

변재가 같다. 법에 걸림 없는 지혜의 광명을 얻기 때문이다.

똑같을 이 없음이 같다. 몸매가 청정하여 세간에 뛰어나기 때문이다.

사랑스러운 말이 같다. 일체중생이 모두 기뻐하기 때문이다.

미묘한 음성이 같다. 일체 법문 바다를 두루 연설하기 때문이다.

원만한 음성이 같다. 일체중생이 제 나름 이해하기 때문이다.

청정한 덕이 같다. 여래의 청정한 공덕을 닦아 익히기 때문이다.

지혜의 지위가 같다. 일체 부처님 계신 데서 법륜을 받기 때문이다.

청정한 범행이 같다. 일체 부처님의 경계에 편안히 머물기 때문이다.

크게 인자함이 같다. 생각마다 일체 국토의 중생 바다를 널리 덮어주기 때문이다.

크게 가엾이 여김이 같다. 법비를 널리 내려 일체중생을 적셔주기 때문이다.

몸으로 짓는 업이 같다. 방편의 행으로 일체중생을 교화하기 때문이다.

말로 짓는 업이 같다. 중생의 부류에 따른 음성으로 일체 법문을 연설하기 때문이다.

뜻으로 짓는 업이 같다. 중생을 널리 받아들여 일체 지혜의 경계 속에 두기 때문이다.

장엄함이 같다. 일체 부처님 세계를 청정히 장엄하기 때문이다.

친근함이 같다. 부처님이 세상에 나시면 모두 가까이 모시기 때문이다.

권하여 청함이 같다. 일체 부처님께 청하여 법륜을 굴리도록 하기 때문이다.

공양함이 같다. 항상 일체 부처님께 공양하기를 좋아하기 때문이다.

교화함이 같다. 일체중생을 조복하기 때문이다.

광명이 같다. 일체 법문을 밝게 비춰주기 때문이다.

삼매가 같다. 일체중생의 마음을 널리 알기 때문이다.

두루 가득함이 같다. 자재한 힘으로 일체 부처님의 세계 바다에 가득히 행을 닦기 때문이다.

머무는 곳이 같다. 일체 보살의 큰 신통에 머물기 때문이다.

권속이 같다. 일체 보살과 함께 살기 때문이다.

들어가는 곳이 같다. 세계의 미세한 곳에 두루 들어가기 때문이다.

마음으로 생각함이 같다. 일체 부처님의 세계를 널리 알기 때문이다.

나아감이 같다. 일체 부처님 세계 바다에 두루 들어가기 때문이다.

방편이 같다. 일체 부처님의 세계에 모두 몸을 나타내기 때문이다.

훌륭하게 뛰어남이 같다. 모든 부처님 세계, 그 누구와도 모두 견줄 수 없기 때문이다.

물러서지 않음이 같다. 시방에 두루 들어가되 걸림이 없기 때문이다.

어둠을 깨뜨림이 같다. 일체 부처님의 보리지혜를 성취하는 큰 광명을 얻기 때문이다.

무생법인이 같다. 일체 부처님의 대중법회 바다에 들어가기 때문이다.

일체 부처님의 세계 그물을 두루 함이 같다. 말할 수 없는 세계의 여래를 공경하고 공양하기 때문이다.

지혜로 증득함이 같다. 그들의 법문 바다를 분명히 알기 때문이다.

수행함이 같다. 일체 부처님의 법문을 따라 행하기 때문이다.

바라고 구함이 같다. 청정한 법을 매우 좋아하기 때문이다.

청정함이 같다. 부처님의 공덕을 모아 몸과 입과 뜻을 장엄하기 때문이다.

미묘한 뜻이 같다. 일체 법을 지혜로 분명히 알기 때문이다.

정진이 같다. 일체 선근을 두루 쌓아가기 때문이다.

청정한 행이 같다. 일체 보살의 행을 원만 성취하기 때문이다.

교묘함이 같다. 모든 법에 지혜가 자재하기 때문이다.

따라 좋아함이 같다. 중생의 마음을 따라 경계를 나타내기 때문이다.

방편이 같다. 모든 당연히 익혀야 할 것을 잘 익히기 때문이다.

가호와 염려함이 같다. 일체 부처님의 가호와 염려하심을 얻기 때문이다.

지위에 들어감이 같다. 일체 보살의 지위에 들어가기 때문이다.

머무는 바가 같다. 일체 보살의 자리에 안주하기 때문이다.

기별이 같다. 일체 부처님이 기별을 주기 때문이다.

삼매가 같다. 한 찰나 사이에 일체 삼매문에 두루 들어가기 때문이다.

세움이 같다. 가지가지 부처님의 일을 나타내기 때문이다.

바른 생각이 같다. 일체 경계의 문을 바르게 생각하기 때문이다.

수행이 같다. 미래 세월이 다하도록 일체 보살행을 수행하기 때문이다.

청정한 믿음이 같다. 모든 여래의 한량없는 지혜를 매우 좋아하기 때문이다.

버리는 것이 같다. 일체 장애를 없앴기 때문이다.

물러서지 않는 지혜가 같다. 일체 여래의 지혜와 평등하기 때문이다.

태어남이 같다. 모든 중생에 따라 몸을 나타내어 성숙시켜 주기 때문이다.

머무는 바가 같다. 일체 지혜의 방편문에 머물기 때문이다.

경계가 같다. 법계의 경계에 자재함을 얻기 때문이다.

의지함이 없음이 같다. 일체 의지하는 마음을 영원히 끊기 때문이다.

설법이 같다. 모든 법의 평등한 지혜에 들어가기 때문이다.

부지런히 닦음이 같다. 항상 부처님의 가호와 염려하심을 입기 때문이다.

신통이 같다. 중생을 깨우쳐 일체 보살행을 닦도록 하기 때문이다.

신통력이 같다. 시방의 세계 바다에 들어가기 때문이다.

다라니가 같다. 일체 다라니 바다를 두루 비추기 때문이다.

비밀의 법이 같다. 일체 경의 미묘한 법문을 알기 때문이다.

매우 깊은 법이 같다. 일체 법이 허공과 같음을 이해하기 때문이다.

광명이 같다. 일체 세계를 두루 비춰주기 때문이다.

기뻐 좋아함이 같다. 중생의 마음을 따라 보여주어 기쁨을 주기 때문이다.

진동함이 같다. 중생을 위하여 신통력을 나타내어 시방의 모든 세계를 널리 진동시키기 때문이다.

헛되지 않음이 같다. 보고 듣고 기억함이 모두 그들의 마음을 조복하기 때문이다.

벗어남이 같다. 일체 큰 서원 바다를 만족케 하여 여래의 열 가지 힘의 지혜를 성취하기 때문이다.

그때, 선재동자가 '대원정진력 구호일체중생주야신'을 살펴보고 열 가지 청정한 마음을 일으켜, 이와 같이 세계 티끌 수의 '보살과 똑같은 보살행'을 얻었다.

● 疏 ●

三中에 有標·釋·結이라
今初는 由前起同己等十心일세 故得同善友等行이라
通論이면 同有四義하니
一은 人法無二니 與一切法界同이오
二는 因果無二니 與一切諸佛同이오
三은 自他無二니 與一切菩薩同이오
四는 染淨無二니 與一切衆生同이라
今云得彼夜神과 與諸菩薩同菩薩行은 則正是第三義오 兼餘三이라 由見初故로 則不殊餘二하야 方爲究竟之同이니 良以八地證無生理하야 自他相作이 皆無礙故로 偏此明同이니 故下列中에 有無生忍하니라
二'所謂'下는 列釋八十四同이라 各有標名·釋義하니 文相이 自顯이며
三'時善財童子觀察'下는 總結이라

⑶ 깊은 증득이 아주 똑같은 부분에는 표장, 해석, 끝맺음이 있다.

㈀ 표장에서는 앞에서 자기와 똑같은 10가지의 마음을 일으킨 까닭에 선지식과 똑같은 행을 얻은 것이다.

전반적으로 논하면 똑같다는 데에는 4가지 의의가 있다.

① 사람과 법이 둘이 없다. 일체 법계와 같다.

② 원인과 결과가 둘이 없다. 일체 제불과 같다.

③ 나와 남이 둘이 없다. 일체 보살과 같다.

④ 오염과 청정이 둘이 없다. 일체중생과 같다.

여기에서 주야신과 모든 보살의 보살행이 똑같음을 얻었다고 말한 것은 바로 '③ 나와 남이 둘이 없음'이며, 그 의의는 나머지 3가지 의의를 겸하고 있다.

'① 사람과 법이 둘이 없음'을 보았기에, 나머지 '③ 나와 남', '④ 오염과 청정' 2가지가 모두 다르지 않아서 바야흐로 똑같은 최고 경계에 이른 것이다. 진실로 제8 부동지에서 無生法忍의 이치를 증득하여, 나와 남이 서로 하는 데에 모두 걸림이 없기 때문에 여기에서 유독 같은 점만을 밝힌 것이다. 이 때문에 아래의 나열 부분에 無生忍이 있다.

㈁ '所謂' 이하는 84가지의 같은 점을 나열하여 해석하였다. 각기 명제의 표장과 이에 따른 해석의 의의가 있다. 문장의 맥락이 그 나름 분명하다.

㈂ '時善財童子觀察' 이하는 총체로 끝맺었다.

經

旣獲此已에 心轉淸淨하야 偏袒右肩하며 頂禮其足하며
一心合掌하고 以偈讚曰

 이를 얻은 뒤에 마음이 더욱 청정하여, 오른쪽 어깨를 드러내고 그의 발에 절하고 하나같은 마음으로 합장한 채, 게송으로 말하였다.

我發堅固意하야	志求無上覺일세
今於善知識에	而起自己心이로다

  저는 굳건한 뜻을 세워
  위없는 깨달음 구하고자
  지금 선지식에게
  나의 마음을 일으켰나이다

以見善知識일세	集無盡白法하야
滅除衆罪垢하고	成就菩提果로다

  선지식을 뵈었기에
  그지없이 청정한 법 쌓아서
  모든 죄업 없애고
  보리를 성취하였나이다

我見善知識하고	功德莊嚴心하니

盡未來刹劫토록　　　　　勤修所行道로다

　　저는 선지식을 뵈옵고
　　공덕으로 마음을 장엄하여
　　미래 세계의 겁 다하도록
　　행할 도를 부지런히 닦나이다

我念善知識이　　　　　　攝受饒益我하사
爲我悉示現　　　　　　　正敎眞實法이로다

　　제가 생각하니 선지식께서
　　저를 거두어 이익을 주고자
　　저를 위하여 바른 가르침
　　진실한 법 모두 보여주었습니다

關閉諸惡趣하고　　　　　顯示人天路하며
亦示諸如來의　　　　　　成一切智道로다

　　모든 악도 닫아주고
　　인간, 천상의 길 보여주며
　　여러 부처님이 이루신
　　일체 지혜의 도 보여주었습니다

我念善知識이　　　　　　是佛功德藏이라
念念能出生　　　　　　　虛空功德海하사

제가 생각하니 선지식께서
부처님의 공덕 창고인 터라
한 생각 찰나마다
허공 같은 공덕 바다 내시어

與我波羅蜜하며　　　增我難思福하며
長我淨功德하며　　　令我冠佛繒이로다

저에게 바라밀 주시고
불가사의한 복덕 더하고
청정한 공덕 길러주며
부처님 비단 관을 씌워줬습니다

我念善知識이　　　能滿佛智道하시니
誓願常依止하야　　圓滿白淨法이로다

제가 생각하니 선지식께서
부처님 지혜 원만하니
맹세하고 원하건대
원만 청정 법을 항상 의지하오리다

我以此等故로　　　功德悉具足하니
普爲諸衆生하야　　說一切智道로다

저는 이런 수행으로

모든 공덕 두루 갖췄으니

이제는 널리 중생 위해

일체 지혜의 도 연설하리다

聖者爲我師하야   **與我無上法**하시니
無量無數劫에   **不能報其恩**이로다

거룩하신 저의 스승으로

저에게 위없는 법 주시니

한량없고 수없는 겁에

그 은혜 갚지 못하리다

● 疏 ●

第四는 以偈慶讚이라

十偈 分三이니

初 八은 頌前發增勝心이오 次第로 頌前十句니 初 六偈는 各頌一句이오 第七偈에 上三句는 頌第七이오 下句는 頌第八이오 第八偈에 上半은 頌第九오 下半은 頌第十이라

二有一偈는 頌前深證懸同이오

三 一偈는 頌荷恩深重이라

   (4) 게송으로 경하하고 찬탄함이다.

   10수 게송은 3단락이다.

   ① 8수 게송은 앞의 더욱 훌륭한 마음을 일으킴에 대해 읊었다.

차례로 앞의 10구를 읊었다.

첫 6수 게송은 각각 1구씩 읊었고,

제7게송의 위의 3구는 제7구[於善知識 生具一切福智海心]를, 아래 구절은 제8구[生增長心]를 읊었고,

제8게송의 위 2구는 제9구[生具一切善根心]를, 아래의 2구는 제10구[生能成辦大利益心]를 읊었다.

② 1수 게송은 앞의 깊은 증득이 아주 똑같음을 읊었고,

③ 1수 게송은 깊고 중대한 은혜를 입음에 대해 읊었다.

第三 諮問法要

3) 법의 요체를 묻다

經

爾時에 **善財 說此偈已**하고 **白言**호되
大聖이시여 **願爲我說**하소서 **此解脫門**이 **名爲何等**이며 **發心已來 爲幾時耶**며 **久如**에 **當得阿耨多羅三藐三菩提**니잇고

그때, 선재동자는 이 게송을 마치고, 다시 여쭈었다.

"거룩하신 성자여, 바라건대 저를 위하여 말해주십시오.

이 해탈문의 이름은 무엇이며,

발심한 지 얼마나 오래되었으며,

얼마 후에 아뇩다라삼먁삼보리를 얻었습니까?"

◉ 疏 ◉

前에 已觀解脫之用일새 故不問云何修行이오 直徵名而已니라
文有三問이라

앞에서 이미 해탈의 작용을 보았기에, '어떻게 수행했는가'는 묻지 않고, 해탈의 명제만을 물었을 뿐이다.

이의 경문에는 3가지 물음이 있다.

已上은 第二見敬諮問 竟하다

이상은 2. 친견하여 절을 올리고 법을 묻는 부분을 끝마치다.

第三 授己法界

前卽默授오 今方言授니라

於中二니 初는 答名問이오 後는 答發心久近이라 所以不答第三成菩提者는 有二意故니 一은 顯悲增이니 如休捨說이오 二는 顯久成이니 示居因位니라 故下所救千佛도 尙已久成이온 況能救耶아【鈔_'故下所救千佛'等者는 法華經 如來壽量品에 云'我實成佛已來로 經無量無邊不可思議阿僧祇劫故'라하니라】

3. 자기의 법계를 전수하다

앞에서는 침묵으로 전수하였는데, 여기에서 비로소 말로써 전수하였다.

139

이는 2단락이다.

1) 해탈 명제의 물음에 답하였고,

2) 발심한 지 얼마나 되었는가에 대해 답하였다.

'3) 얼마 후에 보리를 성취했는가?'에 대해 대답하지 않은 것은 2가지 뜻이 있기 때문이다.

① 大悲의 增長을 나타냄이다. 휴사우바이의 말과 같다.

② 성취한 지 오래임을 나타냄이다. 부처가 되기 이전의 因位에 있을 적을 보여줌이다. 이 때문에 아래의 경문에서 말한 "내가 구원했던 1천 부처[我所救者 卽拘留孫等賢劫千佛]"들도 오히려 성취한 지 오래인데, 하물며 구원의 주체가 되는 부처님이야.【초_ "이 때문에 아래의 경문에서 말한, 내가 구원했던 1천 부처"란 법화경 여래수량품에서 말하였다.

"내가 실로 성불한 이후, 한량없고 그지없는 불가사의 아승지겁을 지난 까닭이다."】

前中二니 先은 標名이라

'1) 해탈 명제의 물음에 답한' 부분은 2단락이다.

ㄱ) 명제의 표장이다.

經

夜神이 告言하되 善男子야 此解脫門이 名教化衆生令生善根이니

밤을 주관하는 신이 말하였다.

"선남자여, 이 해탈문의 이름은, '중생을 교화하여 선근 내어주는 해탈법문'이라 한다.

◉ 疏 ◉

謂現身廣化하야 令生諸善이니 究竟得佛일새 故名爲根이라

몸을 나타내어 널리 교화하여 모든 선근을 내도록 하였다. 끝내 부처를 얻을 수 있기에 그 이름을 '선근'이라 한다.

後顯其業用
謂契理之用이라 故用而無涯하고 動寂無二니라
於中三이니
初는 內契理事니 明色卽空故오
二는 明大用無涯니 廣現色身은 空卽色故오
後는 結深廣이니 不礙悲故니라
今初는 由了法界無定實色하야 擧體卽空이로되 而非斷空이오 空中無色이나 不礙色故로 存亡隱顯皆自在故로 方能隨樂하야 現種種色이라 故先明其內契事理니라【鈔_ '初明內契理事'者는 此義全同十通中에 一切色身智通이니 前已廣說일새 故但畧科하야 總出其意니 今當重說호리라
由內證實일새 故外現色이니
所以起信論에 云 '問曰 若諸佛法身이 離於色相者인댄 云何能現

色相?

答曰 卽此法身이 是色體故로 能現於色하나니 所謂從本已來로 色心不二니 以色性卽智性故로 色體無形을 說名智身이오 以智性卽色性故로 說名法身徧一切處니 所現之色이 無有分齊하야 隨心能示十方世界 無量菩薩과 無量報身과 無量莊嚴이 各各差別하야 皆無分齊로되 而不相妨하나니 此非心識分別能知라 以眞如自在用義故니라

釋曰 彼雖約佛이나 今此位極 大同佛也니라】

ㄴ) 그 하는 일과 작용을 밝혔다.

진리와 하나가 된 작용이기에 작용이 끝이 없으며, 동함과 고요함이 둘이 없다.

이 부분은 3단락이다.

(1) 내면으로 이법계와 사법계에 하나가 됨이다. 현상의 色이 바로 空임을 밝혔고,

(2) 끝이 없는 큰 작용을 밝혔다. 널리 몸을 나타낸 것은 공이 바로 색이기 때문이며,

(3) 심오하고 광대함을 끝맺었다. 자비의 마음에 걸림이 없기 때문이다.

'(1) 내면으로 이법계와 사법계에 하나가 됨'은 법계에 일정한 실제의 색이 없음을 잘 알기에, 온몸이 바로 공이지만 斷空이 아니며, 공에 색이 없으나 색에 걸림이 없기 때문이다. 몸의 존망과 보이고 보이지 않음에 모두 자재한 까닭에 바야흐로 중생이 좋아하

는 바를 따라서 가지가지의 몸을 나타낸 것이다. 이 때문이다. 먼저 내면으로 이법계와 사법계에 하나가 됨을 밝힌 것이다.【초_ '(1) 내면으로 이법계와 사법계에 하나가 됨'이란 이 의의는 제28 십통품에서 말한 '一切色身智通'과 전체 똑같다. 앞에서 이미 자세히 말하였기에 그저 간단하게 과목을 나누어서 그 뜻을 총괄하였다. 여기에서는 거듭 말하고자 한다.

내면으로 실상을 증득하였기에 밖으로 몸이 나타난 것이다.

이 때문에 기신론에서 다음과 같이 말하였다.

"만약 제불의 법신이 색상을 여읜 자리라고 한다면 어떻게 색상을 나타내는가?"

이의 물음에 답하였다.

"이 법신이 색으로 이뤄진 형체이기에 색신을 나타내는 것이다. 이른바 본래부터 색과 마음이 둘이 아니다. 색의 자성[色性]이 바로 지혜의 자성[智性]이기 때문에 색의 본체에 형체가 없는 것을 지혜의 몸[智身]이라 말하고, 지혜의 자성이 곧 색의 자성이기 때문에 법신이 일체 모든 곳에 두루 존재한다고 말한다. 나타난 바의 색이 일정한 한계가 없어 마음을 따라 시방세계의 한량없는 보살, 한량없는 報身, 한량없는 장엄이 각기 다르다. 모두 한계가 없음을 보이되 서로 방해가 되지 않는다. 이는 心識의 분별로 알 수 있는 대상이 아니다. 진여의 자재한 작용이라는 뜻이기 때문이다."

이에 대한 해석은 다음과 같다.

기신론에서는 부처를 들어 말했으나, 여기에서는 지위 극처이

기에 크게는 부처와 같다.】

經

我以成就此解脫故로
悟一切法自性平等하며
入於諸法眞實之性하며
證無依法하야 捨離世間하며
悉知諸法色相差別하며
亦能了達靑黃赤白이 性皆不實하야 無有差別이니라

　　나는 이런 해탈을 성취하였기에,

　　일체 모든 법의 자성이 평등함을 깨달았으며,

　　모든 법의 진실한 성품에 들어갔으며,

　　의지함이 없는 법을 증득하여 세간을 버렸으며,

　　모든 법의 색상이 각기 다름을 모두 알았으며,

　　또한 푸르고 누르고 붉고 흰 것의 성품이 모두 진실하지 못하여 차별이 없는 것을 분명히 알았다.

● 疏 ●

經中에 先은 明證實離相이오 後는 雙了性相이라
今初에 '悟一切法自性平等'者는 此句總明이니
云何平等가 次云 '入於諸法眞實之性'故니 謂眞實性中에 無差別相하고 無種種相하고 無無量相하야 萬法一如어니 何有不等이리오

此眞實性은 依何立故오 復次明證無依法이니 所謂不依於色하고 不依於空이니 若萬法依空호되 空無所依라

今萬法依眞호되 眞無所依어니 卽無依法門일세 故捨離世間이라 世間은 卽有種種差別이니 斯則性尙不立이온 何況於相가 亦不依空立色하고 亦不依色立空하고 亦無異無不異하고 無卽無不卽이니 斯見亦絶일세 强名內證이니라

後 '悉知諸法色相差別'下는 雙了性相이니 初明了相이니 空卽色故오

後 '亦能了達'下는 此明了性이니 色卽空故니라

又上句는 色中無空이오 下句는 空中無色이며

又上句는 色能容空이오 下句는 空能容色이며

又上句는 空能顯色이오 下句는 色能顯空이니 無障無礙니라

　　경문의 앞부분은 실상을 증득하여 모양 여읨을 밝힌 것이며, 뒷부분은 내면의 성품과 밖의 현상을 모두 앎이다.

　　이의 앞부분에서 "일체 모든 법의 자성이 평등함을 깨달았다."는 이 구절은 총상으로 밝혔다.

　　어찌하여 평등한 것일까? 다음 구절에서 말한 "모든 법의 진실한 성품에 들어갔기" 때문이다. 진실한 성품에는 차별의 모습이 없으며, 가지가지 모습이 없으며, 한량없는 모습이 없다. 모든 법은 하나이다. 어찌 평등하지 않음이 있겠는가.

　　이 진실한 성품은 무엇에 의지하여 성립되었기 때문일까? 또 다음 구절에서 "의지함이 없는 법을 증득하였음"을 밝히고 있다.

이는 색에도 의지하지 않고 공에도 의지하지 않는다. 모든 법은 공을 의지하되 공은 의지한 바가 없는 것과 같다.

여기에서 모든 법은 진여를 의지하되 진여는 의지한 바가 없다. 곧 의지함이 없는 법문이기에 세간을 버리고 떠난 것이다. 세간에는 가지가지 다른 모습이 있으나 이는 자성도 오히려 세우지 않는데, 하물며 모양을 세울 수 있겠는가.

또한 공을 의지하여 색을 세우지 않으며,

또한 색을 의지하여 공을 세우지 않으며,

또한 다른 것도 없고 다르지 않다는 것도 없으며, 하나가 되는 것도 없고 하나가 되지 않는다는 것도 없다. 이러한 견해조차도 끊어진 자리이기에, 굳이 이름을 붙여 '內證'이라고 한다.

뒤의 "모든 법의 색상이 각기 다름을 모두 안다." 이하는 내면의 성품과 밖의 현상을 모두 앎이다.

앞에서는 모양을 앎에 대해 밝혔다. 공이 바로 색이기 때문이다.

뒤의 '亦能了達' 이하는 성품을 앎에 대해 밝혔다. 색이 바로 공이기 때문이다.

또한 위 구절은 색 가운데 공이 없고, 아래 구절은 공 가운데 색이 없다.

또한 위 구절은 색이 공을 포용함이며, 아래 구절은 공이 색을 포용함이다.

또한 위 구절은 공으로 색을 밝혔고, 아래 구절은 색으로 공을 밝혔다. 이는 서로 장애가 없다.

二 明大用無涯

(2) 끝이 없는 큰 작용을 밝히다

經

而恒示現無量色身하노니

所謂種種色身과 非一色身과 無邊色身과 淸淨色身과 一切莊嚴色身과 普見色身과 等一切衆生色身과 普現一切衆生前色身과 光明普照色身과 見無厭足色身과 相好淸淨色身과 離衆惡光明色身과 示現大勇猛色身과 甚難得色身과 一切世間無能暎蔽色身과 一切世間共稱歎無盡色身과 念念常觀察色身과 示現種種雲色身과 種種形顯色色身과 現無量自在力色身과 妙光明色身과 一切淨妙莊嚴色身과 隨順成熟一切衆生色身과 隨其心樂現前調伏色身과 無障礙普光明色身과 淸淨無濁穢色身과 具足莊嚴不可壞色身과 不思議法方便光明色身과 無能暎奪一切色身과 無諸暗破一切暗色身과 集一切白淨法色身과 大勢力功德海色身과 從過去恭敬因所生色身과 如虛空淸淨心所生色身과 最勝廣大色身과 無斷無盡色身과 光明海色身과 於一切世間에 無所依平等色身과 徧十方無所礙色身과 念念現種種色相海色身과 增長一切衆生歡喜心色身과 攝

取一切衆生海色身과 一一毛孔中에 說一切佛功德海
色身과 淨一切衆生欲解海色身과 決了一切法義色身과
無障礙普照耀色身과 等虛空淨光明色身과 放廣大淨
光明色身과 照現無垢法色身과 無比色身과 差別莊嚴
色身과 普照十方色身과 隨時示現應衆生色身과 寂靜
色身과 滅一切煩惱色身과 一切衆生福田色身과 一切
衆生見不虛色身과 大智慧勇猛力色身과 無障礙普周
徧色身과 妙身雲普現世間皆蒙益色身과 具足大慈海
色身과 大福德寶山王色身과 放光明普照世間一切趣
色身과 大智慧淸淨色身과 生衆生正念心色身과 一切
寶光明色身과 普光藏色身과 現世間種種淸淨相色身
과 求一切智處色身과 現微笑令衆生生淨信色身과 一
切寶莊嚴光明色身과 不取不捨一切衆生色身과 無決
定無究竟色身과 現自在加持力色身과 現一切神通變
化色身과 生如來家色身과 遠離衆惡徧法界海色身과
普現一切如來道場衆會色身과 具種種衆色海色身과
從善行所流色身과 隨所應化示現色身과 一切世間見
無厭足色身과 種種淨光明色身과 現一切三世海色身
과 放一切光明海色身과 現無量差別光明海色身과 起
諸世間一切香光明色身과 現不可說日輪雲色身과 現
廣大月輪雲色身과 放無量須彌山妙華雲色身과 出種
種鬘雲色身과 現一切寶蓮華雲色身과 興一切燒香雲

徧法界色身과 散一切末香藏雲色身과 現一切如來大願身色身과 現一切語言音聲演法海色身과 現普賢菩薩像色身이니라

그러면서도 언제나 한량없는 모양의 몸을 나타냈다.

이른바 가지가지 몸,

하나가 아닌 몸,

그지없는 몸,

청정한 몸,

모든 것으로 장엄한 몸,

모든 이가 볼 수 있는 몸,

일체중생과 같은 몸,

일체중생의 앞에 두루 나타내는 몸,

광명이 널리 비추는 몸,

보기에 싫지 않은 몸,

잘생긴 몸매의 청정한 몸,

모든 악에서 벗어나 빛나는 몸,

큰 용맹을 나타내는 몸,

매우 얻기 어려운 몸,

일체 세간에서 가릴 이 없는 몸,

일체 세간에서 다 함께 칭찬하는 그지없는 몸,

찰나마다 항상 관찰하는 몸,

가지가지 구름을 나타내는 몸,

가지가지 형상으로 빛을 나타내는 몸,

한량없이 자재한 힘을 나타내는 몸,

미묘한 광명이 있는 몸,

일체 청정 미묘함으로 장엄한 몸,

일체중생을 따라서 성숙시켜 주는 몸,

중생의 좋아하는 마음을 따라서 그들 앞에 나타나 조복하는 몸,

걸림 없이 널리 빛나는 몸,

청정하여 더러움이 없는 몸,

두루 갖춘 장엄으로 무너뜨릴 수 없는 몸,

불가사의한 법의 방편으로 빛나는 몸,

일체 모든 것을 그 누구도 가릴 수 없는 몸,

암흑이 없는 것으로 일체 암흑을 깨뜨려주는 몸,

일체 순백 청정한 법을 쌓은 몸,

큰 세력의 공덕 바다의 몸,

과거에 공경히 받들었던 원인으로 생겨난 몸,

허공처럼 청정한 마음으로 생겨난 몸,

가장 훌륭하고 광대한 몸,

끊임없고 그지없는 몸,

광명 바다의 몸,

일체 세간에 의지한 바 없는 평등한 몸,

시방에 두루 걸림 없는 몸,

한 생각의 찰나마다 가지가지 빛깔 바다를 나타내는 몸,

일체중생의 기쁜 마음을 더욱 키워주는 몸,

일체 중생 바다를 거두어들이는 몸,

하나하나 모공에서 일체 부처님의 공덕 바다를 말하는 몸,

일체중생의 욕망과 이해 바다를 청정히 하는 몸,

일체 법과 이치를 결단하여 잘 아는 몸,

장애 없이 널리 비추는 몸,

허공처럼 청정한 광명의 몸,

넓고 크고 청정한 광명을 쏟아내는 몸,

더러운 때가 없는 법을 비춰 나타내는 몸,

견줄 데 없는 몸,

각기 달리 장엄한 몸,

시방을 널리 비춰주는 몸,

때에 따라 몸을 나타내어 중생에게 응해주는 몸,

고요한 몸,

일체 번뇌를 없애주는 몸,

일체중생의 복전이 되는 몸,

일체중생이 친견하면 헛되지 않는 몸,

큰 지혜의 용맹스러운 힘을 지닌 몸,

걸림 없이 두루 찾아가는 몸,

미묘한 몸 구름이 세간에 널리 나타나 모두 이익을 받는 몸,

큰 자비 바다를 두루 갖춘 몸,

큰 복덕 보배 산의 몸,

광명을 쏟아내어 세간의 모든 길을 비춰주는 몸,

큰 지혜의 청정한 몸,

중생의 바른 생각을 내어주는 몸,

일체 보배 광명의 몸,

널리 비춰주는 광명 갈무리의 몸,

세간의 가지가지 청정한 모양을 나타내는 몸,

일체 지혜의 처소를 구하는 몸,

미소를 나타내어 중생의 청정한 신심을 내어주는 몸,

일체 보배로 장엄한 광명의 몸,

일체중생에게 집착하지도 않고 버리지도 않는 몸,

결정도 없고 끝닿는 데도 없는 몸,

자재하게 가피의 힘을 나타내는 몸,

일체 신통 변화를 나타내는 몸,

여래의 가문에 태어나는 몸,

모든 악을 멀리 여의고 법계 바다에 두루 행하는 몸,

일체 여래 도량의 대중법회에 두루 나타나는 몸,

가지가지 빛깔 바다를 두루 갖춘 몸,

선행을 쌓은 데서 흘러나온 몸,

교화할 이를 따라 나타내는 몸,

일체 세간 중생이 보고서 싫어하지 않는 몸,

가지가지 청정한 광명의 몸,

일체 삼세 바다를 나타내는 몸,

일체 광명 바다를 쏟아내는 몸,

한량없이 각기 다른 광명 바다를 나타내는 몸,

일체 세간의 향기 광명을 일으키는 몸,

말할 수 없는 태양 구름을 나타내는 몸,

광대한 달 구름을 나타내는 몸,

한량없는 수미산의 미묘한 꽃구름을 쏟아내는 몸,

가지가지 화만 구름을 피어내는 몸,

일체 보배 연꽃 구름을 나타내는 몸,

일체 사르는 향 구름을 일으켜 법계에 두루 가득하게 하는 몸,

일체 가루 향 갈무리 구름을 흩날리는 몸,

일체 여래의 큰 서원 몸을 나타내는 몸,

일체 언어와 음성으로 법 바다를 연설하는 몸,

보현보살의 형상을 나타내는 몸이다.

● 疏 ●

畧顯九十八種色身이니 幷初後標結하야 卽爲百身이라 起信等論에 明八地當色自在地일세 故此廣辨色身種種이라 約其類別 非一이오 約一類而多니 餘可思準이어다【鈔_ '二明無涯大用'者는 經中 初句에 云 '而恒示現無量色身'者는 牒前起後일세 故云 '而恒'이오 由上空不礙色일세 故能現色이라 又若以色爲色인댄 不能現色이어니와 今卽色非色일세 故無不現이라 又卽空之色이라야 方爲妙色일세 故躡上하야 明色空不二하야 成上眞空이니 不二而二 斯爲妙色

이오 色空融卽이 爲眞法界니 緣起無盡하야 卽一現多니라
'起信等論 明八地當色自在'者는 起信에 云 '四者는 現色不相應染이니 依色自在地하야 能離故'라 하니
釋曰 何以得知論是八地오 前有七地하고 後有九故니라 言 '等論'者는 等取瑜伽等이라 卽上八地에 由證無生하야 絶色累故로 得十自在와 十身相作하나니 如影普現이 皆色自在니라】

98가지의 몸을 간단하게 밝혔다. 앞의 표장과 뒤의 결어를 함께하여 1백 가지의 몸이 된다. 기신론 등에서 제8 부동지가 '색신이 자재한 자리[色自在地]'에 해당함을 밝힌 까닭에 여기에서 가지가지 몸을 자세히 논변하였다. 그 유별로 말하면 하나가 아니고, 하나의 유로써 많은 것으로 말하였다. 나머지는 이에 준하여 생각해야 한다.【초_ "(2) 끝이 없는 큰 작용을 밝혔다."는 것은 경문의 첫 구절에서 말한, "언제나 한량없는 모양의 몸을 나타냈다[而恒示現無量色身]."는 것으로 앞의 문장을 이어서 뒤의 문장을 일으킨 것이다. 이 때문에 '而恒'이라 말하였고, 위의 '공은 색에 장애가 없는 것'으로 연유하여 색을 나타낸 것이다.

또한 만약 색으로써 색을 삼는다면 색을 나타내지 못하지만, 여기에서는 색이지만 색이 아니기에 나타내지 못할 것이 없다.

또한 공과 하나가 된 색만이 바야흐로 미묘한 색이기에 위의 문장을 뒤이어서 색과 공이 둘이 아님을 밝혀 위에서 말한 眞空을 끝맺은 것이다. 둘이 아닌[不二] 둘이 미묘한 색이며, 색과 공이 원융하게 하나가 되는 것이 진실한 법계이다. 緣起가 그지없어 하나

의 자리에서 많은 것을 나타내는 것이다.

"기신론 등에서 제8 부동지가 色自在地에 해당함을 밝혔다." 는 것은 기신론에서 말하였다.

"4가지는 색을 나타내되 오염에 상응하지 않는다. 색신이 자재한 자리에 의하여 벗어나기 때문이다."

이에 대한 해석은 다음과 같다.

어찌하여 기신론에 제8 부동지임을 아는 것일까? 앞에는 제7 원행지가 있고, 뒤에 제9 염혜지가 있기 때문이다.

'등등의 논[等論]'이라 말한 것은 유가론 등을 똑같이 들어 말하였다. 위 제8 부동지에서 무생법인을 증득함에 따라서 색의 누가 끊어졌기에 10가지의 자재와 10가지의 몸이 모두 이뤄지는 것이다. 그림자처럼 널리 나타남이 모두 '色自在'이다.】

三 總結深廣
   (3) 심오하고 광대함을 끝맺다

經

念念中에 現如是等色相身하야 充滿十方하야 令諸衆生으로 或見或念하며 或聞說法하며 或因親近하며 或得開悟하며 或見神通하며 或覩變化하야 悉隨心樂하야 應時調伏하야 捨不善業하고 住於善行케호니

善男子야 當知此由大願力故며 一切智力故며 菩薩解
脫力故며 大悲力故며 大慈力故로 作如是事니라
善男子야 我入此解脫에 了知法性이 無有差別호되 而能
示現無量色身하야 一一身에 現無量色相海하며 一一相
에 放無量光明雲하며 一一光에 現無量佛國土하며 一一
土에 現無量佛興世하며 一一佛에 現無量神通力하야 開
發衆生의 宿世善根하야 未種者로 令種하며 已種者로 令
增長하며 已增長者로 令成熟하야 念念中에 令無量衆生
으로 於阿耨多羅三藐三菩提에 得不退轉케호라

한 생각의 찰나마다 이와 같은 색상의 몸을 시방에 가득 나타내어, 중생으로 하여금 혹은 보도록 하거나, 혹은 생각하도록 하거나, 혹은 법문을 듣도록 하거나, 혹은 가까이 모시도록 하거나, 혹은 깨달음을 얻도록 하거나, 혹은 신통을 보도록 하거나, 혹은 변화를 보도록 하면서, 그들이 좋아하는 마음에 따라 조복하여, 착하지 못한 업을 버리고 선행에 머물게 하였다.

선남자여, 알아야 한다.

이는 큰 원력에 의한 것이며,

일체 지혜의 힘에 의한 것이며,

보살의 해탈한 힘에 의한 것이며,

크게 가엾이 여기는 힘에 의한 것이며,

크게 사랑한 힘에 의한 것이기 때문에 이런 일을 할 수 있는 것이다.

선남자여, 나는 이런 해탈에 들어가 법성에 차별이 없음을 알지만, 한량없는 몸을 나타내어

하나하나의 몸마다 한량없는 색상의 바다를 나타내고,

하나하나의 몸매마다 한량없는 광명 구름을 쏟아내며,

하나하나의 광명마다 한량없는 불국토를 나타내고,

하나하나의 국토마다 한량없는 부처가 세간에 나옴을 나타내며,

하나하나의 부처마다 한량없는 신통력을 나타내어, 과거 세계에 심어놓은 중생의 선근을 개발하여 주되,

선근을 미처 심지 않은 이에게는 선근을 심도록 하고,

이미 심은 이에게는 더욱 키워나가게 하며,

이미 더욱 키워나간 이에게는 성숙시키도록 하여,

한 생각의 찰나마다 한량없는 중생으로 하여금 아뇩다라삼먁삼보리에서 물러서지 않도록 하였다.

◉ 疏 ◉

於中四니

一은 結所作之業이오

二 '善男子當知'下는 結能現所因이오

三 '善男子我入'下는 雙結寂用無礙오

四 '一一身'下는 結成深廣이라

이 부분은 4단락이다.

① 몸을 나타내어 했던 일을 끝맺었고,

②'善男子當知' 이하는 몸을 나타낼 수 있었던 원인이 되는 바를 끝맺었으며,

③'善男子我入' 이하는 寂靜과 작용에 걸림이 없음을 모두 끝맺었고,

④'一一身' 이하는 심오하고 광대한 공덕을 끝맺었다.

第二는 答發心久近中에 二니

初는 歎深許說이오 後는 正答所問이라

今은 初라

2) 발심한 지 얼마나 되었는가에 대해 답하다

이는 2단락이다.

ㄱ) 심오함을 찬탄하면서 설법을 허락하였고,

ㄴ) 바르게 물은 바에 답하였다.

이는 'ㄱ) 설법을 허락함'이다.

經

善男子야 如汝所問하야 從幾時來로 發菩提心이며 修菩薩行고한 如是之義는 承佛神力하야 當爲汝說호리라

선남자여, 그대가 물은 것처럼, 언제부터 보리심을 내었으며, 언제부터 보살의 행을 닦았는가라는, 이런 의미들을 부처님의 불가사의한 힘을 받들어 그대 위해 말해주리라.

● 疏 ●

前中에 三이니
初는 牒問許說이오 二는 歎法甚深이오 三은 結承力說이니 初는 可知니라

앞의 설법을 허락한 부분은 3단락이다.
(1) 물음에 이어 설법을 허락하였고,
(2) 법이 매우 심오함을 찬탄하였으며,
(3) 부처님의 위신력을 받들어 설법함을 끝맺었다.
첫 부분은 말하지 않아도 알 수 있다.

經

善男子야 菩薩智輪이 遠離一切分別境界하야 不可以生死中長短染淨廣狹多少인 如是諸劫으로 分別顯示니
何以故오 菩薩智輪이 本性淸淨하야 離一切分別網하며 超一切障礙山하야 隨所應化하야 而普照故니라
善男子야 譬如日輪이 無有晝夜로대 但出時名晝오 沒時名夜인달하야 菩薩智輪도 亦復如是하야 無有分別하며 亦無三世로대 但隨心現하야 敎化衆生일세 言其止住前劫後劫이니라
善男子야 譬如日輪이 住閻浮空에 其影이 悉現一切寶物과 及以河海諸淨水中이어든 一切衆生이 莫不目見호되 而彼淨日은 不來至此인달하야 菩薩智輪도 亦復如是

159

하야 出諸有海하고 住佛實法하야 寂靜空中에 無有所依호되 爲欲化度諸衆生故로 而於諸趣에 隨類受生이나 實不生死하며 無所染着하며 無長短劫과 諸想分別이니

何以故오 菩薩이 究竟離心想見一切顚倒하고 得眞實見하야 見法實性하며 知一切世間이 如夢如幻하야 無有衆生이언만 但以大悲大願力故로 現衆生前하야 敎化調伏이니라

佛子야 譬如船師 常以大船으로 於河流中에 不依此岸하며 不着彼岸하며 不住中流하고 而度衆生호되 無有休息인달하야 菩薩摩訶薩도 亦復如是하야 以波羅蜜船으로 於生死流中에 不依此岸하며 不着彼岸하며 不住中流하고 而度衆生호되 無有休息하나니 雖無量劫에 修菩薩行이나 未曾分別劫數長短이니라

佛子야 如太虛空이 一切世界 於中成壞호되 而無分別하야 本性淸淨하야 無染無亂하며 無礙無厭하며 非長非短이라 盡未來劫토록 持一切刹인달하야 菩薩摩訶薩도 亦復如是하야 以等虛空界廣大深心으로 起大願風輪하야 攝諸衆生하야 令離惡道하고 生諸善趣하며 悉令安住一切智地하야 滅諸煩惱生死苦縛호되 而無憂喜疲厭之心이니라

善男子야 如幻化人이 肢體雖具나 而無入息과 及以出息과 寒熱饑渴과 憂喜生死十種之事인달하야 菩薩摩訶

薩도 亦復如是하야 **以如幻智平等法身**으로 **現衆色相**하야 **於諸有趣**에 **住無量劫**하야 **教化衆生**호되 **於生死中一切境界**에 **無欣無厭**하며 **無愛無恚**하며 **無苦無樂**하며 **無取無捨**하며 **無安無怖**하니

선남자여, 보살의 지혜 법륜은 일체 분별의 경계를 멀리 여의어, 생사 중에 존재하는 장수와 단명, 오염과 청정, 광대함과 협소함, 많음과 적음, 그와 같은 겁으로 분별하여 보여주는 것이 아니다.

무엇 때문일까?

보살의 지혜 법륜은 본성이 청정하여 일체 분별의 그물에서 벗어났고, 일체 장애의 산을 뛰어넘어 교화할 만한 이를 따라서 널리 비춰주기 때문이다.

선남자여, 비유하면 태양 자체는 낮과 밤이 없지만, 떠오르면 낮이라 말하고, 떨어지면 밤이라 말하는 것처럼, 보살의 지혜 법륜도 그와 같이 분별도 없고 또한 삼세의 구분도 없지만, 교화받을 중생의 마음을 따라 몸을 나타내어 중생을 교화할 적에 그 머물러 있는 것으로 앞의 겁이니, 뒤의 겁이니 말하는 것이다.

선남자여, 마치 태양이 염부제의 허공에 떠 있을 적에 그 그림자가 모든 보물, 그리고 강과 바다의 맑은 물에 나타나면, 일체중생이 보지 않은 이가 없지만, 저 태양은 그곳을 찾아가지 않은 것처럼, 보살의 지혜 법륜 또한 그와 같다.

25유의 세계를 벗어나 부처의 진실한 법에 머묾으로써 고요한 공의 세계에 의지한 바 없지만, 중생을 교화하여 제도하기 위하여

여러 세계 길에 여러 부류의 몸을 받아 태어난다. 하지만 실제로는 나거나 죽지도 않고 물든 바도 없으며, 장수와 단명의 세월, 모든 생각의 분별이 없다.

무엇 때문일까?

보살이 마음으로 생각하는 일체 전도된 소견을 끝까지 여의고, 진실한 견해를 얻어 법의 진실한 성품을 보며, 일체 세간이 꿈과 같고 요술과 같아서 중생이 없는 줄을 알지만, 큰 자비와 큰 원력으로 중생의 앞에 몸을 나타내어 교화하고 조복하였다.

불자여, 마치 뱃사공이 항상 큰 배를 타고 강 한가운데서 이 언덕을 의지하지도 않고 저 언덕에 닿지도 않고 가운데 머물지도 않으면서 끊임없이 많은 사람을 건네주는 것처럼, 보살마하살 또한 그와 같다.

바라밀의 배로써 생사의 강줄기에서 이 언덕을 의지하지도 않고 저 언덕에 닿지도 않고 가운데 머물지도 않으면서 끊임없이 중생을 제도하는 것이다. 비록 한량없는 겁에 보살행을 닦지만 일찍이 겁의 길고 짧음을 분별하지 않는다.

불자여, 마치 큰 허공 속에서 일체 세계가 이루어지고 무너지지만 분별이 없는 본성이 청정하여 물들지도 않고 어지럽지도 않으며, 걸림도 없고 만족함도 없으며, 길지도 않고 짧지도 않다. 미래 세월이 다하도록 일체 세계를 부지하는 것처럼, 보살마하살 또한 그와 같다.

허공계처럼 넓고 크고 깊은 마음으로 큰 서원의 바람 둘레를 일으켜 일체중생을 거두어 악도에서 벗어나고 좋은 세계에 태어나게 하며, 모두 일체 지혜의 지위에 머물게 하여, 번뇌와 생사의 속박을 없애주지만 근심하거나 기뻐하거나 고달파하는 마음이 없다.

선남자여, 마치 요술로 만든 사람이 몸과 사지를 갖추고 있지만, 숨을 들이쉬고 내쉬고 춥고 덥고 굶주리고 목마르고 근심하고 기뻐하고 나고 죽는 열 가지 일이 없는 것처럼, 보살마하살 또한 그와 같다.

요술과 같은 지혜와 평등한 법신으로 여러 가지 모습을 나타내어 삼계의 길에 한량없는 겁을 지내면서 중생을 교화하지만, 나고 죽는 일체 경계에 기쁨도 없고 싫음도 없으며, 사랑도 없고 성냄도 없으며, 괴로움도 없고 즐거움도 없으며, 취함도 없고 버림도 없으며, 편안함도 없고 두려움도 없다.

● 疏 ●

二歎法中에 先은 法說이오 後는 喩明이라

今初는 先標 後釋이니 釋中에 先은 正釋이니 本性은 約理오 離分別은 約智오 超障은 約所斷이라 後 '隨所應'下는 釋妨이니 旣無長短이어늘 今說長短者는 爲利生故니 欲長則長은 顯法根深이오 欲短便短은 顯法超勝이라

後 喩顯에 有五하니

一은 皎日隨時喩니 謂日體恒明이나 暎山出沒하나니 智無三世나 心障見殊니라

二는 日輪現影喩니 謂白日無來나 隨處隱顯하나니 智輪常寂이나 機見短長이라

三은 虛舟運物喩니 喩菩薩無住攝生이라

四는 太虛無礙喩니 喩於菩薩無功益物이라

五는 幻化無眞喩니 喩卽用而寂이라 然上諸夜神歎深이 皆倣斯法喩니라【鈔_ '然上諸夜神歎深 皆倣斯法喩'者는 然多問發心時之久近이어늘 而答智輪은 卽體用故니라 然斯五喩는 非無有義로되 皆前已有일세 故疏不釋이라】

(2) 법이 매우 심오함을 찬탄한 부분 가운데 앞은 법으로 말하였고, 뒤는 비유로 밝혔다.

'앞의 법으로 말한' 부분에서 앞은 표장이고 뒤는 해석이다.

해석 부분의 앞은 바르게 해석하였다. 본성은 이치로 말하였고, 분별을 여읨은 지혜로 말하였고, 장애를 뛰어넘음은 끊어야 할 대상으로 말하였다.

뒤의 '隨所應' 이하는 논란을 해석하였다. 이미 장단이 없음에도 여기에서 장단을 말한 것은 중생의 이익을 위한 까닭이다. 장수를 원하면 장수를 누림은 법을 얻을 수 있는 근기가 심오함을 밝혔고, 단명을 원하면 단명함은 법의 뛰어나게 훌륭함을 나타낸 것이다.

'뒤의 비유로 밝힌' 부분에는 5가지의 비유가 있다.

① 밝은 태양은 때를 따른다는 비유, 태양의 본체는 언제나 밝지만 산에 솟아오르고 떨어지는 것처럼, 지혜의 본체는 삼세의 차별이 없으나 마음의 장애로 다름을 보는 것이다.

② 태양의 그림자가 나타난다는 비유, 태양은 찾아옴이 없으나 곳에 따라 그림자가 나타나기도 하고 보이지 않기도 하는 것처럼, 지혜의 법륜은 언제나 고요하지만 근기의 장단을 따라 달리 나타나는 것이다.

③ 빈 배로 사람을 실어 나른다는 비유, 보살의 집착 없는 중생의 섭수를 비유하였다.

④ 허공에 걸림이 없다는 비유, 보살의 하는 일이 없이 중생에게 이익을 줌을 비유하였다.

⑤ 요술의 변화는 진실이 없다는 비유, 작용과 하나가 된 고요함이다. 그러나 위에서 말한 모든 주야신의 심오함에 대한 찬탄은 모두 이와 같은 법의 비유와 같다.【초_ "그러나 위에서 말한 모든 주야신의 심오함에 대한 찬탄은 모두 이와 같은 법의 비유와 같다."는 것은 발심한 지 얼마나 오래되었는가를 물은 부분이 많음에도 지혜의 법륜으로 답한 것은 본체와 작용이기 때문이다. 그러나 이 5가지의 비유는 의의가 없는 것은 아니지만, 모두 앞에서 이미 말한 바 있기에, 청량소에서 이를 해석하지 않았다.】

經

佛子야 **菩薩智慧 雖復如是甚深難測**이나 **我當承佛威神之力**하야 **爲汝解說**하야 **令未來世諸菩薩等**으로 **滿足大願**하고 **成就諸力**케호리라

불자여, 보살의 지혜가 비록 이처럼 아주 깊고 깊어 헤아릴 수

없지만, 나는 부처님의 위신력을 받들어 그대를 위해 해설하여, 미래 세계의 모든 보살로 하여금 큰 서원을 만족하고 모든 힘을 성취케 하리라.

◉ 疏 ◉

三은 結承力이니 爲說可知라

(3) 부처의 위신력을 받듦으로 끝맺었다. 그 말은 설명하지 않아도 알 수 있다.

―

二는 正答所問이니 先은 長行이오 後는 偈頌이라
前中三이니 初는 善光劫中行因得法이오 次는 日光劫內 供佛修行
이오 後는 總結時處니라
初中二니 先은 明最初佛所修證이오 後는 轉生値佛修行이라
今은 初라

ㄴ) 바르게 물은 바에 답하였다.

앞은 산문이고, 뒤는 게송이다.

'앞의 산문' 부분은 3단락이다.

(1) 선광겁의 因行으로 법을 얻었고,

(2) 일광겁에 부처를 공양하면서 수행하였으며,

(3) 시간과 공간을 총괄하여 끝맺었다.

'(1) 선광겁'의 부분은 2단락이다.

제1 단락, 최초 부처에 의해 닦고 증득한 바를 밝혔고,
제2 단락, 부처를 만나 수행하면서 차례로 태어남이다.
이는 '제1 단락, 최초 부처'의 부분이다.

經

佛子야 乃往古世에 過世界海微塵數劫하야 有劫하니 名善光이오
世界는 名寶光이며
 於其劫中에 有一萬佛이 出興于世하시니
其最初佛이 號法輪音虛空燈王이라 如來應正等覺十號圓滿이러니
彼閻浮提에 有一王都하니 名寶莊嚴이오
其東不遠에 有一大林하니 名曰妙光이며
中有道場하니 名爲寶華라
彼道場中에 有普光明摩尼蓮華藏師子之座어든
時彼如來 於此座上에 成阿耨多羅三藐三菩提하사 滿一百年토록 坐於道場하사 爲諸菩薩諸天世人과 及閻浮提宿植善根已成熟者하야 演說正法하시니라

　불자여, 지난 옛적 세계 바다의 티끌 수 겁 이전에 '선광겁'이 있었다.
　그 세계의 이름은 '보광세계'라 하였다.
　그 겁 사이에 1만 부처님이 세상에 나셨다.

그 첫 부처님의 명호는 '법륜음 허공등왕' 여래, 응공, 정등각의 열 가지 명호가 원만하셨다.

그 염부제의 도읍 이름은 '보장엄'이며,

보장엄 도읍 동쪽으로 멀지 않은 곳에 큰 숲이 있는데, 그 이름을 '묘광숲'이라 하고,

묘광숲 속에 '보화도량'이 있다.

보화도량에 '보광명 마니연화장 사자법좌'가 있는데,

그 당시 법륜음 허공등왕 부처님이 이 사자법좌 위에서 아뇩다라삼먁삼보리를 성취하여 만 1백 년 동안 이 도량에 앉아 일체 보살과 천상계, 인간계 사람, 염부제에서 일찍이 선근을 심어 성숙한 이들을 위하여 바른 법을 연설하셨다.

◉ 疏 ◉

於中에 三이니

初는 古佛出興이라

이 부분은 3단락이다.

㈀ 옛 부처님들이 나오심을 말하였다.

經

是時國王이 名曰勝光이니 時世人民이 壽一萬歲라 其中에 多有殺盜婬佚과 妄言綺語와 兩舌惡口와 貪瞋邪見하야 不孝父母하며 不敬沙門婆羅門等할세

時王이 爲欲調伏彼故로 造立囹圄하야 枷鎖禁閉하야 無量衆生이 於中受苦러니라

그때, 국왕의 이름은 '승광'이다. 당시 사람들의 수명은 1만 세였다.

그 가운데는 살생, 절도, 음란, 방일, 허튼소리, 꾸밈 말, 이간하는 말, 욕설, 탐욕, 성냄, 삿된 소견을 지녀, 부모에게 불효하고, 사문과 바라문을 공경하지 않는 이가 많았다.

당시 승광왕은 그들을 조복하기 위하여 감옥을 만들고 칼[枷]과 고랑과 수갑들을 만들어 한량없는 중생들이 그 속에서 시달리고 있었다.

◉ 疏 ◉

二는 先王治化라 囹圄者는 周之獄名이라

㈏ 선왕의 정치와 교화이다. 영어란 주나라 당시 옥의 이름이다.

經

王有太子하니 名爲善伏이니 端正殊特하야 人所喜見이오 具二十八大人之相이라 在宮殿中이라가 遙聞獄囚의 楚毒音聲하고 心懷傷愍하야 從宮殿出하야 入牢獄中하야 見諸罪人이 杻械枷鎖로 遞相連繫하야 置幽暗處하야 或以火炙하며 或以煙熏하며 或被榜笞하며 或遭臏割하며 裸形亂髮하며 飢渴羸瘦하며 筋斷骨現하야 號叫苦劇하고

太子見已에 心生悲愍하야 以無畏聲으로 安慰之言호되
汝莫憂惱하며 汝勿愁怖하라 我當令汝로 悉得解脫케호리
라하고
便詣王所하야 而白王言호되 獄中罪人이 苦毒難處하니
願垂寬宥하고 施以無畏하소서
時王이 卽集五百大臣하야 而問之言하사대 是事云何오
諸臣이 答言호되 彼罪人者는 私竊官物하며 謀奪王位하야
盜入宮闈라 罪應刑戮이니 有哀救者도 罪亦至死니이다
時彼太子 悲心轉切하야 語大臣言호되 如汝所說이니 但
放此人하고 隨其所應하야 可以治我하라 我爲彼故로 一
切苦事를 悉皆能受하야 粉身殞命이라도 無所顧惜하고
要令罪人으로 皆得免苦니
何以故오 我若不救此衆生者인댄 云何能救三界牢獄諸
苦衆生이리오 一切衆生이 在三界中하야 貪愛所縛과 愚
癡所蔽로 貧無功德하야 墮諸惡趣하며 身形鄙陋하야 諸
根放逸하며 其心迷惑하야 不求出道하며 失智慧光하야
樂着三有하며 斷諸福德하고 滅諸智慧하며 種種煩惱 濁
亂其心하며 住苦牢獄하고 入魔胃網하며 生老病死와 憂
悲惱害의 如是諸苦 常所逼迫이어니 我當云何令彼解脫
이리오 應捨身命하야 而拔濟之로다
時諸大臣이 共詣王所하야 悉擧其手하고 高聲唱言호되
大王하 當知하소서 如太子意인댄 毁壞王法하야 禍及萬

人이니 若王愛念하야 不責治者인댄 王之寶祚 亦不久立이니이다

王聞此言하시고 赫然大怒하사 令誅太子와 及諸罪人이러니

王后聞知하시고 愁憂號哭하며 毁形降服하야 與千婇女로 馳詣王所하야 擧身投地하야 頂禮王足하고 俱作是言호되 唯願大王은 赦太子命하소서

王卽廻顧하야 語太子言하사대 莫救罪人하라 若救罪人이면 必當殺汝리라

爾時에 太子 爲欲專求一切智故며 爲欲利益諸衆生故며 爲以大悲普救攝故로 其心堅固하야 無有退怯하야 復白王言호되

願恕彼罪하소서 身當受戮호리이다

王言하사대 隨意호리라

爾時에 王后 白言호되 大王하 願聽太子半月行施하야 恣意修福한 然後治罪하소서

王卽聽許하시다

時에 都城北에 有一大園하니 名曰日光이니 是昔施場이라 太子往彼하야 設大施會하니 飮食衣服과 華鬘瓔珞과 塗香末香과 幢幡寶蓋의 諸莊嚴具를 隨有所求하야 靡不周給이라

經半月已하야 於最後日에 國王大臣과 長者居士와 城邑

人民과 及諸外道 悉來集會러니

時에 法輪音虛空燈王如來 知諸衆生의 調伏時至하시고 與大衆俱호되 天王은 圍遶하며 龍王은 供養하며 夜叉王은 守護하며 乾闥婆王은 讚歎하며 阿修羅王은 曲躬頂禮하며 迦樓羅王은 以淸淨心으로 散諸寶華하며 緊那羅王은 歡喜勸請하며 摩睺羅伽王은 一心瞻仰하야 來入彼會어시늘

爾時에 太子와 及諸大衆이 遙見佛來에 端嚴殊特하사 諸根寂定이 如調順象하며 心無垢濁이 如淸淨池하며 現大神通하며 示大自在하며 顯大威德하며 種種相好로 莊嚴其身하며 放大光明하야 普照世界하며 一切毛孔에 出香焰雲하며 震動十方無量佛刹하며 隨所至處하야 普雨一切諸莊嚴具하며 以佛威儀와 以佛功德으로 衆生見者 心淨歡喜하야 煩惱消滅하나니라

爾時에 太子와 及諸大衆이 五體投地하야 頂禮其足하며 安施牀座하고 合掌白言호되

善來世尊하 善來善逝하 唯願哀愍하사 攝受於我하사 處于此座하소서

以佛神力으로 淨居諸天이 卽變此座하야 爲香摩尼蓮華之座어늘 佛坐其上하시니 諸菩薩衆도 亦皆就座하야 周匝圍遶하나니라

時 彼會中에 一切衆生이 因見如來하야 苦滅障除하니 堪

受聖法이라

爾時에 如來 知其可化하사 以圓滿音으로 說修多羅하시니 名普照因輪이라 令諸衆生으로 隨類各解케하신대 時 彼會中에 有八十那由他衆生이 遠塵離垢하야 得淨法眼하며 無量那由他衆生이 得無學地하며 十千衆生이 住大乘道하고 入普賢行하야 成滿大願하니

當爾之時하야 十方各百佛刹微塵數衆生이 於大乘中에 心得調伏하며 無量世界一切衆生이 免離惡趣하고 生於天上하며 善伏太子 卽於此時에 得菩薩敎化衆生令生善根解脫門하니라

승광왕의 태자는 그 이름을 '선복'이라 한다. 단정하고 남달라서 사람들이 반갑게 보고, 28가지의 거룩한 모습을 두루 갖추었다.

어느 날 궁중에 있다가 멀리서 옥에 갇힌 죄수들이 신음하는 소리를 듣고서 가엾은 마음을 이기지 못하여 대궐에서 나와 옥으로 달려가 보았다. 모든 죄수가 쇠고랑을 차고 칼에 씌워져 쇠사슬로 서로 묶이어 캄캄한 속에 갇혀서, 어떤 이는 불로 지져졌고, 어떤 이는 연기에 쏘였으며, 어떤 이는 곤장을 맞았고, 어떤 이는 살점을 베이기도 하였으며, 발가벗은 모습에 머리카락이 헝클어졌으며, 굶주리고 목말랐으며, 수척하고 근육이 터지고 뼈가 드러나 고통을 부르짖고 있었다.

태자가 이를 보고서 가엾은 마음을 내어 두려움이 없는 음성으로 위로하였다.

'그대들은 걱정하지 말고, 그대들은 두려워하지 말라. 내가 그대들을 이 고통에서 모두 벗어나게 하리라.'

바로 승광왕을 찾아가 말씀드렸다.

'옥에 갇힌 죄인들이 혹독한 고초로 살기 어려우니, 너그럽게 용서하시어 두려움을 없애주는 보시를 베푸십시오.'

왕은 5백 대신을 모아놓고서 '이 일이 어떠냐?'고 물었다.

대신들이 대답하였다.

'저 죄인들은 사적으로 관청의 물품을 훔치고 왕의 자리를 뺏으려고 궁중에 침입하였으니, 그 죄는 죽어 마땅합니다. 만약 그들을 가엾이 여겨 구하려는 자 역시도 그 죄는 사형을 받아야 합니다.'

그때, 태자는 슬픈 마음이 더욱 간절하여 대신에게 말하였다.

'그대들이 말한 바와 같이 내가 죽음을 달게 받겠다. 단 저들은 방면하고 그들이 받을 형벌로 나를 다스리도록 하라. 나는 그들을 위하여 일체 고통스러운 일을 모두 받으면서 몸이 가루가 되고 목숨이 끊어질지라도 아까울 바 없다. 저 죄인들이 모두 고통에서 벗어나게 할 것이다.

무엇 때문일까?

내가 만약 이런 중생을 구제하지 못한다면 어떻게 삼계의 옥에 갇혀 고통받는 중생을 구원할 수 있겠는가. 일체중생이 삼계에서 탐욕과 애정에 얽매이고 어리석음에 가려진 바로 가난하여 공덕이 없고, 여러 악도에 떨어져 몸과 형상이 비루하여, 모든 기관이 방일하며, 그 마음이 미혹되어 나갈 길을 찾지 못하며, 지혜 광명을 잃어 삼세를 좋아하며, 모든 복덕을 끊고 모든 지혜를 없애었으며, 가지가지 번뇌가 그 마음을 어지럽히며, 고통스러운 옥에 갇히고 마군의 그물에 들어가며, 나고 늙고 병들고 죽음과 근심 슬픔 고뇌 상해, 이런 수많은 고통이 항상 괴롭히니, 내가 어떻게 하면 그들을 해탈시킬 수 있을까? 당연히 나의 몸과 목숨을 바쳐 그들을 구제할 것이다.'

그때, 대신들이 왕의 처소에 나아가 모두 손을 들고 왜장을 쳤다.

'대왕이시여, 태자의 생각과 같이 하면 국법을 무너뜨려 많은 백성에게 화가 미칠 것입니다. 대왕께서 태자를 사랑하는 마음에 이를 다스리지 않으시면 대왕의 지위 또한 오래 보존하지 못할 것입니다.'

왕은 그 말을 듣고서 크게 노하여 태자와 모든 죄인을 사형하려 하였다.

왕후가 이런 일을 알고서 걱정하고 부르짖으며, 초라한 모습과 허름한 의복으로 1천 시녀와 함께 임금이 있는 곳으로 찾아가 두 팔꿈치, 두 무릎, 이마를 땅에 대고 절하면서 왕의 발에 엎드려 이렇게 말하였다.

'대왕이시여, 태자의 목숨을 용서하소서.'

임금은 태자를 돌아보면서 말하였다.

'죄인들을 구원하려 하지 말라. 만약 죄인을 구원한다면 반드시 너를 죽이리라.'

그때, 태자는 오로지 일체 지혜를 구하기 위하여,

여러 중생에게 이익을 베풀기 위하여,

크게 가엾이 여기는 마음으로 널리 구원해 주기 위하여,

그 마음이 굳건하여 물러서거나 겁내는 일이 없어, 다시 왕에게 말하였다.

'저들의 죄를 용서하십시오. 제가 사형을 받겠습니다.'

승광왕이 말하였다.

'네 뜻을 따르겠다.'

그때, 왕후는 왕에게 말하였다.

'대왕이시여, 태자로 하여금 보름 동안만 보시를 행하여 마음대로 복전을 닦은 뒤에 죄를 받도록 허락하소서.'

왕은 그처럼 하도록 허락하였다.

그때, 도성의 북쪽에 큰 동산이 있었는데, 그 이름을 '햇빛이 아름다운[日光] 동산'이라 한다. 그곳은 옛적에 보시도량이었다.

태자는 그곳에서 크게 보시법회를 마련하여 음식, 의복, 화만, 영락, 바르는 향, 가루 향, 당기, 번기, 보배 일산 등 온갖 장엄거리들을 사람들이 달라는 대로 모두 주었다.

이렇게 보름이 지나서 마지막 날이 되었는데, 임금과 대신, 장자와 거사, 도성의 백성, 모든 외도까지 모두 찾아와 모였다.

그때, 법륜음 허공등왕불이 중생을 조복할 때가 된 줄을 아시고, 대중들과 함께 이 동산으로 오셨는데, 천왕들은 둘러싸고, 용왕은 공양하고, 야차왕은 수호하고, 건달바왕은 찬탄하고, 아수라왕은 허리 굽혀 절하고, 가루라왕은 청정한 마음으로 보배 꽃을 흩뿌

리고, 긴나라왕은 환희의 마음으로 법을 청하고, 마후라가왕은 하나같은 마음으로 우러러보면서 보시법회 동산으로 들어왔다.

그때, 태자와 대중들이 멀리 부처님 오시는 것을 보았다. 단정하고 존엄하고 특별하여 여러 기관의 고요하심은 길든 코끼리 같으며, 마음에 때가 없음은 청정한 연못 같으며, 큰 신통을 나타내고 크게 자재함을 보여주며, 큰 위덕을 나타내며, 가지가지 거룩한 모습으로 몸을 장엄하였으며, 큰 광명을 쏟아내어 널리 세계를 비추며, 일체 모공에서는 향기 불꽃 구름을 피어내며, 시방의 한량없는 세계를 진동하며, 이르는 곳마다 여러 가지 장엄거리를 내려주며, 부처님의 위의와 부처님의 공덕으로, 보는 중생들의 마음이 청정하고 기뻐서 번뇌가 사라졌다.

그때, 태자와 대중들은 땅에 엎드려 부처님 발에 절하고 앉을 자리를 마련하고서 합장하고 말하였다.

'잘 오셨습니다. 세존이시여, 잘 오셨습니다. 부처님이시여, 바라건대 저희를 가엾이 여겨 저희를 거두어 주십사 이 자리에 앉으소서.'

부처님의 신통력으로 정거천 사람들이 그 자리를 변화하여 향기가 물씬대는 마니주 연화법좌를 만들자, 부처님이 그 위에 앉으셨다. 보살 대중 또한 모두 자리에 나아가 둘러앉았다.

그때, 보시법회에 있던 일체중생이 여래를 뵙고 고통이 없어지고 장애가 사라져 거룩한 법을 받아들일 수 있었다.

그때, 여래는 교화할 수 있음을 아시고 원만한 음성으로 경을 말씀하시니, 그 경의 이름은 '보조인륜경'이라 한다. 모든 중생이 제 나름대로 이해하도록 하였다.

그 법회에 있던 80나유타 중생은 일체 번뇌와 때를 멀리 여의어 청정한 법안을 얻었으며,

한량없는 나유타 중생들은 더 이상 배울 게 없는 지위를 얻었고,

십천 중생은 대승의 도에 머물면서 보현행에 들어가 큰 서원을 성취하였다.

그 당시, 시방으로 각각 백 세계의 티끌 수 중생들은 대승법 가운데서 마음이 조복되었고,

한량없는 세계의 일체중생은 악도에서 벗어나 천상에 태어났고,

선복태자는 바로 그때 보살이 중생을 교화하여 선근을 내게 하는 해탈법을 얻었다.

● 疏 ●

三은 夜神修因이라
於中亦三이니 初는 明在家本事요 二는 結會古今이오 三은 出家得法이라
今初 有十하니 一은 悲救罪人이니 正答發心之始니 榜笞는 捶擊也오 臏은 謂刖足之流라 二는 臣議非理오 三은 請代囚命이오 四는 臣執令誅니 言寶祚者는 祚位也니 易云 '聖人之大寶曰位'라하니라 五는 王后哀祈오 六은 王奪子志오 七은 太子確救오 八은 母請修因이오 九는 正設施場이라 十은 經半月下는 如來親救라

於中六이니

一은 就戮時臨이오

二 '時法輪'下는 如來降德이오

三 '爾時太子'下는 敬申禮請이오

四 '以佛神'下는 就座談經이니 言普照因輪者는 謂令知善惡 各自有因이니 罪人은 惡因所招오 太子는 善因當滿故니라

五 '時彼會'下는 廣益當機오

六 '善伏'下는 太子得法이라【鈔_ 臏謂刖足'者는 然俗有五刑하니 劓·墨·宮割·臏·大辟也라】

㈐ 주야신의 因地 수행이다.

이는 또한 3단락이다.

첫째, 재가 시의 본행 일을 밝혔고,

둘째, 고금의 일을 회통하여 끝맺었으며,

셋째, 출가하여 법을 얻었다.

'첫째, 재가 시의 본행'에는 10가지가 있다.

① 가엾이 여기는 마음으로 죄인을 구제하였다. 이는 바로 발심의 시초에 답한 것이다. 榜笞는 매를 침이며, 臏은 발꿈치를 자르는 형벌의 유이다.

② 신하들이 이치에 맞지 않음을 성토하였다.

③ 죄수를 대신하여 죽음을 청하였다.

④ 신하들이 태자의 처벌을 고집하였다. 寶祚의 祚는 왕위이다. 주역에서 "성인의 큰 보배를 지위라 말한다."고 하였다.

⑤ 왕후가 애절하게 빌었다.

　⑥ 왕이 태자의 뜻을 꺾었다.

　⑦ 태자의 구제하려는 마음이 확실하였다.

　⑧ 왕후가 원인을 닦도록 청하였다.

　⑨ 바로 보시도량을 말하였다.

　⑩ '經半月' 이하는 여래가 몸소 구제하였다. 이 부분은 6단락이다.

　㉠ 죽음의 시간이 다가왔으며,

　㉡ '時法輪' 이하는 여래가 내린 공덕이며,

　㉢ '爾時太子' 이하는 공경의 마음으로 절을 올리고 법을 청하였다.

　㉣ '以佛神' 이하는 법좌에 앉아 경을 말하였다. 경의 이름을 '普照因輪'이라 한 것은 선악이 각기 그 나름 원인이 있음을 알도록 하였다. 죄인은 악의 원인으로 불러들인 결과이고, 태자는 선의 원인이 원만한 까닭이다.

　㉤ '時彼會' 이하는 근기에 해당되는 이들에게 널리 이익을 주었고,

　㉥ '善伏' 이하는 태자가 법을 얻었다.【초_ "臏은 발꿈치를 자르는 형벌의 유"라는 것은 세속에 5가지의 형벌이 있다. 코를 자르는 형벌, 이마에 먹물을 치는 형벌, 궁형, 정강이뼈를 베는 형벌, 사형이다.】

善男子야 爾時太子 豈異人乎아 我身이 是也니 我因往
昔에 起大悲心하야 捨身命財하야 救苦衆生하며 開門大
施하야 供養於佛하야 得此解脫호라

佛子야 當知하라 我於爾時에 但爲利益一切衆生일세 不
着三界하며 不求果報하며 不貪名稱하며 不欲自讚하야
輕毀於他하며 於諸境界에 無所貪染하며 無所怖畏하고
但莊嚴大乘出要之道하며 常樂觀察一切智門하야 修行
苦行하야 得此解脫호라

佛子야 於汝意云何오 彼時에 五百大臣이 欲害我者는
豈異人乎아 今提婆達多等五百徒黨이 是也니 是諸人
等이 蒙佛敎化하야 皆當得阿耨多羅三藐三菩提라 於未
來世에 過須彌山微塵數劫하야 爾時有劫하니 名善光이
오 世界는 名寶光이어든 於中成佛하야 其五百佛이 次第
興世하리니

最初如來는 名曰大悲오

第二는 名饒益世間이오

第三은 名大悲師子오

第四는 名救護衆生이며

乃至最後는 名曰醫王이니

雖彼諸佛이 大悲平等이나 然其國土와 種族父母와 受生
誕生과 出家學道와 往詣道場과 轉正法輪과 說修多羅와

語言音聲과 光明衆會와 壽命法住와 及其名號는 各各 差別하리라

佛子야 彼諸罪人을 我所救者는 卽拘留孫等賢劫千佛과 及百萬阿僧祇諸大菩薩이 於無量精進力名稱功德慧如來所에 發阿耨多羅三藐三菩提心하고 今於十方國土에 行菩薩道하야 修習增長此菩薩教化衆生令生善根解脫者 是며

時에 勝光王은 今薩遮尼乾子大論師 是며

時에 王宮人과 及諸眷屬은 卽彼尼乾六萬弟子 與師俱來하야 建大論幢하고 共佛論議어늘 悉降伏之하야 授阿耨多羅三藐三菩提記者 是니

此諸人等이 皆當作佛호되 國土莊嚴과 劫數名號 各各 有異하리라

　선남자여, 그 당시의 태자는 어찌 다른 사람이겠는가. 바로 나의 전신이었다. 나는 옛적에 크게 가엾이 여기는 마음을 내어 몸과 목숨과 재물을 버리어 고통받는 중생을 구제하였으며, 크게 보시하는 문을 열어 부처님께 공양한 인연으로 이런 해탈을 얻은 것이다.

　불자여, 당연히 알아야 한다. 나는 그 당시 오직 일체중생의 이익만을 위하였을 뿐, 삼계에 집착하지도 않았고, 과보를 구하지도 않았으며, 명예를 탐하지도 않았고, 자신을 칭찬하면서 남을 비방하지도 않았으며, 모든 경계에 탐착과 오염된 바 없었고, 두려워한 바도 없었으며, 오직 대승으로서 삼계를 벗어날 도만을 장엄하였

고, 언제나 일체 지혜의 법문 관찰하기를 좋아하면서 고행을 닦아 이 해탈법문을 얻었다.

불자여, 그대는 어떻게 생각하는가. 그 당시, 나를 해하려던 5백 대신이 어찌 다른 사람이겠는가. 지금의 제바달다 5백 무리이다. 그 모든 사람도 부처님의 교화를 받아 모두 아뇩다라삼먁삼보리를 얻을 것이다. 미래 세계에 수미산의 티끌 수 겁을 지나 그 당시 겁의 이름은 '선광겁'이라 하고, 세계의 이름은 '보광세계'라 한다. 그 겁의 그 세계에서 성불하여 5백 부처님이 차례로 세상에 나올 것이다.

최초 부처님의 명호는 대비불,

둘째 부처님의 명호는 요익세간불,

셋째 부처님의 명호는 대비사자불,

넷째 부처님의 명호는 구호중생불,

내지 마지막 부처님의 명호는 의왕불이시다.

비록 여러 부처님의 가엾이 여기는 마음이 평등하지만, 그 국토, 종족, 부모, 몸을 받아 태어남, 출가, 도를 닦음, 도량에 나아감, 바른 법륜을 굴림, 경문의 설법, 언어와 음성, 광명과 대중법회, 수명, 법의 주지, 그 명호는 각기 다르다.

불자여, 내가 구원한 그 죄인들은 구루손 등 현겁의 1천 부처님, 백만 아승지 대보살이 '무량정진력 명칭공덕혜불'의 도량에서 아뇩다라삼먁삼보리심을 내었고, 지금 시방의 국토에서 보살의 도를 행하여 이 보살이 중생을 교화하여 선근을 내게 하는 해탈을 닦으면서 이를 더욱 키워나가는 이들이다.

그 당시 승광왕은 지금의 '살차니 건자 대논사'이며,

그 당시 왕궁에 있던 이와 권속들은 니건의 6만 제자로서 스승과 함께 찾아와 큰 논의의 당기를 세우고, 부처님과 논의하다가 모두 항복하여, 아뇩다라삼먁삼보리를 전수받은 이들이다.

이 모든 사람은 모두 미래에 성불하되 국토의 장엄, 겁의 수효, 명호는 각각 다를 것이다.

⦿ 疏 ⦿

二는 結會古今이라
分四니 初는 結自身이니 正酬發心之問이오 二는 結大臣이오 三은 結獄囚오 四는 結王屬이니 竝文處可知니라
薩遮는 有也오 尼乾은 不繫也니 裸形自餓하야 不繫衣食故니라

둘째, 고금의 일을 회통하여 끝맺었다.

이는 4단락으로 나뉜다.

① 자신의 전신을 끝맺었다. 바로 발심의 물음을 답하였다.

② 대신의 전신을 끝맺었다.

③ 죄수의 전신을 끝맺었다.

④ 왕속의 전신을 끝맺었다.

아울러 문단은 말하지 않아도 알 수 있다.

薩遮는 有이며, 尼乾은 얽매이지 않음이다. 나체의 몸으로 스스로 배를 곯는 고행을 닦으면서 의복과 음식에 얽매이지 않기 때문이다.

佛子야 我於爾時에 救罪人已에 父母聽我捨離國土妻子財寶어늘

於法輪音虛空燈王佛所에 出家學道하고 五百歲中에 淨修梵行하야 卽得成就百萬陀羅尼와 百萬神通과 百萬法藏과 百萬求一切智勇猛精進하야

淨治百萬堪忍門하며

增長百萬思惟心하며

成就百萬菩薩力하며

入百萬菩薩智門하며

得百萬般若波羅蜜門하며

見十方百萬諸佛하며

生百萬菩薩大願하며

念念中에 見十方各照百萬佛刹하며

念念中에 憶念十方世界前後際劫百萬諸佛하며

念念中에 知十方世界百萬諸佛變化海하며

念念中에 見十方百萬世界所有衆生의 種種諸趣와 隨業所受와 生時死時와 善趣惡趣와 好色惡色하며 其諸衆生의 種種心行과 種種欲樂과 種種根性과 種種業習과 種種成就를 皆悉明了호라

불자여, 나는 그 당시 죄인을 구원한 후에 부모의 허락을 얻어 국토와 처자와 재물을 버리고, 법륜음 허공등왕불의 도량에서 출

가하여 도를 배우고, 5백 년 동안 청정히 범행을 닦아 백만 다라니, 백만 신통, 백만 법장, 백만의 일체 지혜를 구하는 용맹정진을 성취하여,

 백만 인욕의 법문을 청정하게 다스리고,
 백만 사유의 마음을 더욱 키워나가며,
 백만 보살의 힘을 성취하고,
 백만 보살 지혜의 문에 들어가며,
 백만의 반야바라밀 문을 얻고,
 시방의 백만 부처님을 뵈오며,
 백만 보살의 큰 원을 내었다.
 생각마다 시방으로 각각 백만 부처님 세계를 비춰줌을 보고,
 생각마다 시방세계의 과거 겁과 미래 겁에 나시는 백만 부처님을 기억하며,
 생각마다 시방세계의 백만 부처님의 변화 바다를 알고,
 생각마다 시방의 백만 세계에 사는 중생들의 여러 세계의 길, 업을 따라 받는 몸, 태어나는 때, 죽어가는 때, 좋은 길, 나쁜 길, 잘생긴 모습, 나쁜 모습을 보며,
 그 중생들의 가지가지 마음, 가지가지 욕망, 가지가지 근성, 가지가지 익힌 업, 가지가지 성취를 모두 다 분명하게 알고 있다.

◉ 疏 ◉

三은 明出家得法이라 各言百萬은 義當彼時에 已得四地니라【鈔

'義當彼時已得四地'者는 初地 百이오 二地 千이오 三地 萬이오 四地百萬故니라】

셋째, 출가하여 법을 얻음에 대해 밝혔다.

각각 백만이라 말한 뜻은 그 당시 이미 제4 염혜지를 얻음에 해당하기 때문이다.【초_"그 당시 이미 제4 염혜지를 얻음에 해당하기 때문이다."는 것은 제1 환희지에서는 1백, 제2 이구지에서는 1천, 제3 발광지에서는 1만, 제4 염혜지에서는 백만이기 때문이다.】

二明轉生值佛修行

제2 단락, 부처를 만나 수행하면서 차례로 태어남을 밝히다

經

佛子야 我於爾時命終之後에 還復於彼王家受生하야 作轉輪王하야 彼法輪音虛空燈王如來滅後에 次卽於此에 值法空王如來하야 承事供養하며

次爲帝釋하야 卽此道場에 值天王藏如來하야 親近供養하며

次爲夜摩天王하야 卽於此世界에 值大地威力山如來하야 親近供養하며

次爲兜率天王하야 卽於此世界에 值法輪光音聲王如來하야 親近供養하며

次爲化樂天王하야 卽於此世界에 値虛空智王如來하야 親近供養하며

次爲他化自在天王하야 卽於此世界에 値無能壞幢如來하야 親近供養하며

次爲阿修羅王하야 卽於此世界에 値一切法雷音王如來하야 親近供養하며

次爲梵王하야 卽於此世界에 値普現化演法音如來하야 親近供養호라

佛子야 此寶光世界善光劫中에 有一萬佛이 出興于世어시늘 我皆親近하야 承事供養호라

　불자여, 나는 그 당시 목숨이 다한 뒤에 다시 그 왕실에 태어나 전륜왕이 되었고, 법륜음 허공등왕불이 열반한 뒤에 다음으로 여기에서 법공왕불을 만나 받들어 섬기고 공양하였으며,

　다음에는 제석천왕이 되어 이 도량에서 천왕장불을 만나 가까이서 공양하였으며,

　다음에는 야마천왕이 되어 이 세계에서 대지위력산불을 만나 가까이서 공양하였으며,

　다음에는 도솔천왕이 되어 이 세계에서 법륜광음성왕불을 만나 가까이서 공양하였으며,

　다음에는 화락천왕이 되어 이 세계에서 허공지왕불을 만나 가까이서 공양하였으며,

　다음에는 타화자재천왕이 되어 이 세계에서 무능괴당불을 만

나 가까이서 공양하였으며,

다음에는 아수라왕이 되어 이 세계에서 일체법뇌음왕불을 만나 가까이서 공양하였으며,

다음에는 범왕이 되어 이 세계에서 보현화연법음불을 만나 가까이서 공양하였다.

불자여, 이 보광세계 선광겁에 1만 부처님이 세상에 나셨는데, 내가 모두 가까이서 받들고 공양하였다.

◉ 疏 ◉

略列八佛하고 通結一萬이라

初 善光劫中 行因得法 竟하다

간단하게 여덟 부처님을 나열하고, 1만 부처님을 전체로 끝맺었다.

(1) 선광겁에 원인을 수행하여 법을 얻은 데에 대해 끝마치다.

第二 明日光劫中 值佛修行

(2) 일광겁에 부처를 만나 수행하다

經

次復有劫하니 名曰日光이오 有六十億佛이 出興於世하시니

最初如來 名妙相山이며 我時爲王하니 名曰大慧니 於彼佛所에 承事供養하며

次有佛出하시니 名圓滿肩이니 我爲居士하야 親近供養하며

次有佛出하시니 名離垢童子니 我爲大臣하야 親近供養하며

次有佛出하시니 名勇猛持니 我爲阿修羅王하야 親近供養하며

次有佛出하시니 名須彌相이니 我爲樹神하야 親近供養하며

次有佛出하시니 名離垢臂니 我爲商主하야 親近供養하며

次有佛出하시니 名師子遊步니 我爲城神하야 親近供養하며

次有佛出하시니 名爲寶髻니 我爲毘沙門天王하야 親近供養하며

次有佛出하시니 名最上法稱이니 我爲乾闥婆王하야 親近供養하며

次有佛出하시니 名光明冠이니 我爲鳩槃茶王하야 親近供養호라

於彼劫中에 如是次第有六十億如來 出興於世어시늘 我常於此에 受種種身하야 一一佛所에 親近供養하야 敎化成就無量衆生하며 於一一佛所에 得種種三昧門과 種種陀羅尼門과 種種神通門과 種種辯才門과 種種一切智門과 種種法明門과 種種智慧門하야 照種種十方海하며

入種種佛刹海하며 **見種種諸佛海**하야 **淸淨成就**하며 **增長廣大**하니라

다음 겁의 이름을 '일광겁'이라 한다. 그 사이에 60억 부처님이 세상에 나셨다.

최초 부처님의 명호는 묘상산불이다. 나는 당시 대혜왕으로 그 부처님의 도량에서 받들어 공양하였다.

다음 부처님의 명호는 원만견불이다. 나는 당시 거사로 가까이서 공양하였다.

다음 부처님의 명호는 이구동자불이다. 나는 당시 대신으로 가까이서 공양하였다.

다음 부처님의 명호는 용맹지불이다. 나는 당시 아수라왕으로 가까이서 공양하였다.

다음 부처님의 명호는 수미상불이다. 나는 당시 나무를 주관하는 신으로 가까이서 공양하였다.

다음 부처님의 명호는 이구비불이다. 나는 당시 상단의 물주로 가까이서 공양하였다.

다음 부처님의 명호는 사자유보불이다. 나는 당시 성을 주관하는 신으로 가까이서 공양하였다.

다음 부처님의 명호는 보계불이다. 나는 당시 비사문천왕으로 가까이서 공양하였다.

다음 부처님의 명호는 최상법칭불이다. 나는 당시 건달바왕으로 가까이서 공양하였다.

다음 부처님의 명호는 광명관불이다. 나는 당시 구반다왕으로 가까이서 공양하였다.

그 겁 속에서 이와 같은 차례로 60억 여래가 세상에 나셨는데, 나는 항상 여기에서 가지가지 몸을 받아 태어나, 하나하나 부처님이 계신 곳에서 가까이 공양하면서 한량없는 중생을 교화하여 성취시켰고,

하나하나 부처님이 계신 곳에서 가지가지 삼매문, 가지가지 다라니문, 가지가지 신통문, 가지가지 변재문, 가지가지 일체 지혜의 문, 가지가지 법을 밝히는 문, 가지가지 지혜의 문을 얻어, 가지가지 시방 바다를 비췄으며, 가지가지 부처님 세계 바다에 들어갔으며, 가지가지 부처님 바다를 보고서 청정하게 성취하였으며, 증장하고 광대케 하였다.

● 疏 ●

於中에 三이니
初는 總標擧요 次最初下는 別列十佛이요 後於彼劫下는 總結得法이라

이는 3단락이다.

(ㄱ) 총체로 표장하여 말하였고,
(ㄴ) '最初' 이하는 10부처님을 개별로 나열하였으며,
(ㄷ) '於彼劫' 이하는 법을 얻음에 대해 총괄하여 끝맺었다.

第三. 總結時處·修行·得法

(3) 시간과 도량, 수행, 그리고 법을 얻음에 대해 총체로 끝맺다

經

如於此劫中에 **親近供養爾所諸佛**하야 **於一切處一切世界海微塵數劫**에 **所有諸佛**이 **出興於世**어시든 **親近供養**하야 **聽聞說法**하고 **信受護持**도 **亦復如是**하야 **如是一切諸如來所**에 **皆悉修習此解脫門**하며 **復得無量解脫方便**호라

이 겁에서 그와 같은 부처님을 가까이서 공양한 것처럼, 일체 모든 곳, 일체 세계 바다의 티끌 수 겁 동안, 부처님이 세상에 나실 적마다 가까이하고 공양하여, 법문을 듣고 믿어 받아들이고, 보호하여 지니는 것 또한 그처럼 하였으며, 이처럼 일체 모든 부처님의 도량에서 모두 이런 해탈법문을 닦아 익혔으며, 다시 한량없는 해탈의 방편을 얻었다."

第二. 偈頌

뒤의 구호일체중생주야신 게송

經

爾時에 救護一切衆生主夜神이 欲重宣此解脫義하사 卽爲善財하야 而說頌言하사대

    그때, 구호일체중생주야신이 이 해탈의 뜻을 거듭 말해주고자, 선재동자를 위하여 게송으로 말하였다.

汝以歡喜信樂心으로　　問此難思解脫法일세
我承如來護念力하야　　爲汝宣說應聽受어다

    그대가 환희의 신심으로
    불가사의한 해탈법문 묻는구나
    나는 부처님 가호의 힘을 받들어
    그대에게 말하니 자세히 들을지어다

● 疏 ●

頌中에 有三十四頌이니 分四니
初一頌은 承力許說이라

    게송은 34수이다.
    이는 4단락으로 나뉜다.
    (1) 1수 게송은 부처님의 위신력을 받들어 설법을 허락함이다.

經

過去無邊廣大劫에　　過於刹海微塵數하야

時有世界名寶光이오　　其中有劫號善光이라

　　과거 그지없는 아득히 오랜 겁에
　　세계 바다 티끌 수보다 오래전
　　그 당시 보광세계가 있었고
　　그 세계는 '선광겁'이라 했다

於此善光大劫中에　　一萬如來出興世어시늘
我皆親近而供養하고　從其修學而解脫호라

　　그 선광겁 시절에
　　세상에 1만 여래 나셨는데
　　나는 모두 가까이하고 공양하면서
　　그들 따라 배워서 해탈 얻었어라

◉ 疏 ◉

次二偈는 古佛出興이라

　　(2) 2수 게송은 옛 부처님이 세간에 나오심이다.

經

時有王都名喜嚴이니　縱廣寬平極殊麗하야
雜業衆生所居住라　　或心淸淨或作惡이로다

　　그 당시 왕의 '희엄' 도읍은
　　사방이 반듯하고 매우 화려하여

온갖 일을 하는 중생이 살고 있었다
어떤 이는 청정하고 어떤 이는 악했다

爾時有王名勝光이라　　**恒以正法御群生**이러니
그 당시 '승광왕'은
언제나 바른 법으로 중생을 교화하였다

◉ 疏 ◉

次一偈半은 先王治化라
(3) 다음 1수 반의 게송은 선왕의 정치와 교화이다.

經

其王太子名善伏이니　　**形體端正備衆相**이로다
승광왕의 태자는 '선복'인데
빠진 데 없는 단정한 몸매였다

時有無量諸罪人이　　**繫身牢獄當受戮**이어늘
太子見已生悲愍하야　　**上啓於王請寬宥**한대
그 당시 한량없는 죄인들이
옥중에 갇혀 죽게 되었는데
태자는 그들을 보고 자비의 마음으로
왕에게 용서를 청하였다

爾時諸臣共白王호되　　今此太子危王國이니이다
如是罪人應受戮이어늘　　如何悉救令除免이리잇고

    그때, 신하들이 모두 왕을 만류하였다

    지금 태자는 나라를 망치나이다

    이런 죄인들은 형을 받아 마땅한데

    어떻게 모두 용서하여 풀어줄 수 있겠습니까

時勝光王語太子하사대　　汝救彼罪自當受리라
太子哀念情轉深하야　　誓救衆生無退怯이러니

    당시 승광왕은 태자를 타일렀다

    네가 풀어주고 그 죄는 네가 받아라

    태자의 자비 마음 더욱 간절하여

    중생 구하려는 서원으로 겁이 없었다

時王夫人媒女等이　　俱來王所白王言호되
願放太子半月中에　　布施衆生作功德케하소서

    그 당시 왕비와 시녀 등이

    임금 앞에 나아가 아뢰었다

    태자에게 보름 동안 풀어주어

    보시공덕 짓게 하소서

時王聞已卽聽許한대　　設大施會濟貧乏할세

一切衆生靡不臻이라　　隨有所求咸給與러니

　　대왕은 그 말 듣고 허락하여

　　보시법회 마련하여 가난한 이 구제하자

　　찾아오지 않은 중생 없어라

　　그들이 원한 대로 모두 주었는데

如是半月日云滿에　　太子就戮時將至라
大衆百千萬億人이　　同時瞻仰俱號泣이러니

　　이처럼 약속한 보름 되어

　　태자의 죽음 시간 닥쳐오자

　　백천만억 사람 몰려들어

　　한꺼번에 대왕 바라보며 울부짖었네

彼佛知衆根將熟하고　　而來此會化群生하사대
顯現神變大莊嚴하시니　　靡不親近而恭敬이어늘

　　그 당시 부처님이 중생 근기 익은 줄 알고

　　보시법회 찾아와 중생을 교화할 적

　　신통변화 나타내어 장엄하시니

　　친근하여 공경하지 않는 이 없어라

佛以一音方便說　　法燈普照修多羅하시니
無量衆生意柔軟하야　　悉蒙與授菩提記로다

부처님이 하나의 음성 방편으로
법등 널리 비추는 경을 설하시니
한량없는 중생, 마음이 화평하여
모두 아뇩다라 수기 받았어라

善伏太子生歡喜하야　　　發興無上正覺心하고
誓願承事於如來하야　　　普爲衆生作依處러니

　선복태자 즐거운 마음으로
　무상정등정각 마음 일으켜
　여래 받들려는 서원 세워
　중생 의지처 되어주고자

便卽出家依佛住하야　　　修行一切種智道일세
爾時便得此解脫하야　　　大悲廣濟諸群生이로다

　바로 부처 따라 출가하여
　일체종지 도 닦으니
　그 당시 바로 해탈을 얻어
　대자비로 모든 중생 제도하였어라

於中止住經劫海하야　　　諦觀諸法眞實性하고
常於苦海救衆生하야　　　如是修習菩提道할세

　그 속에서 오랜 겁 지내면서

모든 법의 진실 성품 자세히 살펴보고

언제나 고해의 중생 구제하며

이처럼 보리도를 닦을 적에

劫中所有諸佛現을 　　　**悉皆承事無有餘**하야
咸以淸淨信解心으로 　　**聽聞持護所說法**하며

그 겁에 나신 모든 부처님을

남김없이 받들어 섬기면서

모두 청정한 신심 이해의 마음으로

말씀하신 법문 듣고 지녔어라

● 疏 ●

餘는 頌夜神修因이라

於中四니

初 九偈半은 頌在家本事요 次 一偈는 頌出家得法이오 三有二偈는 頌一萬佛이라

(4) 나머지는 주야신이 닦은 因行을 읊었다.

이 부분은 4단락이다.

① 9수 반 게송은 재가 시의 본래 일을 읊었고,

② 1수 게송은 출가하여 얻은 법을 읊었으며,

③ 2수 게송은 1만 부처에 대해 읊었다.

次於佛刹微塵數　　　無量無邊諸劫海에
所有諸佛現世間을　　一一供養皆如是로다

    그다음 세계의 티끌 수처럼
    한량없고 그지없는 겁 바다에
    그 세상에 나신 모든 부처님을
    모두 이와 같이 공양하였어라

我念往昔爲太子하야　　見諸衆生在牢獄하고
誓願捨身而救護일세　　因其證此解脫門호라

    내, 생각하니 옛적 태자 시절
    옥에 갇힌 많은 중생 보고서
    맹세코 몸을 바쳐 구원할 적에
    그로 인해 해탈문 증득하였어라

經於佛刹微塵數　　　廣大劫海常修習하야
念念令其得增長하고　復獲無邊巧方便호라

    세계의 티끌처럼 수많은 겁을
    언제나 닦고 익혀오면서
    생각마다 그 법문 더욱 키워왔고
    그지없는 방편도 얻었어라

彼中所有諸如來를　　　我悉得見蒙開悟하야
令我增明此解脫과　　　及以種種方便力호라

　　그 세계에 나신 모든 부처님
　　내, 모두 뵙고 깨달음 얻어
　　나의 해탈법문 더욱 밝혀주고
　　가지가지 방편의 힘 키워주었어라

我於無量千億劫에　　　學此難思解脫門일세
諸佛法海無有邊을　　　我悉一時能普飮호라

　　한량없는 천만억 오랜 겁
　　불가사의 해탈법문 배울 적에
　　그지없는 불법 바다
　　나는 모두 일시에 마셨어라

十方所有一切刹에　　　其身普入無所礙하야
三世種種國土名을　　　念念了知皆悉盡호라

　　시방에 있는 일체 세계에
　　나의 몸 걸림 없이 모두 들어가
　　삼세 가지가지 국토의 이름
　　한 생각에 남김없이 모두 알았어라

三世所有諸佛海를　　　一一明見盡無餘하며

亦能示現其身相하야　　普詣於彼如來所호라

　　삼세의 수많은 부처님 바다
　　하나하나 남김없이 분명히 다 보았고
　　몸의 모습까지 나타내어
　　여래의 계신 도량 모두 찾았어라

又於十方一切刹　　一切諸佛導師前에
普雨一切莊嚴雲하야　　供養一切無上覺하며

　　또한 시방의 일체 세계
　　일체 부처님 계신 곳에
　　모든 장엄 구름 널리 내려
　　일체 위없는 부처님 전 공양하고

又以無邊大問海로　　啓請一切諸世尊하야
彼佛所雨妙法雲을　　皆悉受持無忘失하며

　　또다시 그지없는 물음으로
　　수많은 세존께 여쭈어서
　　부처님 내려주신 미묘한 법 구름을
　　모두 잊지 않고 받아 지니며

又於十方無量刹　　一切如來衆會前에
坐於衆妙莊嚴座하야　　示現種種神通力하며

또 한량없는 시방세계
일체 부처님 대중법회 앞에
미묘한 장엄의 법좌에 앉아
가지가지 신통력 나타내며

又於十方無量刹에　　示現種種諸神變호되
一身示現無量身하고　無量身中現一身하며

또 한량없는 시방세계
가지가지 신통변화 보여주되
한 몸에 한량없는 몸 나타내고
한량없는 몸에 하나의 몸 나타내며

又於一一毛孔中에　　悉放無數大光明하야
各以種種巧方便으로　除滅衆生煩惱火하며

또다시 하나하나 모공 속에
수없는 큰 광명을 모두 쏟아내어
가지가지 뛰어난 방편으로
중생의 번뇌 불길 꺼주며

又於一一毛孔中에　　出現無量化身雲하야
充滿十方諸世界하야　普雨法雨濟群品호라

또다시 하나하나 모공 속에

한량없는 화신 구름 나타내어
　　시방의 온 세계 가득 뒤덮어
　　법비 널리 내려 중생 제도하였어라

十方一切諸佛子　　　　**入此難思解脫門**하야
悉盡未來無量劫토록　　**安住修行菩薩行**이어든

　　시방세계 일체 모든 불자
　　불가사의 해탈문에 들어가
　　한량없는 미래 세계 다하도록
　　보살행에 안주하여 수행하는데

隨其心樂爲說法하야　　**令彼皆除邪見網**하고
示以天道及二乘과　　　**乃至如來一切智**호라

　　좋아하는 그들 마음 따라 설법하여
　　그들의 삿된 소견 모두 없애주고
　　천상의 도, 성문, 연각
　　여래의 일체 지혜까지 보여주었어라

一切衆生受生處에　　　**示現無邊種種身**하야
悉同其類現衆像하야　　**普應其心而說法**호니

　　일체중생 몸 받아 태어난 곳에
　　그지없이 가지가지 몸 나타내어

그들의 부류 따라 몸을 나타내어
그 마음 맞추어 설법하여라

若有得此解脫門이면　　則住無邊功德海호되
譬如刹海微塵數하야　　不可思議無有量이로다

　이 해탈법문 얻노라면
　그지없는 공덕 바다 머무르되
　비유하면 세계 바다 티끌 수처럼
　헤아릴 수 없는 불가사의여라

◉ 疏 ◉

四는 次於佛刹下에 有十七偈는 頌總結時處得法이라
於中에 三이니
初一은 畧標오 次三은 總會古今이오 後十三偈는 重頌末後得法深廣이라

　④ 다음 '於佛刹' 이하 17수 게송은 법을 얻은 시간과 장소를 총괄하여 끝맺음을 읊었다.
　이 부분은 3단락이다.
　첫 1수 게송은 간단한 표장이고,
　다음 3수 게송은 고금을 총괄하여 회통하였으며,
　뒤의 13수 게송은 마지막에 심오하고 광대한 법을 얻음에 대해 거듭 읊었다.

第四 謙己推勝

4. 몸을 낮추면서 선지식의 훌륭함을 추켜올리다

經

善男子야 我唯知此教化衆生令生善根解脫門이어니와
如諸菩薩摩訶薩은
超諸世間하야 現諸趣身하며
不住攀緣하야 無有障礙하며
了達一切諸法自性하며
善能觀察一切諸法하며
得無我智하야 證無我法하며
教化調伏一切衆生호되 恒無休息하며
心常安住無二法門하며
普入一切諸言辭海하나니
我今云何能知能說彼功德海와 彼勇猛智와 彼心行處와 彼三昧境과 彼解脫力이리오

"선남자여, 나는 오직 이 중생을 교화하여 선근을 내게 하는 해탈문만을 알 뿐이지만,

저 보살마하살은

일체 세간을 초월하여 여러 세계의 길에 몸을 나타내고,

반연에 집착하지 않아 장애가 없으며,

일체 모든 법의 자성을 분명히 알고,

일체 모든 법을 잘 관찰하며,

'나'라는 것이 없는 지혜를 얻어 '나'라는 것이 없는 법을 증득하고,

일체중생을 교화하고 조복하되 언제나 멈추지 않으며,

마음이 항상 둘이 아닌 법문에 머무르고,

일체 말씀 바다에 두루 들어갔다.

내가 그런 공덕 바다, 그런 용맹스러운 지혜, 그런 마음이 가는 곳, 그런 삼매의 경계, 그런 해탈의 힘을 어떻게 알며, 어떻게 말할 수 있겠는가.

第五 指示後友

5. 뒤의 선지식을 소개하다

經

善男子야 此閻浮提에 有一園林하니 名嵐毘尼오
彼園에 有神하니 名妙德圓滿이니
汝詣彼問호되 菩薩이 云何修菩薩行하며 生如來家하야
爲世光明호되 盡未來劫토록 而無厭倦이리잇고하라

선남자여, 이 염부제에 한 동산의 숲이 있는데, 그 이름을 '룸비니 숲'이라 한다.

룸비니 숲에 '묘덕원만신'이 있다.

그대는 그를 찾아가 '보살이 어떻게 보살의 행을 닦으며, 어떻게 여래의 집안에 태어나며, 어떻게 세상의 광명이 되어 미래 세계가 다하도록 고달픔이 없도록 할 수 있는가.'를 묻도록 하라."

◉ 疏 ◉

嵐毘尼林은 此云樂勝圓光이니 昔有天女 下生此處라 因以爲名하니 表九地總持光明無不照故니라
友名妙德圓滿者는 善慧無缺故니라 然此園 在迦毘羅城東二十里하니 是摩耶生佛之處오 又從九地하야 當得受職일세 是故로 令問生如來家니라

'룸비니 숲'은 중국에서는 '즐거움이 뛰어난 원만한 광명[樂勝圓光]'이라는 뜻이다. 옛적에 어느 하늘의 여인이 이곳에 내려와 태어난 인연으로 그 이름을 삼은 것이다. 제9 선혜지에 다라니광명이 비추지 않은 데가 없음을 나타내기 때문이다.

선지식의 이름을 '묘덕원만'이라 말한 것은 부족함이 없는 善慧 때문이다. 그러나 룸비니 숲은 가비라성 동쪽 20리 거리에 있다. 마야부인이 부처님을 낳은 곳이며, 또한 제9 선혜지로부터는 맡은 바의 직책을 받은 자리이기에 여래의 집안에 태어남을 묻도록 한 것이다.

時에 善財童子 頂禮其足하며 遶無量匝하며 合掌瞻仰하고 辭退而去하니라

　그때, 선재동자는 그의 발에 엎드려 절하고 한량없이 돌며, 합장하고 우러러보면서 하직하고 떠나갔다.

● 論 ●

善財問夜神得解脫이 其名何等에 夜神이 答言하사대 名敎化衆生令生善根者는 明一切衆生이 皆從無性智生일새 得此智者는 一切善根이 自然而生이며 一切諸苦 自然而滅이니 以智體性이 無作者故라 衆生이 迷之일새 於無苦之中에 妄作諸業이어니와 若也達此하면 苦亡善生이니 是故로 名敎化衆生令生善根解脫이니라

又於此解脫이 於無色身中에 以無依住智로 普現一切諸佛衆生身은 如下文具明하니라

又善財問夜神發無上大菩提心이 其已久如에 夜神이 答云하사대 如菩薩智輪이 遠離一切分別境界하야 不可以生死中長短染淨廣狹多少로 如是分別顯示는 以菩薩智輪이 本性淸淨하야 離一切分別網하며 超一切障礙山하야 隨應化하야 而普化故니라

從此已下에 擧六種喻는

一은 如日遊空에 無有晝夜喻오

二는 如日輪이 住閻浮에 影現一切寶中과 及以河海淨水中하야 而衆生이 無不見日喻오

三은 如船師 常於大河流中에 不依彼此와 及中流喻오
四는 如太虛空이 一切世界 於中成壞호되 而無分別本清淨喻오
五는 以大願으로 如風輪이 持萬象喻오
六은 如幻化人이 肢體雖具나 而無出入息과 及寒熱饑渴憂喜生死喻니
此六喻는 大約智性이 自如空하야 無性無依하며 無有處所호되 而常現一切諸佛衆生前하야 教化無有休息이니 以先所發大願風輪所持故니라
從佛子乃往古世過世界海微塵數劫已下는 是夜神이 隨世說劫하야 舉發心久近因緣이니 此是如幻中安立이라

선재동자가 주야신에게 이 해탈의 명칭이 무엇이냐고 묻자, 주야신이 '중생을 교화하여 선근을 내도록 하는 해탈'이라고 답한 것은, 일체중생이 모두 자성이 없는 지혜로부터 태어나기 때문에 이 지혜를 얻은 자는 일체의 선근이 자연히 생겨나고, 일체의 모든 고통이 절로 사라짐을 밝힌 것이다. 지혜의 체성이 작자가 없기 때문이다.

중생이 이를 알지 못한 까닭에 고통이 없는 가운데서 부질없이 모든 업을 짓지만, 만약 이를 통달하면 고통이 사라지고 선업이 생겨나는 것이다. 이 때문에 그 이름을 '중생을 교화하여 선근을 내도록 하는 해탈'이라고 말한다.

또한 이 해탈은 색신이 없는 가운데 의지함이 없는 지혜로써 일체 모든 부처와 중생의 몸으로 널리 나타내는 것은 아래 경문에

서 구체적으로 밝힌 바와 같다.

또 선재동자가 주야신에게 위없는 대보리심을 일으킨 지 그 얼마나 되었는가를 묻자, 주야신이 답하기를, "보살의 智輪이 일체의 분별 경계를 멀리 벗어나 생사 중의 장수와 단명, 오염과 청정, 넓음과 좁음, 많음과 적음, 이와 같은 분별의식으로 이를 나타낼 수 없다."고 말한 것은, 보살 智輪의 본래 자성이 청정하여 일체 분별의식의 그물에서 벗어나고, 일체 장애의 산을 뛰어넘어 교화할 대상에 따라서 널리 교화하기 때문이다.

이로부터 아래에 6가지 비유를 들었는데, 다음과 같다.

첫째는 태양이 허공을 선회할 적에 밤낮이 없음과 같다는 비유,

둘째는 태양이 염부제에 머물 적에 일체 보배와 강하의 청정한 물속에 그림자가 나타나, 태양을 보지 못한 중생이 없음과 같다는 비유,

셋째는 뱃사공이 언제나 강물에 있으면서 이곳과 저곳, 그리고 중간에도 의거하지 않음과 같다는 비유,

넷째는 허공이라는 속에서 일체 세계가 이루어지고 무너지지만 분별이 없어 본래 청정함과 같다는 비유,

다섯째는 큰 서원으로 風輪이 삼라만상을 유지함과 같다는 비유,

여섯째는 요술로 만들어진 사람은 손발과 몸통을 갖추고 있으나 들숨과 날숨, 추위와 더위, 배고픔과 목마름, 근심과 기쁨, 태어남과 죽음이 없음과 같다는 비유.

이 6가지의 비유는 대체로 지혜의 체성이 스스로 공과 같아서 성품도 없고 의지함도 없고 처소도 없지만, 항상 일체 모든 부처와 중생 앞에 나타나 교화를 멈춤이 없다. 먼저 일으킨 큰 서원의 풍륜으로 유지하기 때문이다.

'佛子乃往古世過世界海微塵數劫' 이하는 주야신이 세간을 따라 겁을 말하여, 발심한 지 오래된 인연을 들어 말한 것이다. 이는 요술과 같은 속에서 세워진 것이다.

입법계품 제39-13 入法界品 第三十九之十三
화엄경소론찬요 제110권 華嚴經疏論纂要 卷第一百之十

화엄경소론찬요 제111권
華嚴經疏論纂要 卷第一百之十一

◉

입법계품 제39-14
入法界品 第三十九之十四

一

第九 嵐毘尼林神 寄善慧地【鈔_ 寄善慧地者는 謂成就微妙四無礙辨하야 能徧十方하야 善說法故니라】

제9. 룸비니림신, 선혜지 선지식【초_ 선혜지에 붙여 말한 것은 미묘한 四無礙辨을 성취하여 시방에서 두루 잘 설법하기 때문이다.】

經

爾時에 善財童子 於大願精進力救護一切衆生夜神所에 得菩薩解脫已에 憶念修習하며 了達增長하고
漸次遊行하야 至嵐毘尼林하야 周徧尋覓彼妙德神하니라
見在一切寶樹莊嚴樓閣中하야 坐寶蓮華師子之座하사
二十億那由他諸天이 恭敬圍遶어든 爲說菩薩受生海經하사 令其皆得生如來家하야 增長菩薩大功德海하고
善財 見已에 頂禮其足하며 合掌前立하야 白言호되
大聖이시여 我已先發阿耨多羅三藐三菩提心호니 而未能知菩薩이 云何修菩薩行하며 生如來家하야 爲世大明이리잇고

그때, 선재동자는 대원정진력구호일체중생주야신의 도량에서 해탈을 얻고서 생각하고 닦으며 분명히 알고 더욱 키워나갔으며,

차례차례 걸으면서, 룸비니 숲에 이르러, 이곳저곳에서 묘덕신을 찾아 헤맸다.

그가 일체 보배 나무로 장엄한 누각 속의 보배 연꽃 사자법좌에 앉았는데, 20억 나유타 하늘들이 공경하는 마음으로 둘러싸고 있는데, 그들을 위하여 '보살수생해경'을 설법하여 그들이 모두 여래의 집안에서 태어나 보살의 큰 공덕을 더욱 키워나가게 하는 것을 보았다.

선재동자가 이런 모습을 보고서 그의 발에 절하고 합장하고 서서 말하였다.

"거룩하신 성자여, 저는 이미 아뇩다라삼먁삼보리심을 내었습니다. 그러나 보살이 어떻게 보살의 행을 닦으며, 여래의 집안에 태어나 세간의 큰 광명이 될 수 있는지 모르겠습니다."

◉ 疏 ◉

初二는 可知니라

1. 가르침을 따라 선지식을 찾아가 법을 구하고,
2. 친견하여 절을 올리고 법을 물은 부분은 말하지 않아도 알 수 있다.

第三 授己法界

於中四니

一은 顯法義오 二는 立法名이오 三은 明業用이오 四는 辨根本이라

初中二니

先은 長行이오 後는 偈頌이라

前中四니

一은 標數歎勝이오 二는 徵數列名이오 三은 依名釋義오 四는 結歎勝益이라

今은 初라

3. 자기의 법계를 전수하다

이 부분은 4단락이다.

1) 법문의 의의를 밝혔고,

2) 법문의 명칭을 세웠으며,

3) 법문으로 하는 일과 작용을 밝혔고,

4) 법문의 근원이 심오함을 논변하였다.

'1) 법문의 의의를 밝힌' 부분은 2단락이다.

⑴ 앞은 산문이고, ⑵ 뒤는 게송이다.

'⑴ 산문' 부분은 4단락이다.

㈀ 10이라는 수효를 내세워 훌륭함을 찬탄하였고,

㈁ 수효를 묻고 그 명칭을 나열하였으며,

㈂ 명칭에 따라 그 의의를 해석하였고,

㈃ 훌륭한 이익을 찬탄하면서 끝맺었다.

이는 '㈀ 수효를 내세움'이다.

經

彼神이 答言하사대 善男子야 菩薩이 有十種受生藏하니

若菩薩이 成就此法하면 則生如來家하야

念念增長菩薩善根하야 不疲不懈하며

不厭不退하며

無斷無失하며

離諸迷惑하야 不生怯劣惱悔之心하며

趣一切智하야 入法界門하며

發廣大心하야 增長諸度하며

成就諸佛無上菩提하야 捨世間趣하고 入如來地하며

獲勝神通하야 諸佛之法이 常現在前하며

順一切智眞實義境하나니라

그 주야신이 답하였다.

"선남자여, 보살에게 몸을 받아 태어나는 열 가지 법장이 있다.

만약 보살이 이 법을 성취하면 여래의 집안에 태어나,

생각마다 보살의 선근이 증장되어 고달프지도 않고 게으르지도 않으며,

싫어하지도 않고 물러서지도 않으며,

끊어짐도 없고 잃음도 없으며,

모든 미혹을 여의어 겁약하거나 뉘우치는 마음을 내지 않으며,

일체 지혜에 나아가 법계의 문에 들어가며,

광대한 마음을 내어 모든 바라밀을 더욱 키워가며,

부처님의 위없는 보리를 성취하여, 세간의 길을 버리고 여래의 지위에 들어가며,

훌륭한 신통을 얻어 모든 부처님의 법이 항상 앞에 나타나며, 일체 지혜의 진실한 이치의 경계를 따르게 된다.

◉ 疏 ◉

於中에 生如來家는 卽正酬其問이라

이 경문에서 여래의 집안에 태어난다는 것은 바로 그 물음에 답함이다.

第二 徵數列名
(ㄴ) 수효를 묻고 그 명칭을 나열하다

經

何等이 爲十고
一者는 願常供養一切諸佛受生藏이오
二者는 發菩提心受生藏이오
三者는 觀諸法門勤修行受生藏이오
四者는 以深淨心普照三世受生藏이오
五者는 平等光明受生藏이오
六者는 生如來家受生藏이오
七者는 佛力光明受生藏이오
八者는 觀普智門受生藏이오

九者는 普現莊嚴受生藏이오
十者는 入如來地受生藏이니라

　　무엇이 몸을 받아 태어나는 열 가지 법장인가?

　　첫째, 일체 부처님께 항상 공양하고자 원하여 태어나는 법장,

　　둘째, 보리심을 내어 태어나는 법장,

　　셋째, 여러 법문을 관찰하고 부지런히 행을 닦아 태어나는 법장,

　　넷째, 깊고 청정한 마음으로 삼세를 두루 비추어 태어나는 법장,

　　다섯째, 평등한 광명으로 태어나는 법장,

　　여섯째, 여래의 가문에 나고자 태어나는 법장,

　　일곱째, 부처님 힘의 광명으로 태어나는 법장,

　　여덟째, 넓은 지혜의 문을 관찰하여 태어나는 법장,

　　아홉째, 장엄을 널리 나타내어 태어나는 법장,

　　열째, 여래의 지위에 들어가 태어나는 법장이다.

● 疏 ●

此는 通於六位니 一은 當十信이오 二는 卽十住오 三은 通行·向이오 四는 是初地오 五는 從二至七이니 以是功用邊故오 六·七은 皆八地니라 然六은 卽自分이오 七은 卽勝進이니 得勸之後라 八은 卽九地오 九는 當十地오 十은 卽等覺이니 入如來地라

然依行布인댄 豎配定然이어니와 若約圓融인댄 初後通用이니 故云 成就此法이면 則生如來家라하니라

若定須具十이라아 方得生家인댄 何以文中第二第六이 皆有生家오

第十에 復言於三世佛所에 已受灌頂가 故知須豎에 約證分異어니와 若定豎者인댄 則違具十則生之言이니 是知順橫에 約圓融修觀이라【鈔_ 此之十法通於六位下는 疏文에 有五하니

一은 約位豎配니 亦名行布釋이오 '然依行布'下는 二 結前生後니 生後圓融이오

'若約圓融'下는 三 通諸位釋이니 亦名圓融釋이오

'若定具十'下는 四 結成上豎오

'若定豎'下는 五 結成須橫이어니와 實則橫豎無礙 是此中意일새 故存二釋이니 文義昭然이라】

　　이는 6位에 통한다.

　　제1[願常供養一切諸佛受生藏]은 십신에 해당하고,

　　제2[發菩提心]는 십주이며,

　　제3[觀諸法門勤修行]은 십행과 십회향에 통하고,

　　제4[以深淨心普照三世]는 제1 환희지이며,

　　제5[平等光明]는 제2 이구지로부터 제7 원행지까지이다. 功用의 측면이기 때문이다.

　　제6[生如來家], 제7[佛力光明]은 모두 제8 부동지이다. 그러나 제6 수생장은 自分이며, 제7은 잘 닦아나감이니 권면을 얻은 이후이다.

　　제8[觀普智門]은 제9 선혜지이고,

　　제9[普現莊嚴]는 제10 법운지에 해당하며,

　　제10[入如來地]은 곧 등각이니 여래지에 들어감이다.

　　그러나 수행의 차례와 단계[次第行布門]로 말하면 수직의 배열

이 반드시 이와 같지만, 하나를 얻으면 일체 지위를 얻는다는 '圓融相攝門'으로 말하면 시작과 끝이 모두 통하는 것이다. 이 때문에 이 법을 성취하면 여래의 집안에 태어난다고 한다.

만약 반드시 10가지 법장을 모두 갖추어야 비로소 여래의 집안에 태어난다고 한다면, 어찌하여 아래 경문의 제2 發菩提心의 釋義[菩薩 以如是等佛刹微塵數菩提心功德故 得生如來家]와 제6 生如來家의 석의[生如來家 隨諸佛住]에서 모두 여래의 집안에 태어난다는 말이 있는데, 제10 入如來地의 석의에서 '다시 삼세 여래의 도량에 이미 관정을 받았다.'고 말했는가.

그러므로 수직의 배열에서는 증득 부분의 차이로 말하지만, 만약 반드시 굳이 수직이라 말하면 곧 "10가지 법장을 모두 갖추어야 비로소 여래의 집안에 태어난다."는 말에 어긋남을 알아야 한다. 이는 橫을 따라서 원융상섭문으로 닦는 觀임을 알 수 있다.【초_ '이의 10가지 법장은 6位에 통한다.' 이하는 청량소에 5단락이다.

① 지위를 들어 수직으로 배열하였다. 이는 또한 次第行布門으로 해석하였다.

② '然依行布' 이하는 앞의 문장을 끝맺으면서 뒤의 문장을 일으켰다. 뒤의 원융상섭문을 일으킴이다.

③ '若約圓融' 이하는 모든 지위를 통하여 해석하였다. 이 또한 원융상섭문의 해석이라 말한다.

④ '若定具十' 이하는 위의 수직 배열을 끝맺었다.

⑤ '若定豎' 이하는 횡으로 말한 부분을 끝맺은 것이지만, 실상

은 종횡으로 걸림이 없는 것이 여기에서 말한 뜻이다. 이 때문에 2가지의 해석을 한 것이다. 문장의 의의가 분명하다.】

第三 依名釋義

㈐ 명칭에 따라 그 의의를 해석하다

經

善男子야 云何名願常供養一切佛受生藏고
善男子야 菩薩이 初發心時에 作如是願호되 我當尊重恭敬供養一切諸佛하야 見佛無厭하며 於諸佛所에 常生愛樂하며 常起深信하야 修諸功德하야 恒無休息이라하나니 是爲菩薩爲一切智始集善根受生藏이니라

선남자여, 무엇을 '첫째, 일체 부처님께 항상 공양하고자 원하여 태어나는 법장'이라 말하는가?

선남자여, 보살이 처음 발심할 적에 이런 서원을 세웠다.

'나는 일체 모든 부처님을 존중하고 공경하여 공양하면서, 부처님을 친견하는 데 싫어하는 마음이 없으며,

모든 부처님의 도량에서 항상 사랑하고 좋아하는 마음을 내며,

언제나 깊은 믿음을 일으켜 모든 공덕을 닦으면서 항상 멈추지 않을 것이다.'

이를 보살의 '첫째, 일체 부처님께 항상 공양하고자 원하여 태

225

어나는 법장'이라 한다.

● 疏 ●

一中에 卽信發心이라 故賢首品에 云'常欲利樂諸羣生하야 莊嚴國土하야 供養佛故'니라 故文云'始集善根'이라하니라

제1 법장 부분은 십신의 발심이다. 따라서 제12 현수품에서 말하였다.

"언제나 모든 중생에게 이익과 즐거움을 주고자, 국토를 장엄하여 부처님께 공양한 때문이다."

이 때문에 경에 이르기를 "처음 선근을 쌓아간다."고 말하였다.

經

云何名發菩提心受生藏고
善男子야 此菩薩이 發阿耨多羅三藐三菩提心하니
所謂起大悲心이니 救護一切衆生故며
起供養佛心이니 究竟承事故며
起普求正法心이니 一切無悋故며
起廣大趣向心이니 求一切智故며
起慈無量心이니 普攝衆生故며
起不捨一切衆生心이니 被求一切智堅誓甲故며
起無諂誑心이니 得如實智故며
起如說行心이니 修菩薩道故며

起不誑諸佛心이니 守護一切佛大誓願故며
起一切智願心이니 盡未來化衆生不休息故라
菩薩이 以如是等佛刹微塵數菩提心功德故로 得生如來家하나니 是爲菩薩第二受生藏이니라

무엇을 '둘째, 보리심을 내어 태어나는 법장'이라 말하는가?

선남자여, 이 보살이 아뇩다라삼먁삼보리심을 내었다.

이른바 크게 가엾이 여기는 마음을 일으켰다. 일체중생을 구호하고자 한 때문이다.

부처님께 공양하려는 마음을 일으켰다. 끝까지 받들어 섬기고자 한 때문이다.

바른 법을 널리 구하려는 마음을 일으켰다. 모든 것을 아낌이 없기 때문이다.

광대하게 나아가려는 마음을 일으켰다. 일체 지혜를 구하고자 한 때문이다.

한량없이 사랑의 마음을 일으켰다. 중생을 널리 거두어 주고자 한 때문이다.

일체중생을 버리지 않으려는 마음을 일으켰다. 일체 지혜를 구하는 서원 갑옷을 입기 때문이다.

아첨과 속임이 없는 마음을 일으켰다. 진여실상의 지혜를 얻기 때문이다.

말씀과 같이 실행하려는 마음을 일으켰다. 보살의 도를 닦고자 한 때문이다.

부처님을 속이지 않으려는 마음을 일으켰다. 일체 부처님의 큰 서원을 수호하기 때문이다.

일체 지혜의 서원 마음을 일으켰다. 미래 세계가 다하도록 멈추지 않고 중생을 교화하고자 한 때문이다.

보살이 이러한 세계의 티끌 수 보리심의 공덕으로 여래의 집안에 태어났다.

이를 보살의 '둘째, 몸을 받아 태어나는 법장'이라 한다.

● 疏 ●

二中에 初住發心이니 文具三心이라 生如來家는 亦初住生家니라 【鈔_ 亦初住生家者는 恐人誤爲初地生家니라 然其生家는 畧有六位하니 一은 初住에 生菩提心家요 二는 第四住에 生聖敎家요 三은 初地에 生眞如家요 四는 四地에 約寄位 生出世家요 五는 八地에 生無生法忍家요 六은 如來地에 究竟生家니라 今은 是初住니 第一은 是生菩提心家니라】

제2 법장 부분은 제1 발심주이다.

경문에는 3가지 마음[三心: 至誠心, 深心, 回向發願心]을 모두 갖추어 말하고 있다. 生如來家는 또한 제1 발심주의 여래 집안에 태어남이다.【초_ "또한 제1 발심주의 여래 집안에 태어남이다."는 것은 사람들이 제1 환희지의 여래 집안에 태어남으로 잘못 알까 두려워한 까닭이다. 그러나 여래 집안에서 태어남은 간추려 말하면 6지위가 있다.

① 제1 발심주에서는 보리심의 집안에,

② 제4 생귀주에서는 성인 가르침의 집안에,

③ 제1 환희지에서는 진여의 집안에,

④ 제4 염혜지에서는 지위에 붙여 말하면, 출세간의 집안에,

⑤ 제8 부동지에서는 무생법인의 집안에,

⑥ 여래지에서는 究竟生의 집안에 태어남이다.

여기에서는 제1 발심주이다. '① 보리심의 집안'에 태어남이다.】

經

云何名觀諸法門勤修行受生藏고
善男子야 此菩薩摩訶薩이
起觀一切法門海心하며
起廻向一切智圓滿道心하며
起正念無過失業心하며
起一切菩薩三昧海淸淨心하며
起修成一切菩薩功德心하며
起莊嚴一切菩薩道心하며
起求一切智大精進行으로 修諸功德호되 如劫火熾然無休息心하며
起修普賢行하야 敎化一切衆生心하며
起善學一切威儀하야 修菩薩功德하야 捨離一切所有하고 住無所有眞實心이 是爲菩薩第三受生藏이니라

무엇을 '셋째, 여러 법문을 관찰하고 부지런히 행을 닦아 태어나는 법장'이라 말하는가?

선남자여, 이 보살마하살이

일체 법문 바다를 관찰하려는 마음을 일으키고,

일체 지혜의 원만한 도에 회향하려는 마음을 일으키며,

바른 생각으로 잘못된 업이 없으려는 마음을 일으키고,

일체 보살의 삼매 바다에 청정한 마음을 일으키며,

일체 보살의 공덕을 닦아 이루려는 마음을 일으키고,

일체 보살의 도를 장엄하려는 마음을 일으키며,

일체 지혜를 구하여 크게 정진하는 행으로 모든 공덕을 닦되, 마치 겁말의 불길이 거세듯이, 쉼이 없으려는 마음을 일으키고,

보현행을 닦아 일체중생을 교화하려는 마음을 일으키며,

모든 위의를 잘 배워서 보살의 공덕을 닦아 일체 가진 바를 버리고 아무 소유가 없는 데 머물려는 진실한 마음을 일으키는 것이다.

이를 보살의 '셋째, 몸을 받아 태어나는 법장'이라 한다.

● 疏 ●

三中十句니

一 觀法門海는 標十行이오

二 向一切智는 標廻向이니 以行願相資일새 故合爲一이라

餘八은 通行·向이라

　　제3 법장 부분은 10구이다.

제1구의 '법문 바다를 관찰한다.'는 것은 십행을 밝힌 것이며, 제2구의 '일체 지혜에 향함'은 십회향을 밝혔다. 실행과 서원은 서로 힘입기에 이를 합하여 하나로 삼은 것이다.

나머지 8구는 십행과 십회향에 모두 통한다.

經

云何名以深淨心普照三世受生藏고
善男子야 此菩薩이
具淸淨增上心하야 得如來菩提光하며
入菩薩方便海하며
其心堅固 猶若金剛하며
背捨一切諸有趣生하며
成就一切佛自在力하며
修殊勝行하야 具菩薩根하며
其心明潔하야 願力不動하며
常爲諸佛之所護念하며
破壞一切諸障礙山하며
普爲衆生作所依處 是爲菩薩第四受生藏이니라

무엇을 '넷째, 깊고 청정한 마음으로 삼세를 두루 비추어 태어나는 법장'이라 말하는가?

선남자여, 이 보살이 더욱 청정하게 나가려는 마음을 갖추고서 여래의 보리 광명을 얻었고,

보살의 방편 바다에 들어가며,

마음의 견고함이 금강과 같고,

일체 25유 세계의 길에 태어남을 버리며,

일체 부처님의 자재한 힘을 이룩하고,

수승한 행을 닦아 보살의 근기를 갖추며,

마음이 밝고 깨끗하여 서원의 힘이 흔들리지 않고,

언제나 부처님의 가호와 생각함이 되며,

일체 장애의 산을 무너뜨리고,

널리 중생의 의지처가 되는 것이다.

이를 보살의 '넷째, 몸을 받아 태어나는 법장'이라 한다.

◉ 疏 ◉

四中에 契理斷障을 名深淨心이니 卽淨心地라 已證理故로 堅如金剛이오 已得離生道故로 捨諸有趣오 已破二障礙山故로 爲物依處니라【鈔_ 四藏이 '卽淨心地'等者는 疏隨難釋이니 今更委釋호리라 言得如來菩提光者는 明心菩提故오 入菩薩方便海者는 證眞了俗故오 捨諸有趣는 亦由已漸斷異生性故오 成就自在者는 分身百刹故오 修菩薩殊勝行者는 淨治地法이니 十行常修故오 具菩薩根者는 由證信故로 餘皆成根이라 又大悲爲首일세 故悲爲根이오 以斷所知일세 故心明潔이오 十願成熟일세 故願不動이오 同佛證如일세 故得佛護오 分別頓盡일세 名壞諸障이오 具上諸德이 爲物依處니라】

제4 법장 부분은 진리와 하나 되어 장애가 끊어짐을 '깊고 청정한 마음'이라 한다. 이는 청정한 마음의 터전이다.

이미 이치를 증득한 까닭에 견고함이 금강과 같고,

이미 몸을 받아 태어나는 도를 벗어났기에 모든 25有의 세계를 버렸으며,

이미 소지장과 번뇌장의 산을 무너뜨린 까닭에 중생의 의지처가 되었다. 【초_ 제4 법장은 청정한 마음의 터전 등이라 말한 것은 청량소에서 논란한 부분을 따라 해석한 말이다. 여기에서 다시 자세히 해석하고자 한다.

"여래의 보리 광명을 얻었다."는 것은 마음의 보리를 밝힌 때문이며,

"보살의 방편 바다에 들어갔다."는 것은 진제를 증득하고 속제를 잘 알기 때문이며,

"일체 25유 세계의 길에 태어남을 버렸다."는 것은 또한 이미 異生의 종성을 점점 끊은 데서 연유한 까닭이며,

"자재한 힘을 이룩하였다."는 것은 1백 세계에 분신이 나타나기 때문이며,

"보살의 수승한 행을 닦았다."는 것은 십지의 법을 청정히 다스림이다. 항상 十行을 닦기 때문이며,

"보살의 근기를 갖추었다."는 것은 신심을 증득한 데서 연유한 까닭에 나머지는 모두 근기를 성취하였다.

또한 大悲로 으뜸을 삼기에 대비가 뿌리가 되고,

소지장을 끊었기에 마음이 밝고 깨끗하며,

열 가지 서원이 성숙한 까닭에 서원이 흔들리지 않고,

부처님처럼 진여를 증득하였기에 부처의 가호를 얻고,

분별의 마음이 모두 다하였기에 그 이름을 '모든 장애를 무너뜨림'이라 하고,

위의 모든 공덕을 갖춤이 중생의 의지처가 된다.】

經

云何名平等光明受生藏고

善男子야 此菩薩이 具足衆行하야 普化衆生호되

一切所有를 悉皆能捨하며

住佛究竟淨戒境界하며

具足忍法하며

成就諸佛法忍光明하며

以大精進으로 趣一切智하며

到於彼岸하며

修習諸禪하야 得普門定하며

淨智圓滿하야 以智慧日로 明照諸法하며

得無礙眼하야 見諸佛海하며

悟入一切眞實法性하며

一切世間에 見者歡喜하며

善能修習如實法門이 是爲菩薩第五受生藏이니라

무엇을 '다섯째, 평등한 광명으로 태어나는 법장'이라 말하는가?

선남자여, 이 보살이 여러 가지 행을 두루 갖추어 중생을 널리 교화하되,

일체 소유한 바를 모두 버리고,

부처님의 마지막 청정 계율의 경계에 머물며,

인욕의 법을 두루 갖추고,

부처님의 법 지혜[法忍]의 광명을 성취하며,

큰 정진으로 일체 지혜에 나아가고,

피안에 이르며,

모든 선정을 닦아 보문의 삼매를 얻고,

청정한 지혜가 원만하여 지혜의 태양으로 모든 법을 밝게 비추며,

걸림 없는 눈을 얻어 부처님 바다를 보고,

일체 진실한 법성을 깨달아 들어가며,

일체 세간에 보는 이들이 기뻐하고,

진여실상의 법문을 잘 닦음이다.

이를 보살의 '다섯째, 몸을 받아 태어나는 법장'이라 한다.

● 疏 ●

五中에 證如起行이 爲平等光明이오 戒忍進等이 爲次五地니라 得無礙下는 卽是七地니 七地에 得無生忍光明이라 故入一切眞實法이니라

제5 법장 부분은 진여를 증득하여 행을 일으킴이 '平等光明'이며, 지계, 인욕, 정진 등이 다음 제5 난승지이다. '得無礙' 이하는 제7 원행지이다. 제7지에서 무생법인 광명을 얻은 까닭에 일체 진실한 법에 들어간다.

經

云何名生如來家受生藏고
善男子야 此菩薩이
生如來家하야 隨諸佛住하며
成就一切甚深法門하야 具三世佛淸淨大願하며
得一切佛同一善根하야 與諸如來로 共一體性하며
具出世行白淨善法하야 安住廣大功德法門하며
入諸三昧하야 見佛神力하며
隨所應化하야 淨諸衆生하며
如問而對하야 辯才無盡이 是爲菩薩第六受生藏이니라

무엇을 '여섯째, 여래의 가문에 나고자 태어나는 법장'이라 말하는가?

선남자여, 이 보살이 여래의 가문에 태어나 부처님을 따라 머물고,

일체 깊고 깊은 법문을 성취하여 삼세 부처님의 청정한 큰 서원을 갖추며,

일체 부처님과 같은 선근을 얻어 부처님과 체성이 같고,

출세간 행의 순백하고 청정한 법을 갖추어 광대한 공덕의 법문에 편안히 머물며,

모든 삼매에 들어가 부처님의 신통력을 보고,

교화할 바를 따라 중생을 청정케 하며,

묻는 대로 대답하여 변재가 그지없음이다.

이를 보살의 '여섯째, 몸을 받아 태어나는 법장'이라 한다.

◉ 疏 ◉

六中에 以得無生忍으로 契同法性이 爲生佛家오 願度增上하고 善根一體라 惑等不動이 爲白淨法이니라

제6 법장 부분은 무생법인을 얻어 법성과 같이 하나가 됨이 여래의 집안에 태어남이며, 서원바라밀이 더욱 향상되고 선근이 하나이다. 미혹 등에 흔들리지 않음이 순백하고 청정한 법이다.

經

云何名佛力光明受生藏고
善男子야 此菩薩이
深入佛力하야 遊諸佛刹호되 心無退轉하며
供養承事菩薩衆會호되 無有疲厭하며
了一切法이 皆如幻起하며
知諸世間이 如夢所見하며
一切色相이 猶如光影하며

神通所作이 皆如變化하며
一切受生이 悉皆如影하며
諸佛說法이 皆如谷響하며
開示法界하야 咸令究竟이 是爲菩薩第七受生藏이니라

 무엇을 '일곱째, 부처님 힘의 광명으로 태어나는 법장'이라 말하는가?
 선남자여, 이 보살이 부처의 힘에 깊이 들어가 여러 부처의 세계에 노닐면서도 물러서려는 생각이 없고,
 보살 대중을 공양하고 받들어 섬기면서도 싫어함이 없으며,
 일체 법이 모두 요술처럼 일어난 줄을 알고,
 모든 세간이 꿈과 같음을 알며,
 눈에 보이는 모든 색상이 그림자와 같고,
 신통력으로 지은 바가 모두 변화와 같으며,
 일체 몸을 받아 태어남이 그림자와 같고,
 부처님의 설법이 메아리와 같으며,
 법계를 보여주어 모두 마지막의 경계에 이르도록 하였다.
 이를 보살의 '일곱째, 몸을 받아 태어나는 법장'이라 한다.

● 疏 ●

七中에 因佛勸起하야 能頓修行일세 名佛力光明이오 無功用修일세 故無疲厭等이니라

 제7 법장 부분은 부처님의 권면으로 일어남을 따라서 단번에

수행하였기에 그 이름을 '부처님 힘의 광명'이라 하고, 하는 일이 없이 닦은 까닭에 싫어함 등이 없다.

經

云何名觀普智門受生藏고
善男子야 此菩薩이 住童眞位에 觀一切智와 一一智門하
야 盡無量劫토록 開演一切菩薩所行하며
於諸菩薩甚深三昧에 心得自在하며
念念生於十方世界諸如來所하며
於有差別境에 入無差別定하며
於無差別法에 現有差別智하며
於無量境에 知無境界하며
於少境界에 入無量境하며
通達法性이 廣大無際하며
知諸世間이 悉假施設이라 一切皆是識心所起 是爲菩
薩第八受生藏이니라

무엇을 '여덟째, 넓은 지혜의 문을 관찰하여 태어나는 법장'이라 말하는가?

선남자여, 이 보살이 동진의 지위에 머물 적에 일체 지혜와 하나하나 지혜의 법문을 관찰하여 한량없는 겁이 다하도록 일체 보살의 행을 연설하고,

모든 보살의 깊은 삼매에 마음이 자재하며,

한 생각의 찰나마다 시방세계의 여래 도량에 태어나고,

차별이 있는 경계에서 차별이 없는 선정에 들어가며,

차별이 없는 법에서 차별이 있는 지혜를 나타내고,

한량없는 경계에서 경계가 없음을 알며,

적은 경계에서 한량없는 경계에 들어가고,

법성이 광대하여 끝이 없음을 통달하며,

모든 세간이 다 임시로 마련된 터라, 일체가 모두 인식의 마음으로 생겨난 바임을 아는 것이다.

이를 보살의 '여덟째, 몸을 받아 태어나는 법장'이라 한다.

◉ 疏 ◉

八中에 從第八地로 入第九地일새 故云住童眞位라 觀一切智智門은 卽法師之德故로 於三性等에 皆如實知니라 卽事知理之如實故로 於有差別境에 入無差別定하고 卽理窮事之如實故로 於無差別法에 現有差別智니 餘는 可準思어다

제8 법장 부분은 제8 부동지로부터 제9 선혜지에 들어가기에 "동진의 지위에 머문다."고 말하였다.

"일체 지혜와 하나하나 지혜의 법문을 관찰한다."는 것은 법사의 공덕이기 때문에 三性 등을 모두 실상대로 아는 것이다.

사법계와 하나가 되어 이법계를 실상대로 알기 때문에 차별이 있는 경계에서 차별이 없는 선정에 들어가고, 이법계와 하나가 되어 사법계를 실상대로 알기 때문에 차별이 없는 법에서 차별이 있

는 지혜를 나타냈다.

나머지는 이에 준하여 생각해야 한다.

經

云何名普現莊嚴受生藏고
善男子야 此菩薩이
能種種莊嚴無量佛刹하며
普能化現一切衆生과 及諸佛身하며
得無所畏하야 演淸淨法하며
周流法界하야 無所障礙하며
隨其心樂하야 普使知見하며
示現種種成菩提行하야 令生無礙一切智道하며
如是所作이 不失其時호되 而常在三昧毘盧遮那智慧之藏이 是爲菩薩第九受生藏이니라

무엇을 '아홉째, 장엄을 널리 나타내어 태어나는 법장'이라 말하는가?

선남자여, 이 보살이 한량없는 부처 세계를 가지가지로 장엄하고,

일체중생과 부처님의 몸을 널리 변화하여 나타내며,

두려움이 없음을 얻어 청정한 법을 연설하고,

법계에 두루 다니면서 걸림이 없으며,

중생이 좋아하는 마음을 따라 모두 알고 보도록 하고,

가지가지로 보리 행의 성취를 나타내어 걸림이 없는 일체 지혜의 도를 내도록 하며,

이처럼 하는 일들이 시기를 놓치지 않으면서도 언제나 삼매와 비로자나 지혜의 법장에 있다.

이를 보살의 '아홉째, 몸을 받아 태어나는 법장'이라 한다.

● 疏 ●

九中에 以佛莊嚴而莊嚴이라 故名普莊嚴이라 已得離垢等 諸三昧故로 雖復常用이나 而常在三昧니라

제9 법장 부분은 부처의 장엄으로써 장엄한 까닭에 그 이름을 '普莊嚴'이라 한다. 이미 離垢 등 모든 삼매를 얻었기에 비록 언제나 작용을 하면서도 항상 삼매에 있다.

經

云何名入如來地受生藏고
善男子야 此菩薩이 悉於三世諸如來所에 受灌頂法하야 普知一切境界次第하나니
所謂知一切衆生前際後際歿生次第와 一切菩薩修行次第와 一切衆生心念次第와 三世如來成佛次第와 善巧方便說法次第하며
亦知一切初中後際所有諸劫의 若成若壞하는 名號次第하야 隨諸衆生의 所應化度하야 爲現成道하야 功德莊嚴

하며 **神通說法**하며 **方便調伏**이 **是爲菩薩第十受生藏**이
니라

무엇을 '열째, 여래의 지위에 들어가 태어나는 법장'이라 말하는가?

선남자여, 이 보살이 삼세 여래의 도량에서 관정의 법을 받아 일체 경계의 차례를 두루 알고 있다.

이른바 일체중생의 과거, 미래에 죽고 나는 차례, 일체 보살의 수행하는 차례, 일체중생의 마음으로 생각하는 차례, 삼세 여래의 성불하는 차례, 뛰어난 방편으로 법문 연설하는 차례를 알며,

또한 시초, 중간, 말후 세계의 모든 겁이 이뤄지고 무너지는 명칭의 차례를 알고서, 교화받을 만한 중생을 따라서, 그를 위해 성취한 도의 공덕과 장엄을 보여주고, 신통으로 설법하며, 방편으로 조복하였다.

이를 보살의 '열째, 몸을 받아 태어나는 법장'이라 한다.

◉ 疏 ◉

十中에 約其自分인댄 爲此菩薩이오 約其勝進인댄 名入佛地니라 已受職位일새 云受灌頂이오 智齊佛境일새 云知一切니 如十定品辨이라【鈔_ '十入如來地'는 下文顯然이라 皆與本位로 義理相符하니 不爲此釋이면 實抑經文이라】

제10 법장 부분은 그 자신의 본분으로 말하면, 이 보살이 되고, 그 훌륭히 닦아나감으로 말하면, '부처의 지위에 들어갔다.'고

말한다.

이미 직위를 받았기에 '관정을 받았다.' 말하고, 지혜가 부처의 경계와 똑같기에 '일체를 안다.'고 말한다. 제27 십정품에서 말한 바와 같다.【초_ '十入如來地' 이하 경문의 뜻은 분명하다. 그러나 모두 본래 지위와 그 뜻이 서로 부합하고 있다. 이를 해석하지 않으면 실로 경문을 제대로 펼칠 수 없다.】

第四 結歎勝益
(ㄹ) 훌륭한 이익을 찬탄하면서 끝맺다

經
佛子야 若菩薩摩訶薩이 於此十法에 修習增長하야 圓滿成就하면 則能於一莊嚴中에 現種種莊嚴하야 如是莊嚴一切國土하며
開導示悟一切衆生호되 盡未來劫토록 無有休息하며
演說一切諸佛法海와 種種境界와 種種成熟과 展轉傳來無量諸法하며
現不思議佛自在力하야 充滿一切虛空法界하야 於諸衆生心行海中에 而轉法輪하며
於一切世界에 示現成佛호되 恒無間斷하며
以不可說淸淨言音으로 說一切法하며

住無量處하야 **通達無礙**하며
以一切法으로 **莊嚴道場**하며
隨諸衆生의 **欲解差別**하야 **而現成佛**하며
開示無量甚深法藏하야 **敎化成就一切世間**이니라

　　불자여, 만약 보살마하살이 이 열 가지 법을 닦아 익히고 더욱 키워나가면서 원만하게 성취하면, 하나의 장엄 속에 가지가지 장엄을 나타내어, 이처럼 일체 국토를 장엄하고,

　　일체중생을 인도하고 깨우치되 미래 세계가 다하도록 멈춤이 없으며,

　　일체 불법 바다, 가지가지 경계, 가지가지 성숙, 전전하여 전해오는 한량없는 법을 연설하고,

　　불가사의한 부처님의 자재한 힘을 나타냄이 일체 허공과 법계에 가득하여, 중생의 마음으로 행하는 바다에서 법륜을 굴리며,

　　일체 세계에서 성불을 보여주되 언제나 끊임이 없고,

　　말할 수 없는 청정한 음성으로 일체 법을 말하며,

　　한량없는 곳에 머물면서 통달하여 걸림이 없고,

　　일체 법으로 도량을 장엄하며,

　　중생의 각기 다른 욕망과 이해를 따라 성불을 나타내고,

　　한량없는 깊은 법장을 보여주면서 일체 세간을 교화하고 성취하였다."

● 疏 ●

可知니라

이는 말하지 않아도 알 수 있다.

二 重頌

(2) 룸비니림신 게송

經

爾時에 嵐毘尼林神이 欲重明其義하사 以佛神力으로 普觀十方하고 而說頌言하사대

그때, 룸비니림신이 이 뜻을 거듭 밝히고자, 부처님의 신통력으로 시방을 관찰하고 게송으로 말하였다.

最上離垢淸淨心으로　　　見一切佛無厭足하야
願盡未來常供養이　　　　此明慧者受生藏이로다

　　최상의 때 없이 청정한 마음으로
　　일체 부처님 뵈옵는데 싫어할 줄 모른 채
　　미래 세월 다하도록 공양함이
　　지혜 밝은 이 태어나는 법장

一切三世國土中에　　　　所有衆生及諸佛을

悉願度脫恒瞻奉이 　　 此難思者受生藏이로다

　　삼세의 일체 수없는 국토에
　　살고 있는 중생과 부처님을
　　제도하고 받들기를 모두 원함이
　　불가사의한 이 태어나는 법장

聞法無厭樂觀察하며 　　 普於三世無所礙하야
身心淸淨如虛空이 　　 此名稱者受生藏이로다

　　법문 듣기 싫지 않고 관찰 좋아하고
　　널리 삼세에 걸림 없어
　　몸과 마음 청정함이 허공 같음이
　　명성 얻은 이 태어나는 법장

其心恒住大悲海하며 　　 堅如金剛及寶山하며
了達一切種智門이 　　 此最勝者受生藏이로다

　　그 마음 언제나 자비 바다 머물고
　　굳건함은 금강과 보배산 같고
　　일체종지 법문 통달함이
　　가장 훌륭한 이 태어나는 법장

大慈普覆於一切하고 　　 妙行常增諸度海하야
以法光明照群品이 　　 此雄猛者受生藏이로다

대자비로 일체중생 널리 덮어주고
　　미묘한 행은 언제나 바라밀 더하여
　　법의 광명 삼라만상 두루 비춤이
　　용맹한 이 태어나는 법장

了達法性心無礙하며　　　**生於三世諸佛家**하야
普入十方法界海　　　　　**此明智者受生藏**이로다
　　법성 통달하여 마음에 걸림 없고
　　삼세 부처님 집안에 태어나
　　시방 법계 널리 들어감이
　　슬기 있는 이 태어나는 법장

法身淸淨心無礙하야　　　**普詣十方諸國土**하야
一切佛力靡不成이　　　　**此不思議受生藏**이로다
　　법신이 청정하고 마음에 걸림 없어
　　시방의 모든 국토 두루 나아가
　　부처님의 모든 힘 다 이루니
　　헤아릴 수 없는 이 태어나는 법장

入深智慧已自在하고　　　**於諸三昧亦究竟**하야
觀一切智如實門이　　　　**此眞身者受生藏**이로다
　　깊은 지혜 들어가 이미 자재하고

많은 삼매 또한 끝까지 다하여
　　일체 지혜 진실 법문 관찰함이
　　진신을 지닌 이 태어나는 법장

淨治一切諸佛土하며　　　　**勤修普化衆生法**하며
顯現如來自在力이　　　　　**此大名者受生藏**이로다

　　일체 제불 국토 말끔히 다스리고
　　중생 교화의 법 부지런히 닦고
　　여래의 자재한 힘 나타냄이
　　큰 명성 떨친 이 태어나는 법장

久已修行薩婆若하고　　　　**疾能趣入如來位**하야
了知法界皆無礙이　　　　　**此諸佛子受生藏**이로다

　　오래전 이미 살바야 닦고
　　여래의 높은 지위 빨리 들어가
　　법계를 밝게 알아 걸림 없음이
　　여러 불자 태어나는 법장

● 疏 ●

頌中十偈는 如次 頌前十法이라

　　10수 게송은 차례와 같이 앞서 말한 10가지의 법을 읊었다.

一顯法義 竟하다

1) 법문의 의의를 밝힌 부분을 끝마치다.

第二 立法名

2) 법문의 명칭을 세우다

經

善男子야 菩薩이 具此十法하면 生如來家하야 爲一切世間淸淨光明하나니
善男子야 我從無量劫來로 得是自在受生解脫門호라

"선남자여, 보살이 이 열 가지 법을 갖추면 여래의 가문에 태어나 일체 세간의 청정한 광명이 된다.

선남자여, 나는 한량없이 오랜 겁에 이처럼 자재하게 몸을 받아 태어나는 해탈법문을 얻었다."

● 疏 ●

法名中에 先은 牒前所明이오 後我從無量下는 指前立目이니 機感便現하야 無所擁礙일세 名自在受生이니 通能所見이라

법의 명칭 부분 가운데 앞은 앞에서 밝힌 바를 뒤이어서 말하였고,

뒤의 '我從無量' 이하는 앞에서 세웠던 명목을 가리킨다.

기연의 만남에 따라 곧 몸을 나타내어 막힌 바가 없기에 "자재

하게 몸을 받아 태어난다."고 말한다. 소견의 주체와 대상에 모두 통한다.

二 立法名 竟하다

2) 법문의 명칭을 세운 부분을 끝마치다.

第三 明法門業用

3) 법문으로 하는 일과 작용을 밝히다

經
善財 白言호되 聖者여 此解脫門이 境界云何니잇고
答言하사대 善男子야 我先發願호되 願一切菩薩이 示受生時에 皆得親近하야 願入毘盧遮那如來無量受生海일세 以昔願力으로 生此世界閻浮提中嵐毘尼園하야 專念菩薩의 何時下生이러라

선재동자가 말하였다.

"거룩하신 이여, 이 해탈법문의 경계는 어떻습니까?"

주야신이 답하였다.

"선남자여, 나는 일찍이 발원하였다.

'일체 보살이 몸을 받아 태어날 적마다 모두 가까이 모시면서 비로자나여래의 한량없이 태어나는 바다에 들어가기를 원하옵니다.'

이런 옛 서원의 힘으로 이 세계의 염부제 룸비니 동산에 태어

나, 오롯한 마음으로 '보살이 언제 나오실까?'를 생각하였다.

◉ 疏 ◉

於中에 先問 後答이라 答中에 知見此境이 卽是業用이라
於中二니 先은 明依願受生이라

이 부분은 앞은 물음, 뒤는 대답이다.

대답 부분에서 이런 경계를 알고 봄이 바로 해탈법문에 의한 일이자 작용이다.

이 부분은 2단락이다.

(1) 서원에 의하여 몸을 받아 태어남을 밝혔다.

經

經於百年하야 世尊이 果從兜率陀天으로 而來生此하실새 時此林中에 現十種相하니
何等이 爲十고
一者는 此園中地 忽自平坦하야 坑坎堆阜 悉皆不現이오
二者는 金剛爲地하고 衆寶莊嚴하야 無有瓦礫荊棘株杌이오
三者는 寶多羅樹 周匝行列호되 其根深植하야 至於水際오
四者는 生衆香芽하며 現衆香藏하며 寶香爲樹호되 扶疎蔭暎하야 其諸香氣 皆踰天香이오
五者는 諸妙華鬘과 寶莊嚴具 行列分布하야 處處充滿이오

六者는 園中所有一切諸樹 皆自然開摩尼寶華오
七者는 諸池沼中에 皆自生華호되 從地涌出하야 周布水上이오
八者는 時此林中에 娑婆世界欲色所住天龍夜叉乾闥婆阿修羅迦樓羅緊那羅摩睺羅伽一切諸王이 莫不來集하야 合掌而住오
九者는 此世界中所有天女와 乃至摩睺羅伽女 皆生歡喜하야 各各奉持諸供養具하고 向畢洛叉樹前하야 恭敬而立이오
十者는 十方一切諸佛臍中에 皆放光明하니 名菩薩受生自在燈이라 普照此林하니 一一光中에 悉現諸佛受生誕生所有神變과 及一切菩薩受生功德하며 又出諸佛種種言音이니 是爲林中十種瑞相이라
此相現時에 諸天王等이 卽知當有菩薩下生하나니 我見此瑞하고 歡喜無量호라

백 년이 지나서 세존이 도솔천에서 내려오실 적에 그 당시 이 숲에 열 가지 상서가 나타났다.

무엇이 열 가지 상서인가?

첫째, 이 동산의 땅이 갑자기 평탄하면서 구덩이나 등성이가 전혀 보이지 않았다.

둘째, 금강으로 땅이 만들어지고 많은 보배로 장엄하여, 자갈, 가시덤불, 나무 그루터기들이 사라졌다.

셋째, 보배 다라수가 줄지어 둘러섰는데, 그 뿌리가 깊이 들어가 물가까지 뻗었다.

넷째, 향기 나는 새싹이 돋아나고, 향의 갈무리가 나타났으며, 보배 향으로 이뤄진 나무가 무성하여 그 모든 향기가 천상의 향기보다도 더 아름다웠다.

다섯째, 여러 미묘한 화만과 보배 장엄거리가 줄지어 펼쳐져 있어 곳곳마다 가득하였다.

여섯째, 동산에 있는 모든 나무에 모두 마니보배 꽃송이가 절로 피었다.

일곱째, 연못 속에서 모두 절로 꽃이 났는데, 땅속에서 솟아올라 연못 위를 가득 뒤덮었다.

여덟째, 이 룸비니 숲에 사바세계의 욕계와 색계에 있는 하늘, 용, 야차, 건달바, 아수라, 가루라, 긴나라, 마후라가 그 모든 왕이 찾아와 합장하였다.

아홉째, 이 세계에 있는 천상계 여인 내지 마후라가 여인까지 모두 기뻐하면서 여러 가지 공양거리를 받들고 필락차수 앞에서 공경히 서 있었다.

열째, 시방의 일체 부처님 배꼽에서 '보살이 자재하게 몸을 받아 태어나는 등불' 광명을 쏟아내어 룸비니 숲에 비추고, 하나하나 광명에서는 부처님이 몸을 받아 태어나는 신통변화와 일체 보살이 태어나는 공덕을 나타내었고, 또 여러 부처님의 가지가지 음성이 울려 나왔다.

이것이 이 숲의 열 가지 상서이다. 이런 상서가 나타날 때, 모든 천왕은 보살이 내려오실 줄 알았고, 나는 이 상서를 보고서 한량없이 기뻐하였다.

◉ 疏 ◉

後는 如昔願覩라

於中에 四니

初는 覩降神瑞相이라

　(2) 예전에 서원했던 바와 같음을 보았다.

　이 부분은 4단락이다.

　㈀ 신명이 내려준 상서의 모습을 보았다.

經

善男子야 摩耶夫人이 出迦毘羅城하야 入此林時에 復現十種光明瑞相하야 令諸衆生으로 得法光明케하시니

何等이 爲十고

所謂一切寶華藏光과

寶香藏光과

寶蓮華開演出眞實妙音聲光과

十方菩薩初發心光과

一切菩薩得入諸地現神變光과

一切菩薩修波羅蜜圓滿智光과

一切菩薩大願智光과

一切菩薩敎化衆生方便智光과

一切菩薩證於法界眞實智光과

一切菩薩得佛自在受生出家成正覺光이니

此十光明이 普照無量諸衆生心이러라

　선남자여, 마야부인이 가비라성을 나와 이 숲에 들어올 적에도, 열 가지 광명의 상서가 있어 모든 중생으로 하여금 법의 광명을 얻도록 하였다.

　무엇이 열 가지 광명의 상서인가?

　이른바 일체 보배 꽃 광의 광명,

　보배 향 광의 광명,

　보배 연꽃이 피어 진실하고 미묘한 음성으로 연설하는 광명,

　시방 보살이 처음 발심한 광명,

　일체 보살이 여러 지위에 들어가 신통변화를 나타내는 광명,

　일체 보살이 바라밀을 닦아 원만한 지혜의 광명,

　일체 보살의 큰 서원의 지혜 광명,

　일체 보살이 중생을 교화하는 방편 지혜의 광명,

　일체 보살이 법계를 증득하여 진실한 지혜의 광명,

　일체 보살이 부처님의 자재하게 몸을 받아 태어나고 출가하고 정각을 성취함을 얻은 광명이다.

　이 열 가지 광명이 한량없는 중생의 마음을 두루 비추었다.

◉ 疏 ◉

二는 見出城現光이라

㈡ 마야부인이 성에서 나올 적에 나타난 광명의 상서를 보았다.

經

善男子야 摩耶夫人이 於畢洛叉樹下坐時에 復現菩薩將欲誕生十種神變하시니

何等이 爲十고

善男子야 菩薩이 將欲誕生之時에 欲界諸天의 天子天女와 及以色界一切諸天과 諸龍夜叉乾闥婆阿修羅迦樓羅緊那羅摩睺羅伽와 幷其眷屬이 爲供養故로 悉皆雲集이어든 摩耶夫人이 威德殊勝하사 身諸毛孔에 咸放光明하사 普照三千大千世界하야 無所障礙하니 一切光明이 悉皆不現하야 除滅一切衆生煩惱와 及惡道苦 是爲菩薩將欲誕生第一神變이오

又善男子야 當爾之時하야 摩耶夫人腹中에 悉現三千世界一切形像하사 其百億閻浮提內에 各有都邑하고 各有園林하야 名號不同이어든 皆有摩耶夫人이 於中止住하고 天衆圍遶하야 悉爲顯現菩薩將生不可思議神變之相이 是爲菩薩將欲誕生第二神變이오

又善男子야 摩耶夫人一切毛孔에 皆現如來往昔修行菩薩道時恭敬供養一切諸佛과 及聞諸佛說法音聲하시

257

니 譬如明鏡과 及以水中에 能現虛空日月星宿雲雷等像인달하야 摩耶夫人身諸毛孔도 亦復如是하야 能現如來往昔因緣이 是爲菩薩將欲誕生第三神變이오

又善男子야 摩耶夫人身諸毛孔에 一一皆現如來往修菩薩行時所住世界의 城邑聚落과 山林河海와 衆生劫數와 値佛出世와 入淨國土와 隨所受生壽命長短과 依善知識修行善法과 於一切刹在在生處에 摩耶夫人이 常爲其母하사 如是一切를 於毛孔中에 靡不皆現이 是爲菩薩將欲誕生第四神變이오

又善男子야 摩耶夫人一一毛孔에 顯現如來往昔修行菩薩行時隨所生處色相形貌와 衣服飮食苦樂等事하사 一一普現하야 分明辯了 是爲菩薩將欲誕生第五神變이오

又善男子야 摩耶夫人身諸毛孔에 一一皆現世尊往昔修施行時捨所難捨한 頭目耳鼻와 脣舌牙齒와 身體手足과 血肉筋骨과 男女妻妾과 城邑宮殿과 衣服瓔珞과 金銀寶貨의 如是一切內外諸物하시며 亦見受者의 形貌音聲과 及其處所 是爲菩薩將欲誕生第六神變이오

又善男子야 摩耶夫人이 入此園時에 其林이 普現過去所有一切諸佛의 入母胎時國土園林과 衣服華鬘과 塗香末香과 旛繒幢蓋와 一切衆寶莊嚴之事와 妓樂歌詠上妙音聲하야 令諸衆生으로 普得見聞이 是爲菩薩將誕

生時第七神變이오

又善男子야 摩耶夫人이 入此園時에 從其身出菩薩所住摩尼寶王宮殿樓閣이 超過一切天龍夜叉乾闥婆阿修羅迦樓羅緊那羅摩睺羅伽와 及諸人王之所住者하사 寶網覆上하고 妙香普熏하며 衆寶莊嚴하야 內外淸淨하며 各各差別호되 不相雜亂하야 周匝徧滿嵐毘尼園이 是爲菩薩將誕生時第八神變이오

又善男子야 摩耶夫人이 入此園時에 從其身出十不可說百千億那由他佛刹微塵數菩薩하시니 其諸菩薩의 身形容貌와 相好光明과 進止威儀와 神通眷屬이 皆與毘盧遮那菩薩로 等無有異하야 悉共同時에 讚歎如來 是爲菩薩將誕生時第九神變이오

又善男子야 摩耶夫人이 將欲誕生菩薩之時에 忽於其前에 從金剛際로 出大蓮華하니 名爲一切寶莊嚴藏이라 金剛爲莖하며 衆寶爲鬚하며 如意寶王으로 以爲其臺하며 有十佛刹微塵數葉이 一切皆以摩尼所成이며 寶網寶蓋로 以覆其上하야 一切天王의 所共執持며 一切龍王이 降注香雨하며 一切夜叉王이 恭敬圍遶하야 散諸天華하며 一切乾闥婆王이 出微妙音하야 歌讚菩薩의 往昔供養諸佛功德하며 一切阿修羅王이 捨憍慢心하고 稽首敬禮하며 一切迦樓羅王이 垂寶繒旛하야 徧滿虛空하며 一切緊那羅王이 歡喜瞻仰하야 歌詠讚歎菩薩功德하며 一切摩

睺羅伽王이 皆生歡喜하야 歌詠讚歎하고 普雨一切寶莊
嚴雲이 是爲菩薩將誕生時第十神變이니라

선남자여, 마야부인이 필락차수 아래 앉아 있을 적에 또다시 보살이 탄생하려는 열 가지 신통변화를 나타내었다.

무엇이 열 가지 신통변화인가?

선남자여, 보살이 탄생하려는 때에 욕계 하늘의 천자, 천녀와 색계의 모든 하늘, 용, 야차, 건달바, 아수라, 가루라, 긴나라, 마후라가와 아울러 그 권속들이 공양하기 위하여 구름처럼 모여들었다.

마야부인은 위엄과 공덕이 아주 뛰어나 여러 모공에서 광명을 쏟아내어 삼천대천세계를 두루 비추어 막히는 곳이 없었다. 일체 다른 광명은 모두 나타나지 못하였다. 그 광명은 일체중생의 번뇌와 악도의 고통을 없애주었다.

이는 보살이 탄생하려 할 적의 첫째 신통변화이다.

또한 선남자여, 그 당시 마야부인의 복부에서 삼천대천세계의 모든 형상이 나타났는데, 백억 염부제 안에 각기 도읍이 있고 각기 동산이 있으며, 그 이름이 똑같지 않았다. 마야부인이 그 모든 곳에 계시고, 하늘 대중이 둘러 모시면서 보살이 장차 태어나고자 불가사의한 신통변화의 모습을 모두 나타냈다.

이는 보살이 탄생하려 할 적의 둘째 신통변화이다.

또한 선남자여, 마야부인의 모든 모공에서 여래께서 옛날 보살의 도를 수행할 적에 일체 부처님께 공경하고 공양하던 일, 부처님들의 설법하는 음성을 들었던 일을 모두 나타냈다. 마치 맑은 거울

이나 물속에 허공과 해와 달, 별과 구름, 우레의 모양이 나타나는 것처럼, 마야부인의 모든 모공도 그처럼 여래의 옛날 인연을 모두 보여주었다.

　이는 보살이 탄생하려 할 적의 셋째 신통변화이다.
　또한 선남자여, 마야부인의 모든 모공에서 여래께서 옛날 보살의 행을 닦을 적에 계셨던 세계의 도읍과 마을, 산과 숲, 강과 바다, 중생과 겁의 수효, 세간에 나온 부처님과의 만남, 들어가셨던 청정 국토, 몸을 받아 태어나 수명의 길고 짧음, 선지식을 의지하여 닦았던 선한 법, 일체 세계에 태어날 적마다 마야부인이 언제나 어머니가 되었던, 하나하나를 모두 나타냈다. 이처럼 그 모든 것이 모두 모공에 나타나지 않은 게 없었다.
　이는 보살이 탄생하려 할 적의 넷째 신통변화이다.
　또한 선남자여, 마야부인의 하나하나 모공마다 여래께서 옛날 보살의 행을 닦을 적에 나셨던 곳, 모습과 형상, 의복과 음식, 괴롭고 즐거운 일들이 하나하나 모두 나타나서 분명하게 알 수 있었다.
　이는 보살이 탄생하려 할 적의 다섯째 신통변화이다.
　또한 선남자여, 마야부인의 모공마다 세존께서 옛날 보시행을 닦을 적에 버리기 어려운 머리, 눈, 귀, 코, 입술, 혀, 치아, 몸, 손, 발, 피, 살, 힘줄, 뼈, 아들, 딸, 아내, 첩, 도시, 궁전, 의복, 영락, 금, 은, 보화 따위의 이와 같은 일체 모든 안팎의 물건들을 버리던 일을 하나하나 모두 나타냈으며, 또한 받는 이의 형상과 음성과 그의 처소까지도 볼 수 있었다.

이는 보살이 탄생하려 할 적의 여섯째 신통변화이다.

또한 선남자여, 마야부인이 이 동산에 들어올 적에 이 숲에는 과거 세계의 일체 부처님이 모태에 드실 적의 국토와 동산, 의복, 화만, 바르는 향, 가루 향, 번기, 당기, 깃발, 일산과 일체 보배로 장엄한 일, 풍류와 노래, 아름다운 음성으로 모든 중생이 모두 듣고 보았던 일들이 모두 나타났다.

이는 보살이 탄생하려 할 적의 일곱째 신통변화이다.

또한 선남자여, 마야부인이 이 동산에 들어올 적에 그 몸에서 보살이 거주하는 마니보배로 된 궁전과 누각이 만들어졌는데, 그 모든 천상계, 용, 야차, 건달바, 아수라, 가루라, 긴나라, 마후라가 및 인간계의 왕이 거처하는 곳보다 뛰어났으며, 보배 그물이 위를 덮고 미묘한 향기가 널리 풍겼으며, 여러 보배로 장엄하여 안팎이 청정하고, 제각기 다른 모습이면서도 서로 뒤섞이지 않은 채, 룸비니 동산에 두루 가득하였다.

이는 보살이 탄생하려 할 적의 여덟째 신통변화이다.

또한 선남자여, 마야부인이 이 동산에 들어올 적에 그의 몸에서 열 곱 말할 수 없는 백천억 나유타 세계의 티끌 수 보살이 나왔다. 그 보살들의 형상과 용모, 잘생긴 모습과 광명, 앉고 서는 위의, 신통과 권속들이 모두 비로자나보살과 다르지 않았다. 그들이 모두 한꺼번에 여래를 찬탄하였다.

이는 보살이 탄생하려 할 적의 아홉째 신통변화이다.

또한 선남자여, 마야부인이 보살을 낳으려 할 적에, 문득 부인의 앞에 있는 금강의 땅에서 큰 연꽃이 솟아났다. 그 이름을 '일체 보배로 장엄한 광 연꽃'이라 한다.

    금강으로 줄기가, 여러 보배로 꽃술이, 여의 보배로 꽃판이 이뤄졌으며, 열 세계의 티끌 수처럼 수많은 잎은 모두 마니주로 이뤄졌다.

    보배 그물, 보배 일산이 위를 덮어, 모든 천왕이 함께 받들고,

    모든 용왕이 향기 빗방울을 내려주며,

    모든 야차왕은 공경하며 둘러싸고 하늘 꽃을 흩뿌리고,

    모든 건달바왕은 아름다운 음성으로 옛날에 보살이 부처님께 공양하던 공덕을 찬탄하며,

    모든 아수라왕은 교만한 마음을 버리고 머리를 조아려 경례하고,

    모든 가루라왕은 보배 번기를 드리워 허공에 가득하며,

    모든 긴나라왕은 환희하여 앙모하면서 보살의 공덕을 노래하며 찬탄하고,

    모든 마후라가왕은 모두 환희하여 노래하고 찬탄하며 일체 보배 장엄 구름을 널리 내려주었다.

    이는 보살이 탄생하려 할 적의 열째 신통변화이다.

● 疏 ●

三은 覩將生神變이라

於中二니 先은 標·徵이라 畢洛叉者는 此云高顯이라 後 '菩薩將欲'

下는 別顯十變이니 一은 集衆息苦오 二는 卷舒無礙오 三은 毛現佛因이오 四는 現佛本事오 五는 現行所依身이오 六은 徧現捨行이오 七은 現古佛受生園林이오 八은 現今佛所處宮殿이오 九는 出菩薩同類오 十은 地現蓮華하야 將承至聖이라

(ㄷ) 보살이 장차 태어나려 할 적에 신통변화를 보여주었다.

이 부분은 2단락이다.

앞은 표장과 물음이다. '필락차' 나무는 중국에서는 '드높이 솟아 빛나는[高顯]' 나무라는 뜻이다.

뒤의 '菩薩將欲' 이하는 개별로 10가지 신통변화를 밝혔는데, 다음과 같다.

① 모여든 대중의 고통이 사라지고,

② 동정에 걸림이 없으며,

③ 모공마다 부처의 因行을 나타내고,

④ 부처의 本生事를 나타내며,

⑤ 모든 행의 의지처인 몸을 나타내고,

⑥ 보시행을 두루 나타내며,

⑦ 옛 부처님이 태어난 동산을 나타내고,

⑧ 현재 부처님이 거처한 궁전을 나타내며,

⑨ 보살의 같은 유를 나타내고,

⑩ 땅에서 연꽃이 나타나 보살을 받들어 성자의 지위에 이르렀다.

善男子야 嵐毘尼園에 示現如是十種相已한 然後菩薩
의 其身誕生하시니 如虛空中에 現淨日輪하며 如高山頂
에 出於慶雲하며 如密雲中에 而耀電光하며 如夜暗中에
而然大炬하야 爾時에 菩薩의 從母脇生한 身相光明도 亦
復如是러라

善男子야 菩薩이 爾時에 雖現初生이나 悉已了達一切諸
法이 如夢如幻하며 如影如像하며 無來無去하며 不生不
滅하니라

善男子야 當我見佛이 於此四天下閻浮提內嵐毘尼園
에 示現初生種種神變時하야

亦見如來 於三千大千世界百億四天下閻浮提內嵐毘
尼園中에 示現初生種種神變하며

亦見三千大千世界一一塵中無量佛刹하며

亦見百佛世界와 千佛世界와 乃至十方一切世界一一
塵中無量佛刹인 如是一切諸佛刹中에 皆有如來 示現
受生種種神變하야 如是念念常無間斷호라

　선남자여, 룸비니 동산에서 이와 같은 열 가지 모양이 나타난
뒤에 보살의 몸이 탄생하셨다.

　마치 공중에 찬란한 태양이 솟아오른 듯,

　높은 산 정상에 상서 구름이 일어나는 듯,

　여러 겹 쌓인 구름 속에 번개가 비치는 듯,

어두운 밤에 횃불을 밝히는 듯이

그 당시 보살이 모친의 옆구리로 나오시는 몸의 광명도 그와 같았다.

선남자여, 보살이 그 당시 비록 처음 나셨지만 일체 모든 법이 꿈과 같고 요술과 같으며, 그림자 같고 영상 같으며, 오는 것도 없고 가는 것도 없으며, 생겨나지도 않고 사라지지도 않음을 이미 통달하였다.

선남자여, 나는 부처님이 이 사천하의 염부제에 있는 룸비니 동산에서 처음 탄생하면서 가지가지 신통변화가 나타나는 때를 보면서,

또한 여래께서 삼천대천세계의 백억 사천하의 염부제에 있는 룸비니 동산에서 처음으로 탄생하면서 가지가지 신통변화를 나타내는 것도 보았고,

또한 삼천대천세계의 하나하나 티끌 속에 있는 한량없는 세계도 그와 같음을 보았으며,

또한 백 부처님 세계, 천 부처님 세계, 내지 시방 일체 세계의 하나하나 티끌 속에 있는 한량없는 세계에서와 같이, 일체 부처님 세계에 모두 여래가 탄생하면서 가지가지 신통변화를 나타내는 것을 보았다. 이와 같이 모든 생각마다 언제나 잠깐도 끊긴 적이 없었다."

● 疏 ●

四는 正覩誕生이라

於中三이니 初는 覩外相이니 有四種相하야 釋通事理니 約事인댄 謂一廻耀挺特故오 二는 高顯邑容故오 三은 威光赫奕故오 四는 分明可覩故니라 約理인댄 則一은 依性空 無住現故오 二는 依涅槃山하야 無心出故오 三은 大慈雲中에 現無住之化身故오 四는 爲破衆生生死無明之大闇故니라

二菩薩爾時下는 了其內德이오 三當我見佛下는 結其周徧이니 則橫豎無窮이라

㈃ 바로 탄생을 보여주었다.

이 부분은 3단락이다.

① 바깥 양상을 보여주었다. 여기에는 4가지 양상이 있는데, 이의 해석은 사법계와 이법계에 모두 통한다.

사법계로 말하면 다음과 같다.

㉠ 빙 둘러 빛나고 뛰어나기 때문이며,

㉡ 드높이 솟아 빛나고 화사한 모습이기 때문이며,

㉢ 위덕의 광명이 빛나기 때문이며,

㉣ 분명히 볼 수 있기 때문이다.

이법계로 말하면 다음과 같다.

㉠ 자성이 공한 자리에서 집착한 바 없이 나타나기 때문이며,

㉡ 열반산에서 무심으로 나오기 때문이며,

㉢ 대자비의 구름 속에 집착 없는 화신을 나타내기 때문이며,

㉣ 중생의 생사 무명의 큰 암흑을 타파하기 위한 때문이다.

② '菩薩爾時' 이하는 그 내면의 공덕을 앎이며,

③ '當我見佛' 이하는 그 두루 충만함을 끝맺었다. 이는 종횡으로 다함이 없다.

三 明法門業用 竟하다

3) 법문으로 하는 일과 작용을 밝힌 부분을 끝마치다.

第四 顯法根深

4) 법문의 근원이 심오함을 밝히다

經

時에 善財童子 白彼神言호되 大天하 得此解脫이 其已久如니잇고

答言하사대 善男子야 乃往古世에 過億佛刹微塵數劫하고 復過是數하야 時有世界하니 名爲普寶오 劫名悅樂이어든 八十那由他佛이 於中出現하시니 其第一佛이 名自在功德幢이라 十號具足이시며 彼世界中에 有四天下하니 名妙光莊嚴이오

其四天下閻浮提中에 有一王都하니 名須彌莊嚴幢이오 其中有王하니 名寶焰眼이오 其王夫人은 名曰喜光이라 善男子야 如此世界摩耶夫人이 爲毘盧遮那如來之母하

야 彼世界中에 喜光夫人이 爲初佛母도 亦復如是하니라
善男子야 其喜光夫人이 將欲誕生菩薩之時에 與二十億那由他婇女로 詣金華園할세 園中에 有樓하니 名妙寶峯이오 其邊에 有樹하니 名一切施라 喜光夫人이 攀彼樹枝하고 而生菩薩하니 諸天王衆이 各持香水하야 共以洗沐할세
時有乳母하니 名爲淨光이라 侍立其側이러니 旣洗沐已에 諸天王衆이 授與乳母한대 乳母敬受하야 生大歡喜하야 卽得菩薩普眼三昧하고 得此三昧已에 普見十方無量諸佛하며 復得菩薩於一切處示現受生自在解脫하니 如初受胎識이 速疾無礙하야 得此解脫故로 見一切佛이 乘本願力하야 受生自在도 亦復如是하니라
善男子야 於汝意云何오 彼乳母者는 豈異人乎아 我身이 是也니
我從是來로 念念常見毘盧遮那佛의 示現菩薩受生海와 調伏衆生自在神力하니 如見毘盧遮那佛이 乘本願力하사 念念於此三千大千과 乃至十方一切世界微塵之內에 皆現菩薩受生神變하야 見一切佛도 悉亦如是하야 我皆恭敬承事供養하야 聽所說法도 如說修行호라

그때, 선재동자가 룸비니신에게 물었다.

"거룩하신 천신이여, 이런 해탈을 얻은 지 얼마나 오래되었습니까?"

룸비니신이 대답하였다.

"선남자여, 지난 옛적 1억 세계의 티끌 수 겁을 지내고, 또 그런 수효의 겁 이전에 '보보세계'가 있었고, '열락겁'이 있었는데, 80나유타 부처님이 그사이에 나셨다.

첫 부처님의 명호는 '자재공덕당불'이시다. 부처의 열 가지 명호를 두루 갖췄으며, 그 세계에 '묘광장엄 사천하'가 있었다.

묘광장엄 사천하의 염부제에 '수미장엄당 도읍'이 있었고, 그 나라의 왕은 이름이 '보배 불꽃 눈을 지닌 분'이라는 뜻으로 '보염안'이며, 그 왕의 부인은 '희광' 왕비라 하였다.

선남자여, 이 세계에서 마야부인이 비로자나여래의 어머니였듯이, 그 세계에서는 희광부인이 또한 이처럼 첫 부처님의 어머니였다.

선남자여, 그 희광부인이 보살을 낳을 적에 20억 나유타 시녀들과 함께 금화원을 찾았다. 금화원에는 '묘보봉'이라는 누각이 있고, 그 곁에는 '일체를 보시한다.'는 뜻을 가진 '일체시 나무'가 있었다. 희광부인이 그 나뭇가지를 붙잡고 보살을 낳으니, 여러 천왕이 각기 향수로 함께 목욕을 시켰다.

그 당시 유모의 이름은 '정광'이라 하였다. 유모가 그 곁에 있었는데, 보살의 목욕을 마친 뒤에 유모에게 안겨주자, 유모는 보살을 공경히 받들어 매우 기뻐하면서 바로 '보살보안삼매'를 얻었다. 이 삼매를 얻은 뒤에 시방의 한량없는 여러 부처님을 뵈옵고, 다시 보살이 모든 곳에서 몸을 받아 자재하게 태어나는 해탈을 얻었다. 이는 마치 처음 모태에서 받은 의식이 걸림 없이 빠른 것처럼 이 해탈을 얻었다. 이 때문에 일체 부처님이 본래 서원한 힘으로 자재하게 몸을 받아 태어나는 것 또한 그와 같음을 보았다.

선남자여, 그대는 이를 어떻게 생각하는가. 그 유모는 어찌 다른 사람이겠는가. 바로 나의 전신이었다.

나는 그때부터 한 생각 한 생각마다 비로자나불이 보살로 태어나는 바다와 중생을 조복하는 자재한 신통력을 언제나 보아 왔다.

비로자나불이 본래 서원한 힘으로 한 생각의 찰나마다 삼천대천세계 내지 시방 모든 세계의 티끌 속에서 모두 보살로 태어나 신통변화 나타냄을 보았던 것처럼, 일체 부처님 모두 그처럼 보면서, 나는 모든 부처님에게 공경하고 받들어 섬기면서 공양하고, 설법을 듣고서 말씀하신 대로 수행하였다."

● 疏 ●

先問 後答이라
答中에 先은 長行中六이니 一은 古世佛興이오 二 其四天 下는 顯昔父母오 三 其喜光 下는 攀樹誕生이오 四 時有 下는 觀佛得法이오 五 善男子 下는 結會古今이라 不結父母者는 意明卽淨飯·摩耶니 佛은 卽今佛故니라 六 我從是 下는 顯用周徧이라

(ㄱ) 앞은 물음이고, (ㄴ) 뒤는 대답이다.

'(ㄴ) 대답' 부분의 앞은 산문 부분으로 6단락이다.

① 예전 세간에 나온 부처이며,

② '其四天' 이하는 옛적 부모를 밝혔으며,

③ '其喜光' 이하는 나뭇가지를 부여잡고 부처를 낳았으며,

④ '時有' 이하는 부처를 보고서 법을 얻었으며,

⑤ '善男子' 이하는 고금의 일을 회통하여 끝맺었다. 부모를 말하지 않은 것은 그 뜻이 정반왕과 마야부인임을 밝힌 것이다. 당시의 부처는 바로 지금의 부처이기 때문이다.

⑥ '我從是' 이하는 작용이 두루 가득함을 밝혔다.

後偈頌

뒤의 룸비니림신 게송

經

時에 嵐毘尼林神이 欲重宣此解脫義하사 承佛神力하야 普觀十方하고 而說頌言하사대

그때, 룸비니림신이 이 해탈의 뜻을 거듭 말하고자, 부처님의 위신력을 받들어 널리 시방을 관찰하고 게송으로 말하였다.

佛子汝所問　　　諸佛甚深境을
汝今應聽受어다　我說其因緣호리라

불자여, 그대가 물은
여러 부처님의 깊고 깊은 경지를

그대는 이제 귀담아들으라
내가 그 인연 일러주리라

過億刹塵劫하야　　　　**有劫名悅樂**이라
八十那由他　　　　　　**如來出興世**하시니
  1억 세계 티끌 수 겁 전에
  열락겁이 있었는데
  80나유타 여래께서
  세상에 나셨다

最初如來號　　　　　　**自在功德幢**이라
我在金華園하야　　　　**見彼初生日**하고
  최초 부처님은
  자재공덕당불이시다
  나는 황금 꽃동산에서
  그의 탄생을 보았고

我時爲乳母하야　　　　**智慧極聰利**러니
諸天授與我　　　　　　**菩薩金色身**이어늘
  나는 그 당시 유모로서
  지혜롭고 아주 총명했는데
  천왕들이 나에게

　　　　황금빛 보살의 몸을 주었다

我時疾捧持하야　　　　**諦觀不見頂**과
身相皆圓滿하야　　　　**一一無邊際**하며
　　나는 당시 빨리 받들어
　　살펴봤지만 정수리는 볼 수 없고
　　잘생긴 모습 모두 원만하여
　　하나하나 끝이 없었으며

離垢清淨身에　　　　**相好以莊嚴**이
譬如妙寶像하고　　　　**見已自欣慶**호라
　　때 없는 청정한 몸
　　거룩한 모습으로 장엄하니
　　미묘한 보배 모습처럼
　　보는 사람마다 절로 기뻐하였어라

思惟彼功德하야　　　　**疾增衆福海**하며
見此神通事하고　　　　**發大菩提心**호라
　　그 공덕 생각하여
　　모든 복 바다 빨리 더하고
　　이 신통한 일을 보고
　　큰 보리심 내었어라

專求佛功德하며　　　增廣諸大願하야
嚴淨一切刹하며　　　滅除三惡道호라

　　오롯이 부처 공덕 구하고
　　모든 큰 서원 더욱 넓혀
　　일체 세계 청정 장엄하며
　　삼악도를 없앴어라

普於十方土에　　　供養無數佛하고
修行本誓願하야　　　救脫衆生苦호라

　　시방의 모든 국토
　　수없는 부처님 공양하고
　　본래 서원 수행하여
　　중생 고통 구제하였어라

我於彼佛所에　　　聞法得解脫하야
億刹微塵數　　　無量劫修行하며

　　나는 그 부처님 도량에서
　　법문 듣고 해탈 얻어
　　1억 세계 티끌 수처럼
　　한량없는 겁 수행하였어라

劫中所有佛을　　　我悉曾供養하고

護持其正法하야　　　　淨此解脫海호라

　　그 겁에 계신 부처님
　　나는 모두 받들어 공양하고
　　그의 바른 법 지키면서
　　해탈 바다 청정히 하였어라

億刹微塵數　　　　　　過去十力尊에
盡持其法輪하야　　　　增明此解脫호라

　　억만 세계 미진수 겁
　　과거 부처님 계신 곳에서
　　그 법륜 모두 지니고서
　　이 해탈 더욱 밝혔어라

我於一念頃에　　　　　見此刹塵中에
一一有如來의　　　　　所淨諸刹海어든

　　나는 한 생각 찰나
　　세계 티끌 속에 계시는
　　하나하나 여래의
　　청정 세계 살펴보니

刹內悉有佛이　　　　　園中示誕生하사
各現不思議　　　　　　廣大神通力하며

세계마다 모두 계신 부처님
동산에서 탄생하시어
제각기 불가사의
광대한 신통 나타내고

或見不思議   **億刹諸菩薩**이
住於天宮上하야   **將證佛菩提**하며

어떤 때는 헤아릴 수 없는
억만 세계 모든 보살이
천상에 머물면서
부처 보리 증득하고

無量刹海中에   **諸佛現受生**하사
說法衆圍遶를   **於此我皆見**호라

한량없는 세계 바다에
몸을 받아 나신 부처님
대중에 둘러싸여 설법하심을
나는 여기서 모두 보았어라

一念見億刹   **微塵數菩薩**이
出家趣道場하야   **示現佛境界**하며

한 생각 찰나에 보았다

억만 세계 티끌 수 보살들이
출가하여 도량에 나아가
부처 경계 나타내신 일을

我見刹塵內에　　　　　　**無量佛成道**하사
各現諸方便하야　　　　　**度脫苦衆生**하시며

나는 보았다, 세계 티끌 속에
한량없는 부처님 성도하여
각기 많은 방편 나타내어
고통 중생 제도하신 일을

一切微塵中에　　　　　　**諸佛轉法輪**하사
悉以無盡音으로　　　　　**普雨甘露法**호라

일체 티끌 수 세계에
부처님들 법륜 굴리면서
그지없는 음성으로
감로의 법비 내려주었네

億刹微塵數의　　　　　　**一一刹塵內**에
悉見於如來　　　　　　　**示現般涅槃**호라

1억 국토 티끌 수
하나하나 세계의 티끌 속에서

나는 모두 보았네
부처님이 보이신 열반을

如是無量刹에 **如來示誕生**이어시든
而我悉分身하야 **現前興供養**하며

    이처럼 한량없는 세계에
    여래의 탄생 보이시면
    나는 모두 분신으로
    그 앞에 공양하였고

不思議刹海 **無量趣差別**에
我悉現其前하야 **雨於大法雨**호라

    불가사의 세계 바다
    한량없이 각기 다른 길에
    나는 모두 그들 앞에 나타나
    큰 법비 내렸어라

佛子我知此 **難思解脫門**이로니
無量億劫中에 **稱揚不可盡**이로다

    불자여, 나는 알고 있다
    이 불가사의한 해탈문을
    한량없는 억겁에

아무리 말하여도 다할 수 없으리

● 疏 ●

偈頌中에 二十三頌은 分四라 初一은 誡聽許說이오 次九는 最初修證이오 次十二偈는 歷事增修오 末偈는 結歎無盡이라

    게송 부분의 23수는 4단락으로 나뉜다.
    첫 1수 게송은 귀담아듣기를 경계하면서 설법을 허락하였고,
    다음 9수 게송은 최초의 수행 증득이며,
    다음 12수 게송은 많은 겁을 지나면서 더욱 닦아나가고,
    끝의 1수 게송은 그지없음을 찬탄하면서 끝맺었다.

第四 謙己推勝

4. 몸을 낮추면서 선지식의 훌륭함을 추켜올리다

經

善男子야 我唯知此菩薩於無量劫徧一切處示現受生自在解脫이어니와
如諸菩薩摩訶薩은
能以一念으로 爲諸劫藏하야 觀一切法하며
以善方便으로 而現受生하야 周徧供養一切諸佛하며
究竟通達一切佛法하며

於一切趣에 皆現受生하며
一切佛前에 坐蓮華座하며
知諸衆生의 應可度時하야 爲現受生하야 方便調伏하며
於一切刹에 現諸神變호되 猶如影像하야 悉現其前하나니
我當云何能知能說彼功德行이리오

　선남자여, 나는 오직 이 보살의 한량없는 겁, 일체 모든 곳에서 몸을 받아 자재하게 태어나는 해탈만을 알 뿐이지만,

　저 보살마하살은 한 생각의 찰나에 많은 겁의 창고가 되어 일체 법을 관찰하고,

　좋은 방편으로 몸을 받아 태어나서 일체 부처님께 두루 공양하며,

　일체 불법을 끝까지 통달하고,

　일체 세계의 길에 모두 몸을 받아 태어나며,

　일체 부처님 앞에 연꽃 법좌에 앉고,

　중생을 제도할 시기를 알고서 몸을 받아 태어나 방편으로 조복하며,

　일체 세계에서 신통변화를 나타내되 그림자처럼 모두 그 앞에 나타내었다.

　내가 그런 공덕의 행을 어떻게 알며, 어떻게 말할 수 있겠는가.

第五 指示後友

5. 뒤의 선지식을 소개하다

經

善男子야 此迦毘羅城에 有釋種女하니 名曰瞿波니
汝詣彼問호되 菩薩이 云何於生死中에 教化衆生이릿고
하라

　선남자여, 이 가비라성에 석가 종족의 여인이 있는데, 그 이름을 '구파'라 한다.

　그대는 그를 찾아가 '어떻게 생사의 속에서 중생을 교화하는가.'를 묻도록 하라."

● **疏** ●

言瞿波者는 此云守護大地니 在家 爲父母守護하고 太子儲備에 守護國地라가 旣爲其妃에 依主得名이니 表十地旣圓일새 故無地不護니라
然太子에 有三夫人하니 一은 名瞿波오 次는 名耶輸陀羅오 三은 名摩奴舍라 今因位之極이라 故取其第一하고 法喜已滿이라 故寄之昔妃하고 此位親能得佛이라 故在生佛之城矣니라

　'구파'는 중국에서는 '대지의 수호자'라는 뜻이다. 재가 시 부모의 수호자였고, 태자가 왕위에 오르기 전에는 국토를 수호하다가 그의 태자비가 되어서는 주인에 의해 이름을 얻었다. 十地가 이미 원만한 까닭에 地마다 수호하지 않음이 없음을 나타낸 것이다.

그러나 태자에게 세 부인이 있다. 첫째는 구파, 다음은 야수다라, 셋째는 마노사이다.

여기에서는 지위의 극처로 인하여, 첫째 구파의 이름을 취하였고,

법의 희열이 이미 원만한 까닭에 예전 태자비에 붙여 말하였고,

이 지위는 몸소 부처를 얻은 까닭에 부처의 탄생지 성에 있음을 말하였다.

經
時에 善財童子 頂禮其足하며 遶無數匝하며 殷勤瞻仰하고 辭退而去하니라

그때, 선재동자는 그의 발에 엎드려 절하고 수없이 돌고 은근한 마음으로 우러러보면서 하직하고 떠났다.

● 論 ●

此之菩薩受生門은 意明第八地菩薩이 得無生忍하야 獲無功智創始現前에 令使進升九地하야 學佛說法辯才門하야 令使滿足天之及人의 一切衆生意라 名爲初始處胎며 名爲受生藏이니라
如經頌에 云 '聞法不厭樂觀察하며 普於三世無所礙하야 身心淸淨如虛空이 此名稱者受生藏이로다 其心恒住大悲海하며 堅如金剛及寶山하며 了達一切種智門이 此最勝者受生藏이라' 하니 廣如經具明이라

於此第九地엔 學佛智慧普周하야 十地大智法悅現前일새 以瞿波로 表之오 十一地는 悲滿智周일새 以摩耶生佛로 表之며 處世利物엔 大約以神及摩耶淨飯王等으로 表智悲之行滿이니 若佛者인댄 一切處一切時에 無不是生故니라

善財의 問法·問境界 有二義하니 一은 問受生境界오 二는 問得法門久近境界니 如誕生之中에 約三乘境界인댄 一如摩耶夫人의 身所生法이니 約中下根衆生所見이어니와 約上根衆生인댄 蓮華化身이며 或從空現이며 不從母胎오 上上根衆生은 豁然悟道에 自覺聖智하야 冥與智應일새 不論如來出世니 如善財所有知識의 所說 往因發心之始에 具有如是種種諸流하니 亦有夜觀星月에 便見空中有佛이 而爲說法하며 亦有見佛이 從空而下하야 而爲說法하며 亦有空中에 供養栴檀塔座하야 佛爲說法者하며 如賢勝優婆夷는 得菩薩無依處道場하야 既自開解하고 復爲他說하며 又得無盡眼耳鼻舌身意皆無盡門하시니 此는 不從師學이어니와 此摩耶夫人身은 但明悲智相資하야 益衆生事니 隨根所見이 各自不同이니라

普賢菩薩이 云 爲劣解衆生하야 母胎出現이어니와 上根之類는 蓮華出興이라하니 若約異類多根과 六趣差別인댄 所見如來受生이 萬類不同이어니와 且約人間感根所見인댄 如經具明이며 乃至十方世界塵中에 普見如來受生境界니 以此境界로 以爲園林이니라

念菩薩의 何時誕生하야 經於百年者는 表從此九地로 升十地 爲百年이며 至十一地 是生時오 如境界果報光明과 摩耶夫人身相法事는 如下一一具陳이라

寶多羅樹者는 如此方稷櫚樹니 勝寶所成이니라
已下問發心久近中에 言'善男子야 乃往古世에 過億佛刹微塵數劫하고 復過是數'者는 是不以限量分別之數니 但總是無數也오
'世界名普寶'者는 從普賢願行으로 爲世界之體故오
'劫名可樂'者는 表從第九善慧地로 生如來家하야 智慧可樂故라
'八十那由他佛이 於中出現'者는 表第八地로 生第九地佛智慧家故오
'第一佛號 自在功德'은 明已升十地라 已下世界는 是所化之境이오
'王都'는 是智所攝化之人이오
'王及夫人'은 表智悲之行이오
'二十億那由他婇女'는 表智悲二行의 法悅充滿이오
'園及樓閣'은 表智遊生死如園이니 爲明菩薩이 居生死中하야 攝化衆生하야 令得樂者 是菩薩의 遊法樂故라
其邊에 有樹하니 名一切施오
喜光은 依所生菩薩施法樂得名이오
'夫人이 攀彼樹枝하고 而生菩薩'者는 表大悲攀緣利衆生萬行하야 而生大智하야 以用利人이라 然이나 菩薩이 何得有生이리오 而作生法은 皆約像表法하야 引接衆生하야 令易解故라 設見生者라도 但約一分衆生이 見如是生이오 非盡然也니 已下는 以此知之라
隨衆生解處而取之 是菩薩誕生法이오 但隨衆生의 宜何受益이 是菩薩誕生法故니 意明勝智慧生에 隨衆生欲하야 說法自在 是菩薩受生也라

'畢洛叉樹'는 此云高顯也라 依佛名高顯而立樹名이니 亦稱德高顯하야 彌覆十方이라

已下는 合會因緣本行이니 如經具明이오

已下에 二十三行頌은 重頌前法이니 如文具明이라

此是第九善慧地善知識이니 以力波羅密로 爲主오 餘九로 爲件이니 治於一切趣에 說法不自在障하야 令得自在니라

보살이 몸을 받아 태어나는 법문의 뜻은 제8 부동지 보살이 무생법인을 얻어서 하는 일이 없는 지혜가 처음 앞에 나타나, 제9 선혜지로 하여금 위로 한 지위 더 올라가 부처의 설법 변재법문을 배우도록 함으로써 천상계와 인간계의 일체중생의 뜻을 만족시키는 것을 이름 붙여 '처음 태에 머묾[初始處胎]'이라 하고, '몸을 받아 태어나는 법장[受生藏]'이라 함을 밝힌 것이다.

경문의 게송에서 "법문 듣기 싫지 않고 관찰 좋아하고, 널리 삼세에 걸림 없어, 몸과 마음 청정함이 허공 같음이, 명성 얻은 이 태어나는 법장. 그 마음 언제나 자비 바다 머물고, 굳건함은 금강과 보배산 같고, 일체종지 법문 통달함이 가장 훌륭한 이 태어나는 법장"이라 하니, 경문에서 자세히 밝힌 바와 같다.

제9 선혜지에서는 부처를 배우는 지혜가 두루 갖추어져 있어, 제10 법운지의 대지혜 법열이 앞에 나타나는 까닭에 구파로 이를 나타냈고, 제11지는 자비가 원만하고 지혜를 두루 갖춘 까닭에 마야부인을 부처님의 모친으로 나타냈고, 세간에서 중생을 이롭게 하는 데는 대략 신과 마야부인과 정반왕 등으로 지혜와 자비의 행

이 원만함을 나타냈다. 만약 부처라면 일체 모든 곳, 일체 모든 시간에 나오지 않음이 없기 때문이다.

선재동자가 물은 법과 경계에는 2가지 뜻이 있다.
① 생을 받아 태어나는 경계를 물었고,
② 법문을 얻은 지 얼마나 오래된 경계인지를 물었다.

아래 경문에서 대천세계에서 해탈을 얻음이 이미 얼마나 오래되었는가를 말해주는 것과 같다. 탄생한 부분을 3승의 경계로 말하면 하나같이 마야부인의 몸에서 태어난 법과 같다. 중근기와 하근기 중생의 소견으로 말한 것이지만, 상근기의 중생으로 말하면 연꽃의 화신이거나 혹은 허공에서 몸을 나타내어 모태를 따르지 않으며, 상상근기의 중생은 툭 트이게 도를 깨달아 성인의 지혜를 자각하여, 보이지 않게 지혜와 상응하기에 여래가 세간에 나오는 것을 말하지 않는다.

선재동자가 지닌 지식으로 말한 과거 囚行의 발심 시초에 이와 같은 가지가지 모든 유를 갖추고 있다. 어떤 경우는 밤에 별과 달을 관찰하면 문득 공중에서 부처가 설법을 하고, 또한 부처가 허공에서 내려와 설법하는 것을 보기도 하며, 또한 공중에서 전단의 塔座에 공양하는 자에게 부처가 그를 설법하기도 하며, 현승우바이는 '의지한 바 없는 도량'이라는 보살의 해탈을 얻어 이미 스스로 깨달음을 얻었고, 또한 남을 위해 설법하였으며, 또한 다함이 없는 눈·귀·코·혀·몸·뜻이 모두 다함이 없는 법문임을 깨달았다. 이는 스승으로부터 배운 것이 아니다. 그러나 마야부인의 몸은 자비의 마음과 지혜가 서로 힘입어 중생에게 이익이 되는 일임을 밝혔다. 근기에 따라 보는 바가 각각 다르기 때문이다.

보현보살이 "이해력이 낮은 중생을 위해 모태를 통해 세간에 나왔지만, 상근기 유의 사람은 연꽃을 통하여 몸을 나타냈다."고 말하였다. 만약 다른 부류의 다양한 근기와 6趣의 다른 세계를 기준으로 말하면 여래께서 몸을 받아 나오심이 만 가지의 부류로 똑같지 않지만, 또한 인간의 근기에 감응하여 보여주는 바를 기준으로 말하면 경문에서 자세히 밝힌 바와 같으며, 나아가 시방세계 티끌 속에서도 여래께서 몸을 받아 태어나는 경계를 볼 수 있다. 이런 경계로 園林을 삼는다.

보살이 어느 때 탄생할 것인가를 생각하면서 백 년이 지났다는 것은 제9 선혜지로부터 제10 법운지에 오르는 기간이 백 년이며, 제11지에 이르는 것은 바로 태어나는 때임을 나타낸 것이다.

예컨대 경계의 과보광명과 마야부인의 몸매에 관한 법의 일은 아래에서 하나하나 10가지의 법을 구체적으로 언급하여 자세히 밝히고 있다.

'寶多羅樹'란 것은 중국에서 말한 '종려수'와 같다. 훌륭한 보배로 이뤄진 나무이다.

아래에서 발심한 지 얼마나 오래되었는가를 묻는 부분에서 "선남자여, 지난 옛적 1억 세계 티끌 수의 겁을 지나고, 다시 곱으로 이런 수효를 지났다."고 말한 것은 어느 한계와 분별로 말할 수 있는 수효가 아니다. 모두 수효를 헤아릴 수 없을 뿐이다.

'세계의 이름을 普寶라 말한' 것은 보현의 원행으로부터 세계의 본체가 되기 때문이며,

'겁의 이름을 悅樂이라 말한' 것은 제9 선혜지로부터 여래의 집안에 태어나 지혜가 즐길 만한 것임을 나타냈다.

"80나유타 부처님이 그 사이에 나셨다."는 것은 제8 부동지로부터 제9 선혜지의 부처 지혜의 집안에 태어남을 나타냄을 밝힌 때문이다.

"첫 부처님의 명호는 자재공덕당불이다."고 한 것은 이미 제10 법운지에 올랐음을 밝힌 것이다.

이하에서 말한 세계는 교화 대상의 경계이고,

왕도는 지혜로 교화할 대상의 사람이며,

왕과 부인은 지혜와 자비의 행을 나타내고,

20억 나유타 시녀는 지혜와 자비 2가지 행의 법열이 충만함을 나타내며,

園林과 누각은 지혜로 생사에 노니는 동산과 같음을 나타냈다. 보살이 생사 속에 머물면서 중생을 교화하고 즐거움을 얻음이 바로 보살이 法樂에 노니는 것임을 밝힌 때문이다.

그 곁에 있는 나무의 이름을 일체시라 하고, 희광부인은 태어난 보살이 법락을 베풂에 의해 얻은 명칭이다.

부인이 일체시 나뭇가지를 붙잡고 보살을 낳은 것은 대자비로 중생을 이롭게 하는 萬行에 반연하여 큰 지혜를 내어 작용으로써 사람들을 이롭게 함을 밝힌 것이다. 그러나 보살이 어찌 태어남이

있겠는가. 태어나는 법은 모두 형상을 들어 법을 나타내는 것으로 중생을 인도하여 알기 쉽도록 하기 위함이다. 설령 태어남을 보는 자라도 다만 1분의 중생이 이와 같은 생을 보는 것으로 말한 것일 뿐, 모두 그러한 것이 아니다. 이하의 문장은 이처럼 알아야 한다.

중생이 이해하는 부분을 따라서 취함이 보살의 탄생법이다. 다만 중생이 어떻게 하면 이익을 받을 수 있을까를 따르는 것이 보살의 탄생하는 법이기 때문이다. 그 뜻은 훌륭한 지혜로 태어남에 중생의 원하는 바를 따라서 자재하게 설법함이 보살의 생을 받아 태어난 목적임을 밝힌 것이다.

필락차수는 중국에서 '드높이 솟아 빛나는[高顯] 나무'라는 뜻이다. 高顯이라는 부처의 명호에 의해 이름을 붙인 것이다. 나무 또한 그 덕에 부합하여 높이 빛나게 시방을 가득 덮어줌이다.

이하는 인연과 本行을 합하여 회통한 것으로, 경문에서 구체적으로 밝힌 바와 같고, 이하 23행의 게송은 앞서 말한 법을 거듭 읊은 것으로, 경문에서 구체적으로 밝히고 있다.

이는 제9 선혜지의 선지식으로서 역바라밀로 주체를 삼고, 나머지 9가지 바라밀로 객체를 삼는다. 일체 세계의 길에서 설법이 자재하지 못한 장애를 다스려서 자재함을 얻도록 하였다.

第十釋女瞿波 寄法雲地【鈔_ 寄法雲地者는 謂大法智雲이 含衆德水하야 蔽如空粗重하고 充滿法身 故니라】

제10. 석녀 구파, 법운지 선지식 【초_ 법운지에 붙여 말한 것은 큰 법의 지혜 구름이 많은 공덕의 물을 머금고서 거친 허공을 가려 주고 법신이 충만하기 때문이다.】

第一 依敎趣求

1. 가르침을 따라 선지식을 찾아가 법을 구하다

經

爾時에 善財童子 向迦毘羅城하야 思惟修習受生解脫하야 增長廣大하야 憶念不捨하고
漸次遊行하야 至菩薩集會普現法界光明講堂한대

그때, 선재동자는 가비라성을 향하면서, 몸을 받아 태어나는 해탈을 생각하고 닦으면서 더욱 키워 광대케 하여, 기억하고 버리지 않은 채, 차례대로 길을 걸어가면서, 보살들이 모여 있는 '법계를 널리 나타내는 광명의 강당'에 이르렀다.

● 疏 ●

於中에 二니

初는 依前修證이오 後 '漸次'下는 趣求後友니

於中에 四니

一은 趣求詣處오 二 '其中有神'下는 伴友迎讚이오 三 '善財童子言'下는 善財印述이오 四 '爾時善財'下는 神敬增深이라

이 부분은 2단락이다.

앞은 이전 선지식의 가르침을 따라서 닦아 증득하였고,
뒤의 '漸次' 이하는 뒤의 선지식을 찾아가 법을 구하였다.
'선지식을 찾아가 법을 구한' 부분은 다시 4단락이다.
⑴ 선지식을 찾아 그가 있는 곳으로 찾아감이며,
⑵ '其中有神' 이하는 도반의 선지식이 맞이하여 찬탄함이며,
⑶ '善財童子言' 이하는 선재가 印受한 바를 말함이며,
⑷ '爾時善財' 이하는 無憂德神의 공경하는 마음이 더욱 깊음이다.

經

其中有神하니 號無憂德이라 與一萬主宮殿神으로 俱하사 來迎善財하야 作如是言하사대
善來丈夫여 有大智慧하며 有大勇猛하야 能修菩薩不可思議自在解脫하야 心恒不捨廣大誓願하며 善能觀察諸法境界하야 安住法城하며 入於無量諸方便門하야 成就如來功德大海하며 得妙辯才하야 善調衆生하며 獲聖智身하야 恒順修行하며 知諸衆生의 心行差別하야 令其歡喜하야 趣向佛道로다
我觀仁者컨댄 修諸妙行호되 心無暫懈하야 威儀所行이 悉皆淸淨하니 汝當不久에 得諸如來의 淸淨莊嚴한 無上三業하야 以諸相好로 莊嚴其身하며 以十力智로 瑩飾其心하야 遊諸世間하리라

我觀仁者컨댄 勇猛精進이 而無有比하니 不久에 當得普
見三世一切諸佛하야 聽受其法하며 不久에 當得一切菩
薩의 禪定解脫과 諸三昧樂하며 不久에 當入諸佛如來의
甚深解脫하리니
何以故오 見善知識하고 親近供養하며 聽受其敎하고 憶
念修行하야 不懈不退하며 無憂無悔하며 無有障礙하며
魔及魔民이 不能爲難하야 不久當成無上果故니라

그 가운데 무우덕신이 있었다. 궁전을 주관하는 1만 신들과 함께 선재동자를 맞으면서 이처럼 말하였다.

"잘 오셨습니다. 대장부여, 큰 지혜가 있고 큰 용맹이 있어, 보살의 불가사의하고 자재한 해탈을 닦아서, 마음에는 항상 광대한 서원을 버리지 않고,

법의 경계를 잘 관찰하여, 법의 성에 편안히 머물며,

한량없는 방편문에 들어가 여래의 큰 공덕 바다를 성취하고,

미묘한 변재를 얻어 중생들을 잘 조복하며,

거룩한 지혜의 몸을 얻어 항상 따라 수행하고,

모든 중생의 마음과 행이 각기 다름을 알고서 그들이 기쁜 마음으로 부처님의 도에 나아가도록 하였습니다.

내가 그대를 보건대, 모든 미묘한 행을 닦되 잠깐도 게으른 마음 없이 행하는 위의가 모두 청정하니, 그대는 머지않아 여래의 청정 장엄한 위없는 삼업을 얻어, 여러 가지 잘생긴 모습으로 몸을 장엄하고, 열 가지 힘의 지혜로 마음을 훌륭하게 장식하여 일체 세

간에 노닐 것입니다.

내가 그대를 보건대, 용맹정진이 비길 데 없으니, 머지않아 삼세의 부처님을 모두 친견하여 그들의 법을 들을 것이며, 머지않아 일체 보살의 선정과 해탈, 그리고 삼매의 즐거움을 얻을 것이며, 머지않아 여러 부처님 여래의 아주 깊은 해탈에 들어갈 것입니다.

무엇 때문일까?

선지식을 뵙고 가까이 공양하며, 그들의 가르침을 받들고 기억하여 수행하면서 게으르지 않고 물러서지 않으며, 근심이 없고 후회가 없으며, 장애가 없고, 마군과 마군의 백성들이 괴롭히지 못하여, 머지않아 위없는 불과를 이루기 때문입니다."

◉ 疏 ◉

二中에 四니

一은 讚行究竟이오

二 我觀仁者修諸 下는 讚精進得果오

三 我觀仁者勇猛 下는 讚精進得法이오

四 何以 下는 以理釋成이라

(2) 도반의 선지식이 맞이하여 찬탄한 부분은 4단락이다.

① 선재의 행이 최고의 경계에 이르렀음을 찬탄하였으며,

② '我觀仁者修諸' 이하는 정진으로 불과 얻음을 찬탄하였으며,

③ '我觀仁者勇猛' 이하는 정진으로 법을 얻음을 찬탄하였으며,

④ '何以' 이하는 이치로 해석하면서 끝맺었다.

善財童子 言호되 聖者여 如向所說하야 願我皆得하노이다
聖者여 我願一切衆生이 息諸熱惱하며 離諸惡業하며 生諸安樂하며 修諸淨行이로니

聖者여 一切衆生이 起諸煩惱하며 造諸惡業하며 墮諸惡趣하야 若身若心이 恒受楚毒일세 菩薩이 見已에 心生憂惱하나니

聖者여 譬如有人이 唯有一子하야 愛念情至라가 忽見被人의 割截肢體하면 其心痛切하야 不能自安인달하야 菩薩摩訶薩도 亦復如是하야 見諸衆生이 以煩惱業으로 墮三惡趣하야 受種種苦하면 心大憂惱하며 若見衆生이 起身語意三種善業하야 生天人趣하야 受身心樂하면 菩薩이 爾時에 生大歡喜하나니

何以故오 菩薩이 不自爲故로 求一切智하며 不貪生死와 諸欲快樂하며 不隨想倒見倒心倒의 諸結隨眠과 愛見力轉하며 不起衆生의 種種樂想하며 亦不味着諸禪定樂하나니 非有障礙하야 疲厭退轉하야 住於生死오 但見衆生이 於諸有中에 具受無量種種諸苦일세 起大悲心하야 以大願力으로 而普攝取하며 悲願力故로 修菩薩行하야 爲斷一切衆生煩惱하며 爲求如來一切智智하며 爲供養一切諸佛如來하며 爲嚴淨一切廣大國土하며 爲淨治一切衆生樂欲과 及其所有身心諸行하야 於生死中에 無有疲

厭이니이다

聖者여 菩薩摩訶薩이 於諸衆生에

爲莊嚴이니 令生人天富貴樂故며

爲父母니 爲其安立菩提心故며

爲養育이니 令其成就菩薩道故며

爲衛護니 令其遠離三惡道故며

爲船師니 令其得度生死海故며

爲歸依니 令捨諸魔煩惱怖故며

爲究竟이니 令其永得淸凉樂故며

爲津濟니 令入一切諸佛海故며

爲導師니 令至一切法寶洲故며

爲妙華니 開敷諸佛功德心故며

爲嚴具니 常放福德智慧光故며

爲可樂이니 凡有所作이 悉端嚴故며

爲可尊이니 遠離一切諸惡業故며

爲普賢이니 具足一切端嚴身故며

爲大明이니 常放智慧淨光明故며

爲大雲이니 常雨一切甘露法故니이다

聖者여 菩薩이 如是修諸行時에 令一切衆生으로 皆生愛樂하야 具足法樂이니이다

선재동자가 말하였다.

"거룩하신 이여, 앞서 말씀하신 바를 저는 모두 얻고자 원합니다.

거룩하신 이여, 저는 일체중생이 극심한 고뇌를 멈추고, 모든 악업을 여의며, 모든 안락함을 낳고, 청정한 행을 닦아가기를 원합니다.

거룩하신 이여, 일체중생이 번뇌를 일으키고 악업을 지으며, 악도에 떨어져 몸과 마음이 언제나 고통받는 것을 보살이 보면 걱정하고 괴로운 마음을 낼 것입니다.

거룩하신 이여, 비유하면 어떤 사람이 지극히 사랑하는 외아들을 두었는데, 갑자기 다른 사람에게 아들의 몸이 잘리고 찢어지는 것을 보면 그 마음이 너무 아파 편치 못한 것처럼, 보살마하살 또한 그와 같습니다.

모든 중생이 번뇌의 업으로 삼악도에 떨어져 가지가지 고통받는 것을 보면 마음에 큰 근심으로 괴로워할 것이며,

만약 중생이 몸과 말과 뜻으로 세 가지 선업을 지어 천상에나 인간의 세계에 태어나 몸과 마음에 즐거움을 누리는 것을 보면 보살이 그때 매우 기뻐할 것입니다.

무엇 때문일까?

보살은 자신을 위하여 일체 지혜를 구하지 않으며,

나고 죽는 일과 모든 욕락을 탐하지 않으며,

생각의 전도, 견해의 전도, 마음의 전도, 열 가지의 얽매임[諸結: 身見·邊見·邪見·見取見·戒禁取見·貪·瞋·癡·慢·疑 十使], 따라다니며 잠자게 하는 번뇌[隨眠煩惱], 애착[愛]과 억측[見]의 힘을 따라 변하지 않으며,

중생의 가지가지 즐기는 생각을 일으키지 않으며,

또한 모든 선정의 즐거움도 탐착하지 않습니다.

장애가 있어 고달프거나 물러서서 생사에 머물지도 않습니다.

다만 중생이 삼계와 25유에서 한량없는 고통 받는 것을 보고서, 크게 가엾이 여기는 마음을 내어 큰 서원의 힘으로 모두 거두어 주며,

다만 자비와 서원의 힘으로 보살의 행을 닦아,

일체중생의 번뇌를 끊어주고자 하며,

여래의 일체 지혜의 지혜를 구하고자 하며,

일체 부처님 여래에게 공양하고자 하며,

일체 광대한 국토를 청정 장엄하고자 하며,

일체중생의 욕락과 그들의 몸과 마음으로 행하는 일을 청정히 다스리고자, 나고 죽는 세계 속에서 싫어함이 없습니다.

거룩하신 이여, 보살마하살은 모든 중생에게

장엄이시니, 인간과 천상에서 부귀의 낙을 내도록 하기 때문이며,

부모이시니, 그를 위하여 보리심을 잘 세워주기 때문이며,

양육이시니, 보살의 도를 성취케 하기 때문이며,

호위이시니, 삼악도에서 벗어나도록 하기 때문이며,

뱃사공이시니, 생사의 바다를 건네주기 때문이며,

의지처이시니, 마군과 번뇌의 공포를 버리게 하기 때문이며,

구경처이시니, 시원한 낙을 영원히 누리게 하기 때문이며,

나루터이시니, 일체 부처님 바다에 들어가게 하기 때문이며,
길잡이이시니, 일체 법의 보물섬에 이르게 하기 때문이며,
미묘한 꽃이시니, 부처의 공덕 마음을 피워주기 때문이며,
장엄거리이시니, 언제나 복덕과 지혜의 광명을 쏟아내기 때문이며,
좋아할 분이시니, 모든 하는 일이 모두 단정하기 때문이며,
존경할 분이시니, 일체 악업을 멀리 여의어 주기 때문이며,
보현이시니, 일체 단정하고 엄숙한 몸을 두루 갖추기 때문이며,
밝은 분이시니, 언제나 지혜의 청정 광명을 쏟아내기 때문이며,
큰 구름이시니, 일체 감로의 법을 내려주기 때문입니다.
거룩하신 이여, 보살이 이처럼 수행할 때에 일체중생으로 하여금 사랑하고 좋아하여 법의 즐거움을 두루 갖추게 합니다."

● 疏 ●

三善財印述中二니 初는 印受所說이오 後聖者我願下는 述自所作이라

於中二니 先은 明四等攝生이오 後는 明萬德益物이라

前中有四니 謂法·喩·合·釋이라 法有慈悲하고 合中兼喜하고 釋中不貪은 兼明有捨니라

於中에 先徵 後釋이니 釋中에 先은 總明이오 後'不貪生死'下는 別顯이라

於中에 先은 明不自爲오 後'但見衆生'下는 明其所爲니라

二 '聖者菩薩摩訶薩' 下는 明萬德益物이라

於中二니 初有十六句는 別約喩顯이니 爲物歸趣요 後 '聖者菩薩 如是' 下는 結成益物이라

(3) 선재가 印受한 바를 말한 부분은 2단락이다.

앞은 말한 바를 받아들임이며,

뒤의 '聖者我願' 이하는 스스로 한 바를 말하였다.

'뒤의 스스로 한' 부분은 2단락이다.

① 4가지 마음[息諸熱惱, 離諸惡業, 生諸安樂, 修諸淨行]으로 중생을 받아들일 것을 밝혔으며,

② 많은 공덕으로 중생의 이익을 밝혔다.

'① 4가지 마음' 부분은 4단락이다. 법·비유·종합·해석이다.

'법'의 부분에는 자비가 있고,

'종합' 부분에는 환희를 겸하였고,

'해석' 부분에서 '탐하지 않음[不貪生死諸欲快樂]'은 '아낌없이 버림[捨]'이란 뜻이 있음을 겸하여 밝혔다. '해석' 부분의 앞에서는 물었고[何以故], 뒤에서는 해석하였다.

'해석' 부분의 앞 구절[不自爲故 求一切智]은 총상으로 밝혔고, 뒤의 '不貪生死' 이하 구절은 별상으로 밝혔다.

'해석' 부분에서 앞부분[不自爲故求一切智~疲厭退轉住於生死]은 자신만을 위하지 않음을 밝혔고, 뒤의 '但見衆生' 이하 부분[~於生死中無有疲厭]은 그 위하는 대상을 밝혔다.

②의 '聖者菩薩摩訶薩' 이하는 많은 공덕으로 중생의 이익을

밝혔다.

이 부분은 2단락이다.

앞의 16구는 별상으로 비유를 들어 밝혔다. 중생의 귀의처이다.

뒤의 '聖者菩薩如是' 이하는 중생의 이익을 끝맺었다.

經

爾時에 **善財童子** 將升法堂에 其無憂德과 及諸神衆이 以出過諸天上妙華鬘과 塗香末香과 及以種種寶莊嚴具로 散善財上하고 而說頌言하사대

그때, 선재동자가 법당에 오르려 하자, 무우덕신과 여러 신중이 천상의 것보다 더 좋은 화만, 바르는 향, 가루 향과 여러 가지 장엄거리로 선재에게 흩뿌리며 게송으로 말하였다.

汝今出世間하야　　爲世大明燈이라
普爲諸衆生하야　　勤求無上覺이로다

　그대 지금 세간을 벗어나
　세간의 큰 등불 되었어라
　모든 중생 두루 위하여
　위없는 깨달음 부지런히 구하네

無量億千劫에　　難可得見汝니
功德日今出하야　　滅除諸世暗이로다

301

한량없는 억천 겁에
　　그대 보기 어려운 터
　　공덕의 태양 하늘 높이 솟아
　　세간의 어둠 없앴어라

汝見諸衆生이　　　　　**顚倒惑所覆**하고
而興大悲意하야　　　　**求證無師道**로다
　　그대는 모든 중생이
　　번뇌에 뒤덮임 보고서
　　가엾이 여기는 마음 내어
　　스승 없는 부처의 도 증득하려네

汝以淸淨心으로　　　　**尋求佛菩提**하야
承事善知識에　　　　　**不自惜身命**이로다
　　그대는 청정한 마음으로
　　부처님 보리 구하여
　　선지식 받들어 섬기면서
　　몸과 목숨 아끼지 않아라

汝於諸世間에　　　　　**無依無所着**하야
其心普無礙하야　　　　**淸淨如虛空**이로다
　　그대는 일체 세간에

의지도 없고 애착도 없이
　　그 마음 널리 걸림 없어
　　청정함이 허공 같아라

汝修菩提行하야　　　　**功德悉圓滿**하니
放大智慧光하야　　　　**普照一切世**로다
　　그대는 보리행 닦아
　　공덕 모두 원만하니
　　큰 지혜 광명 쏟아내어
　　일체 세간 널리 비추어라

汝不離世間하며　　　　**亦不着於世**하야
行世無障礙이　　　　　**如風遊虛空**이로다
　　그대는 세간을 버리지도 않고
　　세간에 집착하지도 않고서
　　세간을 걸림 없이 오감이
　　허공에 바람 부는 듯하여라

譬如火災起에　　　　　**一切無能滅**인달하야
汝修菩提行에　　　　　**精進火亦然**이로다
　　마치 화재가 일어날 적에
　　그 무엇으로 끌 수 없듯이

그대가 닦는 보리행에
정진의 불길 그와 같아라

勇猛大精進이여　　　　　**堅固不可動**이오
金剛慧師子여　　　　　　**遊行無所畏**로다

　용맹의 대정진이여
　견고하여 흔들리지 않고
　금강 같은 지혜의 사자
　어디 간들 두려움 없어라

一切法界中의　　　　　　**所有諸刹海**에
汝悉能往詣하야　　　　　**親近善知識**이로다

　일체 법계의
　많은 세계 바다를
　그대 모두 나아가
　선지식 가까이 모시어라

爾時에 **無憂德神**이 **說此頌已**하고 **爲愛樂法故**로 **隨逐善財**하야 **恒不捨離**러시니라

　그때, 무우덕신이 이 게송을 말하고, 법을 사랑하기 때문에 언제나 선재동자를 따라 잠시도 떠나지 않았다.

● 疏 ●

四 神敬增深者는 以聞上法故니라

文中三이니 初는 長行申供이오 次는 以偈讚德이라 十偈는 分二니 初

三은 歎下益衆生行이오 後七은 歎上求無礙行이라

後'爾時'下는 以身隨逐이니 愛重情深故니라

(4) 무우덕신의 공경하는 마음이 더욱 깊다는 것은 위의 법을 들었기 때문이다.

이의 경문은 3단락이다.

① 산문으로 공양을 올린 부분이다.

② 게송으로 선재동자의 공덕을 찬탄하였다.

10수 게송은 2단락이다.

앞의 3수 게송은 아래로 중생에게 이익을 베푼 행을 찬탄하였고, 뒤 7수 게송은 위로 걸림 없는 행을 구함에 대해 찬탄하였다.

③ '爾時' 이하는 무우덕신이 몸소 선재동자를 뒤따름이다. 사랑하는 마음이 깊기 때문이다.

第一 依敎趣求 竟하다

1. 가르침을 따라 찾아가 법을 구한 부분을 끝마치다.

第二 見敬諮問

2. 친견하여 절을 올리고 법을 묻다

經

爾時에 善財童子 入普現法界光明講堂하야 周徧推求彼釋氏女라가 見在堂內하야 坐寶蓮華師子之座하니 八萬四千婇女의 所共圍遶니 是諸婇女 靡不皆從王種中生이라

悉於過去에 修菩薩行하야 同種善根하며

布施愛語로 普攝衆生하며

已能明見一切智境하며

已共修習佛菩提行하며

恒住正定하고 常遊大悲하며

普攝衆生을 猶如一子하며

慈心具足하고 眷屬淸淨하며

已於過去에 成就菩薩不可思議善巧方便하야 皆於阿耨多羅三藐三菩提에 得不退轉하며

具足菩薩諸波羅蜜하야 離諸取着하고 不樂生死하며

雖行諸有나 心常淸淨하며

恒勤觀察一切智道하며

離障蓋網하야 超諸着處하며

從於法身하야 而示化形하며

生普賢行하야 長菩提力하며

智日慧燈이 悉已圓滿하니라

爾時에 善財童子 詣彼釋女瞿波之所하야 頂禮其足하며

合掌而住하야 作如是言호되

聖者여 我已先發阿耨多羅三藐三菩提心호니 而未知菩薩이

云何於生死中에 而不爲生死過患所染이며

了法自性호되 而不住聲聞辟支佛地며

具足佛法호되 而修菩薩行이며

住菩薩地호되 而入佛境界며

超過世間호되 而於世受生이며

成就法身호되 而示現無邊種種色身이며

證無相法호되 而爲衆生하야 示現諸相이며

知法無說호되 而廣爲衆生하야 演說諸法이며

知衆生空호되 而恒不捨化衆生事며

雖知諸佛의 不生不滅이나 而勤供養하야 無有退轉이며

雖知諸法의 無業無報나 而修諸善行하야 恒不止息이리잇고

그때, 선재동자가 법계를 널리 나타내는 광명의 강당에 들어가, 이곳저곳에서 석씨 여인을 찾다가, 강당 안의 보배 연꽃 사자법좌에 앉아 있는 것을 보았다.

8만 4천 시녀들이 빙 둘러 모시고 있었는데, 그 모든 시녀도 모두 왕의 가문에서 태어나지 않은 여인이 없었다.

모두 과거 세계에서 보살행을 닦아 선근을 함께 심었고,

보시와 사랑스러운 말로 널리 중생을 거두어 주었으며,

이미 일체 지혜의 경계를 분명히 보았고,

이미 부처님의 보리행을 함께 닦았으며,

항상 바른 선정에 머물고 크게 가엾이 여기는 데 노닐며,

중생들을 널리 거두어 주기를 외아들처럼 하고,

사랑의 마음을 두루 갖추고 권속이 청정하며,

이미 과거 세계에 보살의 헤아릴 수 없는 뛰어난 방편을 성취하여, 모두 아뇩다라삼먁삼보리에서 물러서지 않고,

보살의 모든 바라밀을 두루 갖추어 모든 집착에서 벗어나고 생사를 좋아하지 않으며,

비록 삼계 25유 세계에 있으나 마음은 항상 청정하고,

항상 일체 지혜의 도를 관찰하며,

장애의 그물을 떠나 모든 집착에서 벗어나고,

법신으로부터 화신의 몸을 보여주며,

보현행을 내고 보리의 힘을 키우고,

지혜의 태양과 지혜의 등불이 이미 원만하였다.

그때, 선재동자는 석씨 구파 여인의 처소에 나아가 발에 엎드려 절하고 합장하고 서서 이렇게 말하였다.

"거룩하신 이여, 저는 이미 아뇩다라삼먁삼보리심을 내었습니다.

그러나 보살이 어떻게 생사 중에서 생사의 걱정에 물들지 않고,

법의 자성을 알면서도 성문이나 벽지불의 지위에 머물지 않으며,

불법을 두루 갖추고서도 보살행을 닦고,

보살의 지위에 있으면서도 부처님 경계에 들어가며,

세간에서 초월하고서도 세간에 몸을 받아 태어나고,

법신을 성취하고서도 그지없는 여러 가지 몸을 나타내며,

형상이 없는 법을 증득하고서도 중생을 위하여 모든 형상을 나타내고,

법이란 말할 수 없음을 알고서도 중생을 위하여 모든 법을 연설하며,

중생이 공한 줄 알면서도 중생 교화하는 일을 버리지 않고,

부처님은 나지도 않고 사라지지도 않음을 알면서도 부지런히 공양하여 물러서지 않으며,

모든 법이 업도 없고 과보도 없음을 알면서도 모든 선행을 닦아 항상 멈추지 않는지를 모르겠습니다.”

◉ 疏 ◉

先見 次敬 後問이라

前中二니 先은 入堂推求에 已見依報니 此文은 亦可屬前이오 二 見在堂內下는 見其正報니라 初는 見主오 後 八萬下는 見伴이라 廣歎伴從勝德이니 主德은 固已絶言이라

(1) 친견하고, (2) 절을 올리고, (3) 법을 물음이다.

‘(1) 친견’ 부분은 2단락이다.

(ㄱ) 강당에 들어가 찾으면서, 이미 의보를 보았다. 이의 경문은

또한 앞에 속한다.

　(ㄴ) '見在堂內' 이하는 그 정보를 보았다.

　　① 주체를 보았고,

　　② '八萬' 이하는 도반을 보았다. 도반의 훌륭한 공덕을 자세히 찬탄하였다. 주체의 공덕은 참으로 말을 붙일 수 없기에 언급한 바 없다.

二爾時善財下는 設敬이오

三作如是言下는 諮問이라

於中에 先은 自陳發心이오 後而未知下는 正問이니 有十一句니 問悲智·逆順·權實·寂用의 無礙雙行之行이라

前十句는 攝爲五對니

一은 過凡·越小對오

二는 離果·超因對오

三은 現生·示色對오

四는 極相·窮說對오

五는 下化·上供對니라

十一은 總顯諸善이니 眞俗雙行이라

　(2) '爾時善財' 이하는 친견하고 절을 올림이다.

　(3) '作如是言' 이하는 물음이다. 이 부분은 다시 2단락으로 나뉜다.

　　(ㄱ) 발심을 스스로 말하였고,

　　(ㄴ) '而未知' 이하는 바로 물음이다.

11구이다. 悲·智, 逆·順, 權·實, 寂·用에 걸림 없이 모두 행하는 행을 물었다.

앞의 10구는 5가지 대구로 정리할 수 있다.

제1 대구, 범부를 벗어남과 소승을 뛰어넘음.

제2 대구, 결과를 벗어남과 원인을 뛰어넘음.

제3 대구, 생을 나타냄과 몸을 보여줌.

제4 대구, 형상을 모두 보여줌과 설법을 다함.

제5 대구, 아래로 중생을 교화함과 위로 부처에게 공양함.

제11구는 모든 선행을 총상으로 나타냄이니, 진제와 속제를 모두 행함이다.

第二 見敬諮問 竟하다

2. 친견하여 절을 올리고 법을 묻는 부분을 끝마치다.

第三 示已法界

於中四니

一은 法義오 二는 法名이오 三은 法用이오 四는 法根이라

今은 初라

3. 자기의 법계를 보여주다

이 부분은 4단락이다.

1) 법문의 의의,

2) 법문의 명칭,

3) 법문의 업용,

4) 법문의 선근.

이는 '1) 법문의 의의를 밝힌' 부분이다.

經

時에 瞿波女 告善財言하사대

善哉善哉라 善男子여 汝今能問菩薩摩訶薩의 如是行法하니 修習普賢의 諸行願者라사 能如是問이니 諦聽諦聽하야 善思念之어다 我當承佛神力하야 爲汝宣說호리라

善男子야 若諸菩薩이 成就十法하면 則能圓滿因陀羅網普智光明菩薩之行하나니

何等이 爲十고

所謂依善知識故며

得廣大勝解故며

得淸淨欲樂故며

集一切福智故며

於諸佛所에 聽聞法故며

心恒不捨三世佛故며

同於一切菩薩行故며

一切如來의 所護念故며

大悲妙願이 皆淸淨故며

能以智力으로 普斷一切諸生死故라

是爲十이니

若諸菩薩이 成就此法하면 則能圓滿因陀羅網普智光明菩薩之行이니라

佛子야 若菩薩이 親近善知識하면 則能精進不退하야 修習出生無盡佛法하리니

佛子야 菩薩이 以十種法으로 承事善知識하나니

何等이 爲十고

所謂於自身命에 無所顧惜하며

於世樂具에 心不貪求하며

知一切法이 性皆平等하며

永不退捨一切智願하며

觀察一切法界實相하며

心恒捨離一切有海하며

知法如空하야 心無所依하며

成就一切菩薩大願하며

常能示現一切刹海하며

淨修菩薩無礙智輪이니

佛子야 應以此法으로 承事一切諸善知識하야 無所違逆이니라

그때, 구파 여인이 선재에게 말하였다.

"훌륭하고 훌륭하다. 선남자여, 그대가 이제 보살마하살의 이와 같이 행하는 법을 묻는구나. 보현의 모든 행과 원을 닦는 자만

이 이처럼 물을 수 있다. 자세히 듣고 잘 듣고서 잘 생각하도록 하라. 내가 부처님의 불가사의한 힘을 받들어 그대에게 말하리라.

선남자여, 만약 보살이 열 가지 법을 성취하면 인드라 그물처럼 넓은 지혜 광명인 보살행이 원만하게 될 것이다.

무엇이 열 가지 법인가?

이른바 선지식을 의지하기 때문이며,

광대하고 훌륭한 이해를 얻기 때문이며,

청정한 욕망과 즐거움을 얻기 때문이며,

일체 복덕과 지혜를 모으기 때문이며,

여러 부처님 도량에서 법을 듣기 때문이며,

마음에 항상 삼세 부처님을 버리지 않기 때문이며,

일체 보살행과 같기 때문이며,

일체 여래가 가호하고 염려하기 때문이며,

큰 자비와 미묘한 서원이 모두 청정하기 때문이며,

지혜의 힘으로 일체 생사를 모두 끊기 때문이다.

이것이 열 가지 법이다.

만약 보살이 이 법을 성취하면 인드라 그물처럼 넓은 지혜 광명인 보살행이 원만하게 될 것이다.

불자여, 보살이 선지식을 가까이하면 정진으로 물러서지 않고서 그지없는 불법을 닦아낼 것이다.

불자여, 보살은 열 가지 법으로 선지식을 가까이하는 것이다.

무엇이 열 가지 법인가?

이른바 자신의 몸과 목숨을 아끼지 않으며,

세간의 쾌락 도구를 탐내어 구하지 않으며,

일체 법의 성품이 평등한 줄을 알며,

일체 지혜와 서원을 영원히 물러서거나 버리지 않으며,

일체 법계의 진실한 모양을 관찰하며,

마음은 언제나 일체 삼계 25유의 바다에서 벗어나며,

법이 공함을 알고서 마음에 의지함이 없으며,

일체 보살의 큰 서원을 성취하며,

일체 세계 바다를 항상 나타내며,

보살의 걸림 없는 지혜 법륜을 청정히 닦음이다.

불자여, 당연히 이 법으로 일체 선지식을 받들어 섬기면서 어기지 말라."

◉ 疏 ◉

於中에 先은 長行이오 後는 偈頌이라

前中亦二니 先은 讚誠許說이오 後 '善男子'下는 下顯法義니라

於中二니

先은 明帝網智光行이니 謂依此十이면 則照重重無盡法故니라 有標·釋·結하니 可知니라

後 '佛子若菩薩'下는 承事善友行이니 前은 明依法이오 此는 辨依人이니 法假人弘故니라 由得此出無盡法이니 亦是廣前初一이며 亦有標·釋·結이라

이 부분의 앞은 산문이고, 뒤는 게송이다.

앞의 산문 또한 2단락이다.

(1) 찬탄으로 경계하고 설법을 허락하며,

(2) '善男子' 이하는 바로 법의 의의를 밝혔다.

'(2) 법의 의의' 부분은 2단락이다.

① 제석천의 그물 지혜 광명의 행을 밝혔다. 이 10가지 법을 따르면 거듭거듭 그지없는 법을 비추기 때문이다. 표장, 해석, 끝맺음이 있다. 이는 설명하지 않아도 알 수 있다.

② '佛子若菩薩' 이하는 선지식을 받들어 섬기는 행이다. 앞의 10가지는 법을 의지하고, 이의 10가지는 사람을 의지함에 대해 말하였다. 법은 사람에 의해 키워나가기 때문이다. 이를 얻음에 따라서 그지없는 법을 내는 것이다. 이 또한 앞의 첫째 '依善知識'을 자세히 말하였으며, 또한 표장, 해석, 끝맺음이 있다.

經

爾時에 釋迦瞿波女 欲重明此義하사 承佛神力하야 觀察十方하고 而說頌言하사대

그때, 석가 구파녀는 이 뜻을 거듭 밝히고자, 부처님의 불가사의한 힘을 받들어 시방의 중생을 살펴보고, 게송으로 말하였다.

菩薩爲利諸群生하야　　正念親承善知識하나니
敬之如佛心無怠여　　　此行於世帝網行이로다

보살이 모든 중생 이익 위해

　　　바른 생각으로 선지식 받들어 섬기며

　　　부처처럼 공경하고 게으름 없어

　　　이런 행이 세간의 인드라 그물이어라

勝解廣大如虛空하야　　　一切三世悉入中하며
國土衆生佛皆爾하니　　　此是普智光明行이로다

　　　좋은 이해 광대함이 허공 같아서

　　　일체 삼세 모두 여기에 들어 있고

　　　국토, 중생, 부처님도 그러하니

　　　이는 넓은 지혜 광명 행이어라

志樂如空無有際하야　　　永斷煩惱離諸垢하고
一切佛所修功德하니　　　此行於世身雲行이로다

　　　즐거운 마음 허공처럼 끝이 없고

　　　번뇌는 아주 끊어 때를 여의고

　　　일체 부처 도량에서 공덕 닦으니

　　　이런 행은 세상의 몸 구름의 행이어라

菩薩修習一切智와　　　不可思議功德海하야
淨諸福德智慧身하니　　　此行於世不染行이로다

　　　보살이 일체 지혜와

불가사의 공덕 닦고 익혀

모든 복덕 지혜의 몸 청정하니

이런 행은 세상에 물들지 않는 행이어라

一切諸佛如來所에　　聽受其法無厭足하야
能生實相智慧燈하니　　此行於世普照行이로다

　　일체 제불 여래 도량에서

　　그 법문 들음에 싫음이 없어

　　실상의 지혜 등불 밝히니

　　이런 행은 세간 두루 비춰주는 행이어라

十方諸佛無有量이어늘　　一念一切悉能入하야
心恒不捨諸如來하니　　此向菩提大願行이로다

　　시방의 부처님 한량없는데

　　한 생각에 모든 곳 다 들어가

　　마음에 항상 여래 버리지 않으니

　　이는 보리 향하는 큰 서원의 행이어라

能入諸佛大衆會와　　一切菩薩三昧海와
願海及以方便海하니　　此行於世帝網行이로다

　　부처님의 대중법회

　　수없는 보살의 삼매 바다

서원 바다, 방편 바다 모두 들어가니

이런 행은 세간의 인드라 그물이어라

一切諸佛所加持로   **盡未來際無邊劫**토록
處處修行普賢道하니   **此是菩薩分身行**이로다

    일체 제불의 가피로

    그지없이 미래 다하는 날까지

    곳곳마다 보현의 도 수행하니

    이는 보살 분신의 행이어라

見諸衆生受大苦하고   **起大慈悲現世間**하야
演法光明除暗冥하니   **此是菩薩智日行**이로다

    큰 고통 받는 중생 보고

    대자비 마음으로 세간에 나오셔

    법의 광명 연설하여 어둠 없애주니

    이는 보살의 지혜 행이어라

見諸衆生在諸趣하고   **爲集無邊妙法輪**하야
令其永斷生死流하니   **此是修行普賢行**이로다

    여러 길에 있는 중생 보고

    그지없는 미묘 법륜 굴려가며

    그들의 생사윤회 영원히 끊어주니

이는 보현행의 수행이어라

菩薩修行此方便하야　　　隨衆生心而現身하야
普於一切諸趣中에　　　　化度無量諸含識이로다
　　　보살이 이런 방편 닦아
　　　중생의 마음 따라 몸 나타내어
　　　일체 모든 세계 길에서
　　　한량없는 중생 제도하였어라

以大慈悲方便力으로　　　普徧世間而現身하야
隨其解欲爲說法하니　　　皆令趣向菩提道로다
　　　대자비의 방편으로
　　　세간에 두루 몸을 나타내어
　　　중생의 원함 따라 설법하니
　　　모두 보리의 도 향하게 하였어라

◉ 疏 ◉

後頌中에 有十二偈는 分二니
前十偈는 如次 頌前十帝網行이라 然前長行은 但名帝網光明行이니 則十法通稱이라
今偈中 初二는 取前總名이오 後之八行은 各別立稱이니 則知十名이 一一通其十行하야 重重無礙라야 方受帝網之名이라 又須得斯

偈意라야 方了前名이라

後二偈는 頌前事友十法後二니 以後二相隱故니라 餘畧不頌이라

뒤의 게송 부분의 12수 게송은 2단락이다.

앞의 10수 게송은 차례와 같이 앞의 10帝網의 행을 읊었다. 그러나 앞의 산문에서는 '제석천 그물의 지혜 광명의 행[帝網光明行]'이라 말하였을 뿐이다. 이는 10가지 법의 통칭이다.

이의 게송에서 첫 2수 게송은 앞 산문의 총상 명칭을 취하였고,

뒤의 8가지 행은 각기 별도로 명칭을 세웠다. 10가지 명칭이 하나하나 10가지 행에 통하여 거듭거듭 걸림이 없어야 비로소 제석천 그물이라는 명칭을 붙일 수 있으며, 또한 반드시 게송에서 말한 뜻을 얻어야 비로소 앞의 명칭을 알 수 있다.

뒤의 2수 게송은 앞서 말한 선지식을 섬기는 10가지 법 가운데 뒤의 2가지를 읊었다. 이는 뒤의 2가지가 서로 보이지 않기 때문이다. 나머지는 생략하고 읊지 않았다.

第二 立法名

2) 법문의 명칭을 세우다

經

時에 釋迦瞿波 說此頌已하고 告善財童子言하사대 善男子야 我已成就觀察一切菩薩三昧海解脫門호라

그때, 석가 구파는 이 게송을 말한 후에 선재동자에게 말하였다.

"선남자여, 나는 이미 일체 보살의 삼매 바다를 관찰하는 해탈문을 성취하였다."

◉ 疏 ◉

謂一切菩薩 普賢三昧 深廣如海니 如法界故深이오 如衆生名故廣이라 以殊妙智로 念念觀察일새 故立此名이라

일체 보살의 보현삼매가 심오하고 광대함이 바다와 같다. 법계와 같기 때문에 심오하고, 중생의 명칭과 같기 때문에 광대하다. 남다른 미묘한 지혜로써 생각마다 이를 관찰하기에 이런 이름을 세운 것이다.

第三 明法門業用中에 先問 後答이라
答中二니 先은 顯廣知오 後는 釋知所以니라
前中三이니 初는 知娑婆世界오 次는 類知刹海오 後는 別顯毘盧因果니라
今은 初라

3) 법문의 업용을 밝히다

이 부분은 2단락이다.

앞은 물음이고, 뒤는 대답이다.

'뒤의 대답' 부분은 2단락이다.

(1) 광대한 앎을 밝혔고,

(2) 이를 아는 그 이유를 해석하였다.

'(1) 광대한 앎'의 부분은 3단락이다.

㈀ 사바세계를 앎이고,

㈁ 세계 바다를 유별로 앎이며,

㈂ 비로자나불의 인과를 개별로 밝혔다.

이는 '㈀ 사바세계'이다.

經

善財 言호되 大聖이시여 此解脫門이 境界云何니잇고
答言하사대 善男子야 我入此解脫하야 知此娑婆世界佛刹微塵數劫의 所有衆生이 於諸趣中에 死此生彼와 作善作惡과 受諸果報와 有求出離와 不求出離와 正定邪定과 及以不定과 有煩惱善根과 無煩惱善根과 具足善根과 不具足善根과 不善根所攝善根과 善根所攝不善根하야 如是所集善不善法을 我皆知見하나니라
又彼劫中에 所有諸佛의 名號次第를 我悉了知하며
彼佛世尊의 從初發心과 及以方便과 求一切智와 出生一切諸大願海와 供養諸佛과 修菩薩行과 成等正覺과 轉妙法輪과 現大神通과 化度衆生을 我悉了知하며
亦知彼佛衆會差別호되 其衆會中에 有諸衆生이 依聲聞乘하야 而得出離와 其聲聞衆의 過去修習一切善根과 及

其所得種種智慧를 我悉了知하며
有諸衆生이 依獨覺乘하야 而得出離와 其諸獨覺의 所有善根과 所得菩提와 寂滅解脫과 神通變化와 成熟衆生과 入於涅槃을 我悉了知하며
亦知彼佛의 諸菩薩衆호되 其諸菩薩의 從初發心으로 修習善根과 出生無量諸大願行과 成就滿足諸波羅蜜과 種種莊嚴菩薩之道와 以自在力으로 入菩薩地와 住菩薩地와 觀菩薩地와 淨菩薩地와 菩薩地相과 菩薩地智와 菩薩攝智와 菩薩敎化衆生智와 菩薩建立智와 菩薩廣大行境界와 菩薩神通行과 菩薩三昧海와 菩薩方便과 菩薩의 於念念中에 所入三昧海와 所得一切智光明과 所獲一切智電光雲과 所得實相忍과 所通達一切智와 所住刹海와 所入法海와 所知衆生海와 所住方便과 所發誓願과 所現神通을 我悉了知호라
善男子야 此娑婆世界盡未來際토록 所有劫海의 展轉不斷을 我皆了知니라

선재동자가 말하였다.

"거룩하신 성자여, 이 해탈문의 경계는 어떠합니까?"

구파 여인이 대답하였다.

"선남자여, 내가 이 해탈문에 들어가, 이 사바세계에서 세계의 티끌 수 겁에 있는 중생들이 천·인·아수라·축생·아귀·지옥 세계의 길을 헤매면서

여기에서 죽어 저기에 태어나는 일,

선업을 짓고 악업을 짓는 일,

모든 과보를 받는 일,

삼계에서 벗어남을 구하는 자와 구하지 않는 자,

바른 선정과 삿된 선정,

바른 선정도 아니고 삿된 선정도 아닌 선정,

번뇌가 있는 선근과 번뇌가 없는 선근,

두루 갖춘 선근과 두루 갖추지 못한 선근,

선하지 못한 근기 속에 있는 선근과 선근 속에 있는 선하지 못한 근기를 알고 있다.

이처럼 모아온 선한 법, 선하지 못한 법을 나는 모두 알고 보았다.

또 그 겁에 계셨던 부처님의 명호와 차례를 나는 모두 알고,

그 부처님 세존의 처음 발심으로부터 방편, 일체 지혜의 추구, 일으킨 일체 큰 서원 바다, 부처께 올린 공양, 닦아온 보살행, 성취한 등정각, 굴리신 미묘 법륜, 나타내신 대신통, 중생의 제도까지 나는 모두 알고 있다.

또한 저 부처님의 각기 다른 대중법회를 알고 있지만, 그 대중법회 가운데 중생들이 성문승에 의지하여 삼계를 벗어난 일, 그 성문 대중이 과거에 닦아온 일체 선근, 그들이 얻은 가지가지 지혜를 나는 모두 알고 있다.

어떤 중생은 독각승을 의지하여 삼계를 벗어난 일, 그 독각이

지닌 선근, 얻은 바의 보리, 적멸과 해탈, 신통변화, 중생을 성숙시킴, 열반에 드는 일을 나는 모두 알고 있다.

또한 저 부처님의 보살 대중을 알고 있다.

그 보살들이 처음 발심할 적부터 닦고 익혀온 선근, 내었던 한량없는 원과 행, 모든 바라밀을 원만 성취함, 가지가지로 장엄한 보살의 도, 자재한 힘으로 들어간 보살의 지위, 머물고 있는 보살의 지위, 보살 지위의 관찰, 보살 지위의 청정, 보살 지위의 모양, 보살 지위의 지혜, 보살이 받아들인 지혜, 보살이 중생을 교화하는 지혜, 보살이 세워놓은 지혜, 보살의 광대한 행의 경계, 보살의 신통행, 보살의 삼매 바다, 보살의 방편, 보살의 모든 생각 속에 들어가는 삼매 바다, 얻은 바의 일체 지혜 광명, 얻은 바의 일체 지혜 번개 빛 구름, 얻은 바의 실상 법인, 통달한 일체 지혜, 머무는 세계 바다, 들어간 법 바다, 아는 바의 중생 바다, 머무는 바의 방편, 내는 바의 서원, 나타나는 바의 신통을 나는 모두 알고 있다.

선남자여, 이 사바세계에서 미래 세계 다하도록 겁 바다가 서로 끊임없는 것을 나는 모두 알고 있다.

● 疏 ●

於中二니

先은 知刹塵劫事요 後 善男子此娑婆 下는 類盡未來라

前中亦二니

一은 知世間善惡因果니라 '不善根所攝善根'者는 如瞋心持戒等

이니 下句類知니라 二'又彼劫'下는 知出世因果니라

於中에 亦二니

先은 知佛因果오 後'亦知彼佛衆'下는 知佛衆會니라

於中有三이니

初는 知聲聞이오 二는 知緣覺이오 三은 知菩薩과 及後類盡未來니 文竝可知니라

이 부분은 2단락이다.

앞은 세계 티끌 겁의 일을 앎이며,

뒤의 '善男子此娑婆' 이하는 유로 미래 세계를 다함이다.

'앞의 세계 티끌 겁' 부분 또한 2단락이다.

첫째, 世間善惡因果를 앎이다. 선하지 못한 근기 속에 있는 선근이란 성내는 마음, 지계 등과 같다. 아래 구절은 유로 알 수 있다.

둘째, '又彼劫' 이하는 세간에 나온 인과를 앎이다.

'둘째, 세간에 나온 인과' 또한 2단락이다.

① 부처의 인과를 앎이며,

② '亦知彼佛衆' 이하는 부처님의 대중법회를 앎이다.

'② 부처님의 대중법회' 부분은 3단락이다.

㉠ 성문을 앎이며,

㉡ 연각을 앎이며,

㉢ 보살 및 이후 미래 세계가 다하도록 유를 앎이다.

위의 경문은 모두 설명하지 않아도 알 수 있다.

第二. 類知刹海

(ㄴ) 세계 바다를 유별로 알다

經

如知娑婆世界하야
亦知娑婆世界內微塵數世界하며
亦知娑婆世界內一切世界하며
亦知娑婆世界微塵內所有世界하며
亦知娑婆世界外十方無間所住世界하며
亦知娑婆世界世界種所攝世界하며
亦知毘盧遮那世尊의 此華藏世界海中에 十方無量諸世界種所攝世界하니
所謂世界廣博과 世界安立과 世界輪과 世界場과 世界差別과 世界轉과 世界蓮華와 世界須彌와 世界名號와 盡此世界海一切世界 由毘盧遮那世尊本願力故를 我悉能知하고 亦能憶念하나라

 이 사바세계를 아는 것처럼,
  또한 사바세계 안에 있는 티끌 수 세계를 알고,
  또한 사바세계 안에 있는 일체 세계를 알고,
  또한 사바세계의 티끌 속에 있는 세계를 알고,
  또한 사바세계의 밖으로 시방에 사이 없는 세계를 알고,

또한 사바세계의 세계 종성에 속한 세계를 알고,

또한 비로자나 세존의 화장세계 바다 가운데 시방의 한량없는 세계 종성에 속한 세계를 알고 있다.

이른바 세계의 넓음, 세계의 안립, 세계의 바퀴, 세계의 도량, 세계의 차별, 세계의 전변, 세계의 연화, 세계의 수미산, 세계의 이름, 온 세계 바다의 일체 세계가 비로자나 세존의 본래 원력으로 연유한 것임을 내가 모두 알고 또한 기억하고 있다.

● 疏 ●

於中二니

先은 通顯知多오 後는 別顯所知相狀이라

今初에 有六重類知니 後後는 廣於前前이라

初二는 皆同刹이 攝多刹이니 而初는 但攝同類刹일새 故云塵數니라

二는 卽異類刹일새 故云一切니 一切種類故니라

三은 卽塵中攝刹일새 故細於前이라

四는 卽十三佛刹塵數圍繞界와 及廣大眷屬世界일새 故云娑婆世界外等이라

五는 卽普照十方熾然寶光明刹種 所攝刹이니 通二十重이라

六은 卽全蓮華藏世界海니라

後 所謂 下는 別顯所知相狀이니 有十種이라 一은 廣博이니 卽所依種이오 二는 安立이니 卽因緣이며 或所依住오 三은 卽輪圍오 四는 卽其中場地오 五는 體類各殊오 六 轉者는 有二義하니 一은 如輪側轉

形故일세 故世界成就品에 云'或有世界隨輪轉이라'하니라 二는 卽劫
轉變故니라 七은 所依蓮華오 八은 卽其中須彌오 九는 隨緣立稱이
오 十은 卽結果屬因이니 謂華藏世界海 是佛本願所嚴일세 故云由
力이라

 이 부분은 2단락이다.
 첫째, 아는 바 많음을 전체로 밝혔고,
 둘째, 아는 바의 양상을 개별로 밝혔다.
 첫째, 앞부분에는 6중의 유로 앎이 있는데, 뒤의 뒤는 앞의 앞보다 자세하다.
 앞의 2가지는 모두 같은 사바세계가 많은 세계를 받아들이고 있다.
 ① 같은 유의 세계만을 받아들이기에 티끌 수라 하였다.
 ② 다른 세계를 받아들이기에 '일체'라 말하였다. 일체 종류이기 때문이다.
 ③ 이는 티끌 속에 세계를 받아들이기에 앞보다 미세하다.
 ④ 이는 13세계 티끌 수로 에워싸고 있는 세계 및 광대한 권속의 세계이기에 '사바세계의 밖' 등이라 말하였다.
 ⑤ 이는 널리 시방을 비춰주는, 찬란한 보배 광명의 세계 종성을 지닌 세계이다. 이는 모두 20중이다.
 ⑥ 이는 전체 연화장세계 바다이다.
 둘째, '所謂' 이하는 아는 바의 양상을 개별로 밝혔는데, 10중이다.

① 드넓음이다. 이는 의지한 바의 종성이다.

② 안립이다. 이는 인연이며, 혹은 의지하여 머문 바이다.

③ 이는 輪圍이며,

④ 이는 윤위 가운데 마당이며,

⑤ 형체의 유가 각기 다름이며,

⑥ 轉에는 2가지 뜻이 있다.

㉠ 바퀴가 옆으로 기울어 도는 형태와 같기 때문이다. 이 때문에 제4 세계성취품에서 "어떤 세계는 바퀴를 선회한다."고 말하였다.

㉡ 겁의 전변 때문이다.

⑦ 의지한 바의 연꽃이며,

⑧ 그 중앙의 수미산이며,

⑨ 반연 따라 명칭을 세웠고,

⑩ 결과가 원인에 속하였다.

화장세계 바다가 부처의 본원으로 장엄한 바이기에 '부처 본원의 힘에 연유한다.'고 말하였다.

第三 別顯毘盧因果

㈢ 비로자나불의 인과를 개별로 밝히다

亦念如來往昔所有諸因緣海하니
所謂修習一切諸乘方便과 無量劫中에 住菩薩行과 淨佛國土와 敎化衆生과 承事諸佛과 造立住處와 聽受說法과 獲諸三昧와 得諸自在와 修檀波羅蜜과 入佛功德海와 持戒苦行과 具足諸忍과 勇猛精進과 成就諸禪과 圓滿淨慧와 於一切處에 示現受生과 普賢行願이 悉皆淸淨과 普入諸刹과 普淨佛土와 普入一切如來智海와 普攝一切諸佛菩提와 得於如來大智光明과 證於諸佛一切智性과 成等正覺과 轉妙法輪과 及其所有道場衆會와 其衆會中一切衆生의 往世已來所種善根과 從初發心으로 成熟衆生과 修行方便하야 念念增長과 獲諸三昧神通解脫한 如是一切를 我悉了知하노니

또한 여래께서 옛날에 있었던 모든 인연을 기억하고 있다.

이른바 모든 승(乘)의 방편을 닦고 익혔던 인연,

한량없는 겁에 머물렀던 보살의 행,

부처님의 국토를 청정히 하고 중생을 교화한 인연,

모든 부처님을 받들어 섬겼던 인연,

머물 곳을 마련하였던 인연,

설법을 들었던 인연,

삼매를 얻었던 인연,

자재함을 얻었던 인연,

보시바라밀을 닦았던 인연,

부처님 공덕 바다에 들어갔던 인연,

계율을 지니고 고행하였던 인연,

여러 인욕을 두루 갖추었던 인연,

용맹정진하였던 인연,

선정을 성취하였던 인연,

청정 지혜가 원만하였던 인연,

모든 곳에 몸을 받아 태어났던 인연,

보현의 행원을 모두 청정히 하였던 인연,

여러 세계에 두루 들어갔던 인연,

부처님의 국토를 널리 청정히 하였던 인연,

일체 여래의 지혜 바다에 널리 들어갔던 인연,

일체 부처님의 보리를 널리 받아들였던 인연,

여래의 큰 지혜의 광명을 얻었던 인연,

부처님의 일체 지혜의 성품을 증득하였던 인연,

등정각을 성취하였던 인연,

미묘한 법륜을 굴렸던 인연,

부처님 도량의 대중법회와 그 대중법회 가운데 중생들이 옛적부터 심었던 선근의 인연,

처음 발심할 적부터 중생을 성숙시켰던 인연,

방편을 수행하여 생각의 찰나마다 증장하였던 인연,

여러 삼매와 신통과 해탈을 얻었던 인연,

이런 모든 인연을 나는 모두 분명히 알고 있다.

● 疏 ●

於中二니

先은 明因이라 然有二義하니

一者는 成上이니 上但總云本願力故라 今別顯成刹之因이오

二者는 順後니 亦通正報之因이오

後'得於如來'下는 顯果니 可知니라

　이 부분은 2단락이다.

　첫째, 밝게 잘 아는 원인이다. 그러나 여기에는 2가지 뜻이 있다.

　① 위에서 말한 바를 성취함이다. 위에서는 '비로자나불의 본원력 때문'만을 총괄하여 말하였을 뿐이다. 따라서 여기에서 세계를 성취할 수 있었던 원인을 별상으로 밝혔다.

　② 뒤의 문장을 따랐다. 이 또한 정보의 원인에 통한다.

　둘째, '得於如來' 이하는 결과를 나타냈다. 이는 말하지 않아도 알 수 있다.

▬

第二 釋知所以

　(2) 이를 아는 그 이유를 해석하다

經

何以故오

我此解脫이 能知一切衆生心行과

一切衆生의 修行善根과

一切衆生의 雜染淸淨과

一切衆生의 種種差別과

一切聲聞의 諸三昧門과

一切緣覺의 寂靜三昧神通解脫과

一切菩薩의 一切如來解脫光明하야 皆了知故니라

무엇 때문일까?

나의 이 해탈은 일체중생의 마음,

일체중생의 수행한 선근,

일체중생의 잡염과 청정,

일체중생의 가지가지 차별,

일체 성문의 모든 삼매문,

일체 연각의 고요한 삼매, 신통, 해탈,

일체 보살의 일체 여래 해탈 광명을

모두 분명히 알기 때문이다."

第四 顯法根深

先問 後答이라

問中에 雖但問得法久近이나 而義已含修行久近이니 得此法門故니라

答中에 分四니

一은 明最初佛所發心修行이오 二는 於中間多佛修行이오 三은 證明得法之時오 四는 多劫修瑩此法이라

初中分二니

初는 正顯本緣이오 二는 結會古今이라

今은 初라

4) 법문의 근원이 심오함을 밝히다

앞은 물음이고, 뒤는 대답이다.

앞의 물음에서는 법을 얻은 지 얼마나 되었는가를 물었을 뿐이지만, 그 의의에는 이미 수행한 지 얼마나 되었는가라는 뜻을 포함하고 있다. 이 법문을 얻은 까닭이다.

뒤의 대답 부분은 4단락이다.

⑴ 최초 부처님의 도량에서 발심 수행함을 밝혔고,

⑵ 중간에 많은 부처님에게서 수행하였으며,

⑶ 법을 얻은 시절을 증명하였고,

⑷ 많은 겁에 이 법문을 빛나게 닦았다.

'⑴ 최초 부처님의 도량' 부분은 2단락이다.

㈀ 바로 근본 인연을 밝혔고,

㈁ 고금의 일을 회통하여 끝맺었다.

이는 '㈀ 근본 인연'이다.

爾時에 善財童子 白瞿波言호되 聖者여 得此解脫이 其已久如니잇고

答言하사대 善男子야 我於往世에 過佛刹微塵劫하야 有劫하니 名勝行이오

世界는 名無畏며 彼世界中에 有四天下하니 名爲安穩이오

其四天下閻浮提中에 有一王城하니 名高勝樹니 於八十王城中에 最爲上首라

彼時有王하니 名曰財主니 其王이 具有六萬婇女와 五百大臣과 五百王子어든 其諸王子 皆悉勇健하야 能伏怨敵이러라

선재동자가 구파에게 말하였다.

"거룩하신 이여, 이 해탈을 얻은 지 얼마나 오래되었습니까?"

"선남자여, 지난 옛적 세계의 티끌 수 겁 전에 승행겁이 있었고,

그 세계의 이름은 '무외'이며,

그 세계에 안온이란 사천하가 있고,

그 사천하의 염부제에 왕성이 있는데, 그 이름은 '고승수'이다. 80왕성 가운데 가장 으뜸이었다.

그 나라의 임금은 '재주'이다.

그 왕에게 6만 시녀, 5백 대신, 5백 왕자가 있는데, 그 왕자들이 모두 용맹하고 건장하여 적을 항복 받았다.

◉ 疏 ◉

於中에 分十이니 一은 王都時處라

이 부분은 10단락으로 나뉜다.
첫째, 도읍의 시간과 처소이다.

經

其王太子는 名威德主니 端正殊特하야 人所樂見이라 足下平滿하며 輪相備具하며 足趺隆起하며 手足指間에 皆有網縵하며 足跟齊正하며 手足柔軟하며 伊尼耶鹿王腨이며 七處圓滿하며 陰藏隱密하며 其身上分이 如師子王하며 兩肩平滿하며 雙臂脩長하며 身相端直하며 頸文三道며 頰如師子하며 具四十齒호되 悉皆齊密하며 四牙鮮白하며 其舌長廣하며 出梵音聲하며 眼目紺靑하며 睫如牛王하며 眉間毫相이며 頂上肉髻며 皮膚細軟하야 如眞金色하며 身毛上靡하며 髮帝靑色이며 其身洪滿이 如尼拘陀樹러라

爾時에 太子 受父王教하고 與十千婇女로 詣香牙園하야 遊觀戲樂할세

太子 是時에 乘妙寶車하니 其車 具有種種嚴飾이라 置大摩尼師子之座하고 而坐其上이어든

五百婇女 各執寶繩하고 牽馭而行하니 進止有度하야 不遲不速하며

百千萬人이 持諸寶蓋하며
百千萬人이 持諸寶幢하며
百千萬人이 持諸寶旛하며
百千萬人이 作諸妓樂하며
百千萬人이 燒諸名香하며
百千萬人이 散諸妙華하야 前後圍遶하야 而爲翊從하며
道路平正하야 無有高下하며
衆寶雜華로 散布其上하며
寶樹行列하고 寶網彌覆하며
種種樓閣이 延袤其間하야
其樓閣中에
或有積聚種種珍寶하며
或有陳列諸莊嚴具하며
或有供設種種飮食하며
或有懸布種種衣服하며
或有備擬諸資生物하며
或復安置端正女人과 及以無量僮僕侍從하야
隨有所須하야 悉皆施與러라

　　재주왕의 태자는 이름이 위덕주이다. 단정하고 남달라서 사람들이 보기를 좋아하였다.

　　발바닥은 평평하며, 발바닥의 금은 바퀴 모양처럼 구족하며, 발등은 불룩하며, 손가락과 발가락 사이에는 그물 같은 막이 있으

며, 발꿈치는 가지런하며, 손발은 부드러우며, 이니야 사슴의 장딴지 같으며,

일곱 군데[七處: 두 발바닥, 두 손바닥, 두 어깨, 정수리]가 원만하며, 남근(男根)은 으슥하게 숨겨져 있으며,

몸의 윗부분은 사자와 같으며, 두 어깨는 평평하며, 두 팔뚝은 통통하고 길며, 몸의 모습은 단정하고 곧으며,

목에는 세 줄 무늬가 있으며, 두 뺨은 사자와 같으며,

치아는 마흔 개인데 모두 가지런하고 촘촘하며, 어금니 네 개가 희며,

혀는 길고 넓으며, 범천의 음성을 내며,

눈이 검푸르며, 속눈썹이 소와 같으며,

미간에는 흰 털이 있으며, 정수리에는 살 상투가 있으며,

살결은 부드러워 진금 빛이며, 몸에 솜털이 위로 쏠려 있으며,

머리카락은 제청 구슬 빛과 같으며,

몸의 원만함은 니구타 나무와 같았다.

그때, 태자는 부왕의 명령을 받고, 십천 시녀와 함께 향아원에 가서 구경하며 즐겼다.

태자는 그 당시, 보배 수레를 탔는데, 수레에는 여러 가지 장엄을 갖추었다. 큰 마니주 사자좌를 놓고 그 위에 앉았는데,

5백 시녀는 보배 줄을 잡고 수레를 끌고 가는데, 나아가고 멈춤이 법도가 있어 느리지도 빠르지도 않았으며,

백천만 사람은 보배 일산을 받들고,

백천만 사람은 보배 당기를 들었으며,

백천만 사람은 보배 번기를 들고,

백천만 사람은 풍악을 연주하며,

백천만 사람은 유명한 향을 사르고,

백천만 사람은 아름다운 꽃을 흩뿌리면서 앞뒤로 호위하고 따라갔다.

길은 평탄하여 높고 낮은 데가 없고,

여러 가지 보배 꽃을 위에 깔았으며,

보배 나무는 줄을 짓고 보배 그물이 가득 덮였고,

가지가지 누각이 그 사이에 뻗어 있는데,

그 누각에는

가지가지 보물을 쌓아 두기도 하고,

여러 장엄거리를 진열해 놓기도 하며,

가지가지 음식을 차려 놓고,

가지가지 의복을 걸어 놓기도 하며,

살림살이에 필요한 물품을 갖추어 놓고,

또한 단정한 여인 그리고 수많은 하인과 시종을 두고서

필요에 따라서 모두 마련해 주도록 하였다.

◉ 疏 ◉

二는 太子超倫이라 於中에 先具相이오 後遊觀이라

둘째, 태자의 뛰어남이다.

이 부분의 앞은 거룩한 모양을 갖추었고, 뒤는 놀이와 구경이다.

經

時有母人하니 名爲善現이오 將一童女하니 名具足妙德이니 顏容端正하고 色相嚴潔하며 洪纖得所하고 修短合度하며 目髮紺靑하고 聲如梵音하며 善達工巧하고 精通辯論하며 恭勤匪懈하고 慈愍不害하며 具足慚愧하야 柔和質直하며 離癡寡欲하야 無諸諂誑이라

乘妙寶車하고 婇女圍遶하야 及與其母로 從王城出하야 先太子行이라가 見其太子의 言辭諷詠하고 心生愛染하야 而白母言호되 我心이 願得敬事此人이로니 若不遂情이면 當自殞滅호리이다

母告女言호되 莫生此念하라 何以故오 此甚難得이니라 此人은 具足輪王諸相하니 後當嗣位하야 作轉輪王하면 有寶女出하야 騰空自在하리니 我等은 卑賤하야 非其匹偶라 此處難得이니 勿生是念이어다

彼香牙園側에 有一道場하니 名法雲光明이오 時有如來하니 名勝日身이라 十號具足하사 於中出現이 已經七日이러시니

時彼童女 暫時假寐하야 夢見其佛하고 從夢覺已에 空中有天이 而告之言호되 勝日身如來 於法雲光明道場에 成等正覺이 已經七日이라 諸菩薩衆이 前後圍遶하고 天

龍夜叉乾闥婆阿修羅迦樓羅緊那羅摩睺羅伽와 梵天
乃至色究竟天과 諸地神風神火神水神河神海神山神
樹神園神藥神主城神等이 爲見佛故로 皆來集會라하야늘
時에 妙德童女 夢覩如來故며 聞佛功德故로 其心安穩
하야 無有怖畏하야 於太子前에 而說頌言호되

그 당시, 모친의 이름은 '선현'이고, 시집가지 않은 딸이 있었는데, 그의 이름은 '구족묘덕'이라 하였다.

얼굴은 단정하고, 모습은 장엄하며, 크고 가는 몸매는 제자리를 얻고, 키는 크지도 작지도 않으며, 눈과 머리카락이 검푸르고, 소리는 범천의 음성 같으며, 모든 기예를 통달하고, 변론에 정통하며, 공손하고 부지런하여 게으르지 않고, 인자하고 사랑하여 남을 해치지 않으며, 부끄러움을 두루 갖추어 온화하고 순박 정직하며, 어리석지 않고 탐욕이 적어서 아첨하거나 속이는 일이 없었다.

보배 수레를 타고 시녀들에게 둘러싸여 그 모친과 함께 서울에서 나와 태자보다 앞서서 가다가 태자의 음성과 노래하는 모습을 보고서 사랑하는 마음이 일어나 모친에게 말하였다.

'제 마음은 저런 사람을 섬기고자 합니다. 만약 뜻을 이루지 못하면 그만 살겠습니다.'

모친이 딸에게 말하였다.

'그런 생각을 하지 말라.

무엇 때문이냐면 이런 일은 이루기 어렵기 때문이다.

저 태자는 전륜왕의 거룩한 모습을 모두 갖추고 있다. 훗날 왕위를 계승하여 전륜왕이 되면, 보녀(寶女)가 나와 허공을 자재하게 날아다닐 것이다.

우리는 미천하여 그의 배필이 될 수 없다. 이런 일은 이루기 어려우니, 그런 생각을 하지 말라.'

그때, 향아원 곁에 법운광명 도량이 있었다. 그 당시 도량에 부처님이 계셨는데, 그 명호는 '승일신불'이었다. 열 가지 명호가 구족하였는데, 여기에 몸을 나타낸 지 이레가 되었다.

그때, 묘덕동녀가 잠깐 졸다가 꿈속에서 그 부처님을 뵈옵고 깨어나자, 공중에서 천인이 말하였다.

'승일신불께서 법운광명 도량에서 등정각을 성취하신 지 이레가 되었다.

모든 보살 대중이 앞뒤로 둘러 모시고 하늘, 용, 야차, 건달바, 아수라, 가루라, 긴나라, 마후라가, 범천과 내지 색구경천, 땅을 주관하는 신, 바람을 주관하는 신, 불을 주관하는 신, 물을 주관하는 신, 강을 주관하는 신, 바다를 주관하는 신, 산을 주관하는 신, 나무를 주관하는 신, 동산을 주관하는 신, 약을 주관하는 신, 성을 주관하는 신들이 부처님을 친견하고자 모두 찾아왔다.'

그 당시, 묘덕동녀는 꿈속에서 여래를 뵈었고, 부처님의 공덕을 들은 바 있었던 까닭에 편안한 마음으로 두려움 없이 태자 앞에서 게송으로 말하였다.

我身最端正하야 　　　**名聞徧十方**하며

智慧無等倫하야 　　　善達諸工巧라

　　나의 몸, 가장 단정하여
　　소문이 시방 널리 알려지고
　　지혜는 짝할 이 없어
　　모든 기술 잘 알고 있네

無量百千衆이　　　　見我皆貪染호되
我心不於彼에　　　　而生少愛欲하야

　　한량없는 백천 대중
　　날 보며 모두 욕심내지만
　　나의 마음 그들에게
　　조금도 사랑 없어

無瞋亦無恨하며　　　無嫌亦無喜하고
但發廣大心하야　　　利益諸衆生이러니

　　성내지도 원망하지도 않고
　　싫어하지도 기뻐하지도 않으며
　　광대한 마음 내어
　　중생 이익 위하려 하였는데

我今見太子의　　　　具諸功德相하고
其心大欣慶하야　　　諸根咸悅樂하노이다

내 이제 태자의

모든 공덕 갖춘 모습 뵙고서

마음이 기쁘고 큰 경하로

모든 감관이 기쁘옵니다

色如光明寶하며   **髮美而右旋**하며

額廣眉纖曲하니   **我心願事汝**하노이다

얼굴색은 빛나는 보배 같고

고운 머리카락 오른쪽으로 돌고

넓은 이마에 눈썹 가느니

나는 그대를 섬기려 합니다

我觀太子身호니   **譬如眞金像**하고

亦如大寶山하야   **相好有光明**하며

내, 태자의 몸 살펴보니

순금의 형상 같고

큰 보배 산과도 같아

거룩한 모습 빛나며

目廣紺靑色이오   **月面師子頰**이오

喜顔美妙音이로소니   **願垂哀納我**하소서

눈은 길고 검푸른 빛이며

보름달 얼굴에 사자의 뺨
　　　화사한 모습, 아름다운 음성
　　　저를 가엾이 여겨 받아주소서

舌相廣長妙　　　　　　猶如赤銅色하며
梵音緊那聲이니　　　　**聞者皆歡喜**로다
　　　넓고 길고 아름다운 혀
　　　붉은 구릿빛 같고
　　　범천의 음성, 긴나라 목소리
　　　듣는 이 모두 즐거워라

口方不褰縮하고　　　　**齒白悉齊密**하니
發言現笑時에　　　　　**見者心歡喜**로다
　　　입은 반듯하여 뒤집히거나 오므라들지 않고
　　　치아는 희고 가지런하니
　　　말하거나 웃을 적에
　　　보는 이 마음 즐거워라

離垢淸淨身이　　　　　**具相三十二**하니
必當於此界에　　　　　**而作轉輪位**로다
　　　때 없고 청정한 몸
　　　32가지 거룩한 모습

반드시 이 세계에

전륜왕 되오리다

◉ 疏 ◉

三은 寶女求歸라 於中分四니 一은 具德端嚴이오 二 見其 下는 白母求事오 三 彼香牙 下는 夢覩佛興이오 四 時妙德 下는 自陳心이라 總有十偈하니 前三은 自述德堪이오 後七은 讚彼求納이라【鈔_ 三 寶女求歸 者는 女人謂嫁曰歸라 故周易中有歸妹卦하다】

셋째, 묘덕동녀가 태자에게 시집가기를 청함이다.

이 부분은 4단락으로 나뉜다.

① 공덕을 갖추어 단정히 장엄하였으며,

② '見其' 이하는 모친에게 고하여 받들어 섬김을 구하였으며,

③ '彼香牙' 이하는 꿈속에서 부처가 나오심을 보았으며,

④ '時妙德' 이하는 마음을 스스로 말하였다. 모두 10수 게송이 있다.

앞의 3수 게송은 감당할 수 있는 자신의 공덕을 스스로 말하였고,

뒤의 7수 게송은 태자를 찬탄하면서 받아들여 줄 것을 청하였다.【초_ '三寶女求歸'의 歸는 여인이 시집가는 것을 말한다. 주역에 歸妹(䷵) 괘가 있다.】

經

爾時에 **太子 告彼女言**호되 **汝是誰女**며 **爲誰守護**오 **若 先屬人**인댄 **我則不應起愛染心**이니라
爾時에 **太子 以頌問言**하사대

    그때, 태자는 묘덕동녀에게 말하였다.
    '그대는 누구의 딸이며, 누구의 보호를 받는가. 만약 먼저 허락한 사람이 있다면 나는 사랑하는 마음을 낼 수 없다.'
    그때, 태자는 게송으로 물었다.

汝身極淸淨하야　　　　**功德相具足**하니
我今問於汝하노니　　　**汝於誰所住**오

    그대의 몸, 매우 청정하여
    공덕의 모습 두루 갖췄어라
    내, 그대에게 묻나니
    그대는 어디에 사는가

誰爲汝父母며　　　　　**汝今繫屬誰**오
若已屬於人인댄　　　　**彼人攝受汝**리라

    그대의 부모는 누구인가
    그대는 누구에게 매여 있는가
    이미 허락한 사람이 있으면
    그 사람이 그대를 받아들이리라

汝不盜他物하며　　　　汝不有害心하며
汝不作邪婬하며　　　　汝依何語住오
　　그대는 남의 물건을 훔치지 않았는가
　　남을 해코지하는 마음은 없었는가
　　삿된 음행을 범하지 않았는가
　　어떤 말을 의지하여 머무는가

不說他人惡하며　　　　不壞他所親하며
不侵他境界하며　　　　不於他恚怒아
　　남의 잘못을 말하지 않았는가
　　남의 친한 이를 헐뜯지 않았는가
　　남의 경계를 침범하지 않았는가
　　남에게 성내지 않았는가

不生邪險見하며　　　　不作相違業하며
不以諂曲力으로　　　　方便誑世間가
　　삿된 소견을 내지 않았는가
　　어긋나는 일을 하지 않았는가
　　아첨하거나 잘못된 힘으로
　　방편 따라 세간을 속이지 않았는가

尊重父母不아　　　　　敬善知識不아

見諸貧窮人하고 　　　能生攝心不아
　　부모를 존중하는가
　　선지식을 공경하는가
　　가난하고 곤궁한 이를 보고서
　　거두어 주려는 생각을 내는가

若有善知識이 　　　誨示於汝法이면
能生堅固心하야 　　　究竟尊重不아
　　만약 선지식이
　　그대에게 법을 일러주면
　　견고한 마음을 내어
　　끝까지 존중하겠는가

愛樂於佛不아 　　　了知菩薩不아
衆僧功德海를 　　　汝能恭敬不아
　　부처님을 사랑하는가
　　보살을 잘 아는가
　　스님들의 공덕 바다를
　　그대는 공경하는가

汝能知法不아 　　　能淨衆生不아
爲住於法中가 　　　爲住於非法가

그대는 법을 아는가
중생을 청정케 할 수 있는가
법에서 살겠는가
법 아닌 데서 살겠는가

見諸孤獨者하고   **能起慈心不**아
見惡道衆生하고   **能生大悲不**아

외로운 이들을 보면서
사랑의 마음을 내는가
악도의 중생을 보면서
가엾은 마음을 내는가

見他得榮樂하고   **能生歡喜不**아
他來逼迫汝에   **汝無瞋惱不**아

다른 이의 영화를 보면서
환희의 마음을 내는가
누가 그대를 핍박할 적에
성내지 않을 수 있는가

汝發菩提意하야   **開悟衆生不**아
無邊劫修行호되   **能無疲倦不**아

그대는 보리심을 내어

중생을 깨우쳐 주겠는가

끝없는 세월 수행할지라도

게으른 생각이 없겠는가

● 疏 ●

四는 太子審問이라 有十二偈하니 分三이라

初二는 問其屬緣이오 次三은 審其內過오 後七은 要其進善이라

넷째, 태자가 물음이다.

12수 게송은 3단락이다.

① 2수 게송은 친속의 반연을 물었고,

② 3수 게송은 그 내면의 잘못을 살펴보았으며,

③ 7수 게송은 선업을 닦아나가도록 하였다.

經

爾時에 女母 爲其太子하야 而說頌言하사대

그때, 묘덕동녀의 모친이 태자에게 게송으로 말하였다.

太子汝應聽하라　　我今說此女의
初生及成長한　　　一切諸因緣호리라

　태자여, 들으소서

　나는 내 딸이

　처음 태어나 성장하기까지

모든 인연을 말해주리다

太子始生日에　　　　　卽從蓮華生하니
其目淨修廣하며　　　　肢節悉具足이러라
　　태자가 처음 태어나던 날
　　나의 딸이 연꽃에서 태어났는데
　　눈은 해맑고 기다라며
　　손발과 몸은 모두 빠진 데 없었어라

我曾於春月에　　　　　遊觀娑羅園할세
普見諸藥草호니　　　　種種皆榮茂하며
　　나는 어느 봄날
　　사라동산 놀이 갔을 적
　　여러 가지 약초 살펴보니
　　모든 약초 무성하고

奇樹發妙華하니　　　　望之如慶雲하며
好鳥相和鳴하야　　　　林間共歡喜러라
　　나무에는 아름다운 꽃 피어나
　　바라보니 상서구름 같고
　　아름다운 새 화답하는 소리
　　숲속에서 함께 기뻤어라

| 同遊八百女 | 端正奪人心하니 |
| 被服皆嚴麗하며 | 歌詠悉殊美러라 |

    함께 갔던 8백 아가씨

    단정하여 사람 마음 빼앗나니

    입은 옷은 모두 화려하고

    노랫소리 아름다웠어라

| 彼園有浴池하니 | 名曰蓮華幢이라 |
| 我於池岸坐하야 | 婇女衆圍遶러니 |

    그 동산에 있는 연못

    연화당이라 하는데

    연못 언덕에 앉아 있는 나를

    8백 아가씨 둘러싸고 있는데

| 於彼蓮池內에 | 忽生千葉華하니 |
| 寶葉琉璃莖이며 | 閻浮金爲臺라 |

    연화당 연못에서

    1천 꽃잎 연꽃 피어나니

    보배 연잎, 유리의 줄기

    염부단금 꽃받침

| 爾時夜分盡하고 | 日光初出現에 |

其蓮正開剖하야　　　放大淸淨光하니
　　그날 밤 지새고
　　햇살 처음 동틀 무렵
　　연꽃 송이 활짝 피어
　　청정한 광명 쏟아내니

其光極熾盛하야　　　譬如日初出이라
普照閻浮提하야　　　衆歎未曾有러라
　　그 광명 매우 찬란하여
　　태양이 솟아오른 듯
　　염부제 널리 비추니
　　모두 본 적 없다 찬탄하여라

時見此玉女　　　　　從彼蓮華生하니
其身甚淸淨하고　　　肢分皆圓滿이러라
　　그때 백옥 같은 딸이
　　그 연꽃 속에서 태어나니
　　몸은 매우 청정하고
　　손발 모두 원만하여라

此是人間寶라　　　　從於淨業生이니
宿因無失壞하야　　　今受此果報로다

이는 사람 중의 보배
　　청정한 업으로 태어났어라
　　전생의 인행 잘못 없어
　　금생에 이런 과보 받았노라

紺髮靑蓮眼이며　　　　**梵聲金色光**이며
華鬘衆寶髻　　　　　　**淸淨無諸垢**러라
　　검은 머리칼, 청련화 눈
　　범천의 음성, 금빛 광명
　　화만과 많은 보배 상투
　　청정하여 때 없어라

肢節悉具足하고　　　　**其身無缺減**하니
譬如眞金像이　　　　　**安處寶華中**이러라
　　손발은 모두 온전하고
　　그의 몸 아무런 흠도 없어
　　순금의 불상이
　　연꽃 속에 의젓이 앉아 있는 듯

毛孔栴檀香이　　　　　**普熏於一切**하며
口出靑蓮香하야　　　　**常演梵音聲**이러라
　　모공에서 나오는 전단 향기

일체에 널리 풍기고
입에서는 연꽃 향기로
언제나 범천 음성 내었어라

此女所住處에　　　　常有天音樂하니
不應下劣人이　　　　而當如是偶로다

　　이 딸이 머문 곳에
　　언제나 하늘 음악 울려오니
　　용렬한 사람과는
　　짝지을 수 없어라

世間無有人이　　　　堪與此爲夫오
唯汝相嚴身이니　　　願垂見納受하라

　　세간에 그 어느 누구도
　　남편 될 만한 자 없는데
　　오직 그대만이 장엄한 몸 지녔으니
　　내 딸 받아들이길 원하노라

非長亦非短이며　　　非麤亦非細라
種種悉端嚴하니　　　願垂見納受하라

　　크지도 작지도 않은 키
　　뚱뚱하지도 홀쭉하지도 않은 몸

모든 몸매 모두 단정하니
내 딸 받아들이길 원하노라

文字算數法과　　　　　工巧諸技藝를
一切皆通達하니　　　　願垂見納受하라
　　문자와 셈하는 법
　　여러 가지 기예를
　　통달하지 못한 게 없나니
　　내 딸 받아들이길 원하노라

善了諸兵法하며　　　　巧斷衆諍訟하며
能調難可調하니　　　　願垂見納受하라
　　여러 가지 병법도 잘 알고
　　어려운 소송도 잘 판결하고
　　화해하기 어려운 일 화해시키나니
　　내 딸 받아들이길 원하노라

其身甚淸淨하야　　　　見者無厭足하며
功德自莊嚴하니　　　　汝應垂納受니라
　　그의 몸 매우 청정하여
　　보는 이 싫어하는 마음 없고
　　공덕으로 장엄하였나니

그대여, 내 딸을 받아주소서

衆生所有患을
應病而與藥하야
    중생에게 있는 병환
    그 원인 잘 알고서
    병세 알맞게 약을 주어
    모든 병 없애주고

善達彼緣起하야
一切能消滅이니라

閻淨語言法의
乃至妓樂音을
    염부제 여러 가지 언어
    한량없이 다른 음성
    음악의 소리까지
    통달하지 못한 게 없어라

差別無量種과
靡不皆通達하며

婦人之所能을
而無女人過하니
    부녀들이 하는 일을
    내 딸이 모두 알고
    여인으로서의 허물 없나니
    그대는 빨리 받아주소서

此女一切知하고
願垂速納受하라

不嫉亦不慳하며　　　　　無貪亦無恚하며
質直性柔軟하야　　　　　離諸麤獷惡하며

　　질투도 인색함도 없고
　　욕심도 성냄도 없으며
　　바탕이 곧고 성품이 부드러워
　　거칠고 사나운 마음 모두 여의고

恭敬於尊者하야　　　　　奉事無違逆하고
樂修諸善行하니　　　　　此能隨順汝니라

　　어른에게 공경하여
　　거스름 없이 받들어 섬기고
　　모든 선행 기꺼이 닦나니
　　그대를 잘 따르리라

若見於老病과　　　　　　貧窮在苦難하야
無救無所依하면　　　　　常生大慈愍이니라

　　늙고 병들고 가난한 이들이
　　어려움 속에 빠져
　　구원할 이 없고 의지할 데 없으면
　　언제나 가엾은 마음 내었어라

常觀第一義하야　　　　　不求自利樂하고

但願益衆生하야　　　　以此莊嚴心이니라
　　언제나 으뜸가는 진리 살펴보며
　　자신만의 이익의 낙 찾지 않고
　　중생의 이익만을 위해
　　이런 마음으로 장엄하였어라

行住與坐臥에　　　　一切無放逸하며
言說及默然에　　　　見者咸欣樂이니라
　　가고 서고 앉고 눕는 데에
　　일체 방일함이 없고
　　말할 적이나 침묵할 적이나
　　보는 이 모두 좋아했어라

雖於一切處에　　　　皆無染着心이나
見有功德人에　　　　樂觀無厭足이니라
　　비록 그 모든 곳에서
　　모두 물들고 집착한 마음 없으나
　　공덕 있는 사람 보면
　　반가워서 싫어할 줄 모르노라

尊重善知識하고　　　樂見離惡人하며
其心不躁動하야　　　先思後作業이니라

선지식을 존경하고
악업 여읜 이 좋아하며
그 마음 조급하지 않아
먼저 생각한 뒤 일하였어라

福智所莊嚴이라　　　　**一切無怨恨**하야
女人中最上이니　　　　**宜應事太子**니라

복덕과 지혜의 장엄이라
일체중생에 원한 사는 일 없어
여인 중에 으뜸이니
태자님 섬기기 마땅하리다

◉ 疏 ◉

五는 女母代答이니 明有德無過하고 亦不屬緣일세 故應納受니라
三十一頌은 分六이니
初十一偈는 總顯報勝이오 次三偈는 別讚端嚴이오 三有三偈는 明其絶倫이오 四有五偈는 伎能內滿이오 五有八偈는 離非具德이오 末後一偈는 結讚所宜니라

다섯째, 동녀의 모친 선현이 대신한 대답이다.

공덕이 있을 뿐 허물이 없으며, 또한 허락한 인연이 없기에 당연히 받아들여야 함을 밝힌 것이다.

31수 게송은 6단락으로 나뉜다.

① 11수 게송은 과보가 훌륭함을 총상으로 밝혔고,
② 3수 게송은 단정하고 장엄함을 별상으로 찬탄하였으며,
③ 3수 게송은 동녀의 뛰어남을 밝혔고,
④ 5수 게송은 기예가 내면으로 원만함을 밝혔으며,
⑤ 8수 게송은 그릇됨에서 벗어났음과 공덕이 넉넉함을 밝혔고,
⑥ 1수 게송은 받아들이기 마땅한 바를 끝맺으면서 찬탄하였다.

經

爾時에 太子 入香牙園已에 告其妙德과 及善現言호되
善女야 我趣求阿耨多羅三藐三菩提하야 當於盡未來
際無量劫에
集一切智助道之法하며
修無邊菩薩行하며
淨一切波羅蜜하며
供養一切諸如來하며
護持一切諸佛教하며
嚴淨一切佛國土하며
當令一切如來種性不斷하며
當隨一切衆生種性하야 而普成熟하며
當滅一切衆生生死苦하야 置於究竟安樂處하며
當淨治一切衆生智慧眼하며
當修習一切菩薩所修行하며

當安住一切菩薩平等心하며
當成就一切菩薩所行地하며
當令一切衆生으로 普歡喜하며
當捨一切物하야 盡未來際토록 行檀波羅蜜하야 令一切衆生으로 普得滿足하야 衣服飮食과 妻妾男女와 頭目手足의 如是一切內外所有를 悉當捨施하야 無所悋惜호리니 當於爾時하야 汝或於我에 而作障難하야
施財物時에 汝心悋惜하며
施男女時에 汝心痛惱하며
割肢體時에 汝心憂悶하며
捨汝出家에 汝心悔恨가

그때, 태자는 향아원으로 들어가 묘덕동녀와 모친 선현에게 말하였다.

'착한 여인들이여, 나는 아뇩다라삼먁삼보리를 구하여, 미래 세월 한량없는 겁 다하는 날까지

일체 지혜를 돕는 법을 모으며,

그지없는 보살행을 닦으며,

일체 바라밀을 청정히 하며,

일체 여래에게 공양하며,

일체 부처님의 가르침을 보호하고 지니며,

일체 부처님의 국토를 청정히 장엄하며,

일체 여래의 종성을 끊이지 않게 하며,

일체중생의 종성을 따라 널리 성숙케 하며,

일체중생의 나고 죽는 고통을 없애주어 가장 안락한 곳에 두며,

일체중생의 지혜의 눈을 청정히 다스리며,

일체 보살이 닦았던 행을 익히며,

일체 보살의 평등한 마음에 머무르며,

일체 보살의 행했던 바의 지위를 성취하며,

일체중생을 두루 기쁘게 하며,

일체 것을 모두 버리고 미래 세월이 다하도록 보시바라밀을 행하여 일체중생을 만족케 하여, 의복, 음식, 처, 첩, 아들, 딸, 머리, 눈, 손, 발 따위의 이와 같은 안팎으로 소유한 바를 모두 보시하여 아끼는 게 없을 것이다.

이럴 때에 그대가 나의 일에 장애가 되어 재물을 보시할 때 그대의 마음은 아까워하고,

아들, 딸을 보시할 때 그대의 마음은 아파하고,

온몸을 찢길 때 그대의 마음은 걱정하고,

그대를 버리고 출가할 때 그대의 마음은 후회할 것인가?'

● 疏 ●

六은 太子重邀니 謂若不障道인댄 當隨汝意어니와 於中에 先은 長行이라 分二니 初는 自述行深이오 後 '當於爾'下는 恐其爲障이라

여섯째, 태자가 거듭 맞이함이다. 만약 도를 닦는 데에 장애가 되지 않는다면 그대의 뜻을 따름이다.

하지만 이 부분의 앞은 산문으로 2단락이다.
앞은 수행이 깊음을 스스로 말하였고,
뒤의 '當於爾' 이하는 장애가 될까 두려워함이다.

爾時에 **太子 卽爲妙德**하야 **而說頌言**호되
그때, 태자는 묘덕동녀를 위해 게송으로 말하였다.

哀愍衆生故로   **我發菩提心**호니
當於無量劫에   **習行一切智**니라
　중생을 가엾이 여긴 까닭에
　나는 보리심 내었나니
　한량없는 겁에
　일체 지혜 닦아 익히리라

無量大劫中에   **淨修諸願海**하야
入地及治障을   **悉經無量劫**이니라
　한량없는 오랜 겁에
　모든 원력 청정히 닦아
　십지에 들어가 업장 다스리며
　한량없는 겁 지내리라

三世諸佛所에 學六波羅蜜하야
具足方便行하야 成就菩提道니라
    삼세 부처님 도량에서
    6바라밀 배워
    방편행 두루 갖추어
    보리의 도 성취하리

十方垢穢刹을 我當悉嚴淨하며
一切惡道難을 我當令永出이니라
    시방의 더러운 세계
    내 모두 청정히 장엄하고
    일체 악도의 고난 중생
    영원히 벗어나게 하리

我當以方便으로 廣度諸群生하야
令滅愚癡暗하고 住於佛智道니라
    나는 방편으로
    많은 중생 모두 제도하여
    어리석은 어둠 없애주고
    부처님의 지혜에 머물게 하리

當供一切佛하며 當淨一切地하야

起大慈悲心하야 　　　　**悉捨內外物**이니라
　　일체 부처님 공양하고
　　여러 지위 청정히 하여
　　큰 자비심 일으켜
　　안팎의 물건 모두 보시하리

汝見來乞者에 　　　　**或生慳悋心**가
我心常樂施하노니 　　　　**汝勿違於我**어다
　　그대는 찾아와 달라는 이에게
　　행여 인색한 마음 낼는지
　　나의 마음 항상 보시하기 좋아하니
　　그대는 나의 뜻 어기지 마오

若見我施頭하면 　　　　**愼勿生憂惱**하라
我今先語汝하야 　　　　**令汝心堅固**케하노니
　　내 머리 보시하는 걸 보면
　　걱정하지 마십시오
　　내 지금 그대에게 먼저 말하여
　　그대의 마음 단단히 갖추게 하나니

乃至截手足이라도 　　　　**汝勿嫌乞者**니라
汝今聞我語하고 　　　　**應可諦思惟**니

나의 손발을 잘라 줄지라도

그대는 구걸하는 이 싫어하지 마오

그대여, 나의 말 듣고

잘 생각하시오

男女所愛物을 **一切我皆捨**호되
汝能順我心이면 **我當成汝意**호리라

아들과 딸, 사랑하는 물건

그 모든 것을 모두 내어줄지라도

그대가 나의 마음 따른다면

나도 그대의 뜻 이뤄주리라

● 疏 ●

後는 偈頌이라

十偈 分三이니

初六偈는 頌其行深이오

次二頌半은 要其莫障이오

後一偈半은 結令審思니라

뒤는 게송이다.

10수 게송은 3단락이다.

① 6수 게송은 그 행이 심오함을 읊었고,

② 2수 반 게송은 가로막지 말기를 바람이며,

③ 1수 반 게송은 끝맺으면서 동녀로 하여금 다시 한 번 생각하도록 하였다.

經

爾時에 童女 白太子言호되 敬奉來敎호리이다하고 卽說頌言호되

그때, 묘덕동녀는 태자에게 말하였다.
'말씀대로 받들겠습니다.'
곧이어 게송으로 말하였다.

無量劫海中에　　　　　地獄火焚身이라도
若能眷納我하면　　　　甘心受此苦하며

　한량없는 세월 속에
　지옥 불이 나의 몸을 태울지라도
　저를 받아주시면
　그런 고통 달게 받겠으며

無量受生處에　　　　　碎身如微塵이라도
若能眷納我하면　　　　甘心受此苦하며

　한량없이 몸을 받아 태어나는 곳에서
　티끌처럼 몸이 부서질지라도
　저를 받아주시면

그런 고통 달게 받겠으며

無量劫頂戴   **廣大金剛山**이라도
若能眷納我하면   **甘心受此苦**호리이다

    한량없는 세월 속에
    크나큰 금강산 이고 다닐지라도
    저를 받아주시면
    그런 고통 달게 받겠나이다

無量生死海에   **以我身肉施**라도
汝得法王處에   **願令我亦然**이니

    한량없는 생사 바다에
    나의 몸과 살을 보시할지라도
    그대가 법왕 되시는 곳이라면
    저도 그처럼 하여 주소서

若能眷納我하야   **與我爲主者**면
生生行施處에   **願常以我施**하소서

    나를 받아들여
    나의 주인 되어 주신다면
    세세생생 보시하는 곳에
    언제나 제 몸을 보시하소서

爲愍衆生苦하야 而發菩提心이시니
旣已攝衆生인댄 亦當攝受我하소서

 중생의 고통 딱히 여겨
 보리심 내셨나니
 이처럼 중생을 거두어 주신다면
 저 또한 거두어 주소서

我不求豪富하며 不貪五欲樂하고
但爲共行法하야 願以仁爲主하노이다

 저는 부귀도 바라지 않고
 5가지 욕락도 탐하지 않으며
 바른 법 함께 행하며
 당신을 나의 주인으로 삼겠나이다

紺靑修廣眼으로 慈愍觀世間하야
不起染着心하시니 必成菩薩道로다

 검푸르고 길고 넓은 눈
 자비롭게 세간 살펴
 물든 마음 내지 않으시니
 반드시 보리 이루오리다

太子所行處에 地出衆寶華라

必作轉輪王하리니 　　　願能眷納我하소서
　　태자가 가시는 곳마다
　　수많은 연꽃 땅에서 솟아올라
　　반드시 전륜왕 되시리니
　　저를 받아주소서

我曾夢見此 　　　妙法菩提場에
如來樹下坐하사 　　無量衆圍遶호이다
　　제가 언젠가 꿈을 꾸었는데
　　미묘한 보리법회 도량에
　　보리수 아래 앉으신 여래
　　많은 대중이 둘러싸고 있더이다

我夢彼如來 　　　身如眞金山하사
以手摩我頂하고 　　寤已心歡喜러니
　　나의 꿈속에 그 부처님
　　황금산 같으신 몸으로
　　나의 머리 만져주셨는데
　　꿈을 깨니 마음 기뻤습니다

往昔眷屬天이 　　　名曰喜光明이라
彼天爲我說 　　　道場佛興世어늘

지난 옛날 하늘의 권속으로
희광명신이 있었는데
그 천신이 저에게 알려주었습니다
'도량에 부처님 나셨다.'고

我曾生是念하야　　　　　　**願見太子身**한대
彼天報我言호되　　　　　　**汝今當得見**이라하더니

내, 일찍이 이런 생각으로
태자의 몸 보려고 원하자
저 천신이 다시 알려주었습니다
'너는 지금 찾아가 보라.'고

我昔所志願을　　　　　　**於今悉成滿**하니
唯願俱往詣하야　　　　　　**供養彼如來**니이다

지난 옛적 지녔던 소원을
이제 모두 이루었으니
바라건대 함께 찾아가
그 부처님께 공양하사이다

◉ **疏** ◉

七은 女敬順從이라 有十四偈니 分三이라 初三은 忘苦眷德이오 次六은 希同勝行이니 即正是發菩提心이오 後五는 勸詣如來라

일곱째, 동녀가 공경하는 마음으로 순종함이다.

14수 게송은 3단락이다.

첫 3수 게송은 그 어떤 고통이라도 잊고서 태자의 공덕을 사랑함이다.

다음 6수 게송은 수승한 행과 똑같기를 바람이다. 이는 보리심을 일으킴이다.

뒤의 5수 게송은 여래를 찾아뵙기를 권함이다.

經

爾時에 太子 聞勝日身如來名하고 生大歡喜하야 願見彼佛하야 以五百摩尼寶로 散其女上하고 冠以妙藏光明寶冠하며 被以火焰摩尼寶衣한대 其女 爾時에 心不動搖하며 亦無喜相하고 但合掌恭敬하야 瞻仰太子하야 目不暫捨하니라

그때, 태자는 승일신여래의 이름을 듣고서, 매우 기쁜 마음으로 그 부처님을 뵙고자, 묘덕동녀에게 5백 마니보배를 흩뿌리고, 묘장광명보관을 씌워주고, 불꽃 나는 마니주로 만든 옷을 입혀주었다.

묘덕동녀는 그때, 조금도 마음이 흔들리지 않았고, 또한 기쁜 빛도 없었으며, 다만 합장하고 공경하는 마음으로 태자를 우러러 보면서 잠깐도 눈을 떼지 않았다.

◉ 疏 ◉

八은 太子攝受니 由敬佛心歡故니라

　　여덟째, 태자가 동녀를 받아들임이다. 부처님을 존경하여, 마음으로 좋아하기 때문이다.

經

其母善現이 於太子前에 而說頌言호되

　　동녀의 모친 선현이 태자의 앞에서 게송으로 말하였다.

此女極端正하야　　　　功德莊嚴身이라
昔願奉太子러니　　　　今意已滿足이로다

　　내 딸이 매우 단정하여
　　공덕으로 장엄한 몸이외다
　　예부터 태자 섬기려 하였더니
　　이제야 소원 이뤘나이다

持戒有智慧하며　　　　具足諸功德하니
普於一切世에　　　　　最勝無倫匹이로다

　　계행 지니고 지혜 있으며
　　모든 공덕 두루 갖췄나니
　　널리 일체 세간에

가장 훌륭하여 짝할 이 없으리

此女蓮華生하야 　　**種姓無譏醜**어늘
太子同行業하야 　　**遠離一切過**로다

　이 딸은 연꽃에서 태어나
　가문이 나무랄 게 없는데
　태자와 행업 똑같아
　모든 허물 멀리 여의었어라

此女身柔軟이 　　**猶如天繒纊**하야
其手所觸摩에 　　**衆患悉除滅**이로다

　이 딸의 몸이 부드러워
　하늘의 비단 같기에
　손으로 한번 만져주면
　모든 병환 사라지나이다

毛孔出妙香하야 　　**芬馨最無比**하니
衆生若聞者면 　　**悉住於淨戒**로다

　모공에서 나오는 향기
　아름답기 비길 데 없는데
　중생이 맡기만 하면
　모두 청정 계율에 머무나이다

身色如眞金하야　　　　端坐華臺上하니
衆生若見者면　　　　　離害具慈心이로다

　　황금 같은 몸으로
　　연꽃 좌대 앉은 모양
　　중생이 보기만 하면
　　해코지 사라지고 자비심 가지나이다

言音極柔軟하야　　　　聽之無不喜하니
衆生若得聞이면　　　　悉離諸惡業이로다

　　음성이 매우 부드러워
　　들으면 모두 기뻐하나니
　　중생이 듣기만 하면
　　모든 악업 여의옵니다

心淨無瑕垢하야　　　　遠離諸諂曲하고
稱心而發言하니　　　　聞者皆歡喜로다

　　청정한 마음 한 점 티가 없어
　　아첨과 굽은 일 멀리 여의고
　　마음에 맞춰 하는 말
　　듣는 이 모두 좋아하나이다

調柔具慚愧하야　　　　恭敬於尊宿하며

無貪亦無諂하야　　　憐愍諸衆生이로다

　유순하고 부끄러워할 줄 알아

　존귀한 선지식 공경하고

　탐욕도 없고 속이지도 않으며

　모든 중생 가엾이 여기나이다

此女心不恃　　　色相及眷屬이오
但以淸淨心으로　　恭敬一切佛이로다

　이 딸의 마음

　얼굴과 권속 자시하지 않고

　오직 청정한 마음으로

　일체 부처님 공경하나이다

● 疏 ●

九는 母陳慶遂라 故重讚女德이라
十偈 分四니 初一은 標其遂志오 次二는 德行懸同이오 次四는 身語超倫이오 後三은 內心蘊德이라

　아홉째, 모친이 혼사의 성취를 말한 까닭에 묘덕동녀의 공덕을 거듭 찬탄함이다.

　10수 게송은 4단락으로 나뉜다.

　① 1수 게송은 딸이 뜻을 이루었음을 밝혔으며,

　② 2수 게송은 태자의 덕행과 똑같음을 밝혔으며,

③ 4수 게송은 몸으로 하는 일과 말로 하는 일이 뛰어남을 밝혔으며,

④ 3수 게송은 마음에 간직한 공덕을 밝혔다.

經

爾時에 太子 與妙德女와 及十千婇女와 幷其眷屬으로 出香牙園하야 詣法雲光明道場하야 至已에 下車步進하야 詣如來所하야 見佛身相이 端嚴寂靜하며 諸根調順하야 內外淸淨이 如大龍池하야 無諸垢濁하고 皆生淨信하야 踊躍歡喜하야 頂禮佛足하며 遶無數匝하고 於時에 太子와 及妙德女 各持五百妙寶蓮華하야 供散彼佛하며 太子 爲佛하야 造五百精舍하니 一一皆以香木所成이며 衆寶莊嚴이며 五百摩尼로 以爲間錯이러라

時에 佛이 爲說普眼燈門修多羅하신대 聞是經已하고 於一切法中에 得三昧海하니

所謂得普照一切佛願海三昧와

普照三世藏三昧와

現見一切佛道場三昧와

普照一切衆生三昧와

普照一切世間智燈三昧와

普照一切衆生根智燈三昧와

救護一切衆生光明雲三昧와

普照一切衆生大明燈三昧와
演一切佛法輪三昧와
具足普賢淸淨行三昧며
時에 妙德女 得三昧하니 名難勝海藏이니 於阿耨多羅三
藐三菩提에 永不退轉하니라
時彼太子 與妙德女와 幷其眷屬으로 頂禮佛足하며 遶無
數匝하고 辭退還宮하야 詣父王所하야 拜跪畢已에 奉白
王言호되
大王하 當知하소서 勝日身如來 出興於世하사 於此國內
法雲光明菩提場中에 成等正覺이 于今未久니이다
爾時에 大王이 語太子言하사대
是誰爲汝하야 說如是事오 天耶아 人耶아
太子白言호되 是此具足妙德女 說이니이다
時王이 聞已에 歡喜無量함이 譬如貧人이 得大伏藏하야
作如是念하사대
佛無上寶를 難可値遇니 若得見佛이면 永斷一切惡道怖
畏며 佛如醫王하야 能治一切諸煩惱病하고 能救一切生
死大苦하며 佛如導師하야 能令衆生으로 至於究竟安穩
住處라하고
作是念已에 集諸小王群臣眷屬과 及以刹利婆羅門等
一切大衆하사 便捨王位하야 授與太子하시다
灌頂訖已에 與萬人俱하야 往詣佛所하사 到已禮足하며

遶無數帀하고 幷其眷屬으로 悉皆退坐한대

爾時에 如來 觀察彼王과 及諸大衆하고 白毫相中에 放大光明하시니 名一切世間心燈이라 普照十方無量世界하사 住於一切世主之前하며 示現如來不可思議大神通力하사 普令一切應受化者로 心得淸淨하니라

爾時에 如來 以不思議自在神力으로 現身超出一切世間하사 以圓滿音으로 普爲大衆하사 說陀羅尼하시니 名一切法義離暗燈이니 佛刹微塵數陀羅尼로 而爲眷屬이라 彼王이 聞已하고 卽時獲得大智光明하며 其衆會中에 有閻浮提微塵數菩薩이 俱時證得此陀羅尼하며 六十萬那由他人이 盡諸有漏하야 心得解脫하며 十千衆生이 遠塵離垢하고 得法眼淨하며 無量衆生이 發菩提心하니라

時에 佛이 又以不思議力으로 廣現神變하사 普於十方無量世界에 演三乘法하사 化度衆生이러시니

時彼父王이 作如是念하사대 我若在家면 不能證得如是妙法이어니와 若於佛所에 出家學道면 卽當成就라하고 作是念已에 前白佛言하사대

願得從佛하야 出家修學하노이다

佛言하사대 隨意로니 宜自知時니라

時에 財主王이 與十千人으로 皆於佛所에 同時出家하야 未久之間에 悉得成就一切法義離暗燈陀羅尼하며 亦得如上諸三昧門하며

又得菩薩十神通門하며
又得菩薩無邊辯才하며
又得菩薩無礙淨身하야 往詣十方諸如來所하야 聽受其法하고 爲大法師하야 演說妙法하며
復以神力으로 徧十方刹하야 隨衆生心하야 而爲現身하야 讚佛出現하며 說佛本行하며 示佛本緣하며 稱揚如來自在神力하며 護持於佛所說教法하니라
爾時에 太子 於十五日에 在正殿上하니 婇女圍遶하며 七寶自至하니
一者는 輪寶니 名無礙行이오
二者는 象寶니 名金剛身이오
三者는 馬寶니 名迅疾風이오
四者는 珠寶니 名日光藏이오
五者는 女寶니 名具妙德이오
六은 藏臣寶니 名爲大財오
七은 主兵寶니 名離垢眼이라
七寶具足하야 爲轉輪王하야 王閻浮提하야 正法治世하니 人民快樂이러라
王有千子하니 端正勇健하야 能伏怨敵하며
其閻浮提中에 有八十王城하야
一一城中에 有五百僧坊하고
一一僧坊에 立佛支提하니 皆悉高廣하야 以衆妙寶로 而

爲挍飾이라

一一王城에 皆請如來하야 以不思議衆妙供具로 而爲供養이러니

佛이 入城時에 現大神力하사

令無量衆生으로 種諸善根하며

無量衆生으로 心得淸淨하야 見佛歡喜하야 發菩提意하며

起大悲心하야 利益衆生하며

勤修佛法하야 入眞實義하며

住於法性하야 了法平等하며

獲三世智하야 等觀三世하며

知一切佛의 出興次第하며

說種種法하야 攝取衆生하며

發菩薩願하야 入菩薩道하며

知如來法하야 成就法海하며

能普現身하야 徧一切刹하며

知衆生根과 及其性欲하야

令其發起一切智願케하시니라

 그때, 태자는 묘덕동녀와 십천 시녀와 그 권속들과 함께 향아원에서 나와 법운광명도량으로 향하였다.

 도량에 이르러서 수레에서 내려 부처님 계신 곳으로 찾아가, 부처님의 몸매가 단정하고 고요하며 여러 기관이 화순하고 안팎이 청정함이 마치 큰 용의 연못처럼 흐린 때가 없는 것을 보고서,

모두가 청정한 신심을 내어 발을 구르며 좋아하면서 부처님의 발에 엎드려 절하고 여러 바퀴를 돌았다.

그때, 태자와 묘덕동녀는 각각 5백 송이의 보배 연꽃을 부처님께 흩뿌려 공양하였고, 태자는 부처님을 위하여 5백 곳의 정사를 지었는데, 모두 향나무로 지었고, 여러 가지 보배로 장엄하였으며, 5백의 마니보배로 사이사이 꾸몄다.

그때, 부처님은 그들을 위하여 '보안등문경'을 설법해 주었는데, 이 법문을 듣고서 일체 법 가운데 삼매 바다를 얻었다.

이른바 일체 부처님의 서원 바다를 두루 비추는 삼매,

삼세 법장을 두루 비추는 삼매,

일체 부처님 도량을 보는 삼매,

일체중생을 두루 비추는 삼매,

일체 세간을 두루 비추는 지혜 등불 삼매,

일체중생의 근성을 두루 비추는 지혜 등불 삼매,

일체중생을 구호하는 광명 구름 삼매,

일체중생을 두루 비추는 아주 밝은 등 삼매,

일체 부처님의 법륜을 연설하는 삼매,

보현의 청정한 행을 구족한 삼매를 얻었다.

그때, 묘덕동녀는 '난승해장삼매'를 얻었고, 아뇩다라삼먁삼보리에서 영원히 물러서지 않았다.

그때, 태자는 묘덕동녀와 권속들과 함께 부처님 발에 엎드려 절하고 수없이 돌고 하직하고, 궁중으로 돌아가서 부친 재주왕께 나아가 절하고 아뢰었다.

'대왕이시여, 승일신여래께서 세상에 나셨는데, 이 나라 법운광명도량에서 등정각을 이룬 지 얼마 되지 않았습니다.'

그때, 재주왕이 태자에게 말하였다.

'누가 너에게 그런 일을 말하더냐. 하늘이냐, 사람이냐.'

태자가 아뢰었다.

'이는 묘덕동녀가 말해주었습니다.'

재주왕은 그 말을 듣고서 가난한 사람이 묻혀 있던 보배를 찾은 듯이 한량없이 기뻐하면서 이런 생각을 하였다.

'위없는 보배 같은 부처님을 만나기 어렵다. 만약 부처님을 뵈면 영원히 일체 악도의 두려움이 사라질 것이다.

부처님은 의사와 같아서 일체 번뇌의 병을 다스리고 일체 생사의 고통을 구원해 줄 것이다.

부처님은 길잡이와 같아서 중생들을 가장 평안한 곳에 이르게 할 것이다.'

이처럼 생각하고서 소국의 왕, 대신, 권속, 찰제리, 바라문 등 일체 대중을 모아놓고서 왕의 지위를 태자에게 물려주었다.

관정을 마치고서 1만 사람들과 함께 부처님 계신 곳으로 찾아가 발에 엎드려 절하고 수없이 돌고, 권속들과 함께 모두 물러나 앉았다.

그때, 여래는 재주왕과 대중을 살펴보고, 미간의 흰 털에서 큰 광명을 쏟아내니, 그 방광의 이름을 '일체 세간의 마음 등불' 방광이라 하였다. 시방의 한량없는 세계에 두루 비추고, 일체 세간 임금의 앞에 머물렀으며, 여래의 불가사의한 큰 신통력을 나타내어 교화받을 중생의 마음을 청정케 하였다.

그때, 여래께서 불가사의하고 자재한 신통력으로 몸을 나타내어 일체 세간에서 벗어나, 원만한 음성으로 널리 대중을 위하여 다라니를 설법하였는데, 그 이름을 '일체 법과 뜻으로 암흑을 벗어난 등불' 다라니라 하였다. 세계의 티끌 수 다라니로 권속을 삼았다.

재주왕은 다라니 법문을 듣고서 곧바로 큰 지혜 광명을 얻었고, 그 대중법회 가운데 염부제 티끌 수 보살들이 한꺼번에 다라니 법문을 증득하였고,

60만 나유타 사람은 모든 번뇌가 다하여 마음에 해탈을 얻었고, 십천 중생은 티끌과 때를 여의고 법안이 청정함을 얻었으며, 한량없는 중생은 보리심을 내었다.

그때, 부처님은 또한 불가사의한 힘으로 널리 신통변화를 나타내고, 시방의 한량없는 세계에서 삼승의 법을 연설하여 중생을 제도하셨다.

그때, 재주왕은 이런 생각을 하였다.

'내가 만약 집에 있다면 이처럼 미묘한 법을 증득하지 못하겠지만, 부처님께 출가하여 도를 배우면 당연히 성취할 것이다.'

이런 생각을 하고서 부처님께 아뢰었다.

'부처님을 따라 출가하여 도를 배우고자 합니다.'

부처님이 말씀하셨다.

'마음대로 하되 시기를 알아야 한다.'

그때, 재주왕은 십천 사람들과 함께 모두 부처님에게 한꺼번에 출가하여,

얼마 되지 않은 사이에 '일체 법과 뜻으로 암흑을 벗어난 등불' 다라니를 성취하였으며,

또한 위에서 말한 모든 삼매법문을 얻었으며,

또한 보살의 열 가지 신통문을 얻었으며,

또한 보살의 그지없는 변재를 얻었으며,

또한 보살의 걸림 없이 청정한 몸을 얻어, 시방의 부처님이 계신 도량을 찾아가 법문을 듣고서 큰 법사가 되어 미묘한 법을 연설하였으며,

또한 신통력으로 시방세계에 두루 하여 중생의 마음을 따라 몸을 나타내어, 부처님의 나타나심을 찬탄하였으며, 부처님의 본래 행하셨던 일을 말하였으며, 부처님의 본래 인연을 보였으며, 여래의 자재하신 신통의 힘을 칭찬하였으며, 부처님의 말씀하신 교법을 보호하여 지녔다.

그때, 태자는 보름 동안 궁전에 있었는데, 시녀들이 둘러 호위하였고, 일곱 가지 보배가 절로 찾아왔다.

첫째, 바퀴 보배이다. 걸림 없는 행이라 말한다.

둘째, 코끼리 보배이다. 금강의 몸이라 말한다.

셋째, 말 보배이다. 빠른 바람이라 말한다.

넷째, 구슬 보배이다. 햇빛 광명 창고라 말한다.

다섯째, 여자 보배이다. 미묘한 공덕 갖춘 여인이라 말한다.

여섯째, 창고를 맡은 대신 보배이다. 큰 재물이라 말한다.

일곱째, 군대 맡은 대신 보배이다. 때를 여읜 눈이라 말한다.

일곱 가지 보배를 두루 갖추었고, 전륜왕이 되어 염부제의 왕으로서 바른 법으로 세상을 다스리니 백성이 즐겁고 안락하였다.

왕의 1천 아들은 단정하고 용맹하여 원수를 항복 받았으며,

염부제에 80곳의 왕성이 있는데, 하나하나의 성마다 5백 곳의 사찰이 있고,

하나하나의 사찰마다 탑을 세웠는데, 모두가 높고 크며 여러 가지 보배로 장식하였다.

하나하나의 왕성마다 모두 여래를 청하여 불가사의한 여러 가지 공양거리로 공양하였는데, 부처님이 왕성에 들어갈 적마다 신통력을 나타내어,

한량없는 중생으로 하여금 선근을 심게 하며,

한량없는 중생의 마음이 청정하여 부처님을 보고서 기뻐하여 보리심을 내며,

가엾이 여기는 마음으로 중생에게 이익을 베풀며,

부지런히 불법을 닦아 진실한 이치에 들어가며,

법성에 머물면서 법의 평등함을 알며,

삼세 지혜를 얻어 삼세를 평등하게 관찰하며,

일체 부처님이 세간에 나시는 차례를 알며,

여러 가지 법을 말하여 중생을 거두어 주며,

보살의 서원을 내어 보살의 도에 들어가며,

여래의 법을 알아 법 바다를 성취하며,

몸을 널리 나타내어 일체 세계에 두루 보이며,

중생들의 근성과 원하는 바를 알고서,

그들로 하여금 일체 지혜의 서원을 내도록 하였다.

● 疏 ●

十은 正共修行이라

亦分十段이니

一은 詣佛供養이오

二 時佛 下는 聞經得法이오

三 時彼太子 下는 辭歸白父오

四 爾時大王 下는 王審慶聞이오

五 作是念 下는 禪位往觀이오

六 爾時 下는 聞經得法이오

七 其衆會中 下는 兼益時會오

八 時佛 下는 佛重現通이오

九 時彼父王 下는 父王出家修證法門이오

十 爾時太子 下는 太子紹位하야 弘通大化니라

열째, 바로 함께 수행함이다.

이 또한 10단락으로 나뉜다.

① 부처님께 나아가 공양함이며,

② '時佛' 이하는 경을 듣고서 법을 얻음이며,

③ '時彼太子' 이하는 부처님을 하직하고 궁중으로 돌아가 부왕께 아룀이며,

④ '爾時大王' 이하는 왕이 자세히 묻고서 들음을 경사로 여김이며,

⑤ '作是念' 이하는 왕위를 물려주고 몸소 부처님을 찾아감이며,

⑥ '爾時' 이하는 경을 듣고서 법을 얻음이며,

⑦ '其衆會中' 이하는 당시 회중이 모두 이익을 얻음이며,

⑧ '時佛' 이하는 부처님이 거듭 신통력을 나타냄이며,

⑨ '時彼父王' 이하는 부왕이 출가하여 법문을 닦고 증득함이며,

⑩ '爾時太子' 이하는 태자가 왕위를 계승하여 덕화를 크게 펼침이다.

第二 結會古今

(ㄴ) 고금의 일을 회통하여 끝맺다

經

佛子야 於汝意云何오 彼時太子 得輪王位하야 供養佛者는 豈異人乎아 今釋迦牟尼佛이 是也며 財主王者는 寶華佛이 是니 其寶華佛은 現在東方하시니라

過世界海微塵數佛刹하야 有世界海하니 名現法界虛空影像雲이오

中有世界種하니 名普現三世影摩尼王이오

彼世界種中에 有世界하니 名圓滿光이오

中有道場하니 名現一切世主身이어든

寶華如來 於此에 成阿耨多羅三藐三菩提하사 不可說佛刹微塵數諸菩薩衆이 前後圍遶하야 而爲說法하시니라

寶華如來 往昔修行菩薩道時에 淨此世界海하시니 其世界海中에 去來今佛이 出興世者는 皆是寶華如來 爲菩薩時에 敎化令發阿耨多羅三藐三菩提心이니라

彼時女母善現者는 今我母善目이 是며 其王眷屬은 今如來所에 衆會 是也니

皆具修行普賢諸行하야 成滿大願하야

雖恒在此衆會道場이나 而能普現一切世間하며

住諸菩薩平等三昧나 常得現見一切諸佛하며

一切如來 以等虛空妙音聲雲으로 演正法輪을 悉能聽受하며

於一切法에 悉得自在하며

名稱이 普聞諸佛國土하며

普詣一切道場之所하며

普現一切衆生之前하야 隨其所應하야 敎化調伏하며

盡未來劫토록 修菩薩道하야 恒無間斷하며

成滿普賢廣大誓願하니라

佛子야 其妙德女 與威德主轉輪聖王으로 以四事供養 勝日身如來者는 我身이 是也니라

불자여, 그대의 생각은 어떠한가.

그 당시, 왕자로서 전륜왕의 왕위를 계승하여 부처님께 공양한 이는 어찌 다른 사람이겠는가. 오늘날의 석가모니불이시다.

재주왕은 보화불이다. 그 보화불은 현재 동방에 계신다.

세계 바다의 티끌 수 세계를 지나 또 다른 세계 바다가 있는데, 그 이름을 '법계 허공의 그림자를 나타내는 구름의 세계 바다'라 한다.

그 가운데 세계 종성이 있는데, 그 이름을 '삼세 그림자를 널리 나타내는 마니왕 세계 종성'이라 한다.

그 세계 종성 가운데 또 하나의 세계가 있는데, 그 이름을 '원만광명 세계'라 한다.

그 가운데 하나의 도량이 있는데, 그 이름을 '일체 세간 임금의 몸을 나타내주는 도량'이라 한다.

보화불이 그 도량에서 아뇩다라삼먁삼보리를 성취하여, 말할 수 없는 세계의 티끌 수 보살들이 앞뒤로 둘러싸고 있는데, 그들을 위해 설법하였다.

보화불이 옛적 보살의 도를 닦을 적에 이 세계 바다를 청정히 하였다.

그 세계 바다에서 과거·현재·미래에 나시는 부처님은 모두 보

화불이 보살로 있을 적에 교화하여 아뇩다라삼먁삼보리심을 내도록 마련해 주신 부처님들이시다.

그 당시, 묘덕동녀의 모친 선현은 지금 나의 어머니 '선묵'이시고,

그 왕의 권속들은 지금 여래의 도량에 모인 대중들이다.

그들 모두가 보현행을 닦아 큰 서원을 원만 성취하였으며,

비록 이 대중이 모인 도량에 있으나, 일체 세간에 두루 몸을 나타내며,

항상 보살의 평등한 삼매에 머물러 있지만 언제나 일체 부처님을 친견하며,

일체 여래께서 허공과 평등한 미묘한 음성 구름으로 바른 법륜의 연설을 모두 들어 받들었으며,

일체 법에 모두 자재함을 얻었으며,

명성이 모든 불국토에 널리 퍼졌으며,

일체 도량을 찾아갔으며,

일체중생의 앞에 모두 몸을 나타내어 그들에게 알맞은 바를 따라 교화하고 조복하였으며,

미래 세월이 다하도록 보살의 도를 닦아 언제나 끊임이 없으며,

보현보살의 광대한 서원을 원만 성취하였다.

불자여, 묘덕동녀와 위덕주 전륜왕이 네 가지[四事: 음식·의복·침구·탕약]로 승일신불을 공양한 이는 바로 나의 전신이었다.

第二 見中間多佛

(2) 중간에 많은 부처님에게서 수행하다

經

彼佛滅後其世界中에 六十億百千那由他佛이 出興於世어시늘 我皆與王으로 承事供養호니

其第一佛은 名淸淨身이오 次名一切智月光明身이오 次名閻浮檀金光明王이오 次名諸相莊嚴身이오 次名妙月光이오 次名智觀幢이오 次名大智光이오 次名金剛那羅延精進이오 次名智力無能勝이오 次名普安詳智오 次名離垢勝智雲이오 次名師子智光明이오 次名光明髻오 次名功德光明幢이오 次名智日幢이오 次名寶蓮華開敷身이오 次名福德嚴淨光이오 次名智焰雲이오 次名普照月이오 次名莊嚴蓋妙音聲이오 次名師子勇猛智光明이오 次名法界月이오 次名現虛空影像開悟衆生心이오 次名恒䫉寂滅香이오 次名普震寂靜音이오 次名甘露山이오 次名法海音이오 次名堅固網이오 次名佛影髻오 次名月光毫오 次名辯才口오 次名覺華智오 次名寶焰山이오 次名功德星이오 次名寶月幢이오 次名三昧身이오 次名寶光王이오 次名普智行이오 次名焰海燈이오 次名離垢法音王이오 次名無比德名稱幢이오 次名修臂오 次名本願

淸淨月이오 **次名照義燈**이오 **次名深遠音**이오 **次名毘盧遮那勝藏王**이오 **次名諸乘幢**이오 **次名法海妙蓮華**니라 **佛子**야 **彼劫中**에 **有如是等六十億百千那由他佛**이 **出興於世**어시든 **我皆親近承事供養**호라

승일신불이 열반한 뒤에 그 세계에 60억 백천 나유타 부처님이 세상에 나셨는데, 나는 모두 왕과 함께 받들어 섬기고 공양하였다.

그 첫째 부처님의 명호는 청정신불,

다음 부처님은 일체지월광명신불,

다음 부처님은 염부단금광명왕불,

다음 부처님은 제상장엄신불,

다음 부처님은 묘월광불,

다음 부처님은 지관당불,

다음 부처님은 대지광불,

다음 부처님은 금강나라연정진불,

다음 부처님은 지력무능승불,

다음 부처님은 보안상지불,

다음 부처님은 이구승지운불,

다음 부처님은 사자지광명불,

다음 부처님은 광명계불,

다음 부처님은 공덕광명당불,

다음 부처님은 지일당불,

다음 부처님은 보련화개부신불,

다음 부처님은 복덕엄정광불,

다음 부처님은 지염운불,

다음 부처님은 보조월불,

다음 부처님은 장엄개묘음성불,

다음 부처님은 사자용맹지광명불,

다음 부처님은 법계월불,

다음 부처님은 현허공영상개오중생심불,

다음 부처님은 항후적멸향불,

다음 부처님은 보진적정음불,

다음 부처님은 감로산불,

다음 부처님은 법해음불,

다음 부처님은 견고망불,

다음 부처님은 불영계불,

다음 부처님은 월광호불,

다음 부처님은 변재구불,

다음 부처님은 각화지불,

다음 부처님은 보염산불,

다음 부처님은 공덕성불,

다음 부처님은 보월당불,

다음 부처님은 삼매신불,

다음 부처님은 보광왕불,

다음 부처님은 보지행불,

다음 부처님은 염해등불,

다음 부처님은 이구법음왕불,

다음 부처님은 무비덕명칭당불,

다음 부처님은 수비불,

다음 부처님은 본원청정월불,

다음 부처님은 조의등불,

다음 부처님은 심원음불,

다음 부처님은 비로자나승장왕불,

다음 부처님은 제승당불,

다음 부처님은 법해묘련화불이시다.

불자여, 그 겁 사이에 이처럼 60억 백천 나유타 부처님이 세간에 나오셨는데, 나는 모두 가까이서 섬기고 공양하였다.

● 疏 ●

中間多佛이어늘 畧列四十이라

중간에 수많은 부처님이 계신다. 여기에서는 간단하게 40분만을 열거하였다.

第三 證明得法之時

(3) 법을 얻은 시절을 증명하다

其最後佛은 名廣大解니 於彼佛所에 得淨智眼호니
爾時에 彼佛이 入城敎化어시늘 我爲王妃하야 與王禮覲
하고 以衆妙物로 而爲供養하며 於其佛所에 聞說出生一
切如來燈法門하고 卽時獲得觀察一切菩薩三昧海境
界解脫호라

그 마지막 부처님의 명호는 광대해불이시다.

광대해불의 도량에서 청정한 지혜의 눈을 얻었다.

그 당시, 광대해불이 왕성으로 들어와 교화하셨는데, 나는 왕비의 몸으로 왕과 함께 절하여 뵈옵고, 여러 가지 미묘한 물건으로 공양하였으며, 광대해불에게서 일체 여래의 지혜 등불을 밝히는 법문을 듣고서, 바로 그 자리에서 일체 보살의 삼매 바다의 경계를 관찰하는 해탈을 얻었다.

⦿ 疏 ⦿

最後者는 卽六十億那由他之後耳라

최후란 곧 60억 나유타의 뒤이다.

第四明多劫修瑩

(4) 많은 겁에 이 법문을 빛나게 닦다

佛子야 我得此解脫已에 與菩薩로 於佛刹微塵數劫에 勤加修習하야 於佛刹微塵數劫中에 承事供養無量諸佛호니

或於一劫에 承事一佛하며 或二或三하며 或不可說하며 或値佛刹微塵數佛하야 悉皆親近承事供養호되 而未能知菩薩之身의 形量色貌와 及其身業心行智慧三昧境界호라

佛子야 若有衆生이 得見菩薩의 修菩提行하고 若疑若信하면 菩薩이 皆以世出世間種種方便으로 而攝取之하야 以爲眷屬하야 令於阿耨多羅三藐三菩提에 得不退轉이니라

　　불자여, 나는 '일체 보살의 삼매 경계를 관찰하는 해탈'을 얻고서, 보살들과 세계의 티끌 수 겁에 부지런히 수행하여 세계의 티끌 수 겁에 한량없는 부처님을 섬기고 공양하였다.

　　어떨 때는 1겁에 한 부처님을 섬기기도 하고, 혹은 두 부처님, 세 부처님, 혹은 말할 수 없는 부처님 세계의 티끌 수 부처님을 받들어 섬기고 공양하였지만, 보살 몸의 형상, 크기, 모양, 그의 몸으로 짓는 업, 마음의 작용, 지혜, 삼매의 경계를 알지 못하였다.

　　불자여, 중생이 보살이 닦아온 보리행을 보고서 의심을 하거나 믿거나 하면 보살이 모두 세간과 출세간의 가지가지 방편으로 거두어 주고 권속을 삼아 아뇩다라삼먁삼보리심에서 물러서지 않게 하였다.

◉ 疏 ◉

於中二니

一은 於一刹塵劫修行이라

於中亦二니

先은 多劫修行호되 未窮菩薩之境이오

後'佛子若有'下는 明菩薩難遇라 見者不空이니라

이 부분은 2단락이다.

㈀ 한 세계 티끌 수 겁 사이에 수행하였다.

이는 또다시 2단락이다.

첫째, 많은 겁을 수행하되 보살의 경계를 모두 알지 못하였고,

둘째, '佛子若有' 이하는 보살을 만나기 어려운 터라, 보는 이는 헛되지 않음을 밝혔다.

經

佛子야 我見彼佛하고 得此解脫已에 與菩薩로 於百佛刹微塵數劫에 而共修習할세
於其劫中에 所有諸佛이 出興於世어시늘 我皆親近承事供養하야 聽所說法하고 讀誦受持하며
於彼一切諸如來所에 得此解脫復種種法門하야
知種種三世하며
入種種刹海하며
見種種成正覺하며

入種種佛衆會하며
發菩薩種種大願하며
修菩薩種種妙行하며
得菩薩種種解脫이나
然未能知菩薩所得普賢解脫門호라

불자여, 내가 광대해불을 뵙고 이 해탈을 얻은 뒤에 보살들과 1백 세계의 티끌 수 겁에 함께 닦고 익혀왔다.

그 겁의 사이, 세간에 나오신 모든 부처님을 나는 모두 가까이서 받들어 섬기고 공양하면서, 설법을 듣고 읽고 외우고 받아 지니며,

그 모든 부처님의 도량에서 이 해탈과 가지가지 법문을 얻고서

가지가지 삼세를 알았고,

가지가지 세계 바다에 들어갔으며,

가지가지 정각의 성취를 보았고,

가지가지 부처님의 대중법회에 들어갔으며,

보살의 가지가지 큰 서원을 내었고,

보살의 가지가지 미묘한 행을 닦았으며,

보살의 가지가지 해탈을 얻었지만,

보살이 얻은 보현의 해탈법문만큼은 알 수가 없었다.

◉ 疏 ◉

二는 於百刹塵劫에 修行이라
於中에 亦二니

初는 多劫修證호되 未知菩薩解脫이라

(ㄴ) 백찰 진겁에 수행하였다.

이는 또다시 2단락이다.

첫째, 수많은 겁에 수행했지만 보살의 해탈을 알지 못하였다.

經

何以故오

菩薩普賢解脫門이 如太虛空하며 如衆生名하며 如三世海하며 如十方海하며 如法界海하야 無量無邊하니 佛子야 菩薩普賢解脫門이 與如來境界等이니라

佛子야 我於佛刹微塵數劫에 觀菩薩身호되 無有厭足이 如多欲人이 男女集會에 遞相愛染하야 起於無量妄想思覺인달하야 我亦如是하야 觀菩薩身의 一一毛孔에 念念見無量無邊廣大世界의 種種安住와 種種莊嚴과 種種形狀과 有種種山과 種種地와 種種雲과 種種名과 種種佛興과 種種道場과 種種衆會와 演種種修多羅와 說種種灌頂과 種種諸乘과 種種方便과 種種淸淨하며

又於菩薩一一毛孔에 念念常見無邊佛海 坐種種道場하며 現種種神變하며 轉種種法輪하며 說種種修多羅하야 恒不斷絶하며

又於菩薩一一毛孔에 見無邊衆生海의 種種住處와 種種形貌와 種種作業과 種種諸根하며

又於菩薩一一毛孔에 見三世諸菩薩의 無邊行門하노니 所謂無邊廣大願과 無邊差別地와 無邊波羅蜜과 無邊往昔事와 無邊大慈門과 無邊大悲雲과 無邊大喜心과 無邊攝取衆生方便이니라

佛子야 我於佛刹微塵數劫에 念念如是觀於菩薩一一毛孔하야 已所至處에 而不重至하며 已所見處를 而不重見하고 求其邊際하야도 竟不可得이며 乃至見彼悉達太子 住於宮中에 婇女圍遶로니 我以解脫力으로 觀於菩薩一一毛孔하야 悉見三世法界中事호라

무엇 때문일까?

보살의 보현 해탈법문은 큰 허공과 같고, 중생의 이름과 같으며, 삼세 바다와 같고, 시방 바다와 같으며, 법계 바다와 같아 한량없고 그지없다.

불자여, 보살의 보현 해탈법문은 여래의 경계와 같다.

불자여, 나는 세계의 티끌 수 겁에 보살의 몸을 보아왔지만, 싫어함이 없었다. 마치 애욕이 넘치는 사람이 많은 남녀가 모이는 곳에서 서로 사랑하느라 한량없는 망상과 생각과 감각을 일으키는 것처럼, 나 또한 그들처럼 보살을 좋아하였다.

보살의 몸을 살펴보니 하나하나의 모공에서 한 생각의 찰나마다 한량없고 그지없는 광대한 세계의 가지가지 안주, 가지가지 장엄, 가지가지 형상, 가지가지 산, 가지가지 땅, 가지가지 구름, 가지가지 이름, 가지가지 부처님이 나심, 가지가지 도량, 가지가지 대중

법회, 가지가지 경전 연설, 가지가지 관정의 설법, 가지가지 승(乘), 가지가지 방편, 가지가지 청정함을 보았다.

또한 보살의 하나하나 모공에서 한 생각의 찰나마다 그지없는 부처님이 가지가지 도량에 앉으심, 가지가지 신통변화를 나타내심, 가지가지 법륜을 굴리심, 가지가지 경전을 연설하여 항상 끊이지 않음을 보았다.

또한 보살의 하나하나 모공에서 그지없는 중생들의 가지가지 머무는 곳, 가지가지 형상, 가지가지 짓는 업, 가지가지 근성을 보았다.

또한 보살의 하나하나 모공에서 삼세 보살의 그지없이 수행법문을 보았다.

이른바 그지없이 광대한 서원, 그지없이 각기 다른 지위, 그지없는 바라밀, 그지없는 과거의 일, 그지없이 인자한 문, 그지없이 가엾이 여기는 구름, 그지없이 기뻐하는 마음, 그지없이 중생을 거두어 주는 방편을 말한다.

불자여, 나는 세계의 티끌 수 겁에서 한 생각의 찰나마다 이처럼 보살의 하나하나 모공을 살펴보면서, 한번 간 데는 다시 가지 않고, 한번 본 곳은 다시 보지 않고, 그 끝을 찾아봐도 끝내 알 수 없으며, 내지 싯다르타가 궁중에 머물 적에 시녀들이 둘러 에워싸고 있음을 보았다.

나는 해탈의 힘으로 보살의 하나하나 모공을 관찰하여 삼세 법계의 일을 모두 보았다.

● 疏 ●

後는 釋不知所由라

釋中亦二니 先은 總顯深廣이니 謂所以不知者는 以稱事理之無邊하고 等諸佛之境界故니 斯則等覺菩薩解脫을 十地不知일세 故名普賢解脫이라

後 '佛子我於佛刹' 下는 別顯深廣難知之相이니 謂一毛도 卽不可窮이온 況多毛多身廣大之用가 以是無盡無邊之法門故나라

於中五니

一은 毛中見器世間이오 二는 見智正覺世間이오 三은 見衆生世間이오 四는 見菩薩修行이오 五 '佛子我於' 下는 總結下窮深廣이라

둘째, 알 수 없는 그 이유를 해석하였다.

해석 부분은 또한 2단락이다.

① 보현해탈법문의 심오하고 광대함을 총상으로 밝혔다.

해탈법문을 알 수 없는 바는 그지없는 사법계와 이법계에 부합하기 때문이며, 제불의 경계와 같기 때문이다. 이는 곧 등각보살의 해탈을 十地에서 알 수 없는 바이기에 그 이름을 '보현해탈'이라 말하였다.

② '佛子我於佛刹' 이하는 보현해탈법문의 심오하고 광대함을 알 수 없다는 모습을 별상으로 밝혔다.

하나의 모공마저도 모두 알 수 없는데, 하물며 수많은 모공, 수많은 몸의 광대한 작용이야 오죽하겠는가. 그지없고 끝이 없는 법문이기 때문이다.

별상의 부분은 5단락으로 나뉜다.

㉠ 모공마다 器世間을,

㉡ 지정각세간을,

㉢ 중생세간을,

㉣ 보살의 수행을 살펴보았으며,

㉤ '佛子我於' 이하는 끝없는 심오함과 광대함을 총괄하여 끝맺었다.

已上은 第三 示已法界 竟하다

이상은 3. 자기의 법계를 보여준 부분을 끝마치다.

第四 謙己推勝

4. 몸을 낮추면서 선지식의 훌륭함을 추켜올리다

經

佛子야 我唯得此觀察菩薩三昧海解脫이어니와
如諸菩薩摩訶薩은 究竟無量諸方便海하야
爲一切衆生하야 現隨類身하며
爲一切衆生하야 說隨樂行하며
於一一毛孔에 現無邊色相海하며
知諸法性이 無性爲性하며
知衆生性이 同虛空相하야 無有分別하며

知佛神力이 同於如如하야 徧一切處하며
示現無邊解脫境界하며
於一念中에 能自在入廣大法界하며
遊戲一切諸地法門하나니
而我云何能知能說彼功德行이리오

  불자여, 나는 오직 보현보살의 삼매 바다를 관찰하는 해탈만을 얻었을 뿐이지만,

  보살마하살은 한량없는 방편 바다를 다하여,

  일체중생을 위하여 그들의 유에 따르는 몸을 나타내고,

  일체중생을 위하여 그들이 좋아하는 바를 따르는 행을 설법하며,

  하나하나 모공에서 그지없는 형상 바다를 나타내고,

  모든 법성이 자성이 없는 것으로 성품을 삼은 줄을 알며,

  중생의 성품이 허공과 같아서 분별이 없음을 알고,

  부처님의 신통력이 여여와 같아 모든 곳에 두루 나타냄을 알며,

  그지없는 해탈의 경계를 나타내고,

  한 생각의 찰나에 자재하게 광대한 법계에 들어가며,

  여러 지위의 법문에 유희하였다.

  내가 그런 공덕의 행을 어떻게 알며, 어떻게 말할 수 있겠는가.

第五 指示後友

5. 뒤의 선지식을 소개하다

經

善男子야 此世界中에 有佛母摩耶하시니 汝詣彼問호되
菩薩이 云何修菩薩行하야 於諸世間에 無所染着이며
供養諸佛하야 恒無休息이며
作菩薩業하야 永不退轉이며
離一切障礙하야 入菩薩解脫이며
不由於他하고 住一切菩薩道며
詣一切如來所며
攝一切衆生界며
盡未來劫토록 修菩薩行이며
發大乘願이며
增長一切衆生善根하야 常無休息이릿고하라

선남자여, 이 세계에 부처님 어머니이신 마야부인이 계신다.
그대는 그를 찾아가 '보살이 어떻게 보살의 행을 닦으면서,
일체 세간에 물들지 않고,
부처님께 공양하면서 언제나 멈추지 않으며,
보살의 업을 지으면서 영원히 물러서지 않고,
일체 장애를 벗어나 보살의 해탈에 들어가며,
다른 이의 힘을 따르지 않고서 일체 보살의 도에 머무르고,
일체 여래가 계신 곳을 찾아가며,

일체중생을 거두어 주고,

미래 세월이 다하도록 보살행을 닦으며,

대승의 서원을 일으키고,

일체중생의 선근을 더욱 키워나가면서 언제나 멈춤이 없게 할 수 있는가.'를 묻도록 하라."

爾時에 **釋迦瞿波女 欲重明此解脫義**하사 **承佛神力**하야 **卽說頌言**하사대

그때, 석가 구파녀가 이 해탈의 뜻을 거듭 밝히고자, 부처님의 불가사의한 힘을 받들어 게송으로 말하였다.

若有見菩薩의　　　　**修行種種行**하고
起善不善心이면　　　**菩薩皆攝取**니라

만약 어떤 사람이 보살의

가지가지 수행을 보고서

착한 마음이든 몹쓸 마음을 내든

보살이 모두 거두어 주었네

乃往久遠世에　　　　**過百刹塵劫**하야
有劫名淸淨이오　　　**世界名光明**이어든

아득히 먼 옛날

1백 세계 티끌 수 겁 이전에

'청정겁'이 있었고
광명세계가 있었는데

此劫佛興世하사대　　**六十千萬億**이니
最後天人主　　　　　**號曰法幢燈**이니라
　그 겁에 나신 부처님이
　60천만억 분이셨다
　마지막 부처님 명호는
　법당등불이어라

彼佛涅槃後에　　　　**有王名智山**이니
統領閻浮提하야　　　**一切無怨敵**이니라
　법당등불 열반 후에
　지산왕이 있었는데
　남염부제를 다스리면서
　일체 원수나 적이 없었어라

王有五百子하니　　　**端正能勇健**하며
其身悉淸淨하야　　　**見者皆歡喜**로다
　지산왕의 5백 아들
　단정하고 날쌔고 건장하며
　그 몸매 매우 청정하여

　　　　보는 이 모두 기뻐하였네

彼王及王子하야　　　　**信心供養佛**하야
護持其法藏하며　　　　**亦樂勤修法**이로다
　　지산왕과 왕자들
　　신심으로 부처님 공양하여
　　그 법장 보호해 지니며
　　불법 닦음도 부지런했어라

太子名善光이니　　　　**離垢多方便**하며
諸相皆圓滿하야　　　　**見者無厭足**이로다
　　태자의 이름은 선광인데
　　때가 없고 방편 많으며
　　거룩한 모습 모두 원만하여
　　보는 이 싫어함 없었네

五百億人俱하야　　　　**出家行學道**할세
勇猛堅精進하야　　　　**護持其佛法**하니
　　5백억 사람 한꺼번에
　　출가하여 도를 배울 적
　　굳건한 용맹정진으로
　　불법 보호하여 지녔었네

王都名智樹라 千億城圍遶오
有林名靜德이라 衆寶所莊嚴이어든

 도읍의 이름 지수인데
 천억 도시가 둘려 있고
 숲의 이름 정덕인데
 온갖 보배로 장엄하였네

善光住彼林하야 廣宣佛正法하야
辯才智慧力으로 令衆悉淸淨이로다

 선광태자 정덕 숲에 머물면서
 부처님 바른 법 널리 펼치고
 변재와 지혜의 힘으로
 모든 중생 기쁨 주었다네

有時因乞食하야 入彼王都城에
行止極安詳하며 正知心不亂이러니

 때로는 걸식 차
 지수 도읍 들어갈 적에
 행동거지 가장 점잖고
 바른 지혜로 마음 산란치 않더니

城中有居士하니 號曰善名稱이오

我時爲彼女하니   **名爲淨日光**이라

    그 성중에 머문 거사
    선명칭이라 불리는데
    나는 그 당시, 거사의 딸로
    그 이름 정일광이었어라

時我於城中에   **遇見善光明**의
諸相極端嚴하고   **其心生染着**하며

    그때, 나는 성중에서
    선광명비구 만나보니
    비구 모습 단정하여
    사랑의 마음 내었고

次乞至我門에   **我心增愛染**하야
卽解身瓔珞과   **幷珠置鉢中**호니

    차례로 걸식하며 우리 집 앞 왔을 적에
    내 마음 더욱 사랑 느껴
    나의 몸에 걸친 영락과
    진주까지 바릿대에 드렸어라

雖以愛染心으로   **供養彼佛子**나
二百五十劫을   **不墮三惡趣**하고

사랑하는 마음으로
　　불자에게 공양했지만
　　2백5십 겁 동안
　　삼악도에 떨어지지 않았고

或生天王家하며　　　　**或作人王女**하야
恒見善光明의　　　　　**妙相莊嚴身**호라
　　천왕의 집안에 태어나거나
　　세간 왕실 공주로 태어나
　　언제나 선광명비구의
　　거룩하고 장엄한 몸 보았어라

此後所經劫이　　　　　**二百有五十**에
生於善現家하니　　　　**名爲具妙德**이라
　　그 후로 지내온
　　2백5십 겁 동안
　　모친 선현의 집에
　　묘덕의 이름으로 태어났네

時我見太子하고　　　　**而生尊重心**하야
願得備瞻侍러니　　　　**幸蒙哀納受**호라
　　그때, 나는 선광태자 보고서

존중하는 마음 내어
　　우러러 모시고자 하였더니
　　다행히 나를 받아주었네

我時與太子로　　　　　**覲佛勝日身**하야
恭敬供養畢하고　　　　**卽發菩提意**호라
　　나는 그 당시 태자와 함께
　　승일신여래 뵈옵고
　　공경하고 공양한 후
　　곧바로 보리심 내었네

於彼一劫中에　　　　　**六十億如來**니
最後佛世尊이　　　　　**名爲廣大解**라
　　그 한 겁 사이에
　　60억 여래 나셨는데
　　마지막 부처님 세존
　　그 명호 '광대해'라 하였네

於彼得淨眼하야　　　　**了知諸法相**하고
普見受生處하야　　　　**永除顚倒心**호라
　　광대해불에게 청정한 눈 얻어
　　모든 법의 모양 분명히 알고

태어날 곳 모두 알면서
영원히 전도된 마음 없앴다네

我得觀菩薩의   **三昧境解脫**하고
一念入十方   **不思議刹海**호라

나는 보살의
삼매 경계 해탈 살펴보고
찰나에 시방의
불가사의 세계에 들어갔네

我見諸世界의   **淨穢種種別**호되
於淨不貪樂하고   **於穢不憎惡**호라

나는 모든 세계의
청정과 오염 세계 가지가지 보았지만
청정 세계도 탐내지 않고
오염 세계도 싫어하지 않았노라

普見諸世界에   **如來坐道場**하사
皆於一念中에   **悉放無量光**호라

나는 보았다. 모든 세계의
도량에 앉으신 여래마다
모두 한 생각의 찰나에

한량없는 광명 쏟아내는 것을

一念能普入　　　不可說衆會하며
亦知彼一切　　　所得三昧門호라

　　한 생각의 찰나에
　　말할 수 없는 대중법회 들어가시고
　　또한 그들이 얻은
　　일체 삼매문도 아셨네

一念能悉知　　　彼諸廣大行과
無量地方便과　　及以諸願海호라

　　한 생각의 찰나에
　　그들의 광대한 행과
　　한량없는 지위와 방편
　　모든 서원 바다를 모두 아셨네

我觀菩薩身의　　無邊劫修行하야
一一毛孔量도　　求之不可得호라

　　내, 살펴보니 보살의 몸이여
　　그지없는 겁 수행하여
　　하나하나 모공의 수효로도
　　찾아볼 수 없어라

一一毛孔刹이　　　　無數不可說이라
地水火風輪이　　　　靡不在其中이니

　　하나하나 모공마다 있는 세계
　　셀 수 없고 말할 수 없어라
　　땅, 물, 불, 바람의 바퀴
　　그 가운데는 없는 게 없네

種種諸建立과　　　　種種諸形狀과
種種體名號와　　　　無邊種莊嚴이로다

　　가지가지 세워진 것
　　가지가지의 모든 형상
　　가지가지 자체와 이름
　　그지없는 장엄이어라

我見諸刹海의　　　　不可說世界하며
及見其中佛의　　　　說法化衆生호되

　　나는 보았다. 많은 세계에
　　말할 수 없는 세계
　　그곳에 계신 부처님이
　　설법으로 중생 교화하지만

不了菩薩身과　　　　及彼身諸業하며

亦不知心智와　　　　**諸劫所行道**호라

　　보살의 몸과
　　몸으로 지은 업 알지 못하며
　　그의 마음도 지혜도
　　여러 겁에 행한 도까지 모르리

爾時에 **善財童子 頂禮其足**하며 **遶無數匝**하고 **辭退而去**하니라

　　그때, 선재동자는 그의 발에 엎드려 절하고 수없이 돌고 하직하고 떠났다.

◉ 疏 ◉

分二니
先은 指後位니 如後當釋이오 後는 頌前法이니 臨行에 再述故니라
三十一偈는 分三이니
初一은 總顯菩薩益生이니 超頌前見者不空하야 生下女人染心之益이오
次十五偈는 明遠劫前事니 長行所無니라 長行에 語眞淨發心일세 但論德女어니와 今則收其雜善일세 故敘遠緣하야 以麤況妙니라
後十五偈는 正頌長行德女因緣이라

　　2단락이다.
　　앞은 뒤 지위의 선지식을 가리키니 뒤의 해석과 같고,

뒤는 앞의 법을 읊었다. 떠나기에 앞서 다시 일러주었기 때문이다.

31수 게송은 3단락이다.

(1) 보살이 중생에게 이익을 줌을 총상으로 나타냈다. 앞의 '보살을 친견한 자는 헛되지 않는다[見者不空].'는 부분을 건너뛰어 읊으면서 아랫부분의 여인의 사랑하는 마음이 이익을 낳음이다.

(2) 15수 게송은 먼 겁 이전의 일을 밝혔다. 이는 산문 부분에서는 언급하지 않았다. 산문에서는 진실하고 청정한 발심을 말했기에 묘덕동녀만을 말했지만, 여기에서는 그 여러 가지의 선을 수습한 것이기에 먼 인연을 서술하여 거친 부분으로써 미묘함을 비유하였다.

(3) 15수 게송은 산문에서 말한 묘덕동녀의 인연을 읊었다.

上寄位修行相竟하다

이상은 지위에 붙여 수행하는 모습 부분을 끝마치다.

◉ 論 ◉

言'漸次遊行'者는 明升進前位오
'至菩薩集會普現法界光明講堂'者는 明十地의 世間出世間 二智清淨에 平等徧周하야 智悲純淨일세 是一切灌頂菩薩이 同會此堂이니 二智同眞이 名普現法界오 智光破闇이 名爲光明이오 以一正智로 普含多法이 名爲講堂이라
'其中有神하니 號無憂德이니 與一萬主宮殿神으로 來迎善財'者는

名大慈大悲로 覆護一切法界中一切衆生心이 爲宮殿神이니 一
萬者는 名萬行也오 來迎者는 善財 於此地에 出世智悲二行相及
하야 與位合故니 明升進智悲 會此位也니 卽以瞿波女로 爲智悲
圓滿之主故라

'以王種中生'者는 王表智오 女表悲며 '一萬主宮殿神'은 是明主
伴萬行圓滿義라

已下는 歎善財志德이니 如文自明이니라

'善財 升法堂'者는 入位也오

'入普現法界光明講堂'者는 會如來理智大悲大體徧周故오

'周徧推求'者는 入位觀智하야 體會升進이니라

'釋氏女'者는 姓也니 在講堂內하야 坐寶蓮華師子座者는 無染行
也오

'八萬四千婇女'者는 八萬四千煩惱를 皆以慈悲로 同行이오

'皆從王種中生은 明悲'者는 智王所生이니 已下四攝同行이 皆不
離智境故라

已下는 談其瞿波와 及婇女志德이니 如文具明이오

次에 善財 至瞿波하야 申請所求에 瞿波 爲說所求之法은 如文具
明이니라

次下善財所入法門境界中에 云不善根所攝善根者는 如行麤
理細오 又如世有行非호되 復能行一分善事오 又如外道 行是邪
行이며 見亦是邪니 總不善이로되 復是求善이 是라

善根所攝不善根은 如人天外道 世間善根所攝이로되 不能斷

423

除三界苦業이 是不善根이오 又如瞿波女 於往昔因中에 爲居士女하야 以愛染心으로 布施寶瓔絡이 是不善根所攝이로대 因此二百五十劫을 不入三惡道하고 生人天中하야 王種中生하며 乃至十地位 是不善根所攝善根이니 餘는 如文自具라

夫菩薩之意는 深廣難知하야 或說事而意在理中하며 或說理而無虧事行이니 今且擧其事行하야 畧辨表法之門호리니 敎廣文長일세 約陳少分云爾로라

經에 云善男子야 我於往古世에 過佛刹微塵數劫者는 都明時之無體可數故오

'劫名勝行'者는 表十地大慈悲門으로 入觀察一切菩薩三昧 是劫名勝行也라

'世界名無畏'者는 入此勝行門에 無有諸生死의 五種可畏故오

'彼世界中에 有四天下하니 名爲安穩'者는 是此菩薩行이 以四攝法으로 安穩衆生故라

'四天下閻浮提中에 有一城하니 名高勝樹'者는 表十地行樹 高勝前諸位故로 覆育廣博故오

'八十王城中에 最爲上首'者는 表諸位進修 八正道爲體니 至此十地엔 八正之行이 勝前行故라

'財主王'已下에 婇女王子大臣은 總明五位六位中智慧慈悲法悅萬行也니 王表智오 婇女는 表慈悲法悅이오 王子及臣은 表行能破惑度衆生故라

五配五位오 六配六位니 通十信總在十地하야 因果通收하야 無前

後二際故라 餘는 倣此知之니라

已下菩薩衆과 龍天八部와 地風水火等一切諸神은 配六道中祐衆生之行徧故라

勝日身如來는 是表根本智오 次六十億百千那由他佛이 出興於世者는 於根本智에 起差別智니 通收十信하야 以從根本普光明智發心하야 六位行終이 不離此也니 普光明殿中에 說十信이 是也라 從'最初勝日身佛'로 至'末後廣大解佛'히 於中에 '供養五十箇佛'者는 表五位加行因果也오 至末後廣大解佛은 是普賢差別智滿이니 以此十地 通收五位及六位因果하야 總在其中에 本末相卽하야 三世一念이 入因陀羅網門이니라

'觀察菩薩三昧'者는 明觀察菩薩行이 無盡圓周일세 故로 不可窮也오 餘義는 如文自具니라

此是法雲地善友니 以智波羅蜜로 爲主오 餘九로 爲伴이니 治於智境之中에 具大慈行不自在障하야 入普賢行門方滿이오 已下는 明十一地位니라

"차례대로 길을 걸었다."고 말한 것은 앞의 지위로 올라감을 밝혔고,

"보살들이 모여 있는 '법계를 널리 나타내는 광명의 강당'에 이르렀다."는 것은 십지의 세간과 출세간의 두 지혜가 청정함에 평등하고 두루 원만함으로써 지혜와 자비가 순수하고 청정하기 때문에 일체 관정보살이 이 강당에 똑같이 모임을 밝힌 것이다.

지혜와 자비가 진여와 같음을 '보현법계'라 하고,

지혜의 광명으로 어둠을 타파함을 '광명'이라 하고,

하나의 바른 지혜로써 많은 법을 널리 포함함을 '강당'이라 한다. 그 가운데 신이 있는데, 그의 이름을 '無憂妙德'이라 한다.

"궁전을 주관하는 1만의 신들과 함께 선재동자를 맞이하였다." 는 것은 대자대비로 일체 법계 중의 일체중생의 마음을 감싸서 수호하는 것이 궁전신이 됨을 밝힌 것이다.

'1만'이란 만행을 칭하는 것이며,

맞이한다는 것은 선재동자가 이 지위에서 출세간의 지혜와 자비 두 가지 행이 서로 함께하면서 그 지위와 부합하기 때문이다. 한 단계 위로 올라간 지혜와 자비가 이 지위에 회통함을 밝힌 것이다. 이는 구파 여인으로 지혜와 자비의 원만한 주체를 삼은 것이다.

"왕의 가문에서 태어났다."는 것은 왕이란 지혜를, 여인이란 자비를 나타냄이며,

'궁전을 주관하는 1만의 신'은 주체와 객체의 만행이 원만하다는 뜻을 밝힌 것이다.

이하는 선재동자의 뜻과 덕을 찬탄한 것으로, 경문에서 스스로 밝히고 있다.

"선재동자가 법당에 오른" 것은 지위에 들어감이며,

"법계를 널리 나타내는 광명의 강당에 들어감"은 여래의 理智와 대비와 大體가 두루 함을 회통한 때문이며,

"이곳저곳에서 찾았다."는 것은 지위에 들어간 觀智를 체득, 회통하여 처음 지위에 들어가 위로 올라감이다.

'석씨 여인'이란 성씨이다.

"강당 안의 보배 연꽃 사자법좌에 앉았다."는 것은 오염이 없는 행이며,

'8만 4천의 시녀'란 8만 4천의 번뇌를 모두 자비로써 동행함이며,

"모두 왕의 종성으로부터 태어났다."는 것은 大悲란 지혜의 왕에 의해 생겨난 바임을 밝힌 것이다. 아래에 사섭법으로 행을 같이 함은 모두 지혜 경계를 여의지 않은 때문이다.

이하는 구파와 시녀의 뜻과 덕을 말한다. 경문에서 구체적으로 밝힌 바와 같다.

다음에 선재동자가 구파의 처소에 이르러 구하고자 하는 법의 요체를 청하자, 구파는 그를 위해 구하려는 바를 설법한 부분은 경문에서 구체적으로 밝힌 바와 같다.

다음 아래에서 선재동자가 물었던 법문의 경계 중에서 "不善根으로 선근을 받아들인다."고 말한 것은 예컨대 행은 거칠지만 이치는 정밀하고, 또한 세간 사람이 잘못을 행하면서도 다시 1분이나마 착한 일을 행하는 것이며, 또한 외도의 행이란 삿된 행이고, 견해 또한 삿되어 모두 착하지 않지만 다시 선을 추구하는 것이 이에 해당된다.

"선근으로 불선근을 받아들인다."는 것은 人天과 외도가 세간의 선근을 받아들이면서도 삼계의 苦業을 끊지 못함이 바로 불선근이며, 또한 이승과 정토보살이 삼계의 업을 조복하여 행하지 않

음이 바로 선근을 받아들이는 바이지만 여래의 지혜와 자비를 깨닫지 못함이 바로 불선근이다. 이것이 선근으로 불선근을 받아들인 때문이다.

또한 구파가 지난 옛 인연 가운데 거사의 딸로 태어나 사랑하는 마음으로 보배 영락을 보시함이 불선근으로 받아들인 일이었지만, 이런 인연으로 250겁 동안 삼악도에 들어가지 않았고, 인천 중의 왕의 종족으로 태어났으며, 이에 십지의 지위에 이른 것이 바로 불선근으로 선근을 받아들인 바이다. 나머지는 경문에서 구체적으로 말한 바와 같다.

보살에 관한 뜻은 심오하고 광대하여 알기 어렵다. 혹은 현상의 사법계로 말했지만, 그 뜻은 이법계에 있으며, 혹은 이법계를 말했지만 사법계의 행을 무너뜨림이 없다. 여기에서 또한 현상의 사법계 행을 들어서 법을 나타내는 부분으로 간추려 말하고자 한다. 가르침은 광대하고 문장이 워낙 길기에 조금만 말하고자 한다.

경문에서 "선남자여, 내가 지난 세상에서 세계 티끌 수의 겁을 지내왔다."고 말한 것은 모두 시간의 본체란 셀 수 없음을 밝힌 때문이다.

겁의 명칭을 '勝行'이라 말한 것은 십지의 대자비문으로 일체 보살을 관찰하는 삼매에 들어감이 바로 겁의 명칭이 승행임을 나타낸 것이다.

세계의 명칭을 '無畏'라 말한 것은 이 승행의 법문에 들어가면 모든 생사의 5가지 두려움[不活畏, 惡名畏, 死畏, 惡道畏, 威德畏]이 없기 때문이다.

"저 세계에 사천하가 있는데, 그 이름을 '안온'이라 한다."는 것은 이 보살행이 사섭법으로써 중생을 평온하게 해주기 때문이다.

사천하의 염부제 속에 하나의 성이 있는데, 그 이름을 '高勝樹'라 말한 것은 십지행의 나무가 앞의 모든 지위보다 드높고 뛰어나기 때문이다.

"80왕성 가운데 가장 으뜸이었다."는 것은 모든 지위를 닦아나감에 8정도로써 본체를 삼은 것이다. 이 십지에 이르러 8정도의 행이 이전의 행보다 뛰어남을 나타내기 때문이다.

財主王 이하 채녀, 왕자, 대신은 5위와 6위의 가운데 지혜, 자비, 법열, 만행을 총괄하여 밝힌 것이다. 왕은 지혜를, 채녀는 자비와 법열을, 왕자와 신하는 수행으로 미혹을 타파하여 중생을 교화 제도함을 나타낸 것이다.

5는 5위에 짝하고 6은 6위에 짝한다. 십신을 통합하여 총체로 십지에 있으면서 인과를 통틀어 거둠으로써 앞뒤 두 사이가 없기 때문이다. 나머지는 이와 같이 알 수 있다.

이하 보살 대중과 龍天 8부와 땅을 주관하는 신, 물을 주관하는 신, 불을 주관하는 신, 바람을 주관하는 신 등은 6道 가운데 중생을 돕는 행이 두루 원만함에 짝지어 말한 때문이다.

승일신여래는 근본지를 나타내고, 다음 "60억 백천 나유타 부처님이 세간에 나오셨다."는 것은 근본지에서 차별지를 일으키는 것이다. 이는 십신을 통틀어 거둠으로써 근본 보광명지에서 발심하여 6위의 행이 끝나는 자리가 여기에서 벗어나지 않는다. 보광명전에서 십신을 설법함이 이에 해당된다.

최초 승일신부처로부터 마지막 광대해불까지 그 가운데 50분의 부처에게 공양한 것은 5위의 가행 인과를 나타냄이며, 마지막 광대해불에 이른 것은 보현의 차별지가 원만함이다. 이 십지가 5위와 6위의 인과를 통틀어 거두어서 총괄적으로 그 안에 있다. 이는 본말이 서로 하나가 되어 3세와 한 생각의 찰나가 인드라망의 법문에 들어가는 것이다.

'보살을 관찰하는 삼매'란 보살행이 그지없이 두루 원만한 까닭에 다함이 없음을 관찰한 때문이다. 나머지 뜻은 경문에 잘 갖춰져 있다.

이는 제10 법운지의 선지식이다. 지혜바라밀로 주체를 삼고 나머지 9가지로 객체를 삼는다. 지혜의 경계 속에서 대자비를 갖춘 행이 자재하지 못한 장애를 다스려서 보현행의 법문에 들어가 바야흐로 원만함이다. 이하에서는 11지의 지위를 밝혔다.

입법계품 제39-14 入法界品 第三十九之十四
화엄경소론찬요 제111권 華嚴經疏論纂要 卷第一百之十一

화엄경소론찬요 제112권
華嚴經疏論纂要 卷第一百之十二

◉

입법계품 제39-15
入法界品 第三十九之十五

一

自下大文第二 從摩耶下에 有十一人은 明會緣入實相이니 謂會前諸位差別之緣하야 令歸一實法界하야 生於佛果 如摩耶生佛일새 故次明之니라 然人雖十一이나 約法인댄 唯九오 約會인댄 爲十이라 初一은 爲總이오 餘九는 爲別이라 故摩耶 得智幻法門하고 末後도 亦得幻住니 始終相會하야 該於中間하야 總別圓融하야 歸實無二故니라

摩耶 旣會緣入實인댄 何得更須十人고 豈不向言總別相會아 非別이면 無以成總故일새니라 又顯是所會之緣일새 語十 表其無盡이니 無盡之緣은 皆成摩耶之實德故니라

又此一相이 義當等覺이니 等覺이 方能親生佛故오 等覺이 却入重玄門中일새 故有十人이 多明入俗이라 初는 天主光이니 且須正念無失이라야 次可爲世師하야 徧窮衆藝字智之門하고 無依無盡하며 無著淸淨이니 淸淨則淨智發光하고 發光則智相無盡하고 無盡則誠願不違하야 方能還歸幻住니라 故雖十一이나 不失入實之言일새 始末皆幻이니 方知諸緣이 體虛卽實이니라【鈔_ 初天主光且須正念無失者는 彼得菩薩解脫하야 名無礙念淸淨莊嚴故오

二'可爲世師'는 卽徧友 不得法門이오

三'徧窮下'는 卽善知衆藝童子 得解脫하야 名善知衆藝니 而廣說字母오

四'無依無盡'은 則賢勝優婆夷 得無依處道場하고 又得三昧하야 名爲無盡故오

五‘無著淸淨'은 卽堅固解脫長者 得解脫하야 名無著念淸淨莊嚴故오

六‘淸淨則淨智發光'者는 卽妙月長者 得解脫하야 名淨智光明故오

七‘發光則智相無盡'者는 卽無勝軍長者 得無相解脫故오

八‘無盡則誠願不違'者는 卽最寂靜婆羅門이 得解脫하야 名誠願語故오

九‘方能還歸幻住'者는 卽德生·有德의 幻住法門故니라

‘故雖'下는 總結이라】

Ⅱ. 반연을 회통하여 실상으로 들어가는 모양

'마야부인' 이하 11인은 여러 반연을 회통하여 실상으로 들어감을 밝혔다. 이는 앞에서 말한 여러 지위의 각기 다른 반연을 회통하여 이를 一實法界에 귀의하여 佛果를 이뤄냄이 마치 마야부인이 부처를 낳은 것과 같기에 다음으로 이를 밝혔다.

그러나 인물로는 11인이라 하지만, 법으로 말하면 9가지일 뿐이며, 법회로 말하면 10가지이다.

첫 법회는 총상이고, 나머지 9법회는 별상이다. 이 때문에 마야부인은 智幻法門을 얻었고, 맨 끝의 덕생동자 또한 幻住를 얻었다. 시작과 끝이 서로 회통하여 중간을 갖추고 있으며, 총상과 별상이 원융하여 실상으로 귀결 지어 둘이 없기 때문이다.

마야부인이 이미 여러 반연을 회통하여 실상으로 들어갔다면 어찌하여 다시 열 사람을 필요로 하는 것일까? 어찌하여 앞에서

총상과 별상이 서로 회통한다고 말하지 않은 것일까? 별상이 전제되지 않으면 총상을 이룰 수 없기 때문이다. 또한 회통할 대상의 반연을 밝히기에 열 사람을 말하여 그지없음을 나타낸 것이다. 그 지없는 반연이 모두 마야부인의 실상 공덕을 성취하기 때문이다.

또한 이 하나의 실상에 관한 의의가 등각에 상당한다. 등각만이 비로소 부처를 낳아주기 때문이다. 등각이 도리어 重玄門에 들어가기에 열 사람이 대부분 세속에 들어가는 것으로 밝혔다.

열 사람 가운데 첫째는 천주광 공주이다. 또한 반드시 바른 생각을 버리지 않아야 다음에 세간의 스승이 되어 많은 기예와 문자의 지혜 법문을 두루 궁구하며, 의지함이 없고 그지없으며, 집착이 없는 청정함을 얻을 수 있다. 청정하면 청정 지혜가 광명을 쏟아내고, 광명을 쏟아내면 지혜의 모양이 그지없고, 그지없으면 진실한 서원이 어긋남이 없어 바야흐로 幻住에 돌아서는 것이다.

그러므로 비록 11인이라 하지만 실상에 들어가는 말을 잃지 않기에, 시작부터 끝까지 모두 허깨비이다. 바야흐로 모든 반연의 자체가 공허하여 곧 실상임을 알 수 있다.【초_ "첫째는 천주광 공주이다. 또한 반드시 바른 생각을 버리지 않아야 한다."는 것은 천주광이 보살해탈을 얻어 그 이름을 '걸림 없는 생각의 청정한 장엄'이기 때문이다.

둘째, 세간의 스승이 될 수 있다는 것은 변우동자사의 不得法門이다.

셋째, '徧窮' 이하는 선지중예동자가 해탈을 얻어, 그 이름을

善知衆藝라 하니 자모를 자세히 설명하였다.

넷째, '無依無盡'은 현승우바이가 의지처가 없는 도량을 얻고 또한 삼매를 얻어, 그 이름을 '無盡'이라 하기 때문이다.

다섯째, '無著淸淨'은 견고해탈장자가 해탈을 얻어, 그 이름을 '집착의 생각이 없는 청정장엄 삼매[無著念淸淨莊嚴]'라 말하기 때문이다.

여섯째, '淸淨則淨智發光'이란 묘월장자가 해탈을 얻어, 그 이름을 '淨智光明'이라 말하기 때문이다.

일곱째, '發光則智相無盡'이란 무승군장자가 無相解脫을 얻었기 때문이다.

여덟째, '無盡則誠願不違'란 최적정바라문이 해탈을 얻어, 그 이름을 '誠願語'라 말하기 때문이다.

아홉째, '方能還歸幻住'란 덕생동자와 유덕동녀의 幻住法門이기 때문이다.

'故雖' 이하는 총괄하여 끝맺었다.】

今初總中에 文亦具六이라

第一依教趣求

中二니 初는 將詣觀成이오 後는 勝緣引導니라

今은 初라

[1] 마야부인의 총상 부분

이 경문 또한 6단락이다.

1. 가르침을 따라 선지식을 찾아가 법을 구하다
이는 다시 2단락이다.
1) 장차 찾아가 관찰하면서 성취하였고,
2) 좋은 인연으로 인도하였다.
이는 '1) 장차 찾아가 관찰하면서 성취한' 부분이다.

經

爾時에 善財童子 一心欲詣摩耶夫人所러니 卽時獲得觀佛境界智하야 作如是念호되
是善知識이 遠離世間하야 住無所住하야 超過六處하야 離一切着하며
知無礙道하야 具淨法身하며
以如幻業으로 而現化身하며
以如幻智로 而觀世間하며
以如幻願으로 而持佛身하나니
隨意生身과 無生滅身과 無來去身과 非虛實身과 不變壞身과 無起盡身과 所有諸相皆一相身과 離二邊身과 無依處身과 無窮盡身과 離諸分別如影現身과 知如夢身과 了如像身과 如淨日身과 普於十方而化現身과 住於三世無變異身과 非身心身이 猶如虛空하야 所行無礙하사 超諸世眼하시니 唯是普賢淨目所見이니라
如是之人을 我今云何而得親近承事供養하야 與其同

住하며 觀其狀貌하며 聽其音聲하며 思其語言하며 受其
教誨리오

　그때, 선재동자는 한결같은 마음으로 마야부인 계신 곳을 찾아가 부처님의 경계를 관찰하는 지혜를 얻고서 이런 생각을 하였다.

　'이 선지식은 세간을 멀리 여의고 머물 바 없는 곳에 머물면서, 여섯 곳[眼耳鼻舌身意]을 초월하여 모든 애착에서 벗어났으며,

　걸림 없는 도를 알고서 청정한 법신을 갖췄으며,

　환술과 같은 업으로 화신을 나타내며,

　환술과 같은 지혜로 세간을 관찰하며,

　환술과 같은 서원으로 부처님 몸을 지녔다.

　마음대로 태어나는 몸, 나고 죽음이 없는 몸, 오고 감이 없는 몸, 공허하고 진실함이 없는 몸, 변하여 무너지지 않는 몸, 일어나고 다함이 없는 몸, 모든 모습이 모두 한 가지 모습인 몸, 두 곳으로 치우침을 벗어난 몸, 의지할 데 없는 몸, 다함이 없는 몸, 분별을 떠나서 그림자처럼 나타나는 몸, 꿈같은 줄 아는 몸, 영상 같음을 아는 몸, 맑은 해와 같은 몸, 시방에 널리 나타내는 몸, 삼세에 머물되 변함이 없는 몸, 몸도 마음도 아닌 몸이 마치 허공과 같아서 가는 곳마다 걸림이 없어 세간의 눈에서 초월하였다. 이는 오직 보현의 청정한 눈으로 볼 수 있는 것이다.

　이런 분을 내가 어떻게 가까이하여 섬기고 공양하면서 그와 함께 머물고 그 모습을 보고 그 음성을 듣고 그 말을 생각하고 그 가르침을 받을 수 있겠는가.'

◉ 疏 ◉

於中三이니

初는 標將詣觀成이오 次'作如是'下는 別明觀念이오 後'如是之人' 下는 思欲親承이라

今初에 摩耶는 昔云天后니 天后 能生佛故니라 權教中說호되 '生佛 七日에 命終生天'이라하고 而晋經에 指在迦毘羅城이라하니 則顯常 不滅矣라 又上云 '此世界'者는 亦表卽佛境界라 故得觀佛境智니 라 然說摩耶호되 或云是實非化이오 或云是化非實이오 或云亦化 亦實이오 或云非化非實이라하니 皆帶方便이어니와 約此宗說이면 卽 法界實德에 人法圓融이니라

'二別明觀念'中에 初는 總念勝德이니 已能闇合願智幻門이오 後 '隨意生'下는 別念一十七身이니 唯普眼見은 冥契下文天后所現 이라【鈔_ '已闇合願智幻門'者는 以今文云'具淨法身하야 以如幻 業으로 而現化身하고 以如幻智로 而觀世間'等故니라

'冥契下文天后所現'下는 見正報現無量身雲이니 今此未見이오 已知現身일새 故云冥契니라】

이 부분은 3단락이다.

(1) 찾아가 관찰하고 성취함을 밝혔고,

(2) '作如是' 이하는 보고서 생각한 부분을 개별로 밝혔으며,

(3) '如是之人' 이하는 가까이서 받들고자 생각하였다.

이의 첫 부분에 마야부인은 옛적에 天后라 불렸다. 천후가 부처를 낳기 때문이다. 權教에서는 "부처를 낳은 지 이레 만에 목숨

이 다하여 하늘에 태어났다."고 하며, 60화엄경에서는 "가비라성에 있다."고 말하였다. 이는 영원히 사라지지 않음을 나타낸 것이다.

또한 위에서 '이 세계[此世界]'라고 말한 것은 또한 부처의 경계임을 나타낸다. 따라서 부처의 경계를 관찰하는 지혜를 얻은 것이다.

그러나 마야부인에 대하여 어떤 이는 실제의 몸이지 화현의 몸이 아니라 말하고,

어떤 이는 화현의 몸이지 실제의 몸이 아니라 말하고,

어떤 이는 화현의 몸이기도 하고 실제의 몸이기도 하다고 말하며,

어떤 이는 화현의 몸도 아니고 실제의 몸도 아니라고 한다.

이는 모두 방편을 들어 말했지만, 종지를 들어 말한다면 법계의 여실한 공덕에 사람이나 법이 모두 원융하다.

'(2) 보고서 생각한 부분을 개별로 밝힌' 부분은 2단락이다.

① 훌륭한 공덕을 총괄하여 생각하였다. 이미 보이지 않게 願智의 幻門에 부합하며,

② '隨意生' 이하는 17가지 몸을 별상으로 생각하였다. 그 가운데 "오직 보현의 청정한 눈으로 보았다."는 것만큼은 보이지 않게 아래 경문의 '천후의 현신한 바'에 맞춰 말하였다.【초_ "이미 보이지 않게 願智의 幻門에 부합한다."는 것은 이의 경문에 이르기를, "청정한 법신을 갖췄으며, 환술과 같은 업으로 화신을 나타내며, 환술과 같은 지혜로 세간을 관찰한다."는 등이라 말하였기 때

문이다.

"보이지 않게 아래 경문의 '천후의 현신한 바'에 맞춰 말하였다." 이하는 正報의 한량없는 몸의 구름을 나타냄을 본 것이다. 여기에서는 보지 않고서도 이미 현신을 알기에 보이지 않게 맞췄다고 말하였다.】

三은 思欲親承이니 可知라

(3) 가까이서 받들고자 생각하였다. 이는 말하지 않아도 알 수 있다.

二 勝緣引導

中三이니

初는 城神이 顯敎修心이오 次身衆神이 密加受法이오 三은 法堂羅刹이 敎求友之方이라

今은 初라

2) 좋은 인연으로 인도하다

3단락이다.

(1) 성을 주관하는 신이 나타나 마음 닦는 법을 가르쳐주고,

(2) 신중신이 은밀한 가피로 법을 전해주며,

(3) 법당 나찰이 선지식을 찾는 방법을 가르쳐주었다.

이는 '(1) 성을 주관하는 신'의 부분이다.

經

**作是念已에 有主城神하니 名曰寶眼이니
眷屬圍遶하야 於虛空中에 而現其身하야 種種妙物로 以
爲嚴飾하며 手持無量衆色寶華하야 以散善財하고**

　이런 생각 했을 적에, '보안'이라는 성을 주관하는 신이 권속에게 둘러싸여, 허공에 몸을 나타냈는데, 가지가지 미묘한 물건으로 장엄 단장하였으며, 손에는 한량없는 여러 가지 빛깔의 꽃을 들어 선재에게 뿌려주면서 이런 말을 하였다.

◉ **疏** ◉

於中에 三이니
一은 以散華오 二는 正以言敎오 三은 結讚徵釋이라
初는 可知라

　　3단락이다.
　　(ㄱ) 꽃을 뿌려주고,
　　(ㄴ) 바로 말로 가르쳐주며,
　　(ㄷ) 찬탄을 끝맺으면서 묻고 해석하였다.
　　'(ㄱ) 꽃을 뿌려줌'은 말하지 않아도 알 수 있다.

經

**作如是言호되 善男子야
應守護心城이니 謂不貪一切生死境界며**

應莊嚴心城이니 謂專意趣求如來十力이며
應淨治心城이니 謂畢竟斷除慳嫉諂誑이며
應清凉心城이니 謂思惟一切諸法實性이며
應增長心城이니 謂成辦一切助道之法이며
應嚴飾心城이니 謂造立諸禪解脫宮殿이며
應照耀心城이니 謂普入一切諸佛道場하야 聽受般若波羅蜜法이며
應增益心城이니 謂普攝一切佛方便道며
應堅固心城이니 謂恒勤修習普賢行願이며
應防護心城이니 謂常專禦扞惡友魔軍이며
應廓徹心城이니 謂開引一切佛智光明이며
應善補心城이니 謂聽受一切佛所說法이며
應扶助心城이니 謂深信一切佛功德海며
應廣大心城이니 謂大慈普及一切世間이며
應善覆心城이니 謂集衆善法하야 以覆其上이며
應寬廣心城이니 謂大悲哀愍一切衆生이며
應開心城門이니 謂悉捨所有하야 隨應給施며
應密護心城이니 謂防諸惡欲하야 不令得入이며
應嚴肅心城이니 謂逐諸惡法하야 不令其住며
應決定心城이니 謂集一切智助道之法하야 恒無退轉이며
應安立心城이니 謂正念三世一切如來所有境界며
應瑩徹心城이니 謂明達一切佛正法輪과 修多羅中所有

法門의 種種緣起며

應部分心城이니 謂普曉示一切衆生하야 皆令得見薩婆若道며

應住持心城이니 謂發一切三世如來諸大願海며

應富實心城이니 謂集一切周徧法界大福德聚며

應令心城明了니 謂普知衆生根欲等法이며

應令心城自在니 謂普攝一切十方法界며

應令心城淸淨이니 謂正念一切諸佛如來며

應知心城自性이니 謂知一切法이 皆無有性이며

應知心城如幻이니 謂以一切智로 了諸法性이니라

"선남자여, 마음의 성[心城]을 수호해야 한다. 모든 나고 죽는 경계를 탐하지 않음을 말한다.

마음의 성을 장엄해야 한다. 하나같은 마음으로 여래의 열 가지 힘을 구해야 함을 말한다.

마음의 성을 청정히 다스려야 한다. 간탐하고 질투하고 아첨하고 속이는 일을 끝까지 끊어야 함을 말한다.

마음의 성을 시원하게 해야 한다. 일체 모든 법의 실성을 생각해야 함을 말한다.

마음의 성을 증장해야 한다. 도를 돕는 모든 법을 마련해야 함을 말한다.

마음의 성을 잘 단장해야 한다. 모든 선정과 해탈의 궁전을 지어야 함을 말한다.

마음의 성을 밝게 비춰야 한다. 일체 부처님의 도량에 모두 들어가 반야바라밀법을 들어야 함을 말한다.

마음의 성을 더 쌓아야 한다. 일체 부처님의 방편의 도를 널리 거두어 가짐을 말한다.

마음의 성을 견고하게 해야 한다. 보현의 행원을 부지런히 닦아야 함을 말한다.

마음의 성을 방비하여 보호해야 한다. 언제나 나쁜 사람과 마군을 막아야 함을 말한다.

마음의 성을 훤하게 통달해야 한다. 일체 부처님의 지혜 광명을 열어 이끎을 말한다.

마음의 성을 잘 보완해야 한다. 일체 부처님의 설법 들음을 말한다.

마음의 성을 붙들어 도와야 한다. 일체 부처님의 공덕 바다를 깊이 믿음을 말한다.

마음의 성을 넓고 크게 해야 한다. 큰 사랑이 일체 세간에 널리 미침을 말한다.

마음의 성을 잘 덮어 보호해야 한다. 여러 가지 착한 법을 모아 그 위를 덮음을 말한다.

마음의 성을 넓혀야 한다. 크게 가엾이 여기는 마음으로 일체 중생을 불쌍히 여김을 말한다.

마음의 성문을 열어야 한다. 가진 것을 모두 버려서 알맞게 보시함을 말한다.

마음의 성을 은밀히 보호해야 한다. 모든 나쁜 욕망을 막아 들어오지 못하게 함을 말한다.

마음의 성을 엄숙하게 해야 한다. 모든 악법을 쫓아내어 머무르지 못하게 함을 말한다.

마음의 성을 결정케 해야 한다. 일체 지혜와 도를 돕는 여러 가지 법을 쌓으면서 항상 물러서지 않음을 말한다.

마음의 성을 세워야 한다. 삼세 일체 부처님의 소유한 경계를 바르게 생각함을 말한다.

마음의 성을 해맑게 해야 한다. 일체 부처님의 바른 법륜과 경에 있는 법문의 가지가지 연기를 밝게 통달함을 말한다.

마음의 성을 부분으로 분별해야 한다. 일체중생에게 널리 알려서 모두 살바야의 도를 보게 함을 말한다.

마음의 성에 머물러야 한다. 일체 삼세 여래의 큰 서원 바다를 냄을 말한다.

마음의 성을 풍부하게 채워야 한다. 법계에 일체 가득한 큰 복덕 무더기를 모음을 말한다.

마음의 성을 밝혀야 한다. 중생의 근성과 욕망 등 법을 널리 앎을 말한다.

마음의 성을 자재하게 해야 한다. 일체 시방의 법계를 두루 받아들임을 말한다.

마음의 성을 청정하게 해야 한다. 일체 부처님 여래를 바르게 생각함을 말한다.

마음의 성의 자성을 알아야 한다. 일체 법이 모두 자성이 없음을 앎을 말한다.

마음의 성이 요술과 같음을 알아야 한다. 일체 지혜로 모든 법성을 앎을 말한다.

● 疏 ●

二는 正以言教니 有三十門이라 分三이니
一은 明十度行이니 有十二門이니 初施 後智는 各有二句오 中八은 各一이라 城神이 旣爾令護心城이니 是知無有一事一塵도 非法門矣니라 心名城者는 蓋其中有正覺法王과 萬德所聚故니라
二 應扶下는 有十一句니 即初地淨治地法이라 十種勝行이 文小不次로되 而數全足이니 一은 信이오 次는 慈오 三은 堅固오 四는 悲오 五는 捨오 六七은 皆慚愧니 謂不容惡故오 八은 無疲厭이오 九는 如說修行이오 十은 知諸經論이오 十一은 即成就世智니 故能普曉衆生이라
三 應住持下는 有七句니 福智圓滿이니 上二는 是福이오 下五는 是智니 前三은 權智오 後二는 實智니라

(ㄴ) 바로 말로 가르쳐주었다. 30가지 법문이 있다.

이는 3단락으로 나뉜다.

① 십바라밀의 행을 밝혔다. 이는 12법문이다. 첫째 보시바라밀과 맨 끝의 지혜바라밀 부분은 각각 2법문이며, 중간의 8가지 바라밀은 각각 하나의 법문이다. 성을 주관하는 신이 이처럼 마음의 성을 방비하고 보호하도록 하였다.

여기에서 알아야 할 점은 그 어떤 하나의 일과 티끌까지도 법문 아닌 게 없다. 마음을 성이라 명명한 것은 대체로 그 가운데 正覺의 법왕과 모든 공덕이 모여 있기 때문이다.

② '應扶' 이하는 11구이다. 이는 제1 환희지의 심지를 청정히 다스리는 법이다. 10가지의 훌륭한 행에 관한 문장은 조금 차례가 맞지 않으나 그 수효는 모두 충족되어 있다. 제1구는 신심, 제2구는 大慈, 제3구는 견고, 제4구는 大悲, 제5구는 희사, 제6, 7구는 모두 부끄러움으로 악업을 용납하지 않음을 말한 때문이다. 제8구는 싫어함이 없으며, 제9구는 설법대로 수행하며, 제10구는 모든 경전과 논지를 앎이며, 제11구는 세간 지혜의 성취로 중생을 널리 깨우쳐줌이다.

③ '應住持' 이하는 7구이다. 복덕과 지혜의 원만이다. 위의 2구는 복덕이고, 아래의 5구는 지혜인데, 앞의 3구는 방편의 지혜이고 뒤의 2구는 진여실상의 지혜이다.

經

佛子야 菩薩摩訶薩이 若能如是淨修心城하면 則能積集一切善法이니
何以故오 蠲除一切諸障難故니
所謂見佛障과 聞法障과 供養如來障과 攝諸衆生障과 淨佛國土障이니라
善男子야 菩薩摩訶薩이 以離如是諸障難故로 若發希

求善知識心이면 **不用功力**하고 **則便得見**하며 **乃至究竟**에 **必當成佛**이니라

불자여, 보살마하살이 이처럼 마음의 성을 청정히 닦으면 일체 선법을 쌓을 수 있다.

무엇 때문일까?

일체 모든 장애의 어려움을 없애주기 때문이다.

이른바 부처님을 친견한 데 생겨나는 장애,

법문을 듣는 데 생겨나는 장애,

여래께 공양하는 데 생겨나는 장애,

중생을 거두어 주는 데 생겨나는 장애,

국토를 청정히 하는 데 생겨나는 장애를 말한다.

선남자여, 보살마하살이 이런 장애를 여읜 까닭에, 선지식을 찾으려는 마음을 내면 굳이 힘을 쓰지 않을지라도 곧 만나게 되고, 결국에는 반드시 성불할 수 있다."

● 疏 ●

三은 結讚徵釋이며 及成勝益이라

㈢ 찬탄을 끝맺으면서 묻고 해석하였으며, 수승한 이익을 성취하였다.

二 身衆神密加授法

(2) 신중신이 은밀한 가피로 법을 전해주다

經

爾時에 有身衆神하니 名蓮華法德과 及妙華光明이라 無量諸神이 前後圍遶하야 從道場出하야 住虛空中하야 於善財前에 以妙音聲으로 種種稱歎摩耶夫人한대
從其耳璫으로 放無量色相光明網하사 普照無邊諸佛世界하야 令善財로 見十方國土의 一切諸佛하고 其光明網이 右遶世間하야 經一匝已한 然後還來하야 入善財頂하며 乃至徧入身諸毛孔이어늘
善財 卽得淨光明眼하니 永離一切愚癡闇故며
得離翳眼하니 能了一切衆生性故며
得離垢眼하니 能觀一切法性門故며
得淨慧眼하니 能觀一切佛國性故며
得毘盧遮那眼하니 見佛法身故며
得普光明眼하니 見佛平等不思議身故며
得無礙光眼하니 觀察一切刹海成壞故며
得普照眼하니 見十方佛이 起大方便하사 轉正法輪故며
得普境界眼하니 見無量佛이 以自在力으로 調伏衆生故며
得普見眼하니 覩一切刹諸佛出興故니라

그때, 신중신이 있었는데, 그 이름을 '연화법덕'과 '묘화광명'이라 한다. 한량없는 신들이 앞뒤로 둘러싸고서 도량에서 나와 허공

에 머물면서 선재동자의 앞에서 미묘한 음성으로 마야부인을 가지가지로 칭찬하였는데, 그의 귀고리에서 한량없는 색상의 광명 그물을 쏟아내어 그지없는 부처님의 세계에 널리 비춰주면서, 선재동자로 하여금 시방의 국토와 일체 부처님을 보도록 하였다.

그 광명 그물이 오른쪽으로 세간을 한 차례 두른 뒤에 다시 되돌아와서 선재의 정수리에 들어갔으며, 몸에 있는 모든 모공까지 모두 들어갔다.

선재동자는 곧바로 청정하고 빛나는 눈을 얻었다. 일체 어리석음의 혼미를 영원히 여읜 때문이다.

가리지 않는 눈을 얻었다. 일체중생의 성품을 알기 때문이다.

때를 여읜 눈을 얻었다. 일체 법성의 문을 관찰한 때문이다.

청정한 지혜의 눈을 얻었다. 일체 부처님 국토의 성품을 관찰한 때문이다.

비로자나의 눈을 얻었다. 부처님의 법신을 보았기 때문이다.

널리 빛나는 눈을 얻었다. 부처님의 평등하고 불가사의한 몸을 보았기 때문이다.

걸림 없이 빛나는 눈을 얻었다. 일체 세계가 이뤄지고 무너짐을 관찰한 때문이다.

널리 비춰주는 눈을 얻었다. 시방 부처님이 큰 방편을 일으켜 바른 법륜을 굴렸기 때문이다.

넓은 경계의 눈을 얻었다. 한량없는 부처님이 자재한 힘으로 중생을 조복함을 보았기 때문이다.

널리 보는 눈을 얻었다. 일체 세계에 부처님들이 나타나심을 보았기 때문이다.

● 疏 ●

文三이니

初는 讚友令欣이오 二 '從其'下는 放光加被니 皆可知니라 三 '善財' 下는 獲益이니 所謂十眼이라 不思議身者는 十身無礙故오 佛平等 者는 佛佛同故니라 故異於前에 但明法身이라 餘可準思어다

이의 경문은 3단락이다.

(ㄱ) 마야부인을 찬탄하면서 선재동자를 기쁘게 함이며,

(ㄴ) '從其' 이하는 방광과 가피이다. 이는 모두 말하지 않아도 알 수 있다.

(ㄷ) '善財' 이하는 얻은 이익이다. 이른바 10가지의 눈이다.

'불가사의한 몸'이란 10가지의 몸이 걸림이 없기 때문이며,

'부처의 평등함'이란 부처와 부처가 똑같기 때문이다. 그러므로 앞에서 법신만을 밝힌 것과는 다르다.

나머지는 이에 준하여 생각해야 한다.

三 法堂羅刹 教求友之方

(3) 법당 나찰이 선지식을 찾는 방법을 가르쳐주다

時에 有守護菩薩法堂羅刹鬼王하니 名曰善眼이라 與其
眷屬萬羅刹로 俱하야 於虛空中에 以衆妙華로 散善財上
하고 作如是言호되

善男子야 菩薩이 成就十法하면 則得親近諸善知識하나니
何等이 爲十고

所謂其心淸淨하야 離諸諂誑하며

大悲平等하야 普攝衆生하며

知諸衆生이 無有眞實하며

趣一切智하야 心不退轉하며

以信解力으로 普入一切諸佛道場하며

得淨慧眼하야 了諸法性하며

大慈平等하야 普覆衆生하며

以智光明으로 廓諸妄境하며

以甘露雨로 滌生死熱하며

以廣大眼으로 徹鑑諸法하야

心常隨順諸善知識이 是爲十이니라

復次佛子야 菩薩이 成就十種三昧門하면 則常現見諸善
知識하나니

何等이 爲十고

所謂法空淸淨輪三昧와

觀察十方海三昧와

於一切境界에 不捨離不缺減三昧와
普見一切佛出興三昧와
集一切功德藏三昧와
心恒不捨善知識三昧와
常見一切善知識하야 生諸佛功德三昧와
常不離一切善知識三昧와
常供養一切善知識三昧와
常於一切善知識所에 無過失三昧니라
佛子야 菩薩이 成就此十三昧門하면 常得親近諸善知識하며 又得善知識의 轉一切佛法輪三昧하나니 得此三昧已하는 悉知諸佛體性平等하야 處處值遇諸善知識이니라
說是語時에 善財童子 仰視空中하고 而答之言호되 善哉善哉라 汝爲哀愍攝受我故로 方便教我見善知識하니 願爲我說하라 云何往詣善知識所며 於何方處城邑聚落에 求善知識고
羅刹이 答言호되 善男子야 汝應普禮十方하야 求善知識하며 正念思惟一切境界하야 求善知識하며 勇猛自在徧遊十方하야 求善知識하며 觀身觀心이 如夢如影하야 求善知識이어다

그때, '선안'이라는 보살의 법당을 수호하는 나찰귀왕이 있었다. 1만 나찰 권속들과 함께 허공에서 여러 가지 미묘한 꽃을 선재의 위에 흩뿌리고 이런 말을 하였다.

"선남자여, 보살이 열 가지 법을 성취하면 선지식을 가까이할 수 있다.

무엇이 열 가지 법인가?

이른바 그 마음이 청정하여 모든 아첨과 속임을 여의며,

가엾이 여기는 마음이 평등하여 중생을 널리 받아들이며,

모든 중생이 진실함이 없음을 알며,

일체 지혜에 나아가는 마음이 물러서지 않으며,

믿고 이해하는 힘으로 일체 부처님의 도량에 모두 들어가며,

청정한 지혜의 눈을 얻어 모든 법성을 잘 알며,

큰 사랑이 평등하여 중생을 두루 덮어주며,

지혜의 광명으로 허망한 경계를 툭 트여주며,

감로의 비로써 생사의 열기를 씻어주며,

광대한 눈으로 모든 법을 통철하게 살펴서,

마음이 항상 선지식을 따르는 것이다.

이것이 열 가지 법이다.

또한 불자여, 보살이 열 가지 삼매 법문을 성취하면, 항상 선지식을 보게 된다.

무엇이 열 가지 삼매 법문인가?

이른바 법이 공한 청정법륜 삼매,

시방 바다를 관찰하는 삼매,

일체 경계를 버리지도 않고 모자라지도 않는 삼매,

일체 부처님의 세간에 나오심을 두루 보는 삼매,

일체 공덕장을 쌓아가는 삼매,

마음으로 항상 선지식을 버리지 않는 삼매,

언제나 일체 선지식을 친견하여 모든 부처님의 공덕을 내는 삼매,

언제나 일체 선지식을 여의지 않는 삼매,

언제나 일체 선지식을 항상 공양하는 삼매,

언제나 일체 선지식의 도량에서 항상 과실이 없는 삼매이다.

불자여, 보살이 이 열 가지 삼매의 문을 성취하면 언제나 모든 선지식을 가까이하며,

또한 선지식이 여러 부처님의 법륜을 굴리는 삼매를 얻을 것이다.

이 삼매를 얻은 후에는 모든 부처님의 체성이 평등함을 알고서, 가는 곳마다 선지식을 만나게 될 것이다."

이런 말을 하였을 때에 선재동자는 공중을 우러러보면서 답하였다.

"훌륭하고 훌륭하다. 그대는 나를 가엾이 여기고 거두어 주기 위하여 방편으로 나에게 선지식을 보도록 가르쳐주었다.

바라건대 나를 위하여 말해 달라. 어떻게 선지식이 계신 곳을 찾아가며, 어느 지방의 고을에서 선지식을 찾아야 하는 것일까?"

나찰이 말하였다.

"선남자여, 그대는 시방에 두루 예배하여 선지식을 구하며,

바른 생각으로 일체 경계를 사유하면서 선지식을 구하며,

용맹하고 자재하게 시방에 두루 노닐면서 선지식을 구하며,

몸과 마음이 꿈과 같고 그림자와 같음을 관찰하면서 선지식을 구하라."

◉ 疏 ◉

文三이니

初教 二니 初는 教十法 增其智오 何等'下는 徵釋이니 有十一心하니 一은 直心이오 二는 悲心이오 三은 智오 四는 進이오 五는 信이오 六은 深이오 七은 慈오 八은 淨이오 九은 益이오 十은 巧오 十一은 常이라 後'是爲'下는 結이라

二'復次'下는 示三昧息其亂이라 三이니

初는 標오

二'何等'下는 徵釋이라 '於境不捨離'等者는 凡夫는 染境하고 二乘은 捨境하고 權敎는 縱觀空有互陳로되 竝爲缺減이어니와 若圓修者인댄 觸目對境에 窮盡法源하야 不取不捨하나니 故央掘經에 云'摩訶衍者는 所謂彼眼根이 於諸如來常이니 了了分明見하야 具足無減修'等이라하고 又云'所謂眼入處 於諸如來常이니 明見來에 入門하야 具足無減修'等이라하니 餘는 可知니라

三'佛子'下는 結이니 處處遇友者는 旣定慧雙遊하야 無境不契하야 竝爲道品이면 則眞友懸通하나니 能如是行이 爲護正法堂也니라

【鈔_ '故央掘經'等者는 央掘之緣은 玄中에 已引이어니와 今直釋所引之義라

然第二經後에 世尊이 令其受三歸依러니 答云'我唯一依하니 佛卽
是法이오 法卽僧故'니라 意明一學이오 至第三卷에 佛問云何爲一
學고 偈云一切衆生命이 皆由飮食住니 是則聲聞乘이오 斯非摩
訶衍이니라 所謂摩訶衍은 離食常堅固이로다 云何名爲一고 謂一切
衆生이 皆以如來藏으로 畢竟常安住니라 次二謂名色이오 三謂三
種受오 四謂四諦等이라 然此卽云何名爲五오 所謂彼五根이라
'是則聲聞乘이오 斯非摩訶衍'은 所謂彼眼根은 於諸如來常이니
決定分明見하야 具足無減修니라 耳聞 鼻嗅 舌嘗 身觸이 一同於
眼이라 然有二本하니 一本云'了了分明'이라하고 一本云'決定分明'
也라

次云'云何名爲六'고 所謂六入處니라 是則聲聞乘이오 斯非摩訶
衍이라 所謂眼入處는 於諸如來常이니 明見來入門하야 具足無減
修라 聞嗅嘗觸도 皆同眼也니라 意入處에 云所謂意入處는 明說如
來常이니 不起違逆心하고 淨信來入門이라

義如疏釋하니 徧歷七覺·八正·九定·十力하야 皆擧大折小라
說如來藏은 如來常樂我淨이 爲無缺減也라 故疏云餘可知라하니
可知有二니 一則例央掘이오 二는 例此中 餘三昧等이라】

이의 경문은 3단락이다.

(ㄱ) 가르침은 다시 2단락이다.

첫째, 10가지 법을 가르쳐주어 그 지혜를 증장하였고,

'何等' 이하는 묻고 해석하였다. 여기에는 11가지의 마음이 있다.

① 곧은 마음, ② 가엾이 여기는 마음, ③ 지혜의 마음, ④ 정진

의 마음, ⑤ 믿음의 마음, ⑥ 깊은 마음, ⑦ 사랑의 마음, ⑧ 청정한 마음, ⑨ 이익의 마음, ⑩ 뛰어난 마음, ⑪ 떳떳한 마음이다.

뒤의 '是爲' 이하는 끝맺었다.

둘째, '復次' 이하는 삼매를 보여주어 그 산란함을 멈추게 하였다. 이는 3단락이다.

① 표장이며,

② '何等' 이하는 묻고 해석하였다.

"일체 경계를 버리지도 않는다." 등은 범부는 경계에 물들고 이승은 경계를 버리며, 權敎는 비록 空과 有를 모두 말함을 볼 수 있으나 아울러 부족함이 있지만, 원만하게 수행한 자는 보이는 모든 경계에 법성의 본원을 다하여 집착하지도 않고 버리지도 않는다.

이 때문에 앙굴경에서 말하였다.

"마하연이란 이른바 眼根은 모든 여래의 변함없는 것이다. 분명히 잘 알아서 부족함이 없는 수행을 두루 갖추었다는 등이다."

"이른바 눈의 감각기관[眼入處]은 모든 여래에게 변함이 없다. 분명히 봄에 문에 들어가 부족함이 없는 수행을 두루 갖추었다는 등이다."

나머지는 설명하지 않아도 알 수 있다.

③ '佛子' 이하는 끝맺었다.

"가는 곳마다 선지식을 만난다."는 것은 이미 선정과 지혜에 모두 노닐면서 경계마다 계합하지 않음이 없어, 아울러 道品이 되면 진실한 선지식이 멀리 통한다. 이처럼 행함이 바른 법당을 수호함이다.【초_ "이 때문에 앙굴경에서 말하였다."는 등이란 앙굴의 인연은 경문에서 이미 인용했지만, 여기에서는 직접 인용한 바의 뜻을 해석한 것이다.

그러나 제2권의 뒷부분에서 세존이 그에게 3귀의를 받도록 하자, 그가 대답하였다.

"나는 오직 하나의 법에만 귀의합니다. 부처가 곧 법이요, 법이 곧 스님이기 때문입니다."

그 뜻은 하나의 법만을 배움을 밝힌 것이다.

제3권에서 말하였다.

부처님이 물었다.

"무엇을 하나의 법만을 배움이라 하는가?"

게송으로 말하였다.

"일체중생의 목숨이 모두 음식과 거주에 연유하니,

이는 성문승이지, 마하연이 아니다."

이른바 마하연은 음식을 떠나 항상 견고함을 말한다.

"무엇을 하나의 법이라 말하는가?"

"일체중생이 모두 여래장으로써 결국 언제나 안주하는 것입니다."

다음 2가지는 명예와 색을 말하고, 셋이란 3가지의 受이며, 넷이란 4諦 등을 말한다. 그러나 여기에서는 무엇 때문에 다섯을 말했는가? 이른바 5根을 말한다.

"이는 성문승이지, 마하연이 아니다."는 것은 이른바 "저 眼根

은 모든 여래의 변함없는 것이다. 결정코 분명히 보아야 부족함이 없는 수행을 두루 갖출 수 있다."는 것이다.

귀로 듣는 감각, 코로 맡는 감각, 혀로 맛보는 감각, 몸으로 접촉하는 감각이 모두 눈과 같다. 그러나 2권의 책에서 달리 말하고 있다. 한 책에서는 '了了分明'이라 말하였고, 또 다른 책에서는 '決定分明'이라 말하였다.

다음에 말하였다.

"무엇 때문에 여섯이라 말했는가? 이른바 六入處이다. 이는 성문승이지, 마하연이 아니다. 이른바 眼入處는 모든 여래의 변함없는 것이다. 들어오는 문을 분명히 보아야 부족함이 없는 수행을 두루 갖출 수 있다. 듣고 맡고 맛보고 접촉하는 것 또한 모두 눈과 같다."

意入處에 대해 말하였다.

"이른바 意入處는 모든 여래의 변함없는 것이라 분명히 말하였다. 거스르는 마음을 일으키지 않고 청정한 신심이 들어오는 문이다."

그 뜻은 청량소에서 해석한 바와 같다. 七覺·八正·九定·十力을 두루 거치면서 모두 큰 것을 들어 작은 것을 꺾고 있다.

여래장이라 말한 것은 여래의 상락아정을 부족함이 없는 자리라 말한다. 이 때문에 청량소에서 "나머지는 설명하지 않아도 알 수 있다."고 하니, 2가지가 있음을 알 수 있다. 첫째는 앙굴경의 예이며, 둘째는 이의 예 가운데 나머지 삼매 등이다.】

二說是'下는 問이오 三'羅刹'下는 答이라

文有四法하니

一은 以友無不在故오 二는 以法爲體故오 三은 身同友徧故오 四는 智與境合일세 故如夢如影이라 又前三은 離境界相이오 四則離心緣相이니 求善友者는 幸思此言이어다

　(ㄴ) '說是' 이하는 물음이며,

　(ㄷ) '羅刹' 이하는 대답이다.

　대답 부분에는 4가지 법이 있다.

　① 어디에나 선지식이 있기 때문이며,

　② 법으로 본체를 삼기 때문이며,

　③ 나의 몸이 두루 선지식과 같이하기 때문이며,

　④ 지혜가 경계와 부합한 까닭에 꿈과 같고 그림자와 같다.

　또한 앞의 3가지는 경계의 모습을 여읜 것이며, '④ 지혜가 경계…'는 마음이 모양을 반연함을 여읜 것이다. 선지식을 찾는 사람은 이 말을 깊이 생각하기를 바라 마지않는다.

已上은 第一依敎趣求 竟하다

　이상은 1. 가르침을 따라 선지식을 찾아가 법을 구한 부분을 끝마치다.

第二 見敬諮問

三이니 初는 見이라

2. 친견하여 절을 올리고 법을 묻다

이는 3단락이다.

1) 친견

經

爾時에 善財 受行其教하야

即時覩見大寶蓮華 從地涌出하니 金剛為莖하고 妙寶為藏하고 摩尼為葉하고 光明寶王으로 以為其臺하고 衆寶色香으로 以為其鬚하고 無數寶網으로 彌覆其上이러라

於其臺上에 有一樓觀하니 名普納十方法界藏이니 奇妙嚴飾하야 金剛為地하고 千柱行列하며 一切皆以摩尼寶成이오 閻浮檀金으로 以為其壁하며 衆寶瓔珞이 四面垂下하고 階陛欄楯이 周匝莊嚴이러라

其樓觀中에 有如意寶蓮華之座하니

種種衆寶로 以為嚴飾하며

妙寶欄楯에 寶衣間列하며

寶帳寶網으로 以覆其上하며

衆寶繒幡을 周匝垂下하며

微風徐動에 光流響發하며

寶華幢中에 雨衆妙華하며

寶鈴鐸中에 出美音聲하며

寶戶牖間에 垂諸瓔珞하며

摩尼身中에 流出香水하며
寶象口中에 出蓮華網하며
寶師子口에 吐妙香雲하며
梵形寶輪이 出隨樂音하며
金剛寶鈴이 出諸菩薩大願之音하며
寶月幢中에 出佛化形하며
淨藏寶王이 現三世佛受生次第하며
日藏摩尼 放大光明하야 徧照十方一切佛刹하며
摩尼寶王이 放一切佛圓滿光明하며
毘盧遮那摩尼寶王이 興供養雲하야 供養一切諸佛如來하며
如意珠王이 念念示現普賢神變하야 充滿法界하며
須彌寶王이 出天宮殿天諸婇女의 種種妙音하야 歌讚如來不可思議微妙功德이러라

　그때, 선재동자는 그의 가르침을 받들어 행하였는데, 바로 큰 보배 연꽃 송이가 땅에서 솟아나는 것을 보았다.

　금강으로 줄기를, 미묘한 보배로 연밥 송이를, 마니주로 잎을, 빛나는 보배왕으로 꽃판을, 여러 가지 보배 빛과 향으로 꽃술을 삼고, 무수한 보배 그물로 그 위를 가득 덮었다.

　연꽃의 꽃판 위에 누각이 있는데, 그 이름을 '시방 법계를 널리 받아들이는 법장'이라 하였다. 기묘하게 장식하여, 금강으로 땅을 삼고 1천 기둥이 줄지어 있으며, 일체 모든 것이 마니주로 이루어

졌고, 염부단금으로 그 벽을 만들었으며, 여러 보배 영락이 사방에 드리워졌고, 층대와 섬돌과 난간들을 두루 장엄하였다.

그 누각 안에 여의주로 만든 연화법좌가 있는데,

가지가지 보배로 훌륭하게 꾸몄으며,

보배 난간에 보배 옷이 사이사이 걸려 있으며,

보배 휘장, 보배 그물로 그 위를 덮었으며,

많은 보배로 만든 깃발을 빙 둘러 드리웠으며,

실바람만 불어와도 빛이 흐르고 소리가 울려나며,

보련화 당기에서는 여러 가지 미묘한 꽃비가 내리며,

보배 풍경에서는 아름다운 소리가 울려나며,

보배 창호에는 영락을 드리웠으며,

마니주 속에서는 향수가 흘러나오며,

보배 코끼리 입에서는 연꽃 그물이 나오며,

보배 사자 입에서는 향기 구름을 토하며,

범천 형상의 보배 바퀴에서는 중생이 좋아하는 음성을 따라 울려 내며,

금강 보배 방울에서는 여러 보살의 큰 서원의 소리가 울려 나오며,

보배 달 당기에서는 부처님의 화신이 나오며,

청정장 보배에서는 삼세 부처님의 태어나는 차례를 보여주며,

일장마니주에서는 큰 광명을 쏟아내어 시방의 일체 부처님 세계에 두루 비춰주며,

마니보배왕에서는 모든 부처님의 원만한 광명을 쏟아내며,

　　비로자나 마니보배에서는 공양 구름을 일으켜 일체 부처님 여래에게 공양하며,

　　여의주에서는 한 생각의 찰나마다 보현보살의 신통변화를 나타내어 법계에 가득하며,

　　수미 보배에서는 하늘 궁전의 수많은 여인이 가지가지 미묘한 음성으로 여래의 불가사의하고 미묘한 공덕을 노래하고 찬탄하였다.

● 疏 ●

文三이니

初는 覿依라 二니 初에 受行其教는 躡前起後하야 近躡羅刹之言이오 遠通前三勝友라 以前二神은 竝未有答故니 即由前三位調練일세 故得覿斯勝報니라

後'即時'下는 正明所見이라

於中三이니

初는 明蓮華니 所證法界 自性無染일세 故曰蓮華니라 無明既開에 不離心內 如從地涌이오 亦表性淨萬行之因이 從法性地而出現故니 此即十定中普賢之華也니라

二'於其臺'下는 明臺上樓觀이니 謂能證權實二智 依於所證而重現故니라 智包無外일세 云普納十方이오 總攝五位自分勝進일세 故云千柱行列이니 其一一事 皆有所表로되 恐厭繁文이라

三其樓觀下는 明樓中寶座니 卽智體自空일새 故云樓中有座오 空具性德일새 故廣顯莊嚴이라【鈔_ 普賢之華者는 此中에 雖不擧華量이나 十定에 云'無有邊際'라하니라】

이의 경문은 3단락이다.

(1) 依報를 보았다. 이는 2단락이다.

㈀ 그 가르침을 받아 행함은 앞의 문장을 이어서 뒤의 문장을 일으켜, 가까이는 나찰의 말을 이어받고, 멀리는 앞의 세 사람의 선지식에 통하고 있다.

앞의 두 신은 모두 대답이 없기 때문이다. 이는 앞의 3지위를 조복하고 단련한 데 연유한 까닭에 이처럼 훌륭한 의보를 보게 된 것이다.

㈁ '卽時' 이하는 바로 보아야 할 대상을 밝혔다. 이 부분은 3단락이다.

① 연꽃을 밝혔다. 증득한 바의 법계 자성이 오염됨이 없기에 이를 '연꽃'이라 한다. 무명이 이미 열려 마음을 벗어나지 않음이 마치 땅에서 솟아오름과 같으며, 또한 자성 청정의 만행 원인이 법성의 터전에서 나타난 것임을 밝힌 때문이다. 이는 제27 십정품에서 말한 보현보살의 연꽃이다.

② '於其臺' 이하는 연꽃의 꽃판 위에 있는 누각을 밝혔다. 증득의 주체인 중생의 교화를 위해 쓰는 방편의 지혜와 자신이 체득한 절대 진실의 지혜가 증득의 대상을 따라서 거듭 나타나기 때문이다.

지혜의 포용은 밖이 없기에 "시방 법계를 널리 받아들인다."고 말하며,

5位의 자신 본분 상에 훌륭히 닦아나감을 총괄하여 받아들이기에 "1천 기둥이 줄지어 있다."고 말한다.

그 하나하나의 일들이 모두 법을 나타낸 바 있으나, 번잡한 문장을 싫어할까 생각하여 이를 생략한다.

③ '其樓觀' 이하는 누각 안에 있는 연화법좌를 밝혔다. 이는 지혜의 본체 자체가 공한 것이기에 "누각 안에 연화법좌가 있다."고 말하며, 공한 데에 자성의 공덕을 갖추고 있기에 장엄을 자세히 밝혔다.【초_ '보현보살의 꽃'이란 여기에서는 비록 연꽃의 분량을 들어 말하지 않았지만, 제27 십정품에서는 끝이 없다고 말하였다.】

經

爾時에 善財 見如是座에 復有無量衆座 圍遶어든 摩耶夫人이 在彼座上하사 於一切衆生前에 現淨色身하니
所謂超三界色身이니 已出一切諸有趣故며
隨心樂色身이니 於一切世間에 無所着故며
普周徧色身이니 等於一切衆生數故며
無等比色身이니 令一切衆生으로 滅倒見故며
無量種色身이니 隨衆生心하야 種種現故며
無邊相色身이니 普現種種諸形相故며
普對現色身이니 以大自在로 而示現故며

化一切色身이니 隨其所應하야 而現前故며
恒示現色身이니 盡衆生界호되 而無盡故며
無去色身이니 於一切趣에 無所滅故며
無來色身이니 於諸世間에 無所出故며
不生色身이니 無生起故며
不滅色身이니 離語言故며
非實色身이니 得如實故며
非虛色身이니 隨世現故며
無動色身이니 生滅永離故며
不壞色身이니 法性不壞故며
無相色身이니 言語道斷故며
一相色身이니 無相爲相故며
如像色身이니 隨心應現故며
如幻色身이니 幻智所生故며
如焰色身이니 但想所持故며
如影色身이니 隨願現生故며
如夢色身이니 隨心而現故며
法界色身이니 性淨如空故며
大悲色身이니 常護衆生故며
無礙色身이니 念念周徧法界故며
無邊色身이니 普淨一切衆生故며
無量色身이니 超出一切語言故며

無住色身이니 願度一切世間故며
無處色身이니 恒化衆生不斷故며
無生色身이니 幻願所成故며
無勝色身이니 超諸世間故며
如實色身이니 定心所現故며
不生色身이니 隨衆生業하야 而出現故며
如意珠色身이니 普滿一切衆生願故며
無分別色身이니 但隨衆生分別起故며
離分別色身이니 一切衆生이 不能知故며
無盡色身이니 盡諸衆生의 生死際故며
淸淨色身이니 同於如來하야 無分別故라
如是身者는 非色이니 所有色相이 如影像故며
非受니 世間苦受 究竟滅故며
非想이니 但隨衆生의 想所現故며
非行이니 依如幻業하야 而成就故며
離識이니 菩薩願智 空無性故며 一切衆生의 語言斷故며
已得成就寂滅身故니라
爾時에 善財童子 又見摩耶夫人이 隨諸衆生心之所樂하사 現超過一切世間色身하니
所謂或現超過他化自在天女身과 乃至超過四大天王天女身하며 或現超過龍女身과 乃至超過人女身이라

　그때, 선재동자는 이런 법좌에 다시 한량없는 법좌들로 둘러

싸여 있는데, 마야부인이 그 법좌에 앉아 여러 중생의 앞에 청정한 몸을 나타내는 것을 보았다.

이른바 삼계를 초월한 몸이다. 이미 일체 3계 25유의 세계를 벗어났기 때문이다.

좋아하는 마음을 따르는 몸이다. 일체 세간에 집착한 바 없기 때문이다.

널리 두루 나타내는 몸이다. 일체중생의 수효와 같기 때문이다.

견줄 데 없는 몸이다. 일체중생의 전도된 소견을 없애주기 때문이다.

한량없는 가지가지 몸이다. 중생의 마음을 따라 가지가지로 나타내기 때문이다.

그지없는 모습의 몸이다. 가지가지 형상을 두루 나타내기 때문이다.

널리 상대하여 나타내는 몸이다. 아주 마음대로 몸을 나타내어 보여주기 때문이다.

일체중생을 교화하는 몸이다. 적절한 바를 따라 앞에 나타나기 때문이다.

항상 나타내어 보여주는 몸이다. 중생계를 다하면서도 다함이 없기 때문이다.

떠나감이 없는 몸이다. 일체 세계에서 사라진 바 없기 때문이다.

찾아옴이 없는 몸이다. 일체 세간에서 태어나는 바 없기 때문이다.

생겨나지 않은 몸이다. 생겨나는 일이 없기 때문이다.

사라지지 않은 몸이다. 말을 여의기 때문이다.

진실하지 않은 몸이다. 진여실상을 얻기 때문이다.

헛되지 않은 몸이다. 세간을 따라 나타나기 때문이다.

흔들림이 없는 몸이다. 태어나고 사라짐을 영원히 여의기 때문이다.

부서지지 않은 몸이다. 법성이 무너지지 않기 때문이다.

형상이 없는 몸이다. 언어의 표현이 끊어진 자리이기 때문이다.

한 모양의 몸이다. 모양 없는 것으로 모양을 삼기 때문이다.

영상과 같은 몸이다. 마음을 따라 나타내기 때문이다.

요술과 같은 몸이다. 요술 지혜에서 생겨나기 때문이다.

아지랑이와 같은 몸이다. 생각만으로 유지되는 바이기 때문이다.

그림자와 같은 몸이다. 원하는 바를 따라 몸을 나타내기 때문이다.

꿈과 같은 몸이다. 마음을 따라서 몸을 나타내기 때문이다.

법계의 몸이다. 청정한 성품이 허공과 같기 때문이다.

크게 가엾이 여기는 몸이다. 중생을 항상 구호하기 때문이다.

걸림이 없는 몸이다. 한 생각의 찰나마다 법계를 두루 행하기 때문이다.

그지없는 몸이다. 일체중생을 두루 청정히 하기 때문이다.

한량없는 몸이다. 일체 언어에서 벗어나기 때문이다.

머무름이 없는 몸이다. 일체 세간을 제도하려는 서원 때문이다.

처소가 없는 몸이다. 항상 중생을 교화하여 끊임이 없기 때문이다.

태어남이 없는 몸이다. 요술과 같은 서원을 성취하기 때문이다.

이길 이 없는 몸이다. 일체 세간을 초월하기 때문이다.

실제와 같은 몸이다. 선정의 마음으로 나타난 바이기 때문이다.

태어나지 않는 몸이다. 중생의 업을 따라 몸을 나타내기 때문이다.

여의주와 같은 몸이다. 일체중생의 서원을 널리 만족케 하기 때문이다.

분별이 없는 몸이다. 다만 중생의 분별을 따라 일어나기 때문이다.

분별을 여읜 몸이다. 일체중생이 알지 못하기 때문이다.

다함이 없는 몸이다. 모든 중생의 생사의 경계를 다하기 때문이다.

청정한 몸이다. 여래와 똑같아 분별이 없기 때문이다.

이와 같은 몸은 물질이 아니다. 소유한 색상이 그림자와 같기 때문이다.

느낌이 아니다. 세간의 괴로운 느낌이 끝내는 사라지기 때문이다.

생각함이 아니다. 중생의 생각을 따라 생각을 나타내기 때문이다.

지어감이 아니다. 요술과 같은 업으로 성취하기 때문이다.

의식을 여의었다. 보살의 원과 지혜는 공하여 자성이 없기 때문이며, 일체중생의 말이 끊어졌기 때문이며, 적멸의 몸을 이미 성취하였기 때문이다.

그때, 선재동자가 또한 마야부인이 중생의 좋아하는 마음을 따라 일체 세간에서 벗어난 몸을 나타내는 것을 보았다.

이른바 타화자재천보다 뛰어난 천상계 여인의 몸을 나타내기도 하고, 내지 사천왕천보다 뛰어난 천상계 여인의 몸을 나타내기도 하며, 용녀보다 뛰어난 여인의 몸과 인간계의 여인보다 뛰어난 여인의 몸을 나타내기도 하였다.

● 疏 ●

二는 見友正報니라
於中二니 先은 結前標後니 前但明主座어니와 今雙結主伴이라
後 '所謂'下는 別顯身雲이라
於中亦二니 先은 明身相이오 後는 顯身業이라
前中亦二니 先은 明萬類難思身이오 後는 明一類超色身이라
前中亦二니 先은 顯別相이오 後는 明通體니라
今初에 有四十身하니 於中에 或唯約事니 如普徧色身이오 或唯約理니 如十二·十三·不生不滅身이니 以本無生起일세 滅亦不爲滅故니라 或理事交徹은 如第三十二·三十五 無生不生色身이니 以事顯理故니라 於中에 無生은 則約自願所成이라 無別有生이오 不

生은 則隨他而現이라 生卽不生이니 餘可思準이어다
後'如是身者'下는 明其通體니 謂離有取蘊故니라
二'爾時善財'下는 明一類超勝身이니 約唯女故니라

(2) 선지식의 정보를 보았다.

이는 2단락이다.

앞에서는 앞의 경문을 끝맺으면서 뒤의 문장을 내세웠다. 앞에서는 법주의 법좌만을 밝혔을 뿐이지만, 여기에서는 주체와 객체를 모두 끝맺었다.

뒤의 '所謂' 이하는 개별로 많은 몸을 밝혔다.

이는 또한 2단락이다.

㈀ 몸의 모습을 밝혔고,

㈁ 몸으로 지은 업을 밝혔다.

'㈀ 몸의 모습'은 또다시 2가지이다.

첫째, 만 가지 유의 불가사의한 몸을 밝혔고,

둘째, 하나의 유로서 초월한 몸을 밝혔다.

'첫째, 만 가지 유의 불가사의한 몸'은 또다시 2가지이다.

앞에서는 별상을 나타냈고,

뒤에서는 通體를 밝혔다.

'앞의 별상'에는 40가지의 몸이 있다.

그 가운데 혹은 오직 사법계로만 말했는데, '두루 나타내는 몸[普徧色身]'과 같고,

혹은 오직 이법계로만 말했는데, 제12 '생겨나지 않은 몸[不生

475

色身]'과 제13 '사라지지 않은 몸[不滅色身]'과 같다. 본래 생겨남이 없기에 또한 사라짐이 없기 때문이다.

혹은 이법계와 사법계가 서로 통한 것은 제32 '태어남이 없는 몸[無生色身]'과 제35 '태어나지 않는 몸[不生色身]'과 같다. 사법계로써 이법계를 밝힌 때문이다. 그 가운데 '태어남이 없는 몸[無生色身]'은 스스로 원하는 바에 의해 이뤄진 것으로 말한 터라, 개별로 태어남이 없고, '태어나지 않는 몸[不生色身]'은 중생의 업을 따라서 몸을 나타내는 터라, 몸이 생겨나지만 곧 생겨남이 아니다. 나머지는 이 점을 생각하여 준해야 한다.

뒤의 '如是身者' 이하는 그 通體를 밝힌 것으로, 有取蘊을 여읨을 말한 때문이다.

둘째, '爾時善財' 이하는 하나의 유로서 초월한 몸을 밝혔다. 오직 여인만을 들어 말한 때문이다.

經

現如是等無量色身하사 饒益衆生하야 集一切智助道之法하며

行於平等檀波羅蜜하야 大悲普覆一切世間하며

出生如來無量功德하며

修習增長一切智心하며

觀察思惟諸法實性하야 獲深忍海하며

具衆定門하야 住於平等三昧境界하며

得如來定圓滿光明하야 消竭衆生煩惱巨海하며
心常正定하야 未甞動亂하며
恒轉淸淨不退法輪하야 善能了知一切佛法하며
恒以智慧로 觀法實相하며
見諸如來호대 心無厭足하며
知三世佛出興次第하며
見佛三昧 常現在前하며
了達如來出現於世하며
無量無數諸淸淨道하며
行於諸佛虛空境界하며
普攝衆生하야 各隨其心하야 敎化成就하야 入佛無量淸淨法身하며
成就大願하야 淨諸佛刹하야 究竟調伏一切衆生하며
心恒徧入諸佛境界호대 出生菩薩自在神力하며
已得法身淸淨無染호대 而恒示現無量色身하며
摧一切魔力하야 成大善根力하며
出生正法力하야 具足諸佛力하며
得諸菩薩自在之力하야 速疾增長一切智力하며
得佛智光하야 普照一切하야 悉知無量衆生心海와 根性欲解의 種種差別하며
其身이 普徧十方刹海하야 悉知諸刹成壞之相하며
以廣大眼으로 見十方海하며

以周徧智로 知三世海하며
身普承事一切佛海하며
心恒納受一切法海하며
修習一切如來功德하며
出生一切菩薩智慧하며
常樂觀察一切菩薩의 從初發心으로 乃至成就所行之道하며
常勤守護一切衆生하며
常樂稱揚諸佛功德하며
願爲一切菩薩之母러라

　이처럼 한량없는 몸을 나타내어 중생에게 이익을 주고 일체 지혜와 도를 돕는 법을 쌓았으며,

　평등한 보시바라밀을 행하여 크게 가엾이 여기는 마음으로 일체 세간을 두루 덮어 주었으며,

　여래의 한량없는 공덕을 내었으며,

　일체 지혜의 마음을 닦아 증장하였으며,

　모든 법의 진실한 성품을 관찰하고 생각하면서 깊은 인욕의 바다를 얻었으며,

　많은 선정의 법문을 갖추고서 평등한 삼매의 경계에 머물렀으며,

　여래의 선정의 원만한 광명을 얻어 중생의 큰 번뇌 바다를 말려 없앴으며,

마음이 항상 바른 선정으로 일찍이 흔들리거나 어지럽지 않았으며,

항상 청정하고 물러서지 않는 법륜을 굴려 일체 불법을 잘 알았으며,

항상 지혜로 법의 진실한 모양을 관찰하였으며,

여래를 뵈옵되 싫어하는 마음이 없었으며,

삼세 부처님의 세간에 나온 차례를 알았으며,

부처님의 삼매가 항상 앞에 나타났으며,

여래께서 세간에 나오심을 잘 알았으며,

한량없고 수없는 청정한 도를 통달하였으며,

부처님의 허공 같은 경계를 행하였으며,

중생을 널리 거두어 주되, 그들의 마음을 따라서 교화하고 성취하여 부처님의 한량없이 청정한 법신에 들어가게 하였으며,

큰 서원을 성취하여 부처님의 세계를 청정히 하여 마지막의 경계까지 일체중생을 조복하였으며,

마음은 항상 부처님의 경계에 두루 들어가 보살의 자재한 신통력을 내었으며,

이미 오염되지 않은 청정한 법신을 얻었지만 언제나 한량없는 몸을 나타냈으며,

일체 마군의 힘을 꺾어 큰 선근의 힘을 성취시켰으며,

바른 법력을 내어 부처님의 힘을 두루 갖췄으며,

보살의 자재한 힘을 얻어 일체 지혜의 힘을 빠르게 증장하였

으며,

　부처님의 지혜 광명을 얻어 일체중생을 널리 비춰 한량없는 중생의 마음, 근성, 욕망, 지혜의 가지가지 다른 점을 모두 알았으며,

　그 몸은 시방세계에 두루 행하여 모든 세계가 이뤄지고 무너지는 모양을 알았으며,

　광대한 눈으로 시방세계를 보았으며,

　두루 밝은 지혜로 삼세 바다를 알았으며,

　몸은 일체 부처님을 널리 섬겼으며,

　마음은 항상 일체 법 바다를 널리 받아들였으며,

　일체 여래의 공덕을 닦고 익혔으며,

　일체 보살의 지혜를 내었으며,

　언제나 일체 보살이 처음 발심할 적부터 행한 바의 도를 성취한 것까지 기쁜 마음으로 관찰하였으며,

　언제나 일체중생을 부지런히 수호하였으며,

　언제나 부처님의 공덕을 칭찬하기를 좋아하였으며,

　일체 보살의 어머니가 되기를 원하였다.

● 疏 ●

二明身業中二니

初는 總標요 後'行於平等'下는 別顯이니 亦二라 先은 明十度行이니 唯精進이 在於忍前이오 餘皆如次니라 謂初는 明檀이오 次'出生'下는 戒니 戒能生長故오 三'修習'下는 進이오 四'觀察'下는 忍이오 五'具

衆'下는 定이오 六'恒轉'下는 般若오 七'見諸如來'下는 方便이오 八 '成就大願'下는 願이오 九'心恒徧入'下는 力이오 十'得佛智光'下는 智오

後'修習一切如來'下는 明二嚴行이라 '末爲佛母'者는 是其本行 故니라

(ㄴ) 몸으로 지은 업을 밝힌 부분은 2단락이다.

첫째, 총상의 표장이며,

둘째, '行於平等' 이하는 개별로 밝혔다.

개별 또한 2단락이다.

먼저 십바라밀행을 밝혔는데, 오직 정진바라밀이 인욕바라밀 앞에 있을 뿐, 나머지는 모두 차례와 같다.

① 보시바라밀을 밝혔고,

② '出生' 이하는 지계바라밀이다. 계율이 공덕을 낳아주고 키 워주기 때문이다.

③ '修習' 이하는 정진바라밀이며,

④ '觀察' 이하는 인욕바라밀이며,

⑤ '具衆' 이하는 선정바라밀이며,

⑥ '恒轉' 이하는 반야바라밀이며,

⑦ '見諸如來' 이하는 방편바라밀이며,

⑧ '成就大願' 이하는 원바라밀이며,

⑨ '心恒徧入' 이하는 역바라밀이며,

⑩ '得佛智光' 이하는 지바라밀이다.

뒤의 '修習一切如來' 이하는 지혜 장엄과 복덕 장엄의 행을 밝혔다.

끝에 부처님의 모친은 그 本行이기 때문이다.

初見 竟하다

1) 친견한 부분을 끝마치다.

第二 設敬

2) 절을 올리다

經

爾時에 善財童子 見摩耶夫人의 現如是等閻浮提微塵數諸方便門하고
既現是已에 如摩耶夫人의 所現身數하야 善財도 亦現作爾許身하야 於一切處摩耶之前에 恭敬禮拜하고
卽時證得無量無數諸三昧門하야 分別觀察하며 修行證入하고 從三昧起하야 右遶摩耶와 幷其眷屬하고 合掌而立하야

그때, 선재동자는 마야부인이 이처럼 염부제의 티끌처럼 수많은 여러 가지 방편의 법문을 나타내는 것을 보았다.

이미 방편 법문을 나타낸 뒤에 마야부인이 나타내는 몸의 수효만큼 선재동자 또한 그와 같은 몸을 나타내어 모든 곳의 마야부

인 앞에서 공경하며 절을 올렸다.

이에 곧바로 한량없고 수없는 삼매법문을 증득하여 분별하고 관찰하였으며, 행을 닦아 증득하여 들어갔고, 삼매에서 일어나 마야부인과 그 권속의 오른쪽으로 돌고 합장하고 서서 말하였다.

◉ 疏 ◉

自道已深일세 故現身等彼니 上二는 竝是住體徧應이라【鈔_ '上二竝是住體徧應'者는 然此卽緣起相由門中에 三義니 一은 諸緣各異義오 二는 互徧相資義오 三은 體用無礙義니라 今言住體는 卽諸緣各別이오 言徧應者는 卽互徧相資니 卽住體而徧應이 是第三體用無礙也라

然上摩耶 萬類殊應은 卽異體中多오 今此善財 一類之身이 徧對摩耶는 卽同體中多어니와 若約摩耶·善財면 竝不分而徧이니 同異雖殊나 住體·徧應은 義無別也라 摩耶 亦是同體一卽多니 以隨所應義 無二體故로 下自言호되 '非一處住며 非多處住'라하니라 善財 亦是同體多卽一이니 諸處善財 卽一身故니라 又二聖互望에 竝含同體異體니 以一摩耶로 應多善財故로 此卽摩耶爲同體오 以多善財對摩耶故로 卽善財異體니라】

선재동자 자신의 도가 이미 심오하기에 몸을 나타낸 바가 마야부인과 같았다.

위의 2단락은 모두 본체에 머물면서 두루 응하였다.【초_ "위의 2단락은 모두 본체에 머물면서 두루 응하였다."는 것은 그러나

이는 緣起相由門 부분의 3가지 의의이다.

① 모든 인연이 각기 다르다는 뜻이다.

② 서로가 서로 의뢰한다는 뜻이다.

③ 본체와 작용에 걸림이 없다는 뜻이다.

여기에서 '본체에 머물면서'라고 말한 것은 곧 모든 인연이 각기 다르다는 뜻이며,

'두루 응하였다.'는 것은 곧 서로가 서로 의뢰한다는 뜻이다.

'본체에 머물면서 두루 응함'이 ③ 본체와 작용에 걸림이 없다는 뜻이다.

그러나 위에서 마야부인이 만 가지 유로 각기 달리 응함은 다른 몸에 많은 부분이며,

여기에서 선재동자가 하나의 유의 몸으로 마야부인을 두루 상대하여 나타냄은 같은 몸에 많은 부분이지만, 만약 마야부인과 선재동자를 말한다면, 모두 구분이 없고 두루 통하는 것이다. 비록 같고 다른 몸이야 다르지만, 본체에 머묾과 두루 응함은 그 뜻에 차별이 없다.

마야부인 또한 같은 몸의 하나이면서도 많은 몸이다. 응할 바를 따라서 그 의의는 2가지의 몸이 없다. 그러므로 아래의 경문에서 스스로 말하기를, "한곳에 머문 것도 아니며, 많은 곳에 머문 것도 아니다."고 하였다.

선재동자 또한 같은 몸이 많으면서도 하나의 몸이다. 모든 곳에 나타난 선재동자는 곧 하나의 몸이기 때문이다.

또한 마야부인과 선재동자를 서로 대조하여 보면, 같은 몸과 다른 몸을 함께 포함하고 있다. 하나의 마야부인으로서 많은 선재동자에 응한 까닭에 이는 곧 마야부인이 같은 몸이고, 많은 선재동자로 마야부인을 상대하는 까닭에 선재동자는 다른 몸이다.】

第三 諮問

3) 도의 요체를 묻다

經

白言호되 大聖이시여 文殊師利菩薩이 教我發阿耨多羅三藐三菩提心하고 求善知識하야 親近供養이실세 我於一一善知識所에 皆往承事하야 無空過者하고 漸來至此로소니 願爲我說하소서 菩薩이 云何學菩薩行하야 而得成就리잇고

"거룩하신 성자여, 문수사리보살이 저로 하여금 아뇩다라삼먁삼보리심을 내고, 선지식을 찾아가 가까이하고 공양하도록 가르쳐 주었습니다.

저는 하나하나 선지식이 계신 곳을 모두 찾아가 받들어 섬기면서 그냥 지나친 적이 없고 차례로 이곳까지 왔습니다.

바라건대 저를 위하여 보살이 어떻게 보살의 행을 배워 성취할 수 있는가를 말해주십시오."

◉ 疏 ◉

所以敍文殊等者는 若約等覺이면 則因位極故오 若約會緣이면 從初發心으로 一一善友 皆是所會之緣이니 同入此故니라

　　문수보살 등을 서술한 바는 등각으로 말한다면, 因位가 다하였기 때문이며, 인연의 회통으로 말하면, 처음 발심으로부터 하나하나 선지식이 모두 회통한 바의 인연이다. 똑같이 여기에 들어갔기 때문이다.

已上은 第二見敬諮問 竟하다

　　이상은 2. 친견하여 절을 올리고 법을 물은 부분을 끝마치다.

第三 授己法界

分三이니 初는 名體라

　　3. 자기의 법계를 전수하다

　　이는 3단락이다.

　　1) 명제의 체성이다.

經

答言하사대 佛子야 我已成就菩薩大願智幻解脫門일세

　　마야부인이 대답하였다.

　　"불자여, 나는 이미 보살의 큰 원과 지혜가 요술과 같은 해탈문을 성취하였다.

● 疏 ●

大有二義하니

一은 願大니 願爲一切諸佛母故오

二는 智大니 智亦二義하니

權智는 卽能起大願하고 能成幻事며

二는 實智니 卽是般若니 生佛眞身이라

幻亦二義니

一은 願智體虛하니 當相名幻일새 故上文云 幻智 卽是菩薩이오 菩薩卽是幻智라 故能無不爲오

二者는 卽智所作生佛之義니 謂於已身에 不壞小而廣容이어니와 若於佛身인댄 無生起而現起니라

又願收普賢하고 智收文殊니 皆入大幻하야 同爲般若일새 亦名佛母니라【鈔_ '不壞小而廣容'은 卽廣狹無礙門이오 '無生起而生起'는 卽事理無礙門이오 '又願收普賢'等者는 上約別願이어니와 今是通願이니 無願不收며 無智不攝等이라 願智卽相融하야 皆是大幻이니 成不共般若일새 故生佛也니라】

크다는 것에는 2가지 의의가 있다.

(1) 서원이 크다. 일체 제불을 낳아주는 어머니가 되기를 원하였기 때문이다.

(2) 지혜가 크다. 지혜 또한 2가지 의의가 있다.

(ㄱ) 방편의 지혜는 큰 서원을 일으키며, 요술과 같은 일을 이뤄주는 것이며,

㈝ 진여실상의 지혜는 반야이다. 부처의 眞身을 낳아주는 것이다.

'요술과 같은 일' 또한 2가지 의의가 있다.

① 서원과 지혜의 자체가 공허하다. 해당 양상을 요술이라 부르기에, 위의 경문에서는 "요술과 같은 지혜가 보살이요, 보살이 곧 요술과 같은 지혜이다."고 하였다. 이 때문에 이루지 못한 일이 없다.

② 지혜로 하는 일들이 부처를 낳는다는 뜻이다. 나의 몸은 작은 것을 무너뜨리지 않고 널리 용납하지만, 만약 부처의 몸이라면 일으킴이 없이 일으킴을 나타내는 것이다.

또한 서원은 보현보살로 정리하였고, 지혜는 문수보살로 정리하였다. 이는 모두 큰 요술과 같은 데에 들어가 똑같이 반야가 되기에, 이 또한 그 이름을 부처의 어머니라고 말한다.【초_ "나의 몸은 작은 것을 무너뜨리지 않고 널리 용납한다."는 것은 넓고 좁은 데 걸림이 없는 법문이며,

"일으킴이 없이 일으킴"은 사법계와 이법계에 걸림이 없는 법문이다.

"또한 서원은 보현보살로 정리하였다."는 것은 위에서는 별도의 서원으로 말했지만, 여기에서는 통상의 서원으로 말하였다. 서원마다 거두어들이지 않음이 없으며, 지혜마다 받아들임이 없지 않다는 등이다.

서원과 지혜가 서로 원융하여 모두 큰 요술과 같다. 그 누구도

함께할 수 없는 반야를 성취하였기에 부처를 낳았다.】

二

二 業用

二니 初는 總이오 二'佛子如我'下는 別이라

於中有四니 初는 爲現在遮那母니라

 2) 해탈의 하는 일과 작용

 이는 2단락이다.

 앞은 총상이고,

 뒤의 '佛子如我' 이하는 별상이다.

 별상은 다시 4단락이다.

 ⑴ 현재 비로자나불의 어머니이다.

經

是故常爲諸菩薩母로라

佛子야 如我於此閻浮提中迦毘羅城淨飯王家에 右脇
而生悉達太子할세 現不思議自在神變하야 如是乃至盡
此世界海所有一切毘盧遮那如來 皆入我身하야 示現
誕生自在神變이니라

又善男子야 我於淨飯王宮에 菩薩이 將欲下生之時에
見菩薩身의 一一毛孔에 咸放光明하니 名一切如來受生
功德輪이라 一一毛孔에 皆現不可說不可說佛刹微塵

489

數菩薩受生莊嚴하야 彼諸光明이 皆悉普照一切世界하고 照世界已에 來入我頂과 乃至一切諸毛孔中하며

又彼光中에 普現一切菩薩名號受生神變과 宮殿眷屬五欲自娛하며

又見出家와 往詣道場과 成等正覺과 坐師子座와 菩薩圍遶와 諸王供養과 爲諸大衆하야 轉正法輪하며

又見如來往昔修行菩薩道時에 於諸佛所에 恭敬供養과 發菩提心과 淨佛國土와 念念示現無量化身하야 充徧十方一切世界와 乃至最後入般涅槃하야 如是等事를 靡不皆見호라

又善男子야 彼妙光明이 入我身時에 我身形量이 雖不踰本이나 然이나 其實은 已超諸世間이니

所以者 何오 我身이 爾時에 量同虛空하야 悉能容受十方菩薩의 受生莊嚴諸宮殿故니라

이 때문에 언제나 여러 보살의 어머니가 되어 왔다.

불자여, 내가 이 염부제 가비라성의 정반왕궁에서 오른쪽 옆구리로 싯다르타 태자를 낳을 적에 불가사의하고 자재한 신통변화를 나타냈듯이, 이처럼 시방세계에 있는 모든 비로자나여래가 모두 나의 몸에 들어왔다가 탄생하면서 자재한 신통변화를 나타낸 것이다.

또한 선남자여, 내가 정반왕궁에서 보살이 탄생하려 할 때에, 보살의 몸 하나하나 모공에서 모두 광명이 쏟아져 나왔는데, 그 방

광의 이름을 '일체 여래가 몸을 받아 태어나는 공덕 바퀴'라 하였다.

하나하나의 모공에서 모두 말할 수 없이 말할 수 없는 세계의 티끌 수 보살이 태어나는 장엄을 나타내면서, 그 광명들이 모두 일체 세계에 두루 비춰주었다. 이처럼 일체 세계에 비춘 뒤에 다시 되돌아와서 나의 정수리와 모든 모공에까지 들어갔다.

또한 그 광명 속에 일체 보살의 명호, 태어나는 신통변화, 궁전, 권속, 5가지 욕락으로 스스로 즐기는 일들을 나타냈으며,

또한 출가, 도량에 나아감, 등정각의 성취, 사자법좌에 앉으심, 보살들이 둘러 모심, 임금들의 공양, 대중을 위해 바른 법륜을 굴리는 모습을 보았으며,

또한 여래께서 지난 옛적 보살의 도를 수행할 때에 여러 부처님 계신 도량에서의 공경과 공양, 보리심을 일으킴, 부처님 국토를 청정히 함, 한 생각의 찰나마다 한량없는 몸을 나타내어 시방의 모든 세계에 가득함, 내지 최후에 열반에 드시는 일까지 이런 일들을 모두 분명하게 보지 않은 게 없었다.

또한 선남자여, 저 미묘한 광명이 나의 몸에 들어올 적에 나의 몸은 본래의 모습과 크기보다 다르지 않았지만, 실제로는 이미 일체 세간을 초월하였다.

무엇 때문일까? 나의 몸이 그 당시에 허공과 같아서 시방 보살이 태어나는 장엄과 모든 궁전을 받아들일 수 있었기 때문이다.

● 疏 ●

文二니

初는 標爲刹海遮那母요

二 '又善男子'下는 別顯生佛之相이라

文中四니

初는 毛光爲先相이라

復分爲五니

初는 光入身이오

二 '又彼光中'下는 光現變이오

三 '又見出家'下는 現八相이오

四 '又見如來'下는 現因果오

五 '又善男子'下는 令身難思니 謂身不大코 而容十方無盡法界니라

　　이의 경문은 2단락이다.

　　앞은 일체 세계의 비로자나불의 어머니임을 밝혔고,

　　뒤의 '又善男子' 이하는 부처를 낳는 모습을 개별로 밝혔다.

　　이의 경문은 4단락이다.

　　㈀ 모공의 방광이 앞서 나타난 모습이다.

　　이는 다시 5단락으로 나뉜다.

　　① 광명이 몸으로 들어옴이며,

　　② '又彼光中' 이하는 광명이 신통변화를 나타내며,

　　③ '又見出家' 이하는 八相을 나타내며,

　　④ '又見如來' 이하는 인과를 나타내며,

⑤ '又善男子' 이하는 마야부인의 몸이 불가사의함이다. 이는 몸이 더 이상 커지지 않았음에도 시방의 그지없는 법계를 받아들였다.

經

爾時에 菩薩이 從兜率天將降神時에 有十佛刹微塵數 諸菩薩이 皆與菩薩로 同願이며 同行이며 同善根이며 同莊嚴이며 同解脫이며 同智慧며 諸地諸力과 法身色身과 乃至普賢神通行願이 悉皆同等하니 如是菩薩이 前後圍遶하며 又有八萬諸龍王等一切世主 乘其宮殿하고 俱來供養하니라

菩薩이 爾時에 以神通力으로 與諸菩薩로 普現一切兜率天宮하고 一一宮中에 悉現十方一切世界閻浮提內受生影像하야 方便敎化無量衆生하야 令諸菩薩로 離諸懈怠하고 無所執着하며

又以神力으로 放大光明하야 普照世間하야 破諸黑闇하고 滅諸苦惱하야 令諸衆生으로 皆識宿世所有業行하야 永出惡道하며

又爲救護一切衆生하야 普現其前하야 作諸神變하나니 現如是等諸奇特事하야 與眷屬俱하야 來入我身하며

彼諸菩薩이 於我腹中에 遊行自在하야 或以三千大千世界로 而爲一步하고 或以不可說不可說佛刹微塵數世

界로而爲一步하며

그때, 보살이 도솔천에서 내려오려 할 적에 열 세계 티끌 수 보살이 모두 보살들과 원하는 바가 같고 행하는 바가 같고 선근이 같고 장엄이 같고 해탈이 같고 지혜가 같으며, 모든 지위, 모든 힘, 법신, 육신 내지 보현의 신통과 행원까지 모두 같았다.

이런 보살들이 앞뒤에 둘러 모셨으며, 또한 8만의 용왕 등 일체 세간의 임금들이 그 궁전을 타고서 찾아와 모두 공양하였다.

보살이 그때에 신통력으로 여러 보살과 함께 모든 도솔천궁을 죄다 보여줬으며, 하나하나의 천궁마다 모두 시방 일체 세계의 염부제 안에서 태어나는 영상을 나타내어 한량없는 중생을 방편으로 교화하면서, 여러 보살로 하여금 게으름을 여의고 집착한 바 없도록 하였다.

또한 신통력으로 큰 광명을 쏟아내어 널리 세간을 비춰주어 모든 암흑을 타파하고 모든 고통과 번뇌를 없애주었으며, 중생으로 하여금 과거 세상에서 행한 업을 알고서 영원히 악도에서 벗어나게 하였으며,

또한 일체중생을 구호하기 위하여 그들의 앞에 나타나 온갖 신통변화를 부렸다. 이처럼 여러 가지 기특한 일을 나타내면서 권속들과 함께 나의 몸으로 들어왔다.

그 보살들은 나의 배 속에서 자재하게 돌아다녔는데, 어떤 이는 삼천대천세계로 한 걸음을 삼기도 하고, 어떤 이는 말할 수 없이 말할 수 없는 세계의 티끌 수 세계로 한 걸음을 삼기도 하였다.

● 疏 ●

第二는 正明自在入胎니 五라
初 '爾時菩薩'下는 眷屬翼從이오 二 '菩薩爾時'下는 菩薩現通이오
三 '又以神力'下는 光明息苦오 四 '又爲救護'下는 現變入胎오 五
'彼諸菩薩'下는 入已游步니라

㈐ 자유자재로 모태에 들어감을 밝혔다.

이는 5부분이다.

① '爾時菩薩' 이하는 권속이 좌우로 따르며,

② '菩薩爾時' 이하는 보살이 신통변화를 나타내며,

③ '又以神力' 이하는 광명이 고통을 없애주며,

④ '又爲救護' 이하는 신통변화를 나타내면서 모태로 들어가며,

⑤ '彼諸菩薩' 이하는 모태로 들어가 걸어 다님을 말한다.

經

又念念中에 十方不可說不可說一切世界諸如來所菩薩衆會와 及四天王天三十三天과 乃至色界諸梵天王이 欲見菩薩의 處胎神變하고 恭敬供養하며 聽受正法하야 皆入我身하니 雖我腹中에 悉能容受如是衆會나 而身不廣大하며 亦不迫窄하야 其諸菩薩이 各見自處衆會道場하야 淸淨嚴飾하니라

또한 한 생각의 찰나마다 시방으로 말할 수 없이 말할 수 없는 일체 세계에 계시는 여래의 도량에 모인 보살 대중, 사천왕천, 33

천, 그리고 색계의 모든 범천왕까지 보살의 모태에 들어온 신통변화를 보고, 공경하고 공양하며, 바른 법을 듣고자, 그들 모두 나의 몸으로 들어왔다.

　나의 배 속에 이처럼 많은 대중을 받아들였지만, 나의 몸은 더 이상 커지지도 않았고, 또한 비좁지도 않았다. 그 모든 보살은 제각기 자신의 대중이 모인 도량에서 청정하게 장엄함을 보았다.

◉ 疏 ◉

三은 腹包衆海라

　㈐ 배 속에 수많은 대중을 포용하였다.

經

善男子야 如此四天下閻浮提中菩薩受生에 我爲其母하야 三千大千世界百億四天下閻浮提中에도 悉亦如是나 然我此身은 本來無二하야 非一處住며 非多處住니 何以故오 以修菩薩大願智幻莊嚴解脫門故니라

　선남자여, 이처럼 사천하의 염부제에서 보살이 태어날 적에 내가 그들의 어머니가 되었듯이, 삼천대천세계 백억 사천하의 염부제에서도 모두 그와 같았다.

　그러나 나의 몸은 본래 둘이 아니며, 한곳에 머문 것도 아니며, 많은 곳에 머문 것도 아니다.

　무엇 때문일까?

496

보살의 큰 서원과 지혜가 요술처럼 장엄한 해탈법문을 닦았기 때문이다.

◉ 疏 ◉

四는 擧此類於百億世界니 稱一性故오 體周徧故오 不如事故니라 又上句는 不壞多故오 下句는 不壞一故며 又上句는 理如事故오 下句는 事如理故며 又一與多相卽入故니 此竝釋中智幻之義니라

㈣ 이를 들어서 백억 세계를 유추하였다. 이는 하나의 성품에 부합하기 때문이며, 본체가 두루 하기 때문이며, 사법계와 같지 않기 때문이다.

또한 위 구절은 많은 것을 무너뜨리지 않기 때문이며, 아래 구절은 하나를 무너뜨리지 않기 때문이며,

또한 위 구절은 이법계가 사법계와 같기 때문이며, 아래 구절은 사법계가 이법계와 같기 때문이며,

또한 하나와 많은 것이 서로 하나가 되기 때문이다. 이는 모두 해석 부분에서 말한 '요술과 같은 지혜'의 의의이다.

二는 爲過去諸佛母오
三善男子下는 爲賢劫千佛母니 義通三世오
四如於此下는 結通橫豎無窮이라

(2) 과거 모든 부처님의 어머니이며,

(3) '善男子' 이하는 현겁의 1천 부처님의 어머니이다. 이 뜻은 삼세에 통한다.

(4) '如於此' 이하는 시간과 공간의 무궁함을 모두 끝맺었다.

經

善男子야 如今世尊에 我爲其母하야 往昔所有無量諸佛에도 悉亦如是하야 而爲其母호라

善男子야 我昔曾作蓮華池神이러니 時有菩薩이 於蓮華藏에 忽然化生이어늘 我卽捧持하야 瞻侍養育하니 一切世間이 皆共號我하야 爲菩薩母러라

又我昔爲菩提場神이러니 時有菩薩이 於我懷中에 忽然化生하니 世亦號我하야 爲菩薩母러라

善男子야 有無量最後身菩薩이 於此世界에 種種方便으로 示現受生에 我皆爲母호라

善男子야 如此世界賢劫之中過去世時에 拘留孫佛과 拘那含牟尼佛과 迦葉佛과 及今世尊釋迦牟尼佛이 現受生時에 我爲其母하며

未來世中에 彌勒菩薩이 從兜率天將降神時에 放大光明하야 普照法界하야 示現一切諸菩薩衆受生神變하고 乃於人間에 生大族家하야 調伏衆生이어든 我於彼時에 亦爲其母하며

如是次第로 有師子佛과 法幢佛과 善眼佛과 淨華佛과

華德佛과 提舍佛과 弗沙佛과 善意佛과 金剛佛과 離垢佛과 月光佛과 持明佛과 名稱佛과 金剛楯佛과 淸淨義佛과 紺身佛과 到彼岸佛과 寶焰山佛과 持炬佛과 蓮華德佛과 名稱佛과 無量功德佛과 最勝燈佛과 莊嚴身佛과 善威儀佛과 慈德佛과 無住佛과 大威光佛과 無邊音佛과 勝怨敵佛과 離疑惑佛과 淸淨佛과 大光佛과 淨心佛과 雲德佛과 莊嚴頂髻佛과 樹王佛과 寶璫佛과 海慧佛과 妙寶佛과 華冠佛과 滿願佛과 大自在佛과 妙德王佛과 最尊勝佛과 栴檀雲佛과 紺眼佛과 勝慧佛과 觀察慧佛과 熾盛王佛과 堅固慧佛과 自在名佛과 師子王佛과 自在佛과 最勝頂佛과 金剛智山佛과 妙德藏佛과 寶網嚴身佛과 善慧佛과 自在天佛과 大天王佛과 無依德佛과 善施佛과 焰慧佛과 水天佛과 得上味佛과 出生無上功德佛과 仙人侍衛佛과 隨世語言佛과 功德自在幢佛과 光幢佛과 觀身佛과 妙身佛과 香焰佛과 金剛寶嚴佛과 喜眼佛과 離欲佛과 高大身佛과 財天佛과 無上天佛과 順寂滅佛과 智覺佛과 滅貪佛과 大焰王佛과 寂諸有佛과 毘舍佉天佛과 金剛山佛과 智焰德佛과 安穩佛과 師子出現佛과 圓滿淸淨佛과 淸淨賢佛과 第一義佛과 百光明佛과 最增上佛과 深自在佛과 大地王佛과 莊嚴王佛과 解脫佛과 妙音佛과 殊勝佛과 自在佛과 無上醫王佛과 功德月佛과 無礙光佛과 功德聚佛과 月現佛과 日天

佛과 出諸有佛과 勇猛名稱佛과 光明門佛과 娑羅王佛과 最勝佛과 藥王佛과 寶勝佛과 金剛慧佛과 無能勝佛과 無能暎蔽佛과 衆會王佛과 大名稱佛과 敏持佛과 無量光佛과 大願光佛과 法自在不虛佛과 不退地佛과 淨天佛과 善天佛과 堅固苦行佛과 一切善友佛과 解脫音佛과 遊戲王佛과 滅邪曲佛과 薝蔔淨光佛과 具衆德佛과 最勝月佛과 執明炬佛과 殊妙身佛과 不可說佛과 最淸淨佛과 友安衆生佛과 無量光佛과 無畏音佛과 水天德佛과 不動慧光佛과 華勝佛과 月焰佛과 不退慧佛과 離愛佛과 無著慧佛과 集功德蘊佛과 滅惡趣佛과 普散華佛과 師子吼佛과 第一義佛과 無礙見佛과 破他軍佛과 不着相佛과 離分別海佛과 端嚴海佛과 須彌山佛과 無着智佛과 無邊座佛과 淸淨住佛과 隨師行佛과 最上施佛과 常月佛과 饒益王佛과 不動聚佛과 普攝受佛과 饒益慧佛과 持壽佛과 無滅佛과 具足名稱佛과 大威力佛과 種種色相佛과 無相慧佛과 不動天佛과 妙德難思佛과 滿月佛과 解脫月佛과 無上王佛과 希有身佛과 梵供養佛과 不瞬佛과 順先古佛과 最上業佛과 順法智佛과 無勝天佛과 不思議功德光佛과 隨法行佛과 無量賢佛과 普隨順自在佛과 最尊天佛과 如是乃至樓至如來 在賢劫中하야 於此三千大千世界當成佛者에 悉爲其母하니라

如於此三千大千世界하야 如是於此世界海十方無量

諸世界一切劫中에 諸有修行普賢行願하야 爲化一切諸衆生者에 我自見身하야 悉爲其母호라

선남자여, 내가 오늘날 세존의 어머니가 되었듯이, 지난 옛적 한량없는 부처님에게도 또한 그처럼 그들의 어머니가 되었다.

선남자여, 나는 옛적 연꽃 연못을 수호하는 신이었을 적에, 보살이 연꽃 송이에서 변화하여 태어나는 것을 내가 바로 받들어 보호하며 길러왔다. 일체 세간 사람들이 모두 나를 '보살의 어머니'로 불렀다.

또한 옛적에 내가 보리도량을 수호하는 신이었을 적에, 보살이 나의 품에서 갑자기 변화하여 태어났다. 세간 사람들은 또한 나를 '보살의 어머니'로 불렀다.

선남자여, 마지막 몸을 받은 한량없는 보살들이 이 세계에서 가지가지 방편으로 태어남을 보일 적에 나는 모두 그들의 어머니가 되어왔다.

선남자여, 이와 같이 세계의 현겁 가운데 과거 세계의 구류손불, 구나함모니불, 가섭불, 오늘날의 석가모니불이 탄강하실 적에도 내가 그들의 어머니가 되었고,

미래 세계의 미륵보살이 도솔천에서 내려오실 적에 큰 광명을 쏟아내어 법계를 널리 비추면서 일체 보살이 태어나는 신통변화를 나타내고, 이에 인간 세계의 훌륭한 가문에서 태어나 중생을 조복할 때에도 나는 그의 어머니가 될 것이다.

이와 같이 차례로 사자불, 법당불, 선안불, 정화불, 화덕불, 제

사불, 불사불, 선의불, 금강불, 이구불, 월광불, 지명불, 명칭불, 금강순불, 청정의불, 감신불, 도피안불, 보염산불, 지거불, 연화덕불, 명칭불, 무량공덕불, 최승등불, 장엄신불, 선위의불, 자덕불, 무주불, 대위광불, 무변음불, 승원적불, 이의혹불, 청정불, 대광불, 정심불, 운덕불, 장엄정계불, 수왕불, 보당불, 해혜불, 묘보불, 화관불, 만원불, 대자재불, 묘덕왕불, 최존승불, 전단운불, 감안불, 승혜불, 관찰혜불, 치성왕불, 견고혜불, 자재명불, 사자왕불, 자재불, 최승정불, 금강지산불, 묘덕장불, 보망엄신불, 선혜불, 자재천불, 대천왕불, 무의덕불, 선시불, 염혜불, 수천불, 득상미불, 출생무상공덕불, 선인시위불, 수세어언불, 공덕자재당불, 광당불, 관신불, 묘신불, 향염불, 금강보엄불, 희안불, 이욕불, 고대신불, 재천불, 무상천불, 순적멸불, 지각불, 멸탐불, 대염왕불, 적제유불, 비사구천불, 금강산불, 지염덕불, 안온불, 사자출현불, 원만청정불, 청정현불, 제일의불, 백광명불, 최증상불, 심자재불, 대지왕불, 장엄왕불, 해탈불, 묘음불, 수승불, 자재불, 무상의왕불, 공덕월불, 무애광불, 공덕취불, 월현불, 일천불, 출제유불, 용맹명칭불, 광명문불, 사라왕불, 최승불, 약왕불, 보승불, 금강혜불, 무능승불, 무능영폐불, 중회왕불, 대명칭불, 민지불, 무량광불, 대원광불, 법자재불허불, 불퇴지불, 정천불, 선천불, 견고고행불, 일체선우불, 해탈음불, 유희왕불, 멸사곡불, 담복정광불, 구중덕불, 최승월불, 집명거불, 수묘신불, 불가설불, 최청정불, 우안중생불, 무량광불, 무외음불, 수천덕불, 부동혜광불, 화승불, 월염불, 불퇴혜불, 이애불, 무착혜불, 집공덕

온불, 멸악취불, 보산화불, 사자후불, 제일의불, 무애견불, 파타군불, 불착상불, 이분별해불, 단엄해불, 수미산불, 무착지불, 무변좌불, 청정주불, 수사행불, 최상시불, 상월불, 요익왕불, 부동취불, 보섭수불, 요익혜불, 지수불, 무멸불, 구족명칭불, 대위력불, 종종색상불, 무상혜불, 부동천불, 묘덕난사불, 만월불, 해탈월불, 무상왕불, 희유신불, 범공양불, 불순불, 순선고불, 최상업불, 순법지불, 무승천불, 부사의공덕광불, 수법행불, 무량현불, 보수순자재불, 최존천불,

　　이처럼 누지여래까지 현겁 사이에 이 삼천대천세계에서 부처님 되실 이의 어머니가 되었다.

　　이 삼천대천세계에서와 같이, 이 세계 바다에 있는 시방의 한량없는 세계와 일체 겁에서 보현의 행원을 닦아서 일체중생을 교화하려는 이에게도 나의 몸이 모두 그들의 어머니가 되는 것을 내가 보았다."

● 疏 ●

已上은 文俱하니 可知니라

　　이상은 경문에 잘 갖춰져 있으니, 설명하지 않아도 알 수 있다.

二 業用 竟하다

　　2) 해탈의 하는 일과 작용 부분을 끝마치다.

三 辨法眼根源

3) 법안의 근원을 논변하다

經

爾時에 善財童子 白摩耶夫人言호되 大聖이시여 得此解脫이 經今幾時니잇고

答言하사대 善男子야 乃往古世에 過不可思議非最後身菩薩神通道眼所知劫數하야 爾時有劫하니 名淨光이오 世界는 名須彌德이니 雖有諸山과 五趣雜居나 然其國土는 衆寶所成이라 淸淨莊嚴하야 無諸穢惡이오 有千億四天下어든 有一四天下하니 名師子幢이라 於中에 有八十億王城이어든 有一王城하니 名自在幢이오 有轉輪王하니 名大威德이오

彼王城北에 有一道場하니 名滿月光明이오 其道場神은 名曰慈德이오 時有菩薩하니 名離垢幢이라 坐於道場하야 將成正覺이러니 有一惡魔하니 名金色光이라 與其眷屬無量衆俱하야 至菩薩所어늘

彼大威德轉輪聖王이 已得菩薩神通自在라 化作兵衆에 其數倍多하야 圍遶道場한대 諸魔惶怖하야 悉自奔散이라 故彼菩薩이 得成阿耨多羅三藐三菩提하니라

時에 道場神이 見是事已하고 歡喜無量하야 便於彼王에 而生子想하야 頂禮佛足하고 作是願言호되 此轉輪王의 在在生處와 乃至成佛에 願我常得與其爲母하야지이다

作是願已하고 於此道場에 復曾供養十那由他佛하니라
善男子야 於汝意云何오 彼道場神이 豈異人乎아 我身이
是也오 轉輪王者는 今世尊毘盧遮那 是니
我從於彼發願已來로 此佛世尊이 於十方刹一切諸趣
에 處處受生하야 種諸善根하고 修菩薩行하야 教化成就
一切衆生하며 乃至示現住最後身하야 念念普於一切世
界에 示現菩薩受生神變에 常爲我子하고 我常爲母호라
善男子야 過去現在十方世界無量諸佛이 將成佛時에
皆於臍中에 放大光明하야 來照我身과 及我所住宮殿屋
宅하나니 彼最後生에 我悉爲母호라

그때, 선재동자가 마야부인에게 여쭈었다.

"거룩하신 성자여, 이런 해탈을 얻은 지 얼마나 오래되셨습니까?"

마야부인이 대답하였다.

"선남자여, 지난 옛적, 맨 나중의 몸을 받은 보살의 신통한 도안(道眼)으로 알 수 없는, 헤아릴 수 없는 겁 이전에 '정광겁'이 있었는데, 세계의 이름은 '수미덕 세계'라 한다. 비록 여러 산과 다섯 세계의 중생이 뒤섞여 살지만, 그 국토는 여러 가지 보배로 이뤄졌다. 청정하고 장엄하여 더럽거나 나쁜 게 없었다.

천억 사천하가 있는 가운데 '사자당사천하'가 있고, 그 가운데 80억 곳의 왕성이 있는데, 한 왕성의 이름을 '자재당왕성'이라 하며, 그 왕성에 '대위덕전륜왕'이 있었다.

그 왕성의 북쪽에 한 도량이 있는데, 그 이름을 '만월광명도량'이라 하고, 그 도량을 수호하는 신의 이름을 '자덕도량신'이라 한다.

그 당시, '이구당보살'이 그 도량에 앉아 장차 정각을 이루려 하는데, '금색광'이라는 악마가 한량없는 권속을 데리고 보살이 있는 도량을 찾아왔다.

그 대위덕전륜왕이 이미 보살의 자재한 신통을 얻은 터라, 곱절이나 더 많은 병사를 변화로 만들어 도량을 에워싸자, 모든 마군이 두려운 마음에 모두 물러갔다. 이 때문에 그 보살은 아뇩다라삼먁삼보리를 성취할 수 있었다.

그때, 그 도량을 수호하는 '자덕도량신'이 이런 일을 보고서 한량없이 기뻐하면서 전륜왕에게 아들이란 생각을 내고서, 부처님 발에 엎드려 절하고 이런 발원을 하였다.

'이 전륜왕이 어느 곳에 태어나든 성불할 때까지, 나는 항상 그의 어머니가 되기를 원하나이다.'

이런 서원을 세우고, 이 도량에서 다시 십 나유타 부처님께 공양하였다.

선남자여, 그대는 어떻게 생각하는가. 그 도량신은 어찌 다른 사람이겠는가. 바로 나의 전신이며, 전륜왕은 지금의 세존이신 비로자나이시다.

나는 그런 서원을 세운 뒤로, 부처님 세존이 시방세계의 여러 가지 길에서 나실 적마다 모든 선근을 심고 보살행을 닦아 일체중생을 교화하여 성취시켰으며, 내지 일부러 맨 나중의 몸을 나타내어 한 생각의 찰나마다 널리 일체 세계에 보살로 태어나 신통변화를 나타내면, 그는 항상 나의 아들이 되었고, 나는 항상 그의 어머니가 되었다.

선남자여, 과거와 현재의 시방세계 한량없는 부처님이 장차 성불하려 할 적이면, 모두 배꼽에서 큰 광명을 쏟아내어 나의 몸과 내가 머문 궁전을 비춰주었다. 그가 마지막 몸으로 태어날 적에 나는 그의 어머니가 되었다.

● 疏 ●

二니 初는 問이오 二 '答言'下는 答이라

文中六이니

初 輪王久遠을 非後身菩薩所知者는 顯唯佛知니 非但久遠이라 亦顯時無時相이니 佛智契故니라

二 '彼王城'下는 有佛魔來니라

三 '彼大威德'下는 聖帝助降이니 表智王助體에 本覺現故니라 此時에 已得菩薩神通하야 明今始成이 非實始也니라

四 '時道場'下는 場神興願이니 智假慈興일세 故神於王에 生如一子想이라

五 '善男子'下는 結會古今이라

六 '我從於彼'下는 爲母普周니 前來에 爲佛生時之母는 卽是願母오 此明爲佛成道時母는 卽是智母니라 臍中放光者는 生長同氣之所니 表佛佛皆從無二理生故니라

이는 2단락이다.

⑴ 물음이며,

⑵ '答言' 이하는 대답이다.

대답 부분은 6단락이다.

① 전륜왕의 오랜 이전의 인연을 후신보살로서 알 바가 아니라는 것은 오직 부처만이 알 수 있음을 나타낸 것이다. 너무 오래 이전일 뿐 아니라, 또한 시간에 시간이 없는 모습을 밝힌 것이다. 부처의 지혜에 계합하기 때문이다.

② '彼王城' 이하는 부처와 마군이 찾아옴이다.

③ '彼大威德' 이하는 대위덕전륜왕이 보살을 돕고자 강림함이다. 전륜왕이 보살의 몸을 돕자, 본각이 나타남을 밝힌 때문이다. 그 당시 전륜왕은 이미 보살의 신통을 얻었다. 이는 지금 처음 성취하였다고 하지만 실로 처음이 아님을 밝혔다.

④ '時道場' 이하는 도량신이 서원을 일으킴이다. 지혜가 자비를 빌어 일어나기에, 도량신이 왕의 자식과 같다는 생각을 내었다.

⑤ '善男子' 이하는 고금의 일을 회통하여 끝맺었다.

⑥ '我從於彼' 이하는 두루 모든 부처의 어머니가 되었다. 앞에서 부처를 낳을 적의 어머니는 서원으로서 어머니이며, 여기에서는 부처님의 成道時 어머니임을 밝힌 것으로, 바로 지혜의 어머니이다.

배꼽에서 방광한다는 것은 같은 형제[同氣]들이 생겨나고 커나가는 곳이다. 이는 모든 부처가 둘이 없는 이치에서 생겨남을 나타내기 때문이다.

經

善男子야 我唯知此菩薩大願智幻解脫門이어니와 如諸菩薩摩訶薩은 具大悲藏하야 敎化衆生호되 常無厭足하며 以自在力으로 一一毛孔에 示現無量諸佛神變하나니 我今云何能知能說彼功德行이리오
善男子야 於此世界三十三天에 有王하니 名正念이오 其王이 有女하니 名天主光이니 汝詣彼問호되 菩薩이 云何學菩薩行이며 修菩薩道리잇고하라
時에 善財童子 敬受其敎하야 頭面作禮하며 遶無數匝하며 戀慕瞻仰하고 却行而退하니라

선남자여, 나는 오직 이 보살의 큰 서원과 지혜가 요술과 같은 해탈법문만을 알 뿐이지만, 저 보살마하살은 크게 가엾이 여기는 법장을 갖추고서 중생을 교화하되 언제나 싫어함이 없으며, 자재한 힘으로 모공마다 한량없는 부처님의 신통변화를 나타내고 있다.

내가 그런 공덕의 행을 어떻게 알며, 어떻게 말할 수 있겠는가.

선남자여, 이 세계의 33천에 '정념왕'이 있고, 그 왕에게 딸이 있는데, 그 이름을 '천주광 공주'라 한다.

그대는 그를 찾아가 '보살이 어떻게 보살의 행을 배우며, 보살의 도를 닦는가.'를 묻도록 하라."

그때, 선재동자는 가르침을 공경하여 받들어 엎드려 절하고 수

없이 돌면서 우러러 사모하고 물러갔다.

◉ 疏 ◉

後三段은 可知니라
　4. 몸을 낮추면서 훌륭한 선지식을 추켜올리고,
　5. 뒤의 선지식을 소개하고,
　6. 덕양을 흠모하면서 절을 올리고 떠나감 3단락은 모두 설명하지 않아도 알 수 있다.

◉ 論 ◉

摩耶夫人은 總相中엔 以三法而成이어니와 別相中엔 以等佛數衆生數行門으로 而得其名이니
三法者는
一은 以等一切諸佛衆生平等無相自體淸淨法身妙理로 爲體오
二는 以等一切諸佛衆生平等理中普光明無作無依之智로 爲體오
三은 以等一切諸佛衆生無作理智之中無作性으로 長養一切衆生하야 饒益大慈大悲 與一切衆生으로 本同一體라 自他性亡하야 恒爲利益호되 不求恩報니 此乃天眞本然하야 衆生이 共有라 依此三法하야 行之卽是이니 雖然衆生이 共有나 而衆生이 迷之者는 須具方便行門하야 起發顯明하야사 方得이니라
云何方便고 其方便에 有十大願門하야 如願修學이니

一은 願初發心時에 起等一切衆生數慈悲大願하야 皆當救度一切衆生하야 令出三界苦하야 皆令成佛이오

二는 願承事恭敬供養十方一切諸佛하야 無空過者오

三은 願於諸世界中所生之處에 有德藝過己之人을 奉事修學이니 雖學諸藝하야 智出人天이나 不生憍慢하고 恒以大慈大悲로 爲首오

四는 願恒以四念處觀으로 隨病治之하고 立四正勤하야 成就根力이오

五는 願恒以七覺分으로 不離心首하고 長諸正慧하야 照十二緣生하야 成大智海오

六은 願恒以八正道行으로 無始無終하야 常現在前이오

七은 願自己八正道現前에 常住世間하야 利益人天一切六道衆生하야 自己不樂別求餘方淨土하고 明見一切法界之門하야 深知染淨이 本從妄起라 依眞本無오

八은 願於菩薩五位行門에 明知法則하야 所有十住十行十廻向十地十一地中方便과 及諸三昧와 利人天法을 一念徧周하야 善知其趣하야 次第修行이오

九는 願常念本願風輪으로 以持本智하야 鼓揚無邊諸波羅密行하야 等十方界對現色身하야 應根接引一切衆生이오

十은 願常以大慈悲身으로 起一切智하야 如理徧周法界하야 大智普照하야 不遺一物하고 平等普資니

此是摩耶夫人身所成之行이라 若修行者인댄 應如是修니 無有一佛도 不從大願海大悲智生이니라 是故로 經에 云但行普賢行願

하면 所願이 皆從我生이라하니 表此十一地의 智從悲起라
十地已前엔 大慈大悲之行이 皆以本願과 及以從根本智生하야 有修學長養이어니와 十一地엔 一切功終에 純是大慈悲로 爲法界體하야 以悲生智일세 幻生等衆生數身하야 常爲利益하야 曾無休息이 名爲生佛이니 非要得三十二相과 乃至九十七相이라 但初發心時에 一分會眞하야 智悲同起하면 雖未得通化變易自在나 法是一同하야 知見이 眞故니 如是修學하며 如是悟入하야사 方名初發心時에 便成正覺이며 亦名以佛知見으로 示悟衆生하야 欲令衆生으로 入佛知見이니라

從此摩耶夫人은 表十一地初門이오 已後九箇善知識은 總明從大慈悲로 爲母體하야 皆從母行하야 以智幻生하야 悲智徧周에 十方普現하야 不作階級次第對治니 已後善知識도 雖亦云我唯知此法門이오 餘不能知者나 以明同中具別하야 表普賢差別智 隨俗徧周니 非如十地已前에 滯障不達이니라

此之十一地는 但顯修行十一地行하야 滿此普賢十一地位에 顯德徧周하야 行備塵俗하야 無求出世니 自天主光已去는 總是同世凡流일세 不標神相異狀하야 與世人一種이로대 但有法利人이니 明十地已前은 是修悲智自已出世聖道法門이오 十一地는 是自以大慈悲心行으로 赴俗濟生之門이니 表自出世道滿에 無更求解脫離染離淨之心하고 但以乘法性船하야 張大慈悲帆하야 以大智로 爲船師하야 順本願風하야 吹諸波羅密網하고 常遊生死海하야 漉一切衆生有著之魚하야 安置無依普光明之智岸하야 常生一切

幻住萬行功德法界無礙寶堂이니 如下慈氏所居樓閣이 是니라
如善財 得羅刹王이 爲說求善知識法호되 令善財로 普禮十方하며 正念思惟一切境界하며 勇猛自在徧遊十方하며 觀身觀心이 如夢如幻如影하야 求善知識하고

爾時善財 受行其教하야 卽時觀見大寶蓮華 從地涌出者는 明十方求善知識者는 明自身心內外十方을 以法諦求에 有何體性가 令稱法身이오

又令觀身觀心이 如夢如影者는 令達其教하야 達性達相이 如影通同無二하야 便入智幻生門이 是見摩耶夫人也라

初見蓮華 從地涌出者는 以自性清淨法身으로 爲地體니 一切萬行蓮華 從此生故라

金剛爲莖者는 是根本智니 明一切差別行差別智 從法身根本智生이니 設是有此境界莊嚴이라도 亦是此依報也오 終不別有報因果也라

妙寶藏者는 慈悲含育報生也라

摩尼爲葉者는 行無垢報生也라

光明寶王으로 以爲其臺者는 以根本智現에 照用自在所報生也라
衆寶色香으로 以爲鬚者는 戒定慧解脫解脫知見香所報生也라
無數寶網으로 彌覆其上者는 以能施教網報生也라
上有樓觀者는 差別智報生也라
名普納十方法界藏者는 以大智徧周하고 教網普覆所報生也라
奇妙嚴飾者는 妙行報嚴故라

金剛爲地者는 法身報生也라
千柱行列者는 行有千萬行也라
一切皆以摩尼寶成者는 行行中無垢也라
以閻浮檀金으로 以爲其壁者는 柔和忍辱之所報生也라
衆寶纓絡이 四面垂下者는 四攝之行으로 垂慈接生之所報生也라
已下는 準此例知니 敎廣文長하야 不可具述이니라
已下摩耶夫人의 所現徧法界身과 同一切衆生事業等身과 生一切諸如來身은 如文自明하니라

 마야부인은 총상 부분에서는 3가지 법으로 이뤄졌지만, 별상 부분에서는 부처의 수효, 중생의 수효와 동등한 수행의 법문으로 그 명칭을 얻은 것이다.
 3가지 법이란 다음과 같다.
 ① 일체 모든 부처와 중생이 똑같이 평등하고 모습이 없는, 자체가 청정한 법신의 미묘한 이치로 본체를 삼고,
 ② 일체 모든 부처와 중생이 평등한 이치 속에서 보광명으로 작위도 없고 의지함도 없는 지혜로 본체를 삼으며,
 ③ 일체 모든 부처와 중생이 동등한 작위 없는 理智 속에서 작위 없는 성품으로 일체중생을 길러주어 이익을 주는 대자대비가 일체중생과 본래 동일한 본체이다. 나와 남의 성품이 없어 언제나 이익을 베풀면서도 은혜의 보답을 추구하지 않는다. 이는 바로 천진한 본연으로 중생의 공유한 바이다. 이 3가지 법에 의하여 행하면 곧 얻는 바가 있다. 그러나 아무리 중생이 공유했다 할지라도

중생으로서 미혹한 자는 반드시 방편의 수행법문을 갖추어 일으키고 밝혀야 비로소 얻어지는 것이다.

무엇을 방편이라 말하는가?

그 방편에 10가지 큰 서원의 법문이 있는데, 서원한 바에 따라 닦고 배워야 한다.

① 바라건대 처음 발심할 적에 일체중생의 수효와 같은 자비의 큰 서원을 일으켜 모두 일체중생을 제도하여, 그들이 삼계의 고통 속을 벗어나 모두 성불하도록 하였다.

② 시방 일체 모든 부처님을 받들어 섬기며, 공경하고 공양하여 헛되이 지내지 않기를 원하였다.

③ 모든 세계의 태어나는 곳에서 공덕과 기예가 나보다 뛰어난 사람을 받들어 섬기면서 배우기를 원하였다. 비록 모든 기예를 배워서 그 지혜가 인간계와 천상계를 능가할지라도 교만한 마음을 내지 않고, 언제나 대자대비를 으뜸으로 삼고자 하였다.

④ 항상 4念處觀으로 병에 따라 다스리고, 4正勤을 세워서 선근의 힘을 성취하기를 원하였다.

⑤ 항상 7覺分으로 마음에 여의지 않고, 모든 바른 지혜를 키워 12연기를 관조하면서 큰 지혜의 성취를 원하였다.

⑥ 언제나 8정도의 행으로 시작도 없고 끝도 없이 앞에 나타남을 원하였다.

⑦ 자신의 8정도가 앞에 나타남에 항상 세간에 머물면서 인간계와 천상계의 일체 6도 중생에게 이익을 베풂으로써 자신은 나

머지 세계의 정토를 따로 구하는 것을 좋아하지 않고, 일체 법계의 문을 분명히 보고서 오염과 청정이 본래 허망한 생각에서 일어난 터라, 진공에 의지하면 본래 없음을 알고자 원하였다.

⑧ 보살의 5위 행문에서 분명히 법칙을 알고서 십주·십행·십회향·십지·11지 가운데 방편, 모든 삼매, 인간계와 천상계의 일체중생에게 이익을 주는 법을 한 생각의 찰나에 두루 다하면서 그 종지를 잘 알아 차례로 수행하기를 원하였다.

⑨ 언제나 근본 서원을 생각하는 풍류으로 근본 지혜를 지니고서 끝없는 모든 바라밀행을 고양하여 시방세계와 대등한 색신을 나타내어 일체중생의 근기에 맞추어 맞이하고 인도하기를 원하였다.

⑩ 언제나 대자비의 몸으로 일체 지혜를 일으켜 진리대로 법계에 두루두루 큰 지혜로 널리 비춤으로써 어느 한 물건도 남기지 않고 평등하게 널리 살림살이가 되기를 원하였다.

이는 바로 마야부인의 몸으로 성취한 행이다. 만약 수행하는 자라면 반드시 이와 같이 닦아야 한다. 어느 한 부처도 큰 서원의 바다와 大悲大智로부터 생겨나지 않은 것이 없다.

이 때문에 경문에서 "다만 보현의 행원을 행하면, 원하는 바가 모두 나에게서 생겨난다."고 하였다. 이는 11지의 지혜가 자비에서 일어남을 나타낸 것이다. 십지 이전에서는 대자대비의 행이 모두 본원과 근본지에서 생겨나 닦아 배우면서 길러 나가지만, 11지에서는 더 이상 일체의 공부가 끝나는 자리이기에, 순전히 대자비로

법계의 본체를 삼아 자비로써 지혜를 낳기 때문에 중생의 수효만큼의 몸으로 환생하여 언제나 이익을 주되 일찍이 멈춘 적이 없음을 '부처를 낳음'이라고 말한다. 이는 32상과 나아가 97상을 얻고자 함이 아니다.

다만 처음 발심할 적에 1분의 진공과 회통하여 지혜와 자비가 똑같이 일어나면, 비록 신통변화의 변역이 자재함을 얻지 못할지라도 법이 하나같이 똑같아 지견이 진공이기 때문이다. 이와 같이 닦고 배우며, 이와 같이 깨달아야만 비로소 그 이름을 "처음 발심할 때 바로 정각을 성취함"이라 하며, 또한 그 이름을 "부처의 지견으로 중생을 깨우쳐 중생으로 하여금 부처의 지견에 들어가도록 하고자 하였다."고 말한다.

이로부터 마야부인은 11지의 첫 법문을 나타내며, 뒤의 9명의 선지식은 대자비로 모체를 삼아 모두 모체의 행에서 지혜로 환생하여 자비와 지혜가 두루 시방에 널리 나타나 계급이나 차례에 의한 다스림을 마련하지 않음을 총괄하여 밝혔다. 이후의 선지식도 비록 "나는 이 법문만을 알 뿐, 나머지는 모른다."고 말하지만, 같은 부분 속에 개별을 갖추어 밝힘으로써 보현의 차별지가 세속을 따라 두루 함을 나타낸 것이지, 십지 이전에는 장애에 걸려 잘 알지 못한 것과는 다르다.

이 11지는 다만 11지의 행을 수행하여 이 보현의 11지를 원만히 이루는 지위에서 덕이 두루 가득하여, 행이 세속에 구비되어 출세간을 구하지 않음을 밝혔다.

천주광 이후는 모두 세간과 함께하는 여느 사람과 같기에 신의 모습이나 특이한 형상을 나타내지 않고, 세간 사람과 한 부류이면서도 다만 법으로써 사람을 이롭게 하였다. 십지 이전은 자비와 지혜를 닦는 자신의 출세간 聖道의 법문이며, 11지는 스스로 대자비의 마음으로 세속에 나아가 중생을 구제하는 법문을 밝혔다.

자신의 출세간 도가 원만하여, 다시는 해탈을 구하거나 오염에서 벗어나려거나 청정에서 벗어나려는 마음을 구하지 않는다. 다만 법성의 배를 타고서 대자비의 돛을 펼치고 대지혜로 선장을 삼아 본원의 바람을 따라서 모든 바라밀의 그물을 던져놓고 언제나 생사의 바다에 노닐 뿐이다. 그러다가 집착에 사로잡힌 일체중생이라는 고기를 제도하여 의지함이 없는 보배 광명의 지혜 언덕에 둠으로써 항상 일체의 허환이 머무는 만행공덕의 법계의 걸림 없는 寶堂에 태어남을 나타냈다. 아래의 미륵보살이 거처하는 누각이 이에 해당된다.

예컨대 선재동자가 "나찰왕이 선지식의 법을 구하는 것을 말해주기 위하여 선재동자로 하여금 시방에 두루 예배하며, 바른 생각으로 일체 경계를 사유하며, 용맹하고 자재하게 시방에 두루 노닐며, 몸과 마음이 꿈과 같고 요술과 같고 그림자와 같음을 관찰하면서 선지식을 구하게 함"을 얻었다.

그때, 선재동자가 그의 가르침을 받아 행하여 바로 큰 보련화가 땅에서 솟아남을 본 것은 시방에 선지식을 구한다는 것은 스스로의 몸과 마음, 안팎과 시방을 법으로 자세히 구함에 어떤 체성이 있겠는가. 법신에 맞게 함을 밝힌 것이다.

또한 몸과 마음이 꿈과 같고 그림자와 같음을 관찰하게 함은 그 가르침을 통달하여 성품과 모양이 그림자처럼 똑같아 둘이 없음을 알고서 바로 지혜로 환생한 법문에 들어감이 바로 마야부인을 보는 것이다.

처음 연꽃이 땅에서 솟아남을 본 것은 자성의 청정법신으로 땅의 본체를 삼은 것이다. 일체 만행의 연꽃이 여기에서 피어나기 때문이다.

금강으로 줄기를 삼았다는 것은 근본지이다. 일체의 차별행과 차별지가 법신의 근본지에서 생겨남을 밝혔다. 설령 이 경계의 장엄이 있을지라도 또한 이는 의보일 뿐, 끝내는 별도로 과보의 인과가 있지 않다.

미묘한 보배 법장이란 자비로 길러준 과보로 태어남을 말한다.

마니주로 잎을 삼았다는 것은 때가 없는 행의 과보로 태어남을 말한다.

광명보왕으로 꽃판을 삼았다는 것은 근본지가 나타남에 비추는 작용이 자재한 과보로 태어남을 말한다.

여러 가지 보배 빛과 향으로 꽃술을 삼았다는 것은 계·정·혜·해탈·해탈지견향의 과보로 태어남을 말한다.

무수한 보배 그물로 그 위를 가득 덮었다는 것은 가르침을 베푼 그물의 과보로 태어남을 말한다.

연꽃 위에 누각이 있다는 것은 차별지의 과보로 태어남을 말한다.

그 이름을 '시방 법계를 널리 받아들이는 법장'이라 말한 것은 큰 지혜가 두루 원만하고 가르침의 그물로 널리 덮어준 과보로 태어남을 말한다.

기묘하게 장식하였다는 것은 미묘한 행의 과보로 장엄하기 때문이다.

금강으로 땅을 삼았다는 것은 법신의 과보로 태어남을 말한다.

1천 기둥이 줄지어 서 있다는 것은 행에 천만 가지 행이 있기 때문이다.

일체 모든 것이 마니주로 이루어졌다는 것은 하나하나의 행마다 때가 없기 때문이다.

염부단금으로 그 벽을 삼았다는 것은 유화와 인욕의 과보로 태어남을 말한다.

여러 보배 영락이 사방에 드리워졌다는 것은 사섭법의 행으로 자비를 드리워 중생을 맞이한 과보로 태어남을 말한다.

아래는 이에 준하여 예로 알 수 있다. 가르침이 광대하고 경문이 장황해서 모두 서술할 수 없다.

아래에서 마야부인이 나타낸 바의 법계에 두루 한 몸, 일체중생의 사업과 함께하는 동등한 몸, 일체 모든 여래를 낳는 몸은 경문에서 스스로 밝힌 바와 같다.

第二'遂往天宮'下 十友는 別明會緣이라 然位德已極이나 託迹凡流하야 深悲接生일세 不標神異오 但以法利人이라 又顯求者道深일세 或但示法門之名이면 則懸領旨趣니라

第一 天主光은 卽幻智念力善友라 言天主光者는 謂悲智勝用이 光淨自在하야 破闇義故니라 父名正念者는 此由定發故니 故法門名이 無礙淸淨念이라

初一句는 卽依敎趣求오

第二'見彼'下는 見敬諮問이라【鈔_ '天主光女 父名正念'者는 卽第三會에 問梵行之王也라 又云'往三十三天'者는 是摩耶捨化所生天也니 則知摩耶 非獨在天이니라 故晉經에 云'在迦毘羅城'이라하다】

[2] 별상 부분

'遂往天宮' 이하 10분의 선지식은 개별로 만남의 인연을 밝힌 부분이다. 그러나 지위와 공덕이 이미 지극하지만 여느 사람의 부류에 발자취를 붙여 깊이 가엾이 여기는 마음으로 중생을 맞이하기에, 신비하거나 기이한 행적을 나타내지 않고, 다만 법으로써 사람들에게 이익을 베풀었다.

또 추구한 자의 도가 심오하기에 법문의 명칭만을 보일지라도 바로 그 종지를 잘 알 수 있음을 밝힌 것이다.

제1. 천주광 공주, 환지염력 선지식

'천주광'이라 말한 것은 大悲大智의 훌륭한 작용이 빛나고 청

정하고 자재하여 어둠을 타파한다는 뜻에 따라 붙여진 명호이기 때문이다.

　부친의 이름을 '正念王'이라 말한 것은 선정에 의해 나온 까닭이다. 따라서 법문의 명칭을 '걸림이 없는 청정한 생각'이라 한다.

　1. 첫 구절[遂往天宮]은 가르침을 따라 선지식을 찾아가 법을 구하였고,

　2. '見彼' 구절 이하는 친견하여 절을 올리고 법의 요체를 물었다. 【초_ 천주광 여인의 부친 이름을 '정념왕'이라 말한 것은 제3법회에서 梵行을 물은 왕이다.

　또한 33천을 찾아갔다고 말한 것은 마야부인의 교화를 버리고 태어난 하늘이다. 여기에서 알아야 할 것은 마야부인이란 오직 하늘에만 머물지 않는다. 이 때문에 60화엄경에서는 "가비라성에 있다."고 말하였다.】

經

遂往天宮하야
見彼天女하고 禮足圍遶하며 合掌前住하야 白言호되
聖者여 我已先發阿耨多羅三藐三菩提心호니 而未知菩薩이 云何學菩薩行이며 云何修菩薩道리잇고 我聞聖者는 善能誘誨라하니 願爲我說하소서

　선재동자는 마침내 천궁을 찾아가,

　천주광 여인을 보고서 발에 절하고 주위를 맴돌고 합장하고

서서 말하였다.

"거룩하신 이여, 저는 이미 아뇩다라삼먁삼보리심을 내었습니다.

그러나 보살이 어떻게 보살의 행을 배우며, 보살의 도를 닦는지 모르겠습니다.

제가 듣자오니 거룩하신 이께서 잘 가르쳐주신다 하니, 바라건대 저를 위하여 말해주십시오."

―

第三 示己法門

3. 자기의 법계를 보여주다

經

天女 答言하사대 善男子야 我得菩薩解脫호니 名無礙念淸淨莊嚴이니라

善男子야 我以此解脫力으로 憶念過去에 有最勝劫하니 名靑蓮華라 我於彼劫中에 供養恒河沙數諸佛如來호되 彼諸如來의 從初出家로 我皆瞻奉守護供養하야 造僧伽藍하고 營辦什物하며 又彼諸佛의 從爲菩薩로 住母胎時와 誕生之時와 行七步時와 大師子吼時와 住童子位하야 在宮中時와 向菩提樹하야 成正覺時와 轉正法輪하고 現佛神變하야 敎化調伏衆生之時에 如是一切諸所作事를

從初發心으로 乃至法盡히 我皆明憶하야 無有遺餘하야 常現在前하야 念持不忘호라
又憶過去에 劫名善地니 我於彼에 供養十恒河沙數諸佛如來하며
又過去劫이 名爲妙德이니 我於彼에 供養一佛世界微塵數諸佛如來하며
又劫名無所得이니 我於彼에 供養八十四億百千那由他諸佛如來하며
又劫名善光이니 我於彼에 供養閻浮提微塵數諸佛如來하며
又劫名無量光이니 我於彼에 供養二十恒河沙數諸佛如來하며
又劫名最勝德이니 我於彼에 供養一恒河沙數諸佛如來하며
又劫名善悲니 我於彼에 供養八十恒河沙數諸佛如來하며
又劫名勝遊니 我於彼에 供養六十恒河沙數諸佛如來하며
又劫名妙月이니 我於彼에 供養七十恒河沙數諸佛如來호라
善男子야 如是憶念恒河沙劫에 我常不捨諸佛如來應正等覺하야 從彼一切諸如來所로 聞此無礙念淸淨莊嚴

菩薩解脫하고 **受持修行**하야 **恒不忘失**하며
如是先劫所有如來의 **從初菩薩**로 **乃至法盡**히 **一切所作**을 **我以淨嚴解脫之力**으로 **皆隨憶念**하야 **明了現前**하야 **持而順行**하야 **曾無懈廢**호라

천주광 여인이 대답하였다.

"선남자여, 나는 보살의 해탈을 얻었는데, 그 이름을 '걸림 없는 생각의 청정한 장엄 해탈'이라 한다.

선남자여, 나는 이 해탈의 힘으로 과거 세계를 기억하는데, 과거에 가장 훌륭한 겁이 있었다. 그 이름을 '청련화겁'이라 한다. 나는 그 겁에서 항하의 모래처럼 수많은 부처님 여래께 공양하였다. 그 여래들이 처음 출가할 적부터 내가 모두 받들어 수호하고 공양하면서 가람을 짓고 모든 물건을 갖추어 주었다.

또한 저 부처님들이 보살로서 모태에 머물 때, 탄생할 때, 일곱 걸음을 걸을 때, 크게 사자후할 때, 동자의 지위에 머물면서 궁중에 계실 때, 보리수 아래에서 정각을 이룰 때, 바른 법륜을 굴리고 부처님의 신통변화를 나타내어 중생을 교화하고 조복할 때, 이처럼 일체 모든 일을 처음 발심한 때부터 법이 다할 때까지 내가 모두 분명히 기억하여 잊은 게 없으며, 항상 앞에 나타나 생각하고 잊지 않았다.

또 과거의 '선지겁'을 기억하고 있다. 나는 그 겁에서 10항하의 모래 수 부처님 여래께 공양하였다.

또 과거의 '묘덕겁'을 기억하고 있다. 나는 그 겁에서 한 세계의

티끌 수 부처님 여래께 공양하였다.

또 '무소득겁'이 있었다. 나는 그 겁에서 84억 백천 나유타 부처님 여래께 공양하였다.

또 '선광겁'이 있었다. 나는 그 겁에서 염부제 티끌 수 부처님 여래께 공양하였다.

또 '무량광겁'이 있었다. 나는 그 겁에서 20항하의 모래 수 부처님 여래께 공양하였다.

또 '최승덕겁'이 있었다. 나는 그 겁에서 한 항하의 모래 수 부처님 여래께 공양하였다.

또 '선비겁'이 있었다. 나는 그 겁에서 80항하의 모래 수 부처님 여래께 공양하였다.

또 '승유겁'이 있었다. 나는 그 겁에서 60항하의 모래 수 부처님 여래께 공양하였다.

또 '묘월겁'이 있었다. 나는 그 겁에서 70항하의 모래 수 부처님 여래께 공양하였다.

선남자여, 이처럼 항하의 모래 수 겁에 나는 언제나 부처님 여래, 응공, 정등각을 버리지 않고서 저 일체 여래의 도량에서 이 걸림 없는 생각의 청정장엄한 보살의 해탈을 듣고, 받아 지니고 수행하여 항상 잊지 않고 기억하였다.

이처럼 지난 겁에 계셨던 여래께서 처음 보살로부터 법이 다할 때까지 하셨던 모든 일을 내가 청정한 장엄 해탈의 힘으로 모두 따라 기억하여 분명히 앞에 나타나, 지니고 따라 행하여 일찍이 게으르거나 그만두지 않았다.

● 疏 ●

於中二니

先은 標名이니 謂以一念無礙智로 普觀三世하야 無不明現이로되 而無去來今이 爲無礙念이오 不雜異念이 爲淸淨念이오 念佛功德이 有益悲智일새 故曰莊嚴이라

後'善男子'下는 明業用이라

於中三이니

一은 念最初一劫이오 二'又憶'下는 中間諸劫이오 三'善男子如是憶'下는 總結多劫이니 非唯憶念이라 亦於彼多劫多佛애 聞持此門이라

이의 경문은 2단락이다.

(1) 명제를 밝혔다. 한 생각의 걸림 없는 지혜로써 삼세를 널리 관찰하여 밝게 나타나지 않음이 없으나, 과거·미래·현재가 없음이 걸림 없는 생각이며, 다른 생각에 뒤섞이지 않음이 청정한 생각이며, 부처님의 공덕을 생각함이 자비와 지혜에 이익이 있기에 이를 '장엄'이라 한다.

(2) '善男子' 이하는 하는 일과 작용을 밝혔다.

이 부분은 3단락이다.

① 최초 1겁을 생각하였고,

② '又憶' 이하는 중간의 모든 겁이며,

③ '善男子如是憶' 이하는 많은 겁을 총괄하여 끝맺었다. 오직 기억할 뿐 아니라, 또한 많은 겁에 많은 부처님에게 이런 법문을 듣고 지녔다.

經
善男子야 我唯知此無礙念淸淨解脫이어니와
如諸菩薩摩訶薩은
出生死夜하야 朗然明徹하며
永離癡冥하야 未嘗惛寐하며
心無諸蓋하야 身行輕安하며
於諸法性에 淸淨覺了하며
成就十力하야 開悟群生하나니
而我云何能知能說彼功德行이리오
善男子야 迦毘羅城에 有童子師하니 名曰徧友니 汝詣彼
問호되 菩薩이 云何學菩薩行이며 修菩薩道리잇고하라
時에 善財童子 以聞法故로 歡喜踊躍하야 不思議善根
이 自然增廣하야 頂禮其足하며 遶無數匝하고 辭退而去
하니라

선남자여, 나는 오직 걸림 없는 생각의 청정한 해탈을 알 뿐이지만,

저 보살마하살은 생사의 깊은 밤에서 벗어나 분명하게 통달하며,

영원히 어리석음을 여의어 혼매하지 않으며,

마음에는 많은 덮개가 없어 몸이 가뿐하며,

법성을 청정하게 깨달으며,

열 가지 힘을 성취하여 중생을 깨우쳐주었다.

내가 그런 공덕을 어떻게 알며, 어떻게 말할 수 있겠는가.

선남자여, 가비라성에 한 동자 스승이 있는데, 그 이름을 '변우'라 한다.

그대는 그를 찾아가 '보살이 어떻게 보살의 행을 배우며, 보살의 도를 닦는가.'를 묻도록 하라."

그때, 선재동자는 법을 들었으므로 기쁜 마음에 발을 구르면서 불가사의한 선근이 저절로 증장하여, 그의 발에 엎드려 절하고 수없이 돌고 하직하고 떠나갔다.

◉ 疏 ◉

後三段은 竝可知라

下諸善友 六段之文은 多有不具하니 皆可思準이어다

    4. 몸을 낮추면서 선지식의 훌륭함을 추켜올리고,

    5. 뒤의 선지식을 소개하고,

    6. 덕망을 흠모하면서 절을 올리고 떠나감 3단락은 모두 설명하지 않아도 알 수 있다.

아래의 여러 선지식에 관한 6단락의 경문은 대부분 구체적으로 논급하지 않았다. 이는 모두 앞의 경문에 준하여 생각해야 한다.

● 論 ●

王名正念者는 明智淨自在 如天王이오 正念者는 表淨智 無念而自在하야 任理施爲에 不爲而萬事自爲니 明十一地淨智 任運應現也라 在十住位中하야는 但名正念天子 問其梵行이오 未云有女러니 至此十一地中하야 名王하고 又云有女는 明以智生悲也니 有女名天主光者는 表無作智中慈悲無染性이 任用利物也라 此位는 表智圓用이 無前後也일새 取天이니 表處生死中自在하야 神化無方이오 非卽在於處所也라

敬申所求에 云我得菩薩解脫名無礙念은 意明無礙念者는 得三世無礙智하야 一念에 印三世古今과 及未來一切衆生生死劫量과 及一切三世諸佛成道劫量하야 一念徧知하야 無不了然이 如今現前하야 以無妄念智 現前에 諸法이 本如是故니 此明無妄念之正念智也오

於中所有諸劫中諸佛之數 於諸劫中에 或供養多佛하며 或供養少佛하야 增減不定者는 是一念中無念正智로 普皆供養三世諸佛之數니 此是無久近中久近之狀也라 總無時之大圓智境이 法自如是하야 不由修生也니 修者는 但自照十二緣生하야 達妄成智언정 智無所修오 但自解迷언정 眞無可作이며 亦無三世古今之性이니라 此是十一地中第二地善知識이오

次十一地中第二地善知識已下는 總明正念中無礙智用徧周하야 同行攝生之行身也니 此方如是에 十方一切世界 例然하야 六道等徧하야 總從摩耶大悲海生하야 以正念無作智로 爲體也라 此

是十一地中戒波羅密이니 以智生悲門故로 女名天主光이니라

　왕의 명호를 '正念'이라 말한 것은 지혜가 청정하고 자재함이 천왕과 같음을 밝힌 것이다. '정념왕'이라 이름 붙인 것은 청정한 지혜가 무념으로 자재하여 이치에 맡겨 일을 하면서도 하는 일이 없는데, 모든 일이 절로 이뤄짐을 나타낸 것이다. 11지의 청정한 지혜가 마음대로 응하여 나타남을 밝혔다. 십주의 지위에서는 다만 '정념'이라는 이름을 가진 천자가 "청정범행을 물었다."고 말하였을 뿐, 그에게 딸이 있다는 말을 하지 않았다. 이 11지에 이르러서는 '왕'이라는 명칭을 붙이고, 또한 그의 딸이 있다고 말한 것은 지혜로써 자비를 내었음을 밝힌 것이다.

　딸의 이름을 '천주광'이라 말함은 작위가 없는 지혜 속에서 오염이 없는 자비의 성품이 작용에 맡겨 중생을 이롭게 함을 나타낸 것이다.

　이 지위는 지혜의 원만한 작용에 선후의 차이가 없음을 나타낸 까닭에 '天' 자의 뜻을 취하였다. 이는 생사 속에 머물면서도 자재한 신통의 변화무쌍함이 하늘 같다는 뜻을 나타낸 것이지, '하늘이라는 장소에 있는 사람'이라는 말이 아니다.

　'공경히 법의 요체를 구할 바를 말한' 부분에서 "나는 보살의 해탈을 얻었는데, 그 이름을 '걸림 없는 생각의 해탈[無礙念]'이라 한다."고 말한 뜻은 '無礙念'이란 과거·미래·현재에 걸림 없는 지혜를 얻어서 한 생각의 찰나에 삼세의 고금과 미래의 일체중생의 생사에 관한 겁의 한계, 일체 삼세제불의 성도에 관한 겁의 한계를 인증하여, 한 생각의 찰나에 모두 아는데, 마치 바로 앞에 있는 것처럼 분명하게 알지 않은 게 없다. 이는 망념이 없는 지혜가 앞에 나타나 모든 법이 본래 이와 같기 때문이다. 여기에서는 망념이 없는 바른 생각의 지혜를 밝혔다.

그 가운데 있는 모든 겁 사이에 몸을 나타낸 일체 부처의 수효를 말함에 있어, 모든 겁의 사이에 혹은 많은 수효의 부처를 공양하거나 혹은 적은 수효의 부처를 공양하여 많고 적음의 수효가 일정하지 않은 것은, 한 생각의 찰나에 망념이 없는 바른 지혜[無念正智]로 삼세제불을 널리 공양한 수효이다. 이는 오래되고 가까움이 없는 가운데 오래됨과 가까움의 차이가 있는 형상이다.

총체적으로 시간의 차별이 없는 大圓鏡智 경계의 법이 본래 이와 같은 것이지, 후천적인 수행을 통하여 생겨남이 아니다. 수행하는 자는 다만 스스로 12연기를 관조하여 망념을 통달하고 지혜를 성취할지언정, 대원경지는 애당초 닦을 대상 자체가 없다. 다만 스스로 미혹을 풀지언정, 진리의 근본 자리는 만들어 낼 수도 없고, 또한 삼세 고금의 자체도 없다. 이는 11지 가운데 제2지의 선지식이다.

다음 11지 가운데 제2지의 선지식 이하는 바른 생각 속의 걸림 없는 지혜 작용이 두루 원만하여 행과 함께 중생을 받아들이는 수행의 몸임을 총괄하여 밝혔다. 이곳에서 이처럼 행하였던 것처럼, 시방의 일체 세계 또한 마찬가지이다. 지옥·아귀·축생·아수라·인간·천상 6곳의 세계를 동등하게 두루 거치면서 모두 마야부인의 대자비로 태어나, 작위 없는 바른 생각의 지혜로 본체를 삼는다. 이는 11지 가운데 지계바라밀이다. 지혜로써 자비를 낳는 법문이기 때문에 그 딸의 이름을 '천주광'이라 말하였다.

▃

第二 童子師徧友 幻智師範善知識
謂爲童蒙師하야 徧與衆生으로 爲善友故니라

    제2. 변우동자사, 환지사범 선지식

    어린아이의 스승으로서 두루 중생과 함께하는 선지식이기 때문이다.

經
從天宮下하야 漸向彼城하야 至徧友所하야 禮足圍遶하며
合掌恭敬하고 於一面立하야 白言호되
聖者여 我已先發阿耨多羅三藐三菩提心호니
而未知菩薩이 云何學菩薩行이며 云何修菩薩道리잇고
我聞聖者는 善能誘誨라하니 願爲我說하소서
徧友 答言하사대 善男子야 此有童子하니 名善知衆藝라
學菩薩字智하나니 汝可問之하라 當爲汝說하리라

    천궁에서 내려와 가비라성을 찾아가 변우동자사가 있는 도량에 이르러 그의 발에 절하고 두루 돌고 합장하고 공경하는 마음으로 한쪽 곁에 서서 말하였다.

"거룩하신 이여, 저는 이미 아뇩다라삼먁삼보리심을 내었습니다.

그러나 보살이 어떻게 보살의 행을 배우며, 보살의 도를 닦는지 모르겠습니다.

제가 듣자오니 거룩하신 이께서 잘 가르쳐주신다 하니, 저를 위하여 말해주십시오."

변우동자사가 대답하였다.

"선남자여, 여기에 한 동자가 있는데, 그 이름을 '선지중예'라 한다. 보살의 글자 지혜를 배웠으니 그대는 그를 찾아가 묻도록 하라. 그대를 위해 말해줄 것이다."

● 疏 ●

居迦毘羅黃色城者는 中道軌物故니라
不得法者는 畧有四義하니
一은 與衆藝法門同故오 二는 法有所付하야 顯流通故오 三은 表一切法門 體無二故오 四는 表無所得이라야 方爲得故니라

가비라 황색성에 거처한다는 것은 중도로 중생의 법을 삼기 때문이다.

변우동자사가 말을 하지 않아서, 선재동자가 법을 얻지 못한 데에는 간단하게 4가지 뜻이 있다.

(1) 선지중예동자와 법문이 같기 때문이며,

(2) 법을 부촉할 대상이 있어 유통을 밝힌 때문이며,

(3) 일체 법문 자체가 둘이 없음을 나타내기 때문이며,
(4) 얻은 바 없어야 비로소 얻음이 있음을 나타내기 때문이다.

◉ 論 ◉

迦毘羅城童子師는 此云黃色城也라 黃色者는 是中宮色故니 明
爲此童子師하야 不離中道코 軌治俗典이니 如此土孔丘之流 明
世間師範門이라 如孔子頭頂이 下如返宇하야 表處俗行謙之道일
세 以身表法이 像尼丘山이니 似彼山頂이 中下오 非彼山에 因求祠
而生이니 此는 俗說이 非也라

姓孔者는 聖人은 無名無姓이니 以德으로 爲名爲姓이오 非以俗姓
爲姓이라 約德이 以有寬明之德일세 以之姓孔이니 孔者는 寬也오 以
行化蒙을 名之爲丘니 丘者는 山嶽之稱이라 以艮爲山이며 爲小男
이며 爲童蒙이니 因行所化하야 而立名也일세 故名丘也며 亦以德超
過俗을 名之爲丘며 亦至德尊重하야 無傾動之質을 名之爲丘라

生在兗州者는 艮之分也니 主以化小男童蒙之位라 兗州 上值
於角이니 角爲天門하야 主衆善之門이며 亦主以僧尼道士니 以乘
角氣而生이 此非世凡流之能體故라

善財 至此에 徧友 不言하시고 而便令善財로 往衆藝所者는 師範
之法이 正者는 不親教하고 付之以助教하야 不決之事를 問之以正
師니 表德不孤라 必有鄰하야 附讚成其化行也니라

가비라성 동자의 스승이란 중국에서는 '황색성'이라는 뜻이다.
황색이란 중앙을 상징하는 색깔이기 때문이다. 어린아이의 스승이

되어 중도에서 벗어나지 않고 세간의 경전으로 다스림을 밝힌 것이다. 중국에서의 공자와 같은 무리는 세간의 스승으로서의 규범을 밝힌 부분과 같다.

예컨대 공자의 머리는 사방의 귀퉁이가 높이 솟고 중앙 부위가 움푹 들어간 모습인데, 이는 세속에 살면서 겸손을 행하는 도를 나타낸 것이다. 이 때문에 공자의 몸으로 법을 나타냄이 마치 '니구산'을 닮았다. 니구산 정상의 중앙 부분이 움푹 꺼진 모습을 닮아서 공자의 이름을 尼丘山의 '丘' 자를 쓴 것이지, 니구산에서 기도하여 태어난 사람이라 하여 그 이름에 '丘' 자를 썼던 게 아니다. 이는 잘못된 속설일 뿐이다.

공자의 성씨를 '孔'이라 말한 것은 성인이란 이름도 없고 성도 없다. 덕으로 그 이름을 삼고 성을 삼는 것이지, 세속의 성씨로 성을 삼는 게 아니다. 덕으로 말하면 너그럽고 밝은 덕이 있기에, 공허한 구멍이라는 뜻으로 '孔'이라 성씨를 붙인 것이다.

孔이란 비어 있는 구멍이기에 넓다[寬]는 뜻이고, 실행으로써 어린아이를 가르치기에 그 이름을 '丘'라 말한다. 丘란 산악의 명칭이다. 주역의 卦象에서 艮卦(☶)는 산을 상징하며, 자녀로 괘상을 말할 적에는 막내아들[小男]이기에 이를 어린아이[童蒙]라 한다. 실행의 교화에 의하여 그 명칭을 세웠기에 그의 이름을 丘라 하며, 또한 덕이 뛰어나 세속을 초월하였기에 그의 이름을 드높은 산과 같다는 뜻으로 丘라 말했으며, 또한 지극한 덕이 존귀하고 후중하여 기울거나 흔들림이 없는 산과 같은 바탕을 상징하여 그의 이름을 丘라 이름 붙인 것이다.

　중국의 兗州에서 태어난 것은 정동과 정북 사이의 艮方 분야이다. 막내인 어린아이의 교화를 주관하는 지위이다. 연주의 땅은 별자리 분야[星分法]의 28宿로 말하면, 동방 星座의 角에 해당한다. 각의 성좌는 하늘을 열어주는 문으로, 모든 선의 문을 주관하고, 또한 비구·비구니·도사·선비를 주관한다. 角星의 기운을 타고서 태어나는 것이 세간 범부의 유가 체득할 수 있는 게 아니기 때문이다.

　선재동자가 여기에 이르렀을 적에 변우동자사가 말하지 않고, 선재동자로 하여금 선지중예동자를 찾아가도록 한 것은 師範의 법이란 주된 스승이 직접 가르치지 않고 제2인에게 부촉하여 교육을 돕도록 하고, (예컨대 5祖 弘忍이 제자를 직접 가르치지 않고 神秀로 하여금 금강경을 가르치도록 함이 바로 이런 도리이다.) 결정지어 통달하지 못한 부분을 주된 스승에게 묻도록 하는 것이다. "덕이 있는 이는 외롭지 않다. 반드시 이웃이 있다."는 점을 나타내어 그 교화의 행을 성취함을 덧붙여 칭찬하였다.

第三 善知眾藝 幻智字母善知識
　제3. 선지중예동자, 환지자모 선지식

爾時에 **善財** 卽至其所하야 頭頂禮敬하고 於一面立하야
白言호되
聖者여 我已先發阿耨多羅三藐三菩提心호니
而未知菩薩이 云何學菩薩行이며 云何修菩薩道리잇고
我聞聖者는 善能誘誨라하니 願爲我說하소서

그때, 선재동자는 곧 그의 도량에 이르러 엎드려 절하고 한쪽 곁에 서서 말하였다.

"거룩하신 이여, 저는 이미 아뇩다라삼먁삼보리심을 내었습니다.

그러나 보살이 어떻게 보살의 행을 배우며, 보살의 도를 닦는지 모르겠습니다.

제가 듣자오니 거룩하신 이께서 잘 가르쳐주신다 하니, 저를 위하여 말해주십시오."

● 疏 ●

初二니 可知니라

1. 가르침을 따라 선지식을 찾아가 법을 구하고,

2. 친견하여 절을 올리고 법을 물음은 설명하지 않아도 알 수 있다.

一

第三 授己法門
中二니 初는 標名體라

   3. 자기의 법계를 전수하다
   이는 2단락이다.
   (1) 명제의 자체를 밝혔다.

> 經

時彼童子 告善財言하사대 **善男子**야 **我得菩薩解脫**호니 **名善知衆藝**라

   그때, 선지중예동자가 선재에게 말하였다.
   "선남자여, 나는 보살의 해탈을 얻었는데, 그 이름을 '모든 예술을 잘 안다.'는 뜻으로 선지중예라 한다.

● 疏 ●

名體는 謂以無礙智로 窮世間之伎藝故니라

   명제의 자체는 걸림이 없는 지혜로 세간의 기예를 다한 때문이다.

二

二 顯其業用
   (2) 그 하는 일과 작용을 밝히다

我恒唱持此之字母로니

나는 항상 이 42개의 자모를 부르면서 지니고 있다.

◉ 疏 ◉

字母는 爲衆藝之勝과 書說之本일새 故偏明之니라 有標·列·結하니 列에 有四十二門이니라【鈔_ 言'字母爲衆藝之勝'者는 出偏示所以也니 標知衆藝而偏釋故니라 故智論에 云'諸陀羅尼 皆從分別語生이니 四十二字는 是一切字根本이라 因字有語하고 因語有名하고 因名有義일새 菩薩이 若聞其字면 乃至能了其義하니 是字의 初는 阿오 後는 茶오 中有四十하니 得是字陀羅尼면 多所成益이라'하야 乃至廣說하다 又如本行集에 云'爾時에 菩薩이 爲諸童子하야 一一分別字之本末하고 乃至訓化三萬二千童子하야 勸發無上眞正道意'라하니 是知字爲衆藝之本이라 故十地中에 以喩十地爲諸法本이니라】

자모가 많은 기예 가운데 뛰어남과 문자와 언어의 근본이기에 자모만을 밝힌 것이다.

표장, 나열, 끝맺음이 있는바, 나열 부분에 42개의 자모 법문이 있다.【초_ "자모가 많은 기예 가운데 뛰어남"이 된다고 말한 것은 유독 이를 보여준 이유를 말한 것이다. 많은 기예를 앎을 나타내어 이것만을 해석한 까닭이다.

이 때문에 지도론에서 말하였다.

"모든 다라니가 모두 분별하는 언어로부터 생겨난다. 42자는 모든 문자의 근본이다. 글자로 인하여 언어가 있고, 언어로 인하여 이름이 있고, 이름으로 인하여 뜻이 있다. 보살이 그 글자를 들으면 그 뜻까지 분명히 아는 것이다.

이 글자의 첫 자는 '아'이며, 끝의 글자는 '도'이며, 그 가운데에 40자가 있다. 이와 같은 글자 다라니를 얻으면 이익되는 바가 많다 하여, 자세히 말하였다."

또 본행집에서 말하였다.

"그때, 보살이 모든 동자를 위하여 하나하나 글자의 본말을 분별하며, 내지 3만 2천 동자를 가르쳐 위없는 진정한 도의 뜻을 권하고 일으켰다."

여기에서 글자가 많은 기예의 근본임을 알 수 있다. 그러므로 십지에서는 십지가 모든 법의 근본임을 비유하였다.】

皆言般若波羅密門者는 從字入於無相智故오 字義爲門故니라
毘盧遮那經中에 皆言不可得智라하니 無所得이 卽般若故니라
又文殊五字經에 云'受持此陀羅尼면 卽入一切法平等하야 速得成就摩訶般若니 纔誦一遍이면 如持一切八萬四千修多羅藏이라'하다

然初五字는 若準阿目佉三藏이면 卽全是文殊眞言이어니와 若準今本이면 而第二一字不同하니 今依彼經釋之니라【鈔_ '皆言般若'下는 釋文이니 先은 釋總標라 於中三이니 一은 暗引毘盧遮那經이니 彼有偈云'甚深相無相이여 劣慧所不堪이라 爲化是等故로 兼

存有無說이라하다

釋曰 因字는 是有오 無相智는 是無라 故念誦瑜伽之者는 先觀字相하고 後入字義也라 阿字相觀에 云'八葉白蓮一時開하야 炳現阿字素光色'이라하니 斯卽字相也오 而智는 表菩提心하야 悟本不生이니 圓滿具足이 猶如月輪이라하니 卽是字義니 相有義無일세 故云兼也니라

是以今經唱阿字時는 卽是相也오 入般若波羅密門은 卽是無相智也라 智論云'此字 是實相門'이라하니 則顯三種般若 不相捨離니 字는 卽名字般若오 入般若波羅密門은 卽觀照般若오 悟不生等은 卽實相般若也라 故毘盧下는 第二에 明引遮那니라 又上은 義證이오 今은 卽文證이니 '不可得'言은 卽般若相이라 故般若中에 廣說無得하야 爲般若故니라 '又文殊'下는 第三에 引五字하야 證爲般若門이라

'然初五字'下는 第二 釋別列中에 合爲四十二段이라 今疏 有三하니 初는 別釋五字니 約五字陀羅尼經하야 而引不空하야 會通字音이라 然古諸德이 於此經中에 不多解釋이오 靜法有章하니 名爲漩澓이라

六門分別하니 一은 釋名이오 二는 體性이오 三은 建立이오 四는 釋相이오 五는 利益이오 六은 問答이라 而其釋相에 亦廣引諸經호되 而不全具오 又諸經 字音糅雜은 以梵音輕重이라

三藏解釋은 不看下義하고 但取字同일세 故多乖舛이니 如涅槃에 以阿字爲噁하고 此中에 以囉字爲多라하니 此等은 不以義定일세 故

多譌謬니라

今亦別有一章이니 總引十經·一論이니

一은 興善譯華嚴四十二字門이오 二는 大般若第四百九十이오 三은 引大品般若第八이오 四는 放光般若第六이오 五는 光讚般若第十이오 六은 普耀經第三이오 七은 興善三藏別譯의 文殊問般若字母오 八은 別譯金剛頂瑜伽字母오 九는 涅槃第八이오 十은 卽今經이라

言一論者는 卽智度論이라

其五字經은 唯釋初之五字니 今疏에 但用大般若와 及興善別譯四十二字니 以二本多同이라 初之五字는 用五字經이오 餘文全要는 鈔更引證이라 餘在別章하다】

모두 반야바라밀 법문이라 말한 것은 글자로부터 '모양이 없는 지혜[無相智]'에 들어가기 때문이며, 글자의 뜻이 문이 되기 때문이다.

비로자나경에서는 모두 '얻을 수 없는 지혜'라 말하였다. 얻은 바 없는 것이 바로 반야이기 때문이다.

또한 문수오자경에서 말하였다.

"이 다라니를 받아 지니면 바로 일체 법의 평등한 데에 들어가 빠르게 마하반야를 성취할 수 있다. 겨우 한 차례만 읽어도 일체 8만 4천 수다라 법장을 지니는 것과 같다."

그러나 첫 5글자는 阿目佉三藏에 준하면 이는 모두 문수의 진언이지만, 이 화엄경에 준하면 제2의 한 글자가 똑같지 않다. 여기에서는 아목구삼장에 준하여 해석한다. 【초_ "모두 반야라 말한다."

이하는 제3에서 해석한 문장이다. 총상의 표장을 먼저 해석하였다.

이 부분은 3단락이다.

(1) 비로자나경을 보이지 않게 인용하였다. 비로자나경의 게송에서 말하였다.

"아주 심오하여 그 모양이 모양 없는 터라, 용렬한 지혜로는 감당할 수 없어라.

이런 이들을 교화하기 위해, 有와 無를 모두 겸하여 말하노라."

이에 대한 해석은 다음과 같다.

글자로 인한 것은 有이고, 모양 없는 지혜는 無이다. 이 때문에 유가경을 염송하는 자는 먼저 글자의 형상을 관찰하고, 그 뒤에 글자의 뜻에 들어가는 것이다.

'阿'의 字相을 관찰한 부분에서 말하였다.

"8잎 하얀 연꽃이 일시에 피어나 '阿' 자의 하얀 광명의 빛이 나타난다."

이는 글자의 모양[字相]을 말한다.

"지혜는 보리심을 나타내어 본래 생겨남이 없음을 깨닫는 것이다. 원만 구족함이 마치 보름달과 같다."

이는 글자에 담긴 뜻을 말한다.

글자의 모양은 有이고, 글자의 뜻은 無이기에 "有와 無를 모두 겸하여 말한다."고 말하였다.

이 때문에 이의 화엄경에서 '阿' 자를 말할 때는 바로 '글자의 모양'이고, '반야바라밀의 법문에 들어감'은 바로 '모양이 없는 지혜[無相智]'이다.

지도론에서 말하였다.

"이 글자가 實相의 법문이다."

이는 3가지 반야가 서로 떠날 수 없음을 나타낸 것이다. 글자는 名字般若이고, '반야바라밀의 법문에 들어감'은 觀照般若이고, '생겨나지 않음을 깨달음'은 實相般若이다.

⑵ '故毘盧' 이하는 제2 단락으로 비로자나경을 분명히 인용하였다. 또한 위에서는 '이치의 증득[義證]'을 말하였고, 여기에서는 '문자의 증득[文證]'을 말하였다. '얻을 수 없다.'는 것은 말이 곧 반야의 모양이다. 따라서 반야 부분에서는 본래 얻을 자체가 없음을 자세히 말하여, 반야를 삼기 때문이다.

⑶ '又文殊' 이하는 제3 단락으로 5자를 인용하여 반야 법문임을 증명하였다.

'然初五字' 이하는 제2 단락에 별개의 나열 부분을 종합하여 42단락이 됨을 해석하였다.

이의 청량소에서는 3단락으로 나누었다.

⑴ 5자를 개별로 해석하였다. 五字陀羅尼經을 들어 '不空'을 인용하여 자음을 회통하였다. 그러나 예로부터 많은 스님은 이 경문 부분에 대해 대체로 해석하지 않았고, 靜法 스님의 문장이 있는데, 그 이름을 '漩澓'이라 한다.

⑵ 6가지 부분으로 분별하였다. ① 명제의 해석, ② 자체의 자성, ③ 건립, ④ 모양의 해석, ⑤ 이익, ⑥ 문답이다.

'④ 모양의 해석' 또한 여러 경전을 자세히 인용했지만 모두 갖춰져 있지 않고, 또한 여러 경전에서 자음을 뒤섞어 참고한 것은 범음의 경중을 따랐다.

(3) 삼장의 해석은 아래 뜻을 살펴보지 않은 채, 다만 글자의 같은 부분만을 취하였기에 어긋난 바가 많다. 열반경에서는 '阿' 자를 '噁' 자라 하였고, 여기에서는 '囉' 자를 '多' 자라 하였다. 이런 등등은 글자의 뜻으로 결정짓지 못한 부분이기에 오류가 많다.

여기에는 또한 별개의 1장이 있는데, '10가지 경'과 '하나의 논'을 총괄하여 인용하였다.

'10가지 경'은 아래와 같다.

(1) 흥선삼장의 번역, 화엄 42자 법문,

(2) 대반야경 제490,

(3) 대품반야경 제8을 인용한 부분,

(4) 방광반야경 제6,

(5) 광찬반야경 제10,

(6) 보요경 제3,

(7) 흥선삼장이 별개로 번역한, 文殊問般若字母經,

(8) 별개로 번역한, 금강정유가경의 자모,

(9) 열반경 제8,

(10) 이의 화엄경이다.

'하나의 논'이라 말한 것은 지도론이다.

오자다라니경이란 오직 앞의 5글자만을 해석하였다.

이의 청량소에서는 대반야경 제490 및 홍선삼장이 별개로 번역한 화엄 42자 법문만을 인용하였을 뿐이다. 대반야경과 홍선 화엄은 대체로 같다.

앞의 5글자는 오자다라니경을 인용하였고, 나머지 문자의 요체는 鈔에서 다시 인증하였다.

나머지는 별개의 문장이 있다.】

經
唱阿字時에 入般若波羅蜜門하니 名以菩薩威力으로 入無差別境界오

아(A, 阿) 자를 부를 때, 반야바라밀 문에 들어가나니, 그 이름을 '보살의 위력으로 차별이 없는 경계에 들어감'이라 한다.

◉ 疏 ◉
一阿者는 是無生義니 以無生之理로 統該萬法이라 故經云 '無差別境'이라하고 而菩薩得此無生이면 則能達諸法空하야 斷一切障일세 故云威力이라【鈔_ 今按定用五字이라 疏文은 分二니 先은 別釋五字오 後는 收攝圓融이라

今初五字는 鈔卻廣引五字하야 分爲五段이어늘 文皆有三이니

一은 牒本經字母오 二는 以彼經義釋之오 三은 會今經之意라

今初阿者는 即第一牒經字母니 即今經云 '唱阿字時'는 今但畧取所牒之字니 下四十一字의 釋義도 皆然이라

二는 是無生義니 卽五字經釋義오

三'以無生之理'下는 會釋今經이니 意云 諸法이 皆悉無生일새 故無差別이라 故로 上經云 '一切法無生이오 一切法無滅이라 若能如是解면 斯人見如來라'하고 而大般若·金剛頂이 全同上釋이라

大品云'阿字門은 一切法 初不生故라'하니 智論 釋云'若菩薩一切語法中 聞阿字時에 卽時隨義하나니 所謂一切法이 從初來不生相이라 阿提는 秦言初오 阿耨波陀는 秦言不生故라'하니라

釋曰 論文은 二節이니 一은 隨經釋義오 二'阿提秦言初'下는 會釋方言이니 下四十一字도 皆然이라

見此論文이면 則知四十二字는 皆是所依之相이니 從此入於無得般若일새 故名爲般若之門이라

放光云阿者는 謂'諸法來入에 不見有起라'하고 光讚云'阿者는 因緣之門이니 一切法 已過去者는 亦無所起라'하니라

釋曰 上二經에 起는 卽生義니 因緣之門이 從緣生也니라

文殊問經云'阿者는 是無常聲이라'하고 普曜云'然此言云無者는 是宣無常苦空無我之音이라'하니 上二經은 似同小乘之無로되 若取無彼常等이면 卽與無生義同이라 此初阿字는 上聲短呼라 故譯涅槃에 噁字當初니 雖呼小異나 義亦同也니라 故云噁者는 不破壞故오 不破壞者는 名曰三寶니 喩如金剛도 亦同無生義니라】

제1. '阿'란 無生의 뜻이다. 생겨남이 없는 이치로 모든 법을 총괄하고 있다. 이 때문에 경문에서는 '차별이 없는 경계'라 하였다. 보살이 이러한 생겨남이 없는 이치를 얻으면 모든 법이 공함을 통

달하여 일체 장애를 끊기에 이를 '위력'이라 말하였다.【초_ 여기서는 5글자를 안배하여 사용하였다.

청량소는 2단락으로 나눈다.

앞에서는 개별로 5글자를 해석하였고, 뒤에서는 원융하게 거두어들였다.

이의 앞 5글자는 초에서 도리어 5글자를 자세히 인용하여 5단락으로 나누었는데, 이의 문장에는 모두 3가지가 있다.

① 본경의 자모를 이어서 말하였고,

② 그 경전의 뜻으로 해석하였으며,

③ 이 경문으로 회통한 뜻이다.

이의 첫 '阿'라는 것은 '① 본경의 자모를 이어서 말함'이다. 이 경문에서 말한 '阿 자를 부를 때'란 여기에서는 이어서 말한 자모를 간단하게 취하였다. 아래의 41자를 해석한 뜻도 모두 그와 같다.

'② 그 경전의 뜻으로 해석하였다.'는 것은 無生의 뜻으로, 곧 오자다라니경으로 해석한 뜻이다.

③ '以無生之理' 이하는 이 경문으로 회통한 뜻이다. 그 뜻은 '모든 법이 모두 無生이기에 차별이 없음'을 말한다. 이 때문에 위의 경문에서는 "모든 법이 생겨남이 없는 터라, 일체 법이 사라짐이 없다. 만약 이와 같이 이해하면 이 사람은 여래를 본 것이다."고 하며, 대반야경과 금강정유가경은 모두 위의 해석과 같다.

대품경에서 "'阿' 자 법문은 일체 법이 애당초 생겨남이 없기 때문이다."고 하니, 지도론에서 이에 대해 해석하였다.

"만약 보살의 일체 언어의 법 가운데 '阿' 자를 들을 적에 곧바로 그 뜻을 따른다. 이른바 일체 법이 애당초 생겨나는 모양이 없다. 범어의 '阿提'는 중국에서는 '최초[初]'라는 뜻이며, '아뉴바타'는 중국에서는 '생겨나지 않음[不生]'이라는 뜻이다."

이에 대한 해석은 다음과 같다.

지도론의 해석은 2절이다.

① 경문을 따라 그 뜻을 해석하였고,

② '阿提秦言初' 이하는 중국의 말로 회통 해석하였다. 아래의 41자 또한 이와 같다.

이 지도론의 해석을 살펴보면 42자는 모두 의지 대상의 모양임을 알 수 있다. 이를 통하여 얻음이 없는 반야에 들어갈 수 있기에, 이를 '반야의 문'이라 한다.

방광반야경에서는 '阿'에 대해 말하기를, "모든 법이 들어옴에 일어남을 볼 수 없다."고 하였고,

광찬반야경에서는 "阿는 인연의 문이다. 일체 법이 이미 지나간 것 또한 일어난 바 없다."고 하였다.

이에 대한 해석은 다음과 같다.

"위의 2경문에서 말한 '일어남[起]'은 곧 '생겨남[生]'의 뜻이다. 인연의 문이 반연을 따라 생겨난 것이다."

문수문반야자모경에서는 "阿는 떳떳함이 없는 음성"이라 하였고,

보요경서에서는 "그러나 여기에서 없다고 말한 것은 無常·苦

·空·無我의 음성을 말한다."고 하였다.

위의 2경문에서 말한 바는 소승의 無와 같지만, 無常 등의 뜻으로 말하면 無生의 뜻과 같다.

이의 첫 '阿' 자는 上聲, 단음으로 발음한다. 이 때문에 열반경을 번역할 적에 '噁' 자를 첫 글자로 썼다. 비록 발음에 조금의 차이는 있으나 그 뜻 또한 같다. 이 때문에 '噁'는 파괴하지 않기 때문이다. 파괴하지 않는다는 것을 三寶라 한다.

비유하면 금강과 같다는 것 또한 無生의 뜻과 같다.】

經
唱多字時에 入般若波羅蜜門하니 名無邊差別門이오

타(Ta, 多) 자를 부를 때, 반야바라밀 문에 들어가나니, 그 이름을 '그지없는 차별의 문'이라 한다.

◉ 疏 ◉

二多者는 彼經第二에 當囉字니 是淸淨無染離塵垢義니라 今云多者는 毘盧遮那經에 釋多云如如解脫이라하고 金剛頂에 云'如如不可得故'라하니 謂如卽無邊差別 故로 如不可得이니 此는 順多字義라 應是譯人之誤니 囉多二字 字形相近하고 聲相濫故니라 若順無塵垢釋인댄 以無邊之門으로 方淨塵垢니라【鈔_ '二多'者는 此廣牒經也라

'彼經第二'下는 疏釋有五니

一은 依五字釋이오

二'今云多'下는 按今多釋이오

三'如卽無邊差別'者는 會經也오

四'應是譯人'下는 會釋偏正이라 言'字形相近'者는 今示二梵之 形이니 ᚠ(多字) ᚡ(囉字) 此二小近이오 '聲相濫'者는 同疊韻故니라

五'若順無塵'下는 正以囉字로 會釋經文이라 以諸經字義는 第二 多同이라 故大品云'囉字는 悟一切法離塵垢故'라하고 放光云'二 囉者는 垢貌'니 於諸法에 無有塵이라하고 光讚云'是囉之門이니 法離 塵垢'라하고 金剛頂云'囉者는 一切法離故'라하고 涅槃云'囉者는 能 壞貪瞋癡하야 說眞實法이오 亦壞塵垢義'라하다

智論云'若聞囉字면 卽隨義知一切法離垢相'이라하니 以囉闍는 秦 言垢故니라 以上諸經은 皆第二囉字 同離垢義라 故無惑矣니라】

제2. 多란 것은 오자다라니경 제2 '囉' 자에 상당한다. 이는 청정으로 오염됨이 없어 티끌과 때를 여의었다는 뜻이다.

여기에서 '多'라 말한 것은 비로자나경에서는 '多'에 대해 '如如한 해탈'이라 하였고, 금강정유가경에서는 "여여를 얻지 못한 때문이다."고 하였다. 이는 진여가 어느 한쪽이나 차별이 없는 것이기에, 진여를 얻을 수 없다고 한다. 이는 '多' 자의 뜻에 따라 말한 것이다. 이는 당연히 번역자의 오류이다. '囉·多' 2글자의 字形이 서로 비슷하고, 발음이 서로 뒤섞였기 때문이다.

만약 티끌과 때를 여의었다는 뜻의 해석을 따른다면 그지없는 법문만이 비로소 티끌과 때를 청정하게 할 수 있다.【초_ '제2. 多'

란 것은 이는 '(1) 본경의 자모를 이어서 말한' 부분을 자세히 말한 것이다.

"오자다라니경 제2 囉 자에 상당한다." 이하는 청량소의 해석에 5가지가 있다.

① 오자다라니경을 따라 해석함이며,

② '今云多' 이하는 오늘날의 많은 해석을 살펴봄이며,

③ '如卽無邊差別'이란 '경문으로 회통한 뜻'이며,

④ '應是譯人' 이하는 偏正을 회통하여 해석함이다.

"字形이 서로 비슷하다."는 것은 여기에 범어 2글자를 예시하고 있는데, ?(多字)와 ?(囉字) 이 2글자의 자형이 조금 비슷하고, "발음이 서로 뒤섞였다."는 것은 疊韻이 같기 때문이다.

⑤ '若順無塵' 이하는 바로 '囉' 자로 경문을 회통하여 해석하였다.

모든 경전의 字義는 제2 '多'와 같다.

이 때문에 대품경에서는 "囉 자는 일체 법이 티끌과 때를 여의었음을 깨달음이다."고 말하며,

방광경에서는 "제2 囉 자는 때가 낀 모양이다. 모든 법에 티끌이 없다."고 말하며,

광찬반야경에서는 "이는 囉의 문이다. 법이 티끌과 때를 여의었다."고 말하며,

금강정유가경에서는 "囉는 일체 법이 여의었기 때문이다."고 말하며,

553

열반경에서는 "囉는 탐진치를 파괴하여 진실한 법을 말하고, 또한 티끌과 때를 무너뜨린다."고 말하였다.

지도론에서는 "만약 囉 자를 들으면 뜻에 따라서 일체 법이 때를 여읜 모양을 알 수 있다."고 말하였다.

범어의 '囉闍'는 중국에서 '때[垢]'를 말하기 때문이다.

이상의 모든 경은 모두 제2 '囉' 자가 때를 여의었다는 뜻과 같기 때문에 의혹이 없다.】

經

唱波字時에 入般若波羅蜜門하니 名普照法界오

파(Pa, 波) 자를 부를 때, 반야바라밀 문에 들어가나니, 그 이름을 '법계에 두루 비춤'이라 한다.

● 疏 ●

三波者는 五字經에 云 '亦無第一義諦하야 諸法平等이라'하니 謂眞俗雙亡이 是眞法界어 諸法皆等이 卽是普照니라【鈔_ '三波'者는 別譯과 及餘經論에 多是跛字어늘 今依五字跛字釋義라 大般若에 言 '跛者는 一切法勝義敎'라하고 大品云 '跛者는 第一義故'라하고 放光云 '跛者는 諸法泥洹이니 最第一義'라하고 文殊問經云 '出勝義聲'이라하니라

釋曰 上諸經은 皆獨明第一義라 但是所遣이로되 唯金剛頂云 '跛者는 第一義不可得이니 則具般若相矣'라하니라 故로 疏云 '謂眞俗

雙亡下는 會經前二字하야 以第一義로 遣俗이오 今亦無第一義면 則復遣眞하야 爲雙亡眞俗이 是眞法界니 上은 即所照오 '從諸法皆等'下는 含普照義라

智論云 '若聞跛字면 即知一切法入第一義니라 以波囉末陀는 秦言第一義故니라

釋曰 此亦但入第一義耳라】

제3. 波란 오자다라니경에 이르기를, "또한 第一義諦조차도 없어, 모든 법이 평등하다."고 하였다. 이는 진제와 속제가 모두 사라짐이 진실한 법계이며, 모든 법이 모두 평등함이 바로 普照이다.

【초_ '제3. 波'란 별도의 번역 및 나머지 경전과 논에서 대부분 '跛' 자로 쓰고 있다. 여기에서는 오자다라니경의 '跛' 자를 따라 그 의의를 해석하였다.

대반야경에서는 "跛란 일체 법의 뛰어난 이치를 담은 가르침이다."고 하며,

대품경에서는 "跛란 제일의제이기 때문이다."고 하며,

방광경에서는 "跛란 모든 법의 열반이다. 가장 제일의제이다."고 하며,

문수문반야자모경에서는 "뛰어난 이치를 담은 음성을 내는 것이다."고 하였다.

이에 대한 해석은 다음과 같다.

위의 여러 경전에서는 모두가 제일의제로 밝혔을 뿐이다. 다만 떨쳐버려야 할 대상이지만, 유독 금강정유가경에서는 "跛란 얻을

수 없는 제일의제이다. 반야의 모습을 갖추고 있다."고 하였다. 따라서 청량소의 '謂眞俗雙亡' 이하는 경문의 앞 2글자를 회통하여 제일의제로 속제를 떨쳐버렸고, 여기에서 또한 제일의제가 이미 없으면 다시 한 걸음 나아가 진제까지도 떨쳐버려야 진제와 속제를 모두 떨쳐버린 진실한 법계이다.

위는 비춤의 대상이고, '從諸法皆等' 이하는 普照의 뜻을 포함하고 있다. 지도론에서는 "만약 跛 자를 들으면 바로 일체 법이 제일의제에 들어감을 알 수 있다. 범어의 '바라말타'는 중국에서는 '제일의제'를 말하기 때문이다."고 하였다.

이에 대한 해석은 다음과 같다.

이 또한 제일의제에 들어갈 뿐이다.】

經

唱者字時에 入般若波羅蜜門하니 名普輪斷差別이오

차(Ca, 者) 자를 부를 때, 반야바라밀 문에 들어가나니, 그 이름을 '넓은 바퀴로 차별을 끊음'이라 한다.

● 疏 ●

四者者는 諸法無有諸行이니 謂諸行이 旣空일새 故徧摧差別이라
【鈔_ '四者'는 興善은 譯爲左字니 義則全同五字經也라
文中에 先은 釋義오 後'諸行旣空'下는 會經이라 大般若云'入者字門이면 悟一切法遠離生死니 若生若死는 皆無所得이라하니라

556

釋曰 諸行은 卽生死體也라 然諸經에 多明生死之行이어늘 大品·
涅槃은 義當遮字라하야 俱明出世之行이요 大品云‘遮字는 修不可
得이라’하고 涅槃云‘遮者는 卽是修義니 調伏一切諸衆生故니라 然
出世行도 亦不可得이라야 方爲般若之門耳라하다
智論云‘若聞遮字면 卽時知一切法諸行이 皆悉非行이라 以遮利
夜는 秦言行故라’하니라】

제4. '者'란 모든 법이 모든 행 자체가 없음을 말한다. 모든 행
이 이미 공한 까닭에 모두 차별을 타파함이다.【초_ '제4. 者'는 홍
선삼장의 번역에서는 '左' 자로 번역했지만 그 뜻은 모두 오자다라
니경에서 말한 바와 같다.

경문의 앞부분에서는 뜻을 해석하였고, 뒤의 '諸行旣空' 이하
는 경문으로 회통한 뜻이다.

대반야경에서는 "'者' 자 법문에 들어가면 일체 법이 생사를 멀
리 여의었음을 깨닫게 된다. 생사에 모두 얻은 바 없다."고 하였다.

이에 대한 해석은 다음과 같다.

모든 행은 바로 생사 자체이다. 그러나 모든 경에서는 대부분
생사의 행으로 밝혔지만, 대품경과 열반경에서는 그 뜻은 '遮' 자
에 해당된다고 하여, 모두 출세간의 행으로 밝혔다.

대품경에서는 "遮 자는 닦을 수 없다."고 하며,

열반경에서는 "遮란 곧 닦는다는 뜻이다. 일체 모든 중생을 조
복하기 때문이다. 그러나 출세간의 행 또한 얻은 바 없어야 비로소
반야의 문이 된다."고 하였다.

지도론에서는 "만약 '遮' 자를 들으면 곧바로 일체 모든 행이 모두 행이 아님을 알 수 있다. 범어의 '遮利夜'는 중국에서는 '行'을 말하기 때문이다."고 하였다.】

經
唱那字時에 入般若波羅蜜門하니 名得無依無上이오

나(Na, 那) 자를 부를 때, 반야바라밀 문에 들어가나니, 그 이름을 '의지한 데 없고 위없음을 얻음'이라 한다.

◉ 疏 ◉

五那者는 諸法無有性相하야 言說文字를 皆不可得이니 謂性相雙亡일세 故無所依오 能所詮亡을 是謂無上이라【鈔_ '五那'者는 別譯爲曩이니 字義全同이라
文中에 先依五字釋義오 後'謂性相雙亡'下는 會釋經文이라
諸經에 多是那字니 大般若云'聞那字門이면 入一切法遠離名相이니 若名若相이 皆以無所得而爲方便故'라하고 大品云'那字門은 諸法離名이니 性相이 不同不失故'라하고 放光云'那者는 謂於諸法字本性에 亦不得이오 亦不失'이라하고 光讚云'是那之門은 一切諸法이 離諸名字니 計其本淨而不可得'이라하고 涅槃云'那者는 三寶安住니 無有傾動하야 喩如門閫'이라하니라
釋曰眞實三寶는 永離名相이니
智論云'若聞那字면 卽知一切法이 不得不失이오 不來不去'라 以

【那素ᄂᆞᆫ秦言不故ㅣ니라】

제5. 那는 모든 법이 性相이 없어 언어문자로 모두 표현할 수 없다. 내면의 성품과 외적 현상을 모두 버릴 수 있다. 이 때문에 의지한 바 없고, 말로써 나타낼 수 있는 이치[能詮]와 문자에 의해 나타나는 뜻[所詮]을 모두 버렸기에 위없다고 말한다.【초_ '제5. 那'라는 것은 별도의 번역에서 '曩'이라 하였다. 글자의 뜻이 모두 같다.

이의 문장 가운데 앞은 오자다라니경에 의해 뜻을 해석하였고, 뒤의 '謂性相雙亡' 이하는 경문을 회통 해석하였다.

여러 경에서는 대부분 '那' 자로 쓰고 있다.

대반야경에서는 "那 자 법문을 들으면 일체 법이 명칭과 모양을 멀리 여읜 자리에 들어갈 수 있다. 명칭과 모양이 모두 얻은 바 없는 것으로써 방편을 삼기 때문이다."고 하며,

대품경에서는 "'那' 자 법문은 모든 법의 명제를 여읨이니 성품과 모양이 같지도 않고 잃지도 않기 때문이다."고 하며,

방광경에서는 "那는 모든 법의 글자 본성에 또한 얻을 것도 없고 또한 잃을 것도 없다."고 하며,

광찬반야경에서는 "那의 법문은 일체 모든 법이 모든 名字를 여읜 것이다. 그 본래 청정함을 헤아려 보되 얻을 수 없다."고 하며,

열반경에서는 "那는 삼보의 안주이다. 기울거나 흔들림이 없어 비유하면 문지방과 같다."고 하였다.

이에 대한 해석은 다음과 같다.

진실한 삼보는 영원히 名相을 여읜 것이다.

지도론에서 말하였다.

"那 자 법문을 들으면 일체 법이 얻음도 잃음도 없고, 오는 것도 가는 것도 없다. 범어의 '那素'는 중국에서는 아니다[不]는 뜻으로 말하기 때문이다."】

遮那經中에 字義가 與此無殊하니 下多依彼經과 及阿目佉所譯이니 則梵音輕重은 有殊나 釋義는 無別이라【鈔_ '遮那經' 下는 會釋二文이니 亦是結前生後니 結前五字하야 生後餘三十七字라

'多依彼經'은 卽毘盧遮那經과 及阿目佉所譯이니 卽別譯華嚴四十二字門이니 此別譯義는 旣與大般若同이니 則是依大般若로되 而有二三字音이 小異라 故不言依耳라 然阿目佉別譯은 皆先牒經般若之名호되 而別名爲先이오 後方釋義니 次下當見이라】

비로자나경에서 자의가 이와 다름이 없다. 아래에서는 대부분 비로자나경과 아목구삼장의 번역을 따르고 있다. 범음의 경음과 탁음의 차이가 있으나 자의를 해석함에 있어서는 차이가 없다.【초_ '비로자나경' 이하는 두 문장을 회통하여 해석하였다. 이 또한 앞의 문장을 끝맺으면서 뒤의 문장을 일으켰다. 앞의 5자를 끝맺으면서 뒤의 37자를 일으켰다.

'대부분 비로자나경을 따랐다.'는 것은 비로자나경과 아목구삼장이 번역한 경이다. 이는 별개로 번역한 화엄 42자 법문이다. 별개로 번역한 뜻은 이미 대반야경에서 말한 바와 같다. 이는 대반야경을 따랐지만 2, 3글자의 독음이 조금 다르다. 이 때문에 '…을 따랐다[依].'고 말하지 않은 것이다. 그러나 아목구삼장이 개별로 번

역한 바는 모두 앞서 반야경이라는 명칭을 뒤이어 말했지만, 별개의 명칭이 우선이고, 뒤에서 바야흐로 그 뜻을 해석하였다. 이는 다음에서 보이고자 한다.】

經

唱邏字時에 入般若波羅蜜門하니 名離依止無垢오

라(La, 邏) 자를 부를 때, 반야바라밀 문에 들어가나니, 그 이름을 '의지함을 여의고 때가 없음'이라 한다.

◉ 疏 ◉

六邏字는 悟一切法하야 離世間故오 愛支因緣이 永不現故니 離世故로 無依오 愛不現故로 無垢니라【鈔_ '六邏字는 彼爲攞字니 云 '稱攞字時에 入無垢般若波羅密하나니 悟一切法出世間故오 愛支因緣이 永不現故'라'하니라

釋曰 今疏에 但引釋義오 更不引經이니 彼與今經全同이로되 但此別名在下오 彼別名在上耳라 然大品·放光等은 多爲邏字耳라 智論云'聞邏字면 即知一切法離輕重相이라 以邏는 此云輕故니라 意明有惑爲重이오 斷即爲輕이라 今不可得은 亦無輕矣니 即無無明盡也니라】

제6. '邏' 자는 일체 법을 깨달아 세간을 여읜 때문이며, 愛支의 인연이 영원히 나타나지 않기 때문이다. 세간을 여읜 때문에 의지함이 없고, 愛支의 인연이 나타나지 않기 때문에 때가 없다.【초_

'제6. 邏 자'는 오자다라니경에서는 '攞' 자로 쓰면서 말하였다. "攞 자를 말할 적에 때가 없는 반야바라밀에 들어간다. 일체 법이 세간을 벗어난 것임을 깨달았기 때문이며, 愛支의 인연이 영원히 나타나지 않기 때문이다."

이에 대한 해석은 다음과 같다.

이의 청량소에서 釋義만을 해석하였을 뿐, 다시는 경문을 인용하지 않았다. 저 오자다라니경은 이의 경문과 전체가 같지만, 단 이의 別名은 아래에 있고, 오자다라니경의 별명은 위에 있다.

그러나 대품경과 방광경 등에서는 대부분 '邏' 자로 쓰고 있다.

지도론에서 말하였다.

"邏 자를 들으면 일체 법이 輕重의 모양에서 벗어났음을 알 수 있다. 범어의 '邏'는 중국에서는 가볍다[輕]의 뜻으로 말하기 때문이다."

여기에서 말한 뜻은 미혹이 있으면 重이라 하고, 미혹을 끊으면 輕이라 한다. 여기에서 얻을 게 없다는 것은 또한 輕조차 없다는 것이니, 이는 無明이 다한 것조차 없음을 말한다.}

經

唱拖字時에 入般若波羅蜜門하니 名不退轉方便이오

다(Da, 拖: 短音) 자를 부를 때, 반야바라밀 문에 들어가나니, 그 이름을 '물러서지 않는 방편'이라 한다.

● 疏 ●

七柂字는 悟一切法이 調伏寂靜하고 眞如平等하야 無分別故로 方爲不退轉方便이라【鈔_ 七柂字는 別譯爲娜字오 大品爲陀字오 放光爲柂로되 義皆同也니라

文中에 先은 釋義오 後 方爲不退轉下는 會經也라

智論云 若聞陀字면 知一切法善相이라 以陀摩는 秦言善故니라

釋曰 調伏寂靜 眞如平等은 善之極也니라】

제7. '柂' 자는 일체 법이 조복되어 고요하고, 진여가 평등하여 분별이 없음을 깨달은 까닭에 바야흐로 물러서지 않는 방편이라 한다.【초_ '제7. 柂 자'는 별도의 번역에서는 '娜' 자로, 대품경에서는 '陀' 자로, 방광경에서는 '柂' 자로 썼지만, 그 뜻은 모두 똑같다.

이의 문장에서 앞은 뜻을 해석하였고, 뒤의 '方爲不退轉' 이하는 경문을 회통하였다.

지도론에서 말하였다.

"만약 '陀' 자를 들으면 일체 법의 선한 모양을 알 수 있다. 범어의 '陀摩'는 중국에서는 선하다[善]의 뜻으로 말하기 때문이다."

이에 대한 해석은 다음과 같다.

조복되어 고요하고, 진여가 평등함은 善의 극치이다.】

經

唱婆字時에 入般若波羅蜜門하니 名金剛場이오

바(Va, 婆) 자를 부를 때, 반야바라밀 문에 들어가나니, 그 이름

을 '금강도량'이라 한다.

● 疏 ●

八婆字는 悟一切法이 離縛解故로 方入金剛場이라【鈔_ '八婆'는 上聲字라 別譯及般若에 皆爲麼字니 與蒲我反로 大同이라 文中에 先은 釋義오 後 '方入金剛場'者는 會經이라 如佛入金剛三昧니 斷爲金剛이라 或在金剛場이면 則無縛解 爲眞斷也라 智論云 '若聞婆字면 知一切法無縛脫이라 以婆他는 此言轉故니라'】

제8. '婆' 자는 일체 법이 속박과 해탈에서 모두 벗어났음을 깨달은 까닭에 바야흐로 금강도량에 들어가는 것이다.【초_ 제8. '婆'는 상성의 글자이다. 별도의 번역과 반야경에서는 모두 '麼' 자로 썼다. 포의 초성 'ㅍ'과 아의 종성 'ㅏ'의 반절음 '파(바)'와 크게는 같다.

이의 문장에서 앞은 뜻을 해석하였고, 뒤의 '方入金剛場' 이하는 경문을 회통하였다.

부처가 금강삼매에 들어감과 같다. 끊음을 금강이라 한다. 혹 금강도량에 있으면 속박과 해탈을 모두 벗어나 진실한 단절이다.

지도론에서 말하였다.

"만약 '婆' 자를 들으면 일체 법에 속박과 해탈이 없음을 알 수 있다. 범어의 '婆他'는 중국에서는 전변하다[轉]의 뜻으로 말하기 때문이다."】

唱茶字時에 入般若波羅蜜門하니 名曰普輪이오

다(Da, 茶) 자를 부를 때, 반야바라밀 문에 들어가나니, 그 이름을 '넓은 바퀴'라 한다.

◉ 疏 ◉

九茶字는 悟一切法이 離熱矯穢하야 得淸涼故니 是普摧義니라
【鈔_ '九茶字'는 別譯爲拏字니 二俱上聲이오 大品·放光은 亦爲茶字라
文中에 先은 釋義오 後는 是普摧義니 卽會經也라
智論云 '若聞茶字면 卽知諸法不熱이라 天竺茶闍陀는 秦言不熱故니라'】

제9. '茶' 자는 일체 법이 熱惱와 거짓의 더러움을 여읨을 깨달아 시원함을 얻기 때문이다. 이는 널리 꺾는다는 뜻이다.【초_ '제9. 茶 자'는 별도의 번역에서는 '拏' 자로 썼다. 2글자는 모두 上聲이다. 대품경과 방광경에서는 또한 '茶' 자로 썼다.

이의 문장에서 앞은 뜻을 해석하였고, 뒤는 널리 꺾는다는 뜻이니, 이는 곧 경문의 회통이다.

지도론에서 말하였다.

"만약 '茶' 자의 법문을 들으면 모든 법이 뜨겁지 않음을 알 수 있다. 범어의 '茶闍陀'는 중국에서는 뜨겁지 않다[不熱]의 뜻으로 말하기 때문이다."】

唱沙字時에 入般若波羅蜜門하니 名爲海藏이오

샤(Sa, 沙) 자를 부를 때, 반야바라밀 문에 들어가나니, 그 이름을 '바다 법장'이라 한다.

● 疏 ●

十沙字는 悟一切法이 無罣礙故니 如海含像이라【鈔_ '十沙字'는 史我切이라 別譯爲灑字오 大品·放光等은 皆爲沙字라 文中에 先은 釋義오 後如海含像者는 會經이라 像之與水는 不相礙故니라
智論云 若聞沙字면 卽知人身六種之相이라 以沙는 此言六故니라 釋曰 以大品云 '沙字門은 諸法六自在王이 性淸淨故니 卽內六處爲六自在王이니 心海湛然하야 不礙見聞覺知 猶如湛海 不礙像故니라'】

제10. '沙' 자는 일체 법이 걸림이 없음을 깨달았기 때문이다. 바다가 삼라만상을 포괄한 것과 같다.【초_ '제10. 沙 자'는 사의 초성 'ㅅ'과 아의 종성 'ㅏ' 반절음이다.

별도의 번역에서는 '灑' 자로 썼고, 대품경과 방광경 등에서는 모두 '沙' 자로 썼다.

이의 문장에서 앞은 뜻을 해석하였고, 뒤의 '如海含像'에서는 경문의 회통이다. 영상과 물은 서로 걸림이 없기 때문이다.

지도론에서 말하였다.

"만약 '沙' 자의 법문을 들으면 사람의 몸에 6가지 모습을 알 수 있다. 범어의 '沙'는 중국에서는 '6'을 말하기 때문이다."

이에 대한 해석은 다음과 같다.

이는 대품경에서 다음과 같이 말하였기 때문이다.

"沙 자 법문은 모든 법의 6가지 자재한 왕의 성품이 청정하기 때문이다. 이는 내면의 六處(六根)가 6가지 자재한 왕이다. 마음의 바다가 담담하여 견문각지에 걸림이 없음이 마치 담담한 바다가 영상에 걸림이 없음과 같기 때문이다."】

經

唱縛字時에 入般若波羅蜜門하니 名普生安住오

바(Ba, 縛) 자를 부를 때, 반야바라밀 문에 들어가나니, 그 이름을 '널리 내어 안주함'이라 한다.

◉ 疏 ◉

十一縛字는 悟一切法이 言語道斷故로 能徧安住니라

제11. '縛' 자는 일체 법이 언어도단임을 깨달은 까닭에 두루 안주함이다.

經

唱哆字時에 入般若波羅密門하니 名圓滿光이오

타(Ta, 哆) 자를 부를 때, 반야바라밀 문에 들어가나니, 그 이름을 '원만한 빛'이라 한다.

● 疏 ●

哆字는 悟一切法이 眞不動故니 不動이면 則圓滿發光이라【鈔_
十二哆字는 從不動則圓滿發光이니 會經也오 如密室燈定하고 如
止水影圓하야 契於如如 知無動矣라
智論云 若聞哆字면 卽知諸法 在如中不動이라 以哆他는 秦言如
故니라】

'哆' 자는 일체 법이 참으로 동요하지 않음을 깨달았기 때문이다. 동요하지 않으면 원만히 광명을 발산함이다.【초_ 제12. '哆' 자는 "동요하지 않으면 원만히 광명을 발산함"이란 경문의 뜻으로 회통하였다. 이는 마치 은밀한 방에 흔들리지 않는 등불과 같고, 고요한 물 위의 원만한 그림자와 같아서, 如如에 계합함이 동요하지 않음이란 것을 알 수 있다.

지도론에서 말하였다.

"만약 '哆' 자의 법문을 들으면 모든 법이 진여의 가운데 동요하지 않음을 알 수 있다. 범어의 '哆他'는 중국에서는 '如'를 말하기 때문이다."】

經
唱也字時에 入般若波羅蜜門하니 名差別積聚오
야(Ya, 也) 자를 부를 때, 반야바라밀 문에 들어가나니, 그 이름을 '차별을 쌓아 모음'이라 한다.

◉ 疏 ◉

也字는 悟如實不生故니 則諸乘差別積聚를 皆不可得이라

 '也' 자는 진여실상이 생겨남이 아님을 깨달았기 때문이다. 이는 모든 법이 각기 달리 모여 쌓여감을 모두 말할 수 없기 때문이다.

經

唱瑟吒字時에 入般若波羅蜜門하니 名普光明息煩惱오

 슈타(Sūtha, 瑟吒) 자를 부를 때, 반야바라밀 문에 들어가나니, 그 이름을 '널리 비추는 광명으로 번뇌를 멈춤'이라 한다.

◉ 疏 ◉

瑟吒字는 悟一切法이 制伏任持의 相不可得故니라 普光明은 卽能制伏任持니 煩惱는 卽所制伏이오 息은 卽伏義니라

 '瑟吒' 자는 일체 법이 제재 조복하고 맡겨 지니는 모양을 얻지 못함을 깨달았기 때문이다.

 '널리 비추는 광명'은 제재 조복하고 맡겨 지님이다. 번뇌는 곧 제재 조복의 대상이며, 사라짐은 곧 제재 조복함의 뜻이다.

經

唱迦字時에 入般若波羅蜜門하니 名無差別雲이오

카(Ka, 迦) 자를 부를 때, 반야바라밀 문에 들어가나니, 그 이름을 '차별 없는 구름'이라 한다.

◉ 疏 ◉

迦字는 悟作者不可得이니 則作業如雲하야 皆無差別이라【鈔_ 十五 '迦字 悟作者不可得'은 此字上에 畧一切法이오 下에 猶有不可得이니 此後諸字는 皆上有悟一切法이오 下有不可得은 疏文從簡이라 故竝畧之라 下는 方總說耳오 '從則作業如雲'下는 會經이라】

'迦' 자는 이를 만들어 낸 자를 찾을 수 없음을 깨달음이다. 이는 하는 일이 구름처럼 모두 차별이 없다.【초_ 제15. "迦 자는 이를 만들어 낸 자를 찾을 수 없음을 깨달음"이란 이 글자 위에 '一切法'을 생략하면서도, 그 아래에서는 오히려 '찾을 수 없다[不可得].'는 구절을 썼다.

이 뒤의 모든 글자에는 모두 위로는 '일체 법을 깨달았다.'는 부분이 있고, 아래의 '찾을 수 없다[不可得].'는 구절은 청량소에서 생략하였다. 이 때문에 이 부분을 생략한 것이다.

아래는 바야흐로 총괄하여 말하였고, '從則作業如雲' 이하는 경문의 뜻을 회통하였다.】

經

唱娑字時에 入般若波羅蜜門하니 名降霍大雨오

사(Sa, 娑) 자를 부를 때, 반야바라밀 문에 들어가나니, 그 이름을 '큰비를 퍼부음'이라 한다.

⊙ 疏 ⊙

娑字는 卽時平等性이라【鈔_ 十六娑字는 但有釋義니 具云悟一切法時平等性 不可得故니라

智論云‘若聞娑字면 知一切法 一切種不可得이라 以薩婆는 秦言一切故라하니라

釋曰論云一切種智故니라】

'娑' 자는 시간의 평등한 성품이다.【초_ 제16. '娑' 자는 뜻을 해석한 부분이 있을 뿐이다. 이를 구체적으로 말하면 다음과 같다.

"일체 시간의 평등한 자성을 얻을 수 없음을 깨달았기 때문이다."

지도론에서 말하였다.

"만약 '娑' 자의 법문을 들으면 모든 법의 일체종지를 얻을 수 없음을 알 수 있다.

범어의 '薩婆'는 중국에서는 '일체'를 말하기 때문이다."

이에 대한 해석은 다음과 같다.

논에서 "일체종지이기 때문이다."고 말하였다.】

經

唱麽字時에 入般若波羅蜜門하니 名大流湍激하고 衆峯齊峙오

마(Ma, 麽) 자를 부를 때, 반야바라밀 문에 들어가나니, 그 이름

을 '큰 강물이 세차게 흐르고 많은 봉우리가 가지런히 솟음'이라 한다.

◉ 疏 ◉

麼字는 卽我所執性이니 我慢高舉 若峯齊峙하고 我慢則生死長流 湍馳奔激이라【鈔_ 十七麼字者는 大品에 云'麼는 卽悟一切法 我所執性이 不可得이라'하다 '我慢高舉'下는 會經이라
智論에 云'若聞麼字면 知一切法이 離我所義니 以麼迦 秦言我所 故니라'】

'麼' 자는 곧 '나의 것'이라는 생각으로 고집하는 성품이다. 드높은 아만이 산봉우리와 같다. 아만이 있으면 생사에 길이 윤회함이 세차게 흐르는 물줄기와 같다.【초_ 제17. '麼' 자는 대품경에서는 "麼는 일체 법에 '나의 것'이라는 생각으로 고집하는 자성이 있어서는 안 됨을 깨달았다."고 말하였다. 我慢高舉 이하는 경문의 뜻을 회통하였다.

지도론에서 말하였다.

"만약 '麼' 자의 법문을 들으면 모든 법이 '나'라는 대상에서 벗어난 뜻을 알 수 있다.

범어의 '麼迦'는 중국에서는 '나'라는 대상을 말하기 때문이다."】

唱伽字時에 入般若波羅蜜門하니 名普安立이오

가(Ga, 伽) 자를 부를 때, 반야바라밀 문에 들어가나니, 그 이름을 '널리 정돈함'이라 한다.

◉ 疏 ◉

伽字는 卽一切法 行取性이라【鈔_ 十八伽字는 別譯에 爲誐字니 義亦全同하다 易故不會經이어니와 若欲會者인댄 以行取故로 而能安立이라

智論에 云'若聞伽字면 卽知一切法底不可得이니 以伽陀 秦言底 故'라하니

釋曰 行取는 卽生死底甚深故니라】

'伽'자는 곧 일체 법의 집착하는 행의 성품[行取性: 行取蘊]이다. 【초_ 제18. '伽'자는 별도의 번역에서 '誐'자로 썼다. 그 자의는 또한 모두 같다. 그 의의를 이해하기 쉽기에 경문의 뜻을 회통하지 않았지만, 만일 회통하고자 한다면 行取 때문에 이를 세운 것이다.

지도론에서 말하였다.

"만약 '伽'자의 법문을 들으면 일체 법의 밑바닥을 얻지 못함을 알 수 있다.

범어의 '伽陀'는 중국에서는 '밑바닥[底]'이라는 뜻으로 말하기 때문이다."

이에 대한 해석은 다음과 같다.

573

行取는 아주 깊은 생사 밑바닥이기 때문이다.】

經
唱他字時에 入般若波羅蜜門하니 名眞如平等藏이오

타(Tha, 他) 자를 부를 때, 반야바라밀 문에 들어가나니, 그 이름을 '진여의 평등한 법장'이라 한다.

● 疏 ●

他字는 卽是處所性이라【鈔_ 十九他字는 疏但釋義니 易不會經이라 會者인댄 眞如平等이 是所依處니 出生一切하야 終歸此故니라 智論에 云若聞他字면 卽知四句 如去不可得이니 以多他阿伽度는 秦言如去故라하니 如去는 卽是處所니 如來時去故니라】

'他' 자는 곧 의지할 곳의 성품이다.【초_ 제19. '他' 자는 청량소에서는 자의를 해석했을 뿐이다. 그 의의를 이해하기 쉽기에 경문의 뜻을 회통하지 않았지만, 만일 회통하고자 한다면 진여평등이 의지할 바의 곳이다. 일체를 낳아주고 마침내 여기에 귀의하기 때문이다.

지도론에서 말하였다.

"만약 '他' 자의 법문을 들으면 4구의 똑같이 떠나감을 얻을 수 없는 뜻을 알 수 있다.

범어의 '多他阿伽度'는 중국에서는 '똑같이 떠나감[如去]'이라는 뜻으로 말하기 때문이다."

'똑같이 떠나감[如去]'이란 곧 處所이다. 왔던 때와 같이 떠나가기 때문이다.】

經
唱社字時에 **入般若波羅蜜門**하니 **名入世間海淸淨**이오

사(Ja, 社) 자를 부를 때, 반야바라밀 문에 들어가나니, 그 이름을 '세간 바다의 청정에 들어감'이라 한다.

◉ 疏 ◉

社字는 卽能所生起라【鈔_ 二十社字는 別譯爲惹字니 但擧其義어니와 若會經者인댄 有能有所가 是世間海라 故賢首品에 '能緣所緣力으로 一切法出生일새 速滅不暫停하야 念念悉如是'라하니 今不可得이 成般若矣라】

'社' 자는 곧 주체와 대상이 생겨남이다.【초_ 제20. '社' 자는 별도의 번역에서 '惹' 자로 썼다. 이는 그 자의만을 들어 말했지만, 만약 경문을 회통하면 주체도 있고 대상도 있음이 세간의 바다이다.

이 때문에 제12 현수품에서 "반연의 주체와 반연의 대상 힘으로 일체 법이 나오기에 빠르게 사라져 가면서 잠시도 멈추지 않는다. 한 생각의 찰나마다 모두 이와 같다."고 하였다. 여기에서 얻을 수 없음이 반야를 성취함이다.】

經

唱鎖字時에 入般若波羅蜜門하니 名念一切佛莊嚴이오

스바(Sva. 鎖) 자를 부를 때, 반야바라밀 문에 들어가나니, 그 이름을 '일체 부처님의 장엄을 생각함'이라 한다.

◉ 疏 ◉

鎖字는 卽安穩性이라【鈔_ 二十一鎖字는 別譯에 是娑嚩字라 若會經者인댄 念佛莊嚴이 最安穩故니라】

'鎖' 자는 안온한 성품이다.【초_ 제21. '鎖' 자는 별도의 번역에서는 '娑嚩' 자로 썼다. 만약 경문을 회통하면 염불장엄이 가장 안온하기 때문이다.】

經

唱柂字時에 入般若波羅蜜門하니 名觀察簡擇一切法聚오

다(Dha. 柂) 자를 부를 때, 반야바라밀 문에 들어가나니, 그 이름을 '일체 법의 무더기를 관찰하여 가려냄'이라 한다.

◉ 疏 ◉

柂字는 卽能持界性이라【鈔_ 二十二柂字는 別譯에 爲馱字니 義必然者는 以第七에 亦有柂字하야 注之爲上故니라 然經云簡擇法聚는 卽能持界性이오 法聚差別은 卽是界義니 各各持自性也라

智論에 云若聞馱字면 知一切法性不可得이니 以馱摩는 此云法故니라】

'柂' 자는 부지의 주체가 되는 경계의 성품이다.【초_ 제22. '柂' 자는 별도의 번역에서는 '馱' 자로 쓰고 있다. 자의가 반드시 그와 같다는 것은 제7에 또한 '柂' 자가 있기에 제7의 '柂' 자에서 輕音의 上聲이라는 주해를 쓰고 있기 때문이다.

그러나 본 경문에서 "일체 법의 무더기를 관찰하여 가려냄"이라 말한 것은 곧 부지의 주체가 되는 경계의 성품이다. '법의 무더기가 각기 다른' 것이란 곧 경계라는 뜻이다. 각각 자성을 지니고 있기에 각기 다른 것이다.

지도론에서 말하였다.

"만약 '馱' 자의 법문을 들으면 일체 법성을 얻을 수 없음을 알 수 있다.

범어의 '馱摩'는 중국에서는 '법'이라는 뜻으로 말하기 때문이다."】

經
唱奢字時에 入般若波羅蜜門하니 名隨順一切佛敎輪光明이오

샤('Sa, 奢) 자를 부를 때, 반야바라밀 문에 들어가나니, 그 이름을 '일체 부처님의 가르침의 법륜 광명을 따름'이라 한다.

◉ 疏 ◉

奢字는 卽寂靜性이라【鈔_ 二十三奢字는 別譯에 爲捨니 大般若에 亦云‘捨’라하고 涅槃云奢라하니라 若會經者인댄 寂靜則順佛敎니라 智論에 云‘若聞賒字면 卽知諸佛寂滅相’이라하니 以賒多都餓는 此 云寂滅故니라】

'奢' 자는 고요한 성품이다.【초_ 제23. '奢' 자는 별도의 번역에 서는 '捨'로 쓰고 있다.

대반야경에서는 또한 '捨'로 썼고, 열반경에서는 '奢'로 썼다. 만약 경문을 회통한다면 寂靜은 곧 부처님의 가르침을 따름이다.

지도론에서 말하였다.

"만약 '賒' 자의 법문을 들으면 모든 법이 '나'라는 대상에서 벗 어난 뜻을 알 수 있다.

범어의 '賒多都餓'는 중국에서는 '寂滅'이라는 대상을 말하기 때문이다."】

經

唱佉字時에 入般若波羅蜜門하니 名修因地智慧藏이오

카(Kha, 佉) 자를 부를 때, 반야바라밀 문에 들어가나니, 그 이름 을 '인행을 닦는 지혜 법장'이라 한다.

◉ 疏 ◉

佉字는 卽如虛空性이라【鈔_ 二十四佉字는 若會經者인댄 智慧

等空일세 故能含藏이라 智論에 云'若聞佉字면 知一切法이 等於虛空하야 不可得義라하니 以佉伽는 秦言虛空故니라】

'佉' 자는 허공과 같은 성품이다.【초_ 제24. '佉' 자는 경문으로 회통하면 지혜가 허공과 같기에 모든 것을 포괄하여 간직하였다.

지도론에서 말하였다.

"만약 '佉' 자의 법문을 들으면 일체 법이 허공과 같아서 얻지 못하는 뜻을 알 수 있다.

범어의 '佉伽'는 중국에서는 '허공'의 뜻으로 말하기 때문이다."】

經

唱叉字時에 入般若波羅蜜門하니 名息諸業海藏이오

크샤(Ksa, 叉) 자를 부를 때, 반야바라밀 문에 들어가나니, 그 이름을 '모든 업 바다의 멈추는 법장'이라 한다.

● 疏 ●

叉字는 卽盡性이라【鈔_ 二十五叉는 別譯에 爲㵀㴹字니 若會經者인댄 業海深廣하야 無不包含이라 非是無爲라야 終竟須盡이라 智論에 云'若聞叉字면 則知一切法의 盡不可得이라'하니 以叉耶는 秦言盡일세니라】

'叉' 자는 극진함의 성품이다.【초_ 제25. '叉' 자는 별도의 번역에서는 '㵀㴹' 자로 썼다. 만약 경문으로 회통하면 業海가 깊고 광대하여 모든 것을 포함하지 않음이 없다. 오직 無爲만이 끝내 다할 수 있다.

지도론에서 말하였다.

"만약 '叉' 자의 법문을 들으면 일체 법의 극진함을 얻을 수 없는 뜻을 알 수 있다.

범어의 '叉耶'는 중국에서는 '극진'이라는 뜻으로 말하기 때문이다."】

經
唱娑多字時에 入般若波羅蜜門하니 名蠲諸惑障하고 開淨光明이오

스타(Sta, 娑多) 자를 부를 때, 반야바라밀 문에 들어가나니, 그 이름을 '번뇌의 장애를 없애고 청정한 광명을 열어줌'이라 한다.

◉ 疏 ◉

娑多字는 卽任持處非處하야 令不動性이니 惑障은 爲非處오 開淨光明은 爲其處니라 【鈔_ 智論에 云 '若聞娑多字면 卽知諸法邊不可得이니 以阿利迦多度求那는 秦言是事邊不可得이니라'

釋曰 以大品云多字門은 諸法有不可得故라하니 論爲此釋이라 以有卽有邊이니 必對無故니라 有는 是妄惑일세 故爲非處니 以爲有邊이오 無는 是眞空일세 故名爲處니 故爲無邊이니 惑智雙絶이면 卽不可得이니라】

'娑多' 자는 처소와 처소가 아닌 곳을 붙들어 흔들리지 않게 하

는 성품이다.

惑障은 처소가 아닌 곳이고, 열리고 청정한 광명은 처소이다.
【초_ 지도론에서 말하였다.

"만약 '娑多' 자의 법문을 들으면 모든 법의 유와 무의 변을 얻을 수 없다는 뜻을 알 수 있다.

범어의 '阿利迦多度求那'는 중국에서는 '어떤 일의 한쪽을 얻을 수 없다[事邊不可得].'는 뜻으로 말하기 때문이다."

이에 대한 해석은 다음과 같다.

대품경에 이르기를, "多 자의 법문은 모든 법의 有를 얻지 못한 때문이다."고 말하니, 논은 이에 대한 해석이다.

有는 곧 有邊이라는 것으로 반드시 無를 상대로 말한 때문이다. 有는 妄惑이기에 바른 처소가 아니다. 이 때문에 '유의 측면[有邊]'이라 한다.

無는 진공이기에 그 이름을 바른 처소라 한다. '무의 측면[無邊]'이라 한다. 미혹과 지혜가 모두 사라져 그 어느 것도 얻을 수 없기 때문이다.】

經

唱壤字時에 入般若波羅蜜門하니 名作世間智慧門이오

즈냐(Jna, 壤) 자를 부를 때, 반야바라밀 문에 들어가나니, 그 이름을 '세간의 지혜 문을 지음'이라 한다.

● 疏 ●

壤字는 卽能所知性이라【鈔_ 二十七壤字(輕呼)는 別譯에 爲孃字
니라 若會經者인댄 能所知性은 卽智慧門이니 能知爲智慧에 智慧
卽門이오 所知爲智慧에 智慧之門이라 智論에 云 若聞惹字면 卽知
一切法中에 無智相이니 以惹那는 秦言智故라하니
釋曰 但有能知면 必有所耳니라】

'壤' 자는 곧 앎의 주체와 대상의 성품이다.【초_ 제27. 壤 자는 별도의 번역에서는 '孃' 자로 썼다. 만약 경문으로 회통하면 앎의 주체와 대상의 자성은 곧 지혜의 문이다. 앎의 주체로 지혜를 삼으면 지혜가 곧 문이고, 앎의 대상으로 지혜를 삼으면 지혜의 문이다.

지도론에서 말하였다.

"만약 '惹' 자의 법문을 들으면 일체 법의 가운데 지혜가 없는 모습을 알 수 있다.

범어의 '惹那'는 중국에서는 '지혜'라는 뜻으로 말하기 때문이다."

이에 대한 해석은 다음과 같다.

다만 지혜의 주체가 있으면 반드시 대상이 있기 마련이다.】

經

唱曷攞多字時에 入般若波羅蜜門하니 名生死境界智慧
輪이오

르타(Rtha, 曷攞多) 자를 부를 때, 반야바라밀 문에 들어가나니,

그 이름을 '생사 경계의 지혜 법륜'이라 한다.

● 疏 ●

曷攞多字는 卽執著義性이니 執著이 爲生死境義니 卽智慧輪이라
【鈔_ 言境義者는 總有四義하니 一은 文義니 是所詮義오 二는 境義니 是所緣境이오 三은 道理義니 謂若無常等이오 四는 性義니 卽第一義空이라 今是第二니 生死는 是果오 執著은 是因이이 竝是智慧所觀境義니라 智論云 若聞曷攞多字면 卽知一切法義不可得이니 以阿利他는 秦言義故니라】

'曷攞多' 자는 집착한 뜻의 성품이다. 집착이 생사 경계의 의의이다. 이는 지혜의 법륜이다.【초_ 境義라 말한 데는 모두 4가지 뜻이 있다.

① 문장의 뜻이다. 이는 문자에 의해 나타나는 뜻이다.

② 경계의 뜻이다. 이는 반연 대상의 경계이다.

③ 도리의 뜻이다. 이는 無常 등을 말한다.

④ 성품의 뜻이다. 이는 제일의제의 空이다.

여기에서는 '② 경계의 뜻'으로 말하였다. 생사는 결과이고, 집착은 원인이다. 이는 모두 지혜의 관찰 대상 경계라는 뜻이다.

지도론에서 말하였다.

"만약 '曷攞多' 자의 법문을 들으면 일체 법의 의의를 얻을 수 없음을 알 수 있다.

범어의 '阿利他'는 중국에서는 '의의[義]'라는 뜻으로 말하기

때문이다."】

經
唱婆字時에 入般若波羅蜜門하니 名一切智宮殿圓滿莊嚴이오

바(Bha, 婆) 자를 부를 때, 반야바라밀 문에 들어가나니, 그 이름을 '일체 지혜 궁전의 원만한 장엄'이라 한다.

◉ 疏 ◉

婆字는 卽可破壞性이라 圓滿之言은 不空은 譯爲道場이라 然此婆字는 宜蒲餓反이어늘 諸本에 多云蒲我라하니 則與第八로 不殊니라
【鈔_ '二十九婆字 圓滿之言'下는 會經이라 興善이 譯爲道場者는 故彼云'稱婆字時에 入一切宮殿道場莊嚴般若波羅密門이라'하니 以梵云曼茶羅는 通圓滿·道場二義故니라 智論云'若聞婆字면 了知一切法不可得破壞相하니 以婆伽는 秦言破故니라'
釋曰 經中에 宮殿莊嚴은 以從緣故로 亦可破壞어니와 以不可得은 卽非莊嚴이니 方爲圓滿이라야 成般若矣니라】

'婆' 자는 파괴할 수 있는 성품이다.

'원만'이라는 말은 흥선삼장 不空 스님은 '도량'으로 번역하였다. 그러나 '婆' 자는 당연히 포의 초성인 'ㅍ'과 아의 종성인 'ㅏ'의 반절음인데, 다른 책에서는 '蒲我'의 반절음으로 말한 바 많다. 이는 '제8. 婆의 上聲 글자'와 다르지 않다.【초_ '제29. 婆 자는 원만

이라는 말' 이하는 경문의 뜻을 회통함이다. 홍선삼장 불공 스님이 '도량'으로 번역한 것은 홍선삼장이 말하기를, "娑 자를 부를 때, 일체 지혜 궁전 도량의 장엄 반야바라밀 법문에 들어간다."고 하였다.

범어에서 말한 '만다라'는 원만과 도량 2가지 의의에 모두 통하기 때문이다.

지도론에서 말하였다.

"만약 '娑' 자의 법문을 들으면 일체 법의 파괴할 수 없는 모양을 알 수 있다.

범어의 '娑伽'는 중국에서는 '破'의 뜻으로 말하기 때문이다."

이에 대한 해석은 다음과 같다.

경문에서 말한 '궁전의 장엄'은 반연을 따라 만들어진 까닭에 또한 파괴될 수 있지만, 얻을 수 없는 것은 '궁전의 장엄'이 아니다. 바야흐로 원만해야 반야를 성취할 수 있다.】

經

唱車字時에 入般若波羅蜜門하니 名修行方便藏各別圓滿이오

차(Cha, 車) 자를 부를 때, 반야바라밀 문에 들어가나니, 그 이름을 '수행방편의 법장이 각기 달리 원만함'이라 한다.

◉ 疏 ◉

車字는 卽欲樂覆性이라【鈔_ 三十車字는 別譯爲縒니 若會經文

인댄 既方便隨喜樂일새 故各別圓滿이라 智論云 '若聞車字면 即知一切法無所去니 以伽車는 秦言去故니라'】

'車' 자는 欲樂에 뒤덮인 성품이다.【초_ 제30. '車' 자는 별도의 번역에서는 '縒' 자로 썼다. 만약 경문으로 회통하면 이미 방편이 중생의 좋아하는 것을 따르기에 각기 별개로 원만함이다.

지도론에서 말하였다.

"만약 '車' 자의 법문을 들으면 일체 법이 떠나갈 바가 없음을 알 수 있다.

범어의 '伽車'는 중국에서는 떠나가다[去]의 뜻으로 말하기 때문이다."】

經

唱娑麽字時에 入般若波羅蜜門하니 名隨十方現見諸佛이오

스마(Sma, 娑麽) 자를 부를 때, 반야바라밀 문에 들어가나니, 그 이름을 '시방 중생을 따라 몸을 나타내는 부처님'이라 한다.

● 疏 ●

娑麽字는 即可憶念性이라

'娑麽' 자는 기억하고 생각하는 성품이다.

經

唱訶婆字時에 入般若波羅蜜門하니 名觀察一切無緣衆生하야 方便攝受하야 令出生無礙力이오

흐바(Hva, 訶婆) 자를 부를 때, 반야바라밀 문에 들어가나니, 그 이름을 '일체 인연 없는 중생을 관찰하여 방편으로 거두어 주어 걸림 없는 힘을 내게 함'이라 한다.

◉ 疏 ◉

訶婆字는 即可呼召性이니 無緣 召令有緣故니라【鈔_ 三十二訶婆字는 別譯爲訶嚩이니 文中은 釋義오 '無緣召令有緣'은 即會經也니라】

'訶婆' 자는 부르는 성품이다. 반연이 없는 것을 불러들여 반연이 있도록 하기 때문이다.【초_ 제32. '訶婆' 자는 별도의 번역에서는 '訶嚩' 자로 썼다. 이의 문장에서는 경문의 뜻을 해석한 것이며, "반연이 없는 것을 불러들여 반연이 있도록 한다."는 것은 경문의 뜻을 회통한 것이다.】

經

唱縒字時에 入般若波羅蜜門하니 名修行趣入一切功德海오

트사(Tsa, 縒) 자를 부를 때, 반야바라밀 문에 들어가나니, 그 이름을 '수행으로 일체 공덕 바다에 들어감'이라 한다.

● 疏 ●

縒字는 卽勇健性이라【鈔_ 若會經者인댄 勇健이라야 方能修入功德이라 智論云‘若聞縒字면 知一切法無慳無施니 以末縒羅는 秦言慳故니라' 釋日 無慳이 最勇健이오 施爲行首니 勇而能行일세 故偏說耳니라】

'縒' 자는 용맹스럽고 힘찬 성품이다.【초_ 만약 경문으로 회통하면 용맹스럽고 힘차야 비로소 공덕을 닦아 들어갈 수 있다.

지도론에서 말하였다.

"만약 '縒' 자의 법문을 들으면 일체 법이 인색함도 없고 보시할 것도 없음을 알 수 있다.

범어의 '末縒羅'는 중국에서는 '인색[慳]'의 뜻으로 말하기 때문이다."

이에 대한 해석은 다음과 같다.

인색함도 없음이 가장 용맹스럽고 힘찬 것이며, 보시는 모든 수행의 으뜸이다. 용맹스럽고 힘차야 행할 수 있기에 이것만을 들어 말한 것이다.】

經

唱伽字時에 入般若波羅蜜門하니 名持一切法雲堅固海藏이오

가(Gha, 伽) 자를 부를 때, 반야바라밀 문에 들어가나니, 그 이름을 '일체 법 구름이 견고한 법장'이라 한다.

● 疏 ●

伽字는 卽厚平等性이라【鈔_ 三十四伽字는 若會經者인댄 如地之厚하야 平等能持하고 亦能含藏이 如海平等하야 能持能包하야 雲雨說法이라 智論云 若聞伽字면 卽知諸法不厚不薄이니 以伽那는 秦言厚故니라 釋曰 厚薄之事는 事則已入般若矣라】

'伽' 자는 후하고 평등한 성품이다.【초_ 제34. '伽' 자는 경문으로 회통하면 땅의 두터움과 같아서 모든 만물을 평등하게 붙들어 주며, 또한 포함하고 간직함이 바다 같아서 평등하게 붙잡아주고 포함하여 구름과 비로 설법함이다.

지도론에서 말하였다.

"만약 '伽' 자의 법문을 들으면 모든 법이 후하지도 않고 박하지도 않음을 알 수 있다.

범어의 '伽那'는 중국에서는 후하다[厚]의 뜻으로 말하기 때문이다."

이에 대한 해석은 다음과 같다.

후하고 박한 일은 사법계가 이미 반야에 들어감이다.】

經

唱吒字時에 入般若波羅蜜門하니 名隨願普見十方諸佛이오

타(Ta, 吒) 자를 부를 때, 반야바라밀 문에 들어가나니, 그 이름을 '원하는 바를 따라서 시방의 부처님을 두루 봄'이라 한다.

◉ 疏 ◉

吒字는 卽積集性이라【鈔_ 三十五吒字는 別譯爲姹(上聲)字니 若會經者인댄 積集念佛일새 故能普見이라】

'吒' 자는 모아 쌓아가는 성품이다.【초_ 제35. '吒' 자는 별도의 번역에서는 '姹(上聲)' 자로 썼다. 만약 경문으로 회통하면 念佛을 모아 쌓았기에 널리 두루 친견함이다.】

經

唱拏字時에 入般若波羅蜜門하니 名觀察字輪이 有無盡諸億字오

나(Na, 拏) 자를 부를 때, 반야바라밀 문에 들어가나니, 그 이름을 '문자 법륜이 그지없이 여러 억 글자임을 관찰함'이라 한다.

◉ 疏 ◉

拏字는 卽離諸諠諍하야 無往無來하고 行住坐臥니 謂以常觀字輪故니라【鈔_ 三十六拏字는 先은 釋義오 後 '謂以常觀'下는 會經이라 智論云若聞拏字면 卽知一切法及衆生이 不去不來하고 不生不滅하며 不臥不立하야 衆生空法空이니 以南天竺云拏는 秦言不故니라 釋曰 去等은 卽是諠諍이오 無는 卽是不이니 上二俱不可得이라야 方爲般若니라】

'拏' 자는 모든 시끄러움을 떠나서 가는 것도 없고 오는 것도 없으며, 행주좌와도 없다. 이는 언제나 문자 법륜을 관찰하기 때문

이다.【초_ 제36. '拏' 자는 앞에서는 경문의 뜻을 해석하였고, 뒤의 '謂以常觀' 이하는 경문의 뜻을 회통하였다.

지도론에서 말하였다.

"만약 '拏' 자의 법문을 들으면 일체 법 및 중생이 가는 것도 없고 오는 것도 없으며, 생겨남도 없고 사라짐도 없으며, 누움도 없고 섬도 없어, 중생이 공하고 법이 공함을 알 수 있다.

범어의 '拏'는 중국에서는 아니다[不]는 뜻으로 말하기 때문이다."

이에 대한 해석은 다음과 같다.

떠남 등은 시끄러움이며, 없다는 것은 곧 아니다는 뜻이다. 위의 2가지를 모두 얻은 바 없어야 비로소 반야이다.】

經

唱娑頗字時에 入般若波羅蜜門하니 名化衆生究竟處오

스파(Spha, 娑頗) 자를 부를 때, 반야바라밀 문에 들어가나니, 그 이름을 '중생을 교화하여 최고의 경계에 이르는 곳'이라 한다.

⦿ 疏 ⦿

娑頗字는 卽徧滿果報니라【鈔_ 三十七娑頗字는 別譯에 但云頗字라 若會經者인댄 化生究竟이라야 方爲徧滿果報니라 智論云 '若聞頗字면 卽一切法 因果皆空이니 以頗羅는 秦言空故니라' 釋曰 因果俱空이라야 方爲圓滿이니 亦不可得이니라】

'娑頗' 자는 곧 두루 원만한 과보이다.【초_ 제37. '娑頗' 자는 별도의 번역에서는 다만 '頗' 한 글자만을 말하였을 뿐이다. 만약 경문으로 회통하면 중생을 교화하여 최고의 경계에 이르는 곳이 비로소 두루 원만한 과보이다.

지도론에서 말하였다.

"만약 '頗' 자의 법문을 들으면 일체 법의 인과가 모두 공하게 된다.

범어의 '頗羅'는 중국에서는 '空'이라는 뜻으로 말하기 때문이다."

이에 대한 해석은 다음과 같다.

인과가 모두 공이어야 비로소 원만함이 되니 이 또한 얻을 수 없다.】

經
唱娑迦字時에 入般若波羅蜜門하니 名廣大藏無礙辯光明輪徧照오

스카(Ska, 娑迦) 자를 부를 때, 반야바라밀 문에 들어가나니, 그 이름을 '광대한 법장에 걸림 없는 변재의 광명 바퀴가 두루 비침'이라 한다.

◉ 疏 ◉

娑迦字는 卽積聚蘊性이라【鈔_ 三十八娑迦字는 別譯爲塞迦니

若會經者인댄 蘊積은 爲廣大藏無礙光輪所積蘊也라
智論云 若聞歌字면 卽知一切法 五衆不可得이니 以歌大는 秦言衆故니라
釋曰 五衆은 卽五蘊也니 畧擧一蘊耳라】

'娑迦' 자는 積聚蘊의 성품이다.【초_ 제38. '娑迦' 자는 별도의 번역에서는 '塞迦' 자로 썼다. 만약 경문으로 회통하면 蘊積은 광대 법장의 걸림 없는 광명 법륜이 쌓여 있는 바이다.

지도론에서 말하였다.

"만약 '歌' 자의 법문을 들으면 일체 법의 五蘊[五衆]을 얻을 수 없음을 알 수 있다.

범어의 '歌大'는 중국에서는 '衆'의 뜻으로 말하기 때문이다."

이에 대한 해석은 다음과 같다.

五衆은 五蘊이다. 여기에서는 하나의 蘊만을 간추려 들어 말하였다.】

經

唱也娑字時에 入般若波羅蜜門하니 名宣說一切佛法境界오

이사(Ysa, 也娑) 자를 부를 때, 반야바라밀 문에 들어가나니, 그 이름을 '일체 불법의 경계를 말함'이라 한다.

● 疏 ●

也娑字는 卽衰老性相이라【鈔_ 三十九也娑字는 若會經者인댄 衰老性은 卽佛法境界니 兼餘老死者는 菩薩勇猛觀境이라】

'也娑' 자는 노쇠한 성품과 현상이다.【초_ 제39. '也娑' 자는 경문으로 회통하면 노쇠한 성품이 곧 불법의 경계이다. 나머지 늙음과 죽음을 겸한 것은 보살의 勇猛觀의 경계이다.】

經
唱室者字時에 入般若波羅蜜門하니 名於一切衆生界에 法雷徧吼오

스차(Sca, 室者) 자를 부를 때, 반야바라밀 문에 들어가나니, 그 이름을 '일체 중생 세계에 법문의 우레가 두루 진동함'이라 한다.

● 疏 ●

室者字는 卽聚集足迹이니 謂聚集은 卽一切衆生이오 法雷는 卽是足迹이라【鈔_ 四十室者字는 別譯云室左라 文中에 先은 釋義오 謂聚集卽下는 會經이라 '法雷卽是足迹'者는 佛所行迹故니라
智論云 '若聞遮字면 卽知一切法不動相義니 以遮邏는 秦言動故니라'
釋曰 以大品云遮字門은 諸法行不可得이라하니 行은 卽動義오 足은 卽能行이니 卽因行有迹이니 迹爲所行이라 若依此義면 法雷徧吼는 卽行法也니라】

'室者' 자는 모아가는 발자취이다. 모아감은 일체중생이며, 法雷는 발자취이다.【초_ 제40. '室者' 자는 별도의 번역에서는 '室左'로 썼다.

이의 경문에서 앞부분은 경문의 뜻을 해석하였고,

'謂聚集卽' 이하는 경문의 뜻을 회통하였다. 모든 곳이 곧 발자취라는 것은 부처님이 행한 바의 발자취이기 때문이다.

지도론에서 말하였다.

"만약 '遮' 자의 법문을 들으면 일체 법의 동요 없는 모양의 이치를 알 수 있다.

범어의 '遮邏'는 중국에서는 '움직임'의 뜻으로 말하기 때문이다."

이에 대한 해석은 다음과 같다.

대품경에서 이르기를, "遮 자의 법문은 모든 법의 행을 얻을 수 없다."고 한다. 여기에서 말한 '行'은 곧 움직이다[動]의 뜻이며, 발이란 행할 수 있는 주체이다. 이는 행함으로 인해서 발자취가 남겨지는 것이다. 발자취는 행한 바에 의해 나타나는 것이다. 만약 이런 의의를 따르면 法雷徧吼는 곧 법을 행함이다.】

經
唱佗字時에 入般若波羅蜜門하니 名以無我法으로 開曉衆生이오

타(Tha, 佗) 자를 부를 때, 반야바라밀 문에 들어가나니, 그 이름을 '〈나〉라는 것이 없는 법으로 중생을 깨우침'이라 한다.

● 疏 ●

侘字는 卽相驅迫性이니 謂無我曉之 卽爲驅迫이라【鈔_ 四十一 侘는 別譯爲吒니 文中에 先은 釋義오 後'謂無我'下는 會經이라 智論云 若聞吒字면 卽知一切法此·彼岸 不可得이니 以吒羅는 秦言岸故니라 釋曰 卽無我驅迫하야 令至彼岸도 亦不可得이라 若約表位인댄 此當等覺故니 法身欲滿하야 始本欲齊일세 故亡二岸이라】

'侘' 자는 서로 다그쳐 몰아가는 성품이다. '나'라는 생각이 없는 것으로 깨우쳐줌이 바로 다그쳐 몰아감이다.【초_ 제41. '侘'는 별도의 번역에서는 '吒' 자로 썼다. 이의 경문에서 앞부분은 경문의 뜻을 해석하였고, 뒤의 '謂無我' 이하는 경문의 뜻을 회통하였다.

지도론에서 말하였다.

"만약 '吒' 자의 법문을 들으면 일체 법의 此岸과 彼岸을 얻을 수 없음을 알 수 있다.

범어의 '吒羅'는 중국에서는 '언덕[岸]'이라는 뜻으로 말하기 때문이다."

이에 대한 해석은 다음과 같다.

'나'라는 생각이 없는 것으로 다그쳐 몰아가 피안에 이르게 함 또한 얻을 수 없다. 만일 지위로 말한다면, 이는 等覺에 해당하기 때문이다. 법신이 원만코자 하여 始覺과 本覺을 똑같이 하고자 한 까닭에 두 언덕이 없다.】

唱陀字時에 入般若波羅蜜門하니 名一切法輪差別藏이니라

라(La, 陀) 자를 부를 때, 반야바라밀 문에 들어가나니, 그 이름을 '일체 법륜이 각기 다른 법장'이라 한다.

● 疏 ●

陀字는 卽究竟處所니 謂此究竟處가 含藏一切法輪이라 然新譯에 乃是茶字니 去聲引之니라【鈔_ 四十二陀(引聲)는 文中에 先은 釋義오 後謂此究竟'下는 會經이라 '從然新譯'下는 會經字音이니 卽興善別譯也라

智論云 '若聞茶字면 卽知一切法必不可得이니 以彼茶는 秦言必故니라'

釋曰 唯至究竟이 爲必不可得이라 故般若中에 以無所得이면 則得菩提니라

又約表位면 此四十二當妙覺故니라

大品云 '茶字門이 入諸法邊竟處라'하며 光讚云 '是陀之門이 一切法 究竟邊際니 盡其處所하야 無生無死하고 無有作者라'하니 皆菩提意也니라 若約初發心時에 便成正覺이면 則初阿는 最後茶니라】

'陀' 자는 究竟處이다. 이 구경처가 일체 법륜을 포괄하여 간직한 때문이다. 그러나 新譯에서는 '茶' 자로 썼다. 거성으로 끌어가는 음이다.【초_ 제42. '陀(引聲)'는 이의 경문에서 앞부분은 경문

의 뜻을 해석하였고, 뒤의 '謂此究竟' 이하는 경문의 뜻을 회통하였다.

'從然新譯' 이하는 경의 자음을 회통함이니, 홍선삼장의 별도의 번역이다.

지도론에서 말하였다.

"만약 '茶' 자의 법문을 들으면 일체 법을 반드시 얻을 수 없음을 알 수 있다.

범어의 '茶'는 중국에서는 '반드시[必]'라는 뜻으로 말하기 때문이다."

이에 대한 해석은 다음과 같다.

오직 최고의 경계에 이르러야만 반드시 얻을 수 없음이 된다. 그러므로 반야경에서는 "얻은 바 없는 것으로써 곧 보리를 얻는다."고 하였다.

또한 지위를 밝힌 것으로 말하면, 제42의 지위는 妙覺에 해당하기 때문이다.

대품경에서는 "茶 자의 법문이 모든 법의 邊이 다한 곳에 들어간다."고 하며,

광찬반야경에서는 "陀 자의 법문이 일체 법의 마지막 가장자리[邊際]이다. 그런 곳까지 다하여 생겨남도 없고 죽음도 없으며, 짓는 자도 없다."고 하니, 이는 모두 보리의 뜻이다.

만약 처음 발심할 때에 곧 正覺을 성취하는 것으로 말하면, 첫 '阿' 자가 최후의 '茶' 자이다.】

上來에 從娑字來로 皆上有悟一切法하고 下有不可得言이어늘 今
竝畧之하니 若具인댄 皆如瑟吒字耳라 其中에 難者는 已釋하고 餘以
經疏相對면 文竝可知니라 更有對會와 及修觀儀와 所得功德하니
竝別章具也라【鈔_ '更有對會'下는 指廣在餘라
於中에 有三하니 一은 對會同異니 前已會竟이오 二는 修觀儀式이오
三은 所得功德이니 後之二門은 皆興善別譯이니 今當敘之리라
先明所得功德者는 彼文結云 '又善男子여 如是字門은 是能悟
入法界邊際니 除如是字는 表諸法門 更不可得이니라
何以故오 如是字義는 不可宣說이오 不可顯示오 不可執取오 不可
了持오 不可觀察이오 離諸相故니라
善男子여 譬如虛空이 是一切佛 所歸趣處니 此諸字門도 亦復如
是니라 諸法空義 皆入此門이라야 方得顯了니 若菩薩摩訶薩이 於
如是入諸字門에 得善巧智하고 於諸言音所詮所表에 皆無罣礙
하고 於一切法平等空性에 盡能證持하고 於衆言音에 咸得善巧니라
若菩薩摩訶薩이 能聽如是 入諸字門이면 卽顯字印이니 聞已受
持오 讀誦通利하고 爲他解說호되 不貪名利하나니 由此因緣으로 得
二十種功德이니라
何等二十고 謂得強憶念이오 得勝慚愧오 得堅固力이오 得法旨趣
오 得增上覺이오 得殊勝慧오 得無礙辯이오 得總持門이오 得無疑
惑이오 得違順不生恚愛오 得無高下平等而住오 得於有情言音
善巧오 得蘊善巧·處善巧·界善巧·緣起善巧·因善巧·緣善巧오
得法善巧오 得根勝劣智善巧오 得他心智善巧오 得觀星曆善巧

오 得天耳智善巧·宿住隨念智善巧·神境智善巧·生死智善巧·漏盡智善巧오 得說處非處智善巧오 得往來威儀施說善巧니 是爲得二十種殊勝功德이니라

大般若·放光·光讚은 大同於此니라

第三修觀儀式者는 彼文標名이니 大方廣佛華嚴經 入法界品에 頓證毘盧遮那法身字輪瑜伽儀軌니라

釋云夫欲頓入一乘하야 修習毘盧遮那如來法身觀者는 先應發起普賢菩薩微妙行願이오 復應以三密加持身心이면 則能悟入文殊師利大智慧海니라

然修行者는 最初 於空閒處에 攝念安心하고 閉目端身하고 結跏趺坐하야 運心普緣無邊刹海하야 諦觀三世一切如來하고 徧於一一佛菩薩前에 殷勤恭敬하야 禮拜旋繞하고

又以種種供具雲海로 奉獻如是一切聖衆이오 廣大供養已에 復應觀自心하야 心本不生이면 自性成就하야 光明徧照 猶如虛空이오 復應深起悲念하야 哀愍衆生호되 不悟自心이 輪廻諸趣하고 我當普化拔濟하야 令其開悟호되 盡無有餘라하고

復應觀察自心과 諸衆生心과 及諸佛心이 本無有異하야 平等一相하야 成大菩提心하고 瑩徹淸淨하고 廓然周徧하고 圓明皎潔하야 成大月輪이 量等虛空하야 無有邊際하고

復於月輪內에 右旋布列四十二梵字면 悉皆金色에 放大光明하야 照徹十方하야 分明顯現하고 一一光中에 具無量刹海하고 一一刹海에 有無量諸佛하고 一一諸佛에 有無量聖衆이 前後圍繞하야

坐菩提場하야 成等正覺하야 智入三世하고 身徧十方하야 轉大法輪하야 度脫羣品하야 悉令現證無住涅槃하고
復應悟入般若波羅密四十二字門하야 了一切法이 皆無所得이오 能觀法界 悉皆平等하야 無異無別이니라
修瑜伽者는 若能與是旋陀羅尼觀行으로 相應하면 卽能現證毘盧遮那如來智身하야 於諸法中에 得無障礙니라】

위에서 '娑' 자로부터 모두 위에는 '일체 법을 깨달음'이 있고, 아래에는 '얻을 수 없음[不可得]'이란 말이 있는데, 여기에서는 모두 이를 생략한 것이다. 만약 이를 구체적으로 말하면 모두 '瑟吒' 자와 같다.

그 가운데 논란한 자가 이미 해석하였고, 나머지는 경문과 청량소를 상대로 살펴보면 이의 문장을 설명하지 않아도 알 수 있다.

또한 對會 및 修觀儀와 얻은 바의 공덕이 있으니, 아울러 별도의 장에 구체적으로 실려 있다. 【초_ '更有對會' 이하는 자세히 가르침이 나머지에 있다.

여기에는 3단락이 있다.

① 회통을 상대로 같고 다른 점이다. 앞서 이미 회통을 끝마쳤다.

② 觀을 닦는 의식,

③ 얻은 바의 공덕이다.

뒤의 2가지 법문은 모두 홍선삼장의 별도의 번역으로, 여기에서 서술하고자 한다.

먼저 '얻은 바의 공덕'을 밝힌다는 것은 그 경문을 끝맺은 부분

601

에서 말하였다.

"또한 선남자여, 이와 같은 42자의 법문은 법계의 가장자리까지 깨달아 들어갈 수 있다. 이와 같은 글자는 모든 법문이란 다시는 얻을 수 없음을 나타낸 것이다.

무엇 때문일까?

이와 같은 글자의 뜻은 말할 수 없고, 보여줄 수 없고, 잡을 수 없고, 지닐 수 없고, 관찰할 수 없고, 모든 모양을 여의었기 때문이다.

선남자여, 비유하면 허공이란 일체 부처님의 귀의할 곳인 것처럼, 이 모든 글자의 법문 또한 이와 같다.

모든 법이 공하다는 뜻은 모두 이 법문에 들어가야만 비로소 뚜렷이 알 수 있다. 보살마하살은 이와 같이 모든 글자의 법문에 들어가서 뛰어난 지혜를 얻었고, 모든 언어와 음성으로 나타낼 수 있는 문자와 나타낼 수 있는 바에 모두 걸림이 없고, 일체 법의 평등한 空의 자성을 모두 증득하여 지니고, 많은 언어와 음성에 모두 뛰어남을 얻었다.

보살마하살이 이처럼 듣고서 모든 글자의 법문에 들어가면 바로 글자의 인증이 나타나게 된다. 이를 듣고서 지니며, 독송으로 예리하게 통달하고 남을 위해 해설하되 명예와 이익을 탐내지 않는다. 이런 인연으로 20가지 공덕을 얻는 것이다.

무엇이 20가지 공덕인가?

① 뛰어난 기억과 생각을 얻으며,

② 뛰어난 부끄러움을 얻으며,

③ 견고한 힘을 얻으며,

④ 법의 종지를 얻으며,

⑤ 더욱 최상의 깨달음을 얻으며,

⑥ 훌륭한 지혜를 얻으며,

⑦ 걸림 없는 변재를 얻으며,

⑧ 다라니 법문을 얻으며,

⑨ 의혹이 없음을 얻으며,

⑩ 궂은일이나 좋은 일에 생을 내거나 사랑의 마음을 내지 않음을 얻으며,

⑪ 높낮이가 없이 평등하게 머묾을 얻으며,

⑫ 중생의 언어와 음성에 뛰어남을 얻으며,

⑬ 5蘊의 뛰어남·12處의 뛰어남·18界의 뛰어남·연기의 뛰어남·원인의 뛰어남·반연의 뛰어남을 얻으며,

⑭ 법의 뛰어남을 얻으며,

⑮ 근기의 훌륭함과 용렬함을 잘 아는 지혜가 뛰어남을 얻으며,

⑯ 남들의 마음을 아는 지혜의 뛰어남을 얻으며,

⑰ 별자리를 잘 관찰하는 뛰어남을 얻으며,

⑱ 천이통의 뛰어남·과거의 생을 생각 따라 잘 아는 지혜의 뛰어남·신비한 경계를 잘 아는 지혜의 뛰어남·생사를 잘 아는 지혜의 뛰어남·누진통을 잘 아는 지혜의 뛰어남을 얻으며,

⑲ 설법할 곳인가 곳이 아닌가를 잘 아는 지혜의 뛰어남을 얻으며,

⑳ 왕래하는 위의와 하는 일이 뛰어남을 얻음이다.

이를 20가지의 뛰어난 공덕을 얻음이라고 말한다."

대반야경·방광경·광찬반야경은 대체로 이와 같다.

'第三修觀儀式'이란 그 경문의 명칭을 밝힌 것이다. '대방광불화엄경 입법계품에 비로자나 법신의 字輪瑜伽를 단번에 증득하는 의궤'이다.

이에 대한 해석은 다음과 같다.

단번에 一乘에 들어가 비로자나여래의 법신관을 닦고자 한 자는 먼저 보현보살의 미묘한 行願을 일으켜야 하고, 다음으로 身口意 삼업[三密]으로 몸과 마음을 지니면 문수사리의 대지혜 바다에 들어갈 수 있다.

그러나 수행자는 가장 먼저 아무도 없는 고즈넉한 곳에서 생각을 거두어들이고 마음을 안정하면서 눈을 감고 몸을 단정히 하며, 가부좌로 앉아서 마음을 그지없는 세계에 널리 반연하면서 삼세의 일체 여래를 자세히 살펴보고 하나하나의 부처와 보살의 앞에 은근한 마음으로 공경하면서 절을 올리고 주위를 맴돌며,

또한 가지가지 수많은 공양거리로 일체 성자 대중에게 받들어 올리고, 이처럼 광대한 공양을 마친 뒤에 다시 자신의 마음을 관조하면서 마음이 본래 일어나지 않으면 저절로 성취되어 광명이 두루 비춤이 허공과 같을 것이다.

또한 깊이 가엾이 여기는 생각을 일으켜 중생을 불쌍히 여기되 자신의 마음이 세계의 여러 길에 윤회하는 줄조차 깨닫지 못하

고, 나는 마땅히 널리 교화하고 제도하여 남김없이 모든 이를 깨우쳐줄 것이라고 한다.

또한 나의 마음, 중생의 마음, 제불의 마음이 본래 차이가 없이 평등한 한 모습으로 큰 보리의 마음을 성취하고, 해맑고 청정하며, 툭 트이고 두루 하며, 원명하고 조촐하여, 큰 달의 바퀴를 성취함이 허공의 양과 같아서 끝이 없다.

또한 큰 달의 바퀴에 우측으로 범어 42자를 돌려 펼쳐놓으면 모두 황금빛에 큰 광명이 쏟아져 나와 시방을 모두 비춰주어 분명하게 나타나고, 하나하나의 광명 가운데 한량없는 세계를 갖추고, 하나하나의 세계 가운데 한량없는 제불이 있고, 하나하나의 제불 가운데 한량없는 보살 대중이 앞뒤로 둘러싸고 보리도량에 앉아 등정각을 성취하여, 지혜는 삼세에 들어가고 몸은 시방세계에 두루 하여 큰 법륜을 굴리면서 중생을 제도하여 모두 無住涅槃을 증득케 한다.

또한 반야바라밀 42자 법문에 들어가 일체의 법이 모두 얻을 바 없음을 알고, 법계가 모두 평등하여 차이가 없고 차별이 없음을 알아야 한다.

瑜伽의 수행자가 이 旋陀羅尼 觀行으로 상응하면 곧바로 비로자나여래의 지혜 몸[智身]을 증득하여 모든 법의 가운데 장애가 없을 것이다.】

經

善男子야 我唱如是字母時에 此四十二般若波羅蜜門으로 爲首하야 入無量無數般若波羅蜜門이로라

선남자여, 내가 이런 자모를 부를 때에 이 42반야바라밀 법문을 으뜸으로 삼아 한량없고 수없는 반야바라밀 법문에 들어갔다.

◉ 疏 ◉

結云四十二門者는 謂表四十二位故니라 故智論中에 諸位圓融하야 明初阿 具後諸字니라

결론에서 '42반야바라밀 법문'이라 말한 것은 42지위를 나타내기 때문이다. 이 때문에 지도론 가운데 모든 지위가 원융하여, 첫 '阿'자에 뒤의 41글자를 갖추고 있음을 밝혔다.

第四謙推

4. 몸을 낮추면서 선지식의 훌륭함을 추켜올리다

經

善男子야 我唯知此善知衆藝菩薩解脫이어니와
如諸菩薩摩訶薩은
能於一切世出世間善巧之法에 以智通達하야 到於彼岸하야 殊方異藝를 咸綜無遺하며

文字算數에 蘊其深解하며

醫方呪術로 善療衆病호되 有諸衆生이 鬼魅所持와 怨憎呪詛와 惡星變怪와 死屍奔逐과 癲癎羸瘦의 種種諸疾을 咸能救之하야 使得痊愈하며

又善別知金玉珠貝와 珊瑚瑠璃와 摩尼硨磲와 雞薩羅 等의 一切寶藏出生之處와 品類不同과 價値多少하며

村營鄕邑과 大小都城과 宮殿苑園과 巖泉藪澤의 凡是 一切人衆所居를 菩薩이 咸能隨方攝護하며

又善觀察天文地理와 人相吉凶과 鳥獸音聲과 雲霞氣候와 年穀豊儉과 國土安危하야 如是世間所有技藝를 莫不該練하야 盡其源本하며

又能分別出世之法하야 正名辨義하며 觀察體相하야 隨順修行하며 智入其中하야 無疑無礙하며 無愚暗無頑鈍하며 無憂惱無沈沒하며 無不現證하나니 而我云何能知能說彼功德行이리오

　선남자여, 나는 오직 모든 기예를 잘 아는 보살의 해탈을 알 뿐이지만,

　저 보살마하살은 일체 세간과 출세간의 교묘한 법을 지혜로 통달하여 피안에 이르러, 다른 지방의 다른 기예를 모두 종합하여 남김이 없으며,

　문자와 산수에 그 심오한 이해를 간직하고 있으며,

　의학과 주술로 여러 가지 질병을 잘 치료하되, 어떤 중생이 귀

신이 들리거나 원수에게 저주당하거나 나쁜 별의 변괴를 입거나 송장에게 쫓기거나, 간질, 수척 따위의 가지가지 질병에 걸린 것을 모두 구원하여 회복시켜 주며,

또한 금, 옥, 진주, 보패, 산호, 유리, 마니, 차거, 계살라 등의 일체 보배가 생산되는 곳, 각기 다른 종류의 감별, 가격의 높낮이를 잘 분별하여 알며,

마을이나 병영이나 고을이나 성읍, 크고 작은 도성, 궁전, 동산, 바위, 시냇물, 숲, 늪 등 사람이 살 수 있는 곳을 보살이 모두 지방을 따라 거두어 보호하며,

또한 천문, 지리, 사람의 길흉의 상, 새와 짐승의 음성, 구름과 안개의 기후, 흉년과 풍년의 시절, 평안한 국토와 위태로운 국토를 잘 관찰하여, 이처럼 세간에 있는 모든 기예를 모두 잘 알아 그 근원까지 통달하며,

또한 출세간의 법을 분별하여 명분을 바로잡고 이치를 논변하며, 체상을 관찰하고 따라 수행하며, 지혜로 그 가운데 들어가 의심도 없고 걸림도 없으며, 어리석음도 없고 사나움도 없으며, 고뇌도 없고 침울함도 없으며, 현재 증득하지 못함이 없다.

내가 그런 공덕의 행을 어떻게 알며, 어떻게 말할 수 있겠는가.

● 疏 ●

謙推中에 推勝은 卽就其所知衆藝하야 寄勝推之할세 不捨世俗하고 皆與實相으로 不相違背하야 會同般若之門이라

겸손하면서 추켜올린 부분에서 선지식의 훌륭함을 추켜올림은 그가 알고 있는 많은 기예의 측면을 선지식의 훌륭함에 붙여 추대한 것이다. 세속을 버리지 않고 모두 實相과 서로 어긋나지 않아 반야의 법문에서 함께 만난 것이다.

第五 指後

5. 뒤의 선지식을 소개하다

經

善男子야 此摩竭提國에 有一聚落하고 彼中有城하니 名婆呾那며 有優婆夷하니 號曰賢勝이니
汝詣彼問호되 菩薩이 云何學菩薩行이며 修菩薩道리잇고 하라

선남자여, 마갈제국에 한 마을이 있고, 그곳에 성이 있는데, 그 이름을 '바달나성'이라 하며, 그 성에 우바이가 있는데, 그 이름을 '현승'이라 한다.

그대는 그를 찾아가 '보살이 어떻게 보살의 행을 배우며, 보살의 도를 닦는가.'를 묻도록 하라."

● 疏 ●

婆呾那는 此云增益이니 以無盡三昧로 能出生故니라 友名賢勝者

는 賢猶直善이니 無依道場이 直善之最故니라

바달나는 중국에서는 '增益'의 뜻이다. 그지없는 삼매로 내어주기 때문이다. 선지식의 이름을 '賢勝'이라 말한 것은 '賢'이란 정직한 선과 같다. 의지함이 없는 도량이 정직한 선의 으뜸이기 때문이다.

經

時에 善財童子 頭面敬禮知藝之足하며 遶無數匝하고 戀仰辭去하니라

그때, 선재동자는 선지중예동자의 발에 엎드려 절하고 수없이 돌고 우러러 사모하면서 하직하고 떠나갔다.

◉ 論 ◉

徧友云此有童子하니 名善知衆藝니 學菩薩字智者는 明徧友는 是師오 童子는 是學者라 依敎立名이니 卽如此方孔丘門人顔回之流라 善財致敬하야 申請所求에 童子衆藝 云我得菩薩解脫호니 名善知衆藝라

我恒唱持此之字母로니

唱阿字時에 此云無也니 入般若波羅密門하니 名菩薩威力入無差別境界는 明達一切法空門이 是菩薩威力이니 斷一切障하고 入無功智하야 徧法界衆生界故오

唱多字時에 入般若波羅密門하니 名無邊差別門은 是明一切諸

有是差別智며 是普賢行이니 徧知一切三界六道衆生中法則行解와 及所宜應化라
如是總有四十二般若波羅密門為首하야 名為字母하야 入無量無數般若波羅密門이니 如文自明하니라

변우동자사가 "여기에 동자가 있는데, 그 이름을 '선지중예'라 한다. 보살의 문자 지혜를 배운다."고 말한 데에서 변우는 스승이고, 동자는 제자임을 밝혔다. 이는 가르침에 따라 그 이름을 붙인 것이다. 이는 중국의 공자 문인인 顏回와 같은 부류이다.

선재동자가 공경을 다하여 구하는 바를 말하자, 선지중예동자가 "나는 보살의 해탈을 얻었는데, 그 이름을 선지중예라 한다. 나는 항상 이 자모를 부른다."고 말하였다.

'阿' 자를 부를 때의 '阿'는 중국에서는 '無'의 뜻이다.

"반야바라밀 법문에 들어가니, 그 이름을 '보살의 위력으로 차별이 없는 경계에 들어간다.'고 한다."는 것은 일체 법이 空의 법문임을 아는 것이 바로 보살의 위력임을 밝힌 것이다. 일체 장애를 끊고 하릴없는 지혜에 들어가 법계와 중생계에 두루 원만하기 때문이다.

"多 자를 부를 때, 반야바라밀 법문에 들어가니, 그 이름을 '그지없이 각기 다른 법문'이라고 말한다."는 것은 일체의 모든 有가 바로 차별의 지혜이고 보현행임을 밝힌 것이다. 일체 삼계의 6도 중생 가운데 법칙의 行解와 반드시 중생에게 맞춰 교화할 바를 두루 아는 것이다.

이처럼 총체로 42반야바라밀을 첫머리로 삼아 그 이름을 자

모라 하고, 이를 통해 한량없고 헤아릴 수 없는 반야바라밀 법문에 들어가는 것이다. 경문에서 말한 바와 같이 그 나름 분명하다.

第四 賢勝優婆夷 幻智無依善友
제4. 현승우바이, 환지무의 선지식

經

向聚落城하야 至賢勝所하야 禮足圍遶하며 合掌恭敬하고 於一面立하야 白言호되
聖者여 我已先發阿耨多羅三藐三菩提心호니 而未知菩薩이 云何學菩薩行이며 云何修菩薩道리잇고 我聞聖者는 善能誘誨라하니 願爲我說하소서

선재동자가 마을의 바달나성을 향하여 현승우바이의 도량에 이르러 발에 절하고 두루 돌고 합장하고 공경하면서 한쪽 곁에 서서 여쭈었다.

"거룩하신 이여, 저는 이미 아뇩다라삼먁삼보리심을 내었습니다.

그러나 보살이 어떻게 보살의 행을 배우며, 보살의 도를 닦는지 모르겠습니다.

제가 듣자오니 거룩하신 이께서 잘 가르쳐주신다 하니, 저를 위하여 말해주십시오."

● 疏 ●

初二는 可知니라

처음 2단락[依敎趣求, 見敬諮問]은 말하지 않아도 알 수 있다.

經

賢勝이 答言하사대 善男子야 我得菩薩解脫호니 名無依處道場이라 旣自開解하고 復爲人說하며 又得無盡三昧호니

非彼三昧法이 有盡無盡이니

以能出生一切智性眼無盡故며

又能出生一切智性耳無盡故며

又能出生一切智性鼻無盡故며

又能出生一切智性舌無盡故며

又能出生一切智性身無盡故며

又能出生一切智性意無盡故며

又能出生一切智性功德波濤無盡故며

又能出生一切智性智慧光明無盡故며

又能出生一切智性速疾神通無盡故니라

현승우바이가 대답하였다.

"선남자여, 나는 보살의 해탈을 얻었는데, 그 이름을 '의지처가 없는 도량'이라 한다. 이미 스스로 깨우쳐 알았고, 또 남들을 위해 이를 일러주었으며, 또한 그지없는 삼매를 얻었다.

그 삼매의 법은 다함이 있기도 하고, 다함이 없기도 한 것이 아니다.

일체 지혜 자성의 눈을 내어줌이 그지없기 때문이며,

또한 일체 지혜 자성의 귀를 내어줌이 그지없기 때문이며,

또한 일체 지혜 자성의 코를 내어줌이 그지없기 때문이며,

또한 일체 지혜 자성의 혀를 내어줌이 그지없기 때문이며,

또한 일체 지혜 자성의 몸을 내어줌이 그지없기 때문이며,

또한 일체 지혜 자성의 뜻을 내어줌이 그지없기 때문이며,

또한 일체 지혜 자성의 공덕 물결을 내어줌이 그지없기 때문이며,

또한 일체 지혜 자성의 지혜 광명을 내어줌이 그지없기 때문이며,

또한 일체 지혜 자성의 빠른 신통을 내어줌이 그지없기 때문이다.

● 疏 ●

三 授己法門 中二니 初는 得解脫이오 後는 得三昧니라 今初는 直就經文하야 內外無依 卽是道場이라 賢首云 梵名 那阿賴耶曼茶羅니 那者는 此云無也며 不也오 阿賴耶는 云依處也며 依止也오 曼茶羅는 云道場也며 圓場也라하니 謂無阿賴耶 染分依處오 而有淨分圓場하야 出生勝德이 不可窮盡이니 卽轉依究竟하야 顯德無盡故也니라

下二句는 卽二利之用이라 後得三昧에 先은 名이오 後'非彼'下는 用이니 卽爲釋名이라 於中에 初는 揀濫이오 後'以能'下는 顯是니 謂體則雙超盡及無盡이로되 但從用出生하야 說無盡耳라 然則二門相成이니 無依道場은 卽空如來藏이오 無盡三昧는 卽是不空이니 要心無依하야 契於本空이라야 方見不空이라 具性功德일세 故云出生智性眼等이오 息妄顯出일세 故日出生이오 出非本無일세 猶稱智性이라

3. 자기의 법계를 전수한 부분은 2단락이다.

(1) 해탈을 얻음이며,

(2) 삼매를 얻음이다.

'(1) 해탈'은 경문으로 말하면 안팎에 의지함이 없는 것이 도량이다. 현수 스님이 말하였다.

"범어 '那阿賴耶曼茶羅'의 那는 중국에서는 없다[無]는 뜻이다. 無는 아니다[不]를 말한다. 아뢰야는 의지처, 또는 의지이며, 만다라는 도량, 또는 원만 도량이라 한다."

이는 아뢰야의 오염된 의지처가 없고 청정 부분의 원만 도량이 있어 뛰어난 공덕을 내어줌이 다함이 없다. 轉依가 최고 경계에 이르러 공덕이 그지없음을 밝힌 때문이다.

아래 2구는 자리이타의 작용이다.

'(2) 삼매를 얻은' 부분의 앞은 명칭이고, 뒤의 '非彼' 이하는 작용이다. 이는 명칭의 해석이다.

'명칭의 해석' 부분 가운데 첫째는 잘못된 것을 가려냄이며, '以能' 이하는 옳은 것을 밝힘이다. 본체는 다함이 있는 것과 다함이

없는 것을 모두 초월했으나, 다만 작용에서 그지없이 나옴을 말하였다.

이로 보면, 2가지 법문이 서로 이뤄진 것이다. 의지가 없는 도량은 空如來藏이고, 그지없는 삼매는 不空如來藏이다. 요컨대 마음이 의지가 없어 본래 공한 데에 계합해야 비로소 불공여래장을 볼 수 있다.

본성의 공덕을 갖추고 있기에 '일체 지혜 자성의 안근' 등을 내어주고, 망념이 사라진 자리에서 나타난 것이기에 '내어줌[出生]'이라고 말하고, 내어준다는 것은 본래의 無가 아니기에 오히려 '지혜 자성[智性]'이라 말하였다.

經

善男子야 我唯知此無依處道場解脫이어니와
如諸菩薩摩訶薩의 一切無着功德行은 而我云何盡能知說이리오
善男子야 南方에 有城하니 名爲沃田이오 彼有長者하니 名堅固解脫이니
汝可往問호되 菩薩이 云何學菩薩行이며 修菩薩道리잇고 하라
爾時에 善財 禮賢勝足하며 遶無數匝하며 戀慕瞻仰하고 辭退南行하니라

선남자여, 나는 오직 이 의지처가 없는 도량의 해탈을 알 뿐이

지만,

저 보살마하살의 일체 집착이 없는 공덕의 행을 내가 어떻게 모두 알고 말할 수 있겠는가.

선남자여, 남쪽에 한 성이 있는데, 그 이름을 '옥전성'이라 하고, 그곳에 장자가 있는데, 그 이름을 '견고해탈장자'라 한다.

그대는 그를 찾아가 '보살이 어떻게 보살의 행을 배우며, 보살의 도를 닦는가.'를 묻도록 하라."

그때, 선재동자는 현승의 발에 절하고 수없이 돌고 우러러 사모하면서 하직하고 남쪽으로 떠났다.

◉ 疏 ◉

指後云沃田者는 是南天竺이니 近水沃潤故니 顯無念定水能滋長故니라 長者名堅固解脫者는 無著淸淨하야 惑不能壞 卽解脫故니라

뒤의 선지식을 가리키면서 沃田이라 말한 성은 남천축에 있다. 강물 가까이에 있어 비옥한 곳이기 때문이다. 생각이 없는 선정의 물이 길러줌을 밝힌 때문이다.

장자의 이름을 '견고해탈'이라 말한 것은 집착이 없는 청정을 미혹이 무너뜨리지 못함이 바로 해탈이기 때문이다.

◉ 論 ◉

賢勝優婆夷者는 明世醫方衆術과 世及出世를 莫不總明하며 安

物養生에 無法不了하야 以居塵俗하야 方便利生에 或作博說世筮하야 玄占未達하고 或作良醫善藥하야 救世不安하며 辨寶物以定眞僞하고 刊名言而釋文義하며 奇才異智를 莫不普明하고 鬼魅衆邪를 皆能制伏하며 含普賢之智海하고 等文殊之法身하며 佛果處躬에 化靈萬有하야 無方不至하고 無刹不周하며 無行不行하고 無生不濟니 爲慈悲故로 現作女身이오 智無不明을 號爲賢勝이니 主禪波羅密門이니라

城名婆呾那者는 此云喜增益이니 此는 以德立名이니 以多饒益人에 多增喜事라

雞薩羅寶는 此寶 爲師子旋毛라

得無依處道場者는 法無依處에 身亦無依하야 徧萬行故며 行無體故니 居南印度니라

　　현승우바이는 세간의 의약 처방, 많은 기예, 세간과 출세간의 일들을 모두 밝게 알지 못한 게 없으며, 중생을 편안케 하고 길러주는 모든 법을 잘 알지 못한 바가 없다. 따라서 세속에 거처하면서 방편으로 중생에게 이익을 줌에 혹은 세간의 시초점을 자세히 말해주어 알지 못한 일을 미리 알려주고, 혹은 훌륭한 의사와 좋은 약으로 세간 사람의 불안을 구원하며, 보물을 가려내어 진짜와 가짜를 판정하고, 명언을 간행하여 경문의 뜻을 해석하며, 기특한 재주와 남다른 지혜가 널리 밝지 않음이 없고, 귀신과 온갖 삿된 것을 모두 다스리고, 보현의 지혜 바다를 포함하고, 문수의 법신과 같으며, 佛果를 몸에 지녀서 만유를 변화하여 신령스럽게 함으로

써 어느 곳이든 이르지 못한 데가 없고, 세계마다 두루 하지 않음이 없으며, 행마다 행하지 않음이 없고, 중생마다 제도하지 않음이 없음을 밝힌 것이다.

자비 때문에 여자의 몸을 나타내기도 하고, 지혜가 밝지 않음이 없어 賢勝이라 부른다. 선정바라밀을 주로 한다.

성의 이름을 '바달나'라 말한 것은 중국에서는 '기쁨을 더해주는 이익[喜增益]'이라는 뜻이다. 이는 공덕에 따라서 명칭을 세운 것으로서 사람들에게 많은 이익을 주어 기쁜 일을 더한 것이다.

雞薩羅寶는 이 보배가 사자의 곱슬곱슬한 소용돌이 모양의 털과 같은 데서 붙여진 이름이다.

'의지처가 없는 도량을 얻었다.'는 것은 법이 의지하는 곳이 없음에 따라서 몸 또한 의지함이 없어 모든 행에 두루 원만하기 때문이며, 행에 자체가 없기 때문이다. 남인도에 거주하였다.

第五 堅固長者 幻智無著善友
제5. 견고장자, 환지무착 선지식

經

到於彼城하야 詣長者所하야 禮足圍遶하며 合掌恭敬하고 於一面立하야 白言호되
聖者여 我已先發阿耨多羅三藐三菩提心호니 而未知

菩薩이 云何學菩薩行이며 云何修菩薩道리잇고 我聞聖
者는 善能誘誨라하니 願爲我說하소서
長者 答言하사대 善男子야 我得菩薩解脫호니 名無着念
淸淨莊嚴이니 我自得是解脫已來로 於十方佛所에 勤求
正法하야 無有休息호라
善男子야 我唯知此無着念淸淨莊嚴解脫이어니와 如諸
菩薩摩訶薩은 獲無所畏大師子吼하야 安住廣大福智
之聚하나니 而我云何能知能說彼功德行이리오
善男子야 卽此城中에 有一長者하니 名爲妙月이오 其長
者宅에 常有光明하니
汝詣彼問호되 菩薩이 云何學菩薩行이며 修菩薩道리잇고
하라
時에 善財童子 禮堅固足하며 遶無數匝하고 辭退而去하
니라

　옥전성에 이르러 견고장자의 도량에 나아가 발에 절하고 두루 돌고 합장하고 공경하면서 한쪽 곁에 서서 여쭈었다.

　"거룩하신 이여, 저는 이미 아뇩다라삼먁삼보리심을 내었습니다.

　하지만 보살이 어떻게 보살의 행을 배우며, 어떻게 보살의 도를 닦는지 모르겠습니다.

　제가 듣자오니 거룩하신 이께서 잘 가르쳐주신다 하니, 바라건대 저를 위하여 말해주십시오."

견고장자가 대답하였다.

"선남자여, 나는 보살의 해탈을 얻었는데, 그 이름을 '집착의 생각이 없는 청정한 장엄'이라 말한다. 나는 이런 해탈을 얻은 후로부터 시방 부처님의 도량에서 부지런히 바른 법을 구하면서 멈추지 않았다.

선남자여, 나는 오직 이 집착의 생각이 없는 청정한 장엄 해탈만을 알 뿐이지만, 저 보살마하살은 두려운 바 없는 대사자후를 얻어 광대한 복덕과 지혜의 무더기에 안주하고 있다.

내가 그런 공덕의 행을 어떻게 알며, 어떻게 말할 수 있겠는가.

선남자여, 이 성중에 한 장자가 있는데, 그 이름을 '묘월'이라 한다. 그 장자의 집에는 항상 광명이 빛나고 있다.

그대는 그를 찾아가 '보살이 어떻게 보살의 행을 배우며, 보살의 도를 닦는가.'를 묻도록 하라."

그때, 선재동자는 견고장자의 발에 절하고 수없이 돌고서 하직하고 떠나갔다.

● 疏 ●

示法門中에 先은 顯名이오 無著은 約境이니 離所知故며 無念은 約心이니 心體離念일새 故無煩惱오 二障永盡을 是日淸淨이니 淨則能嚴法身이라 後 '我自得'下는 彰用이니 旣二障不生이면 則無愛見일새 故無求求法이나 無厭無休니라【鈔_ '第五堅固長者 無念約心'者는 卽以無字兩用이니 若無著念三字連釋이면 則無著은 約止

로되 而不礙念念明記니 卽止觀雙行也라 亦離二障이면 則以智斷而嚴法身이니 三德備矣니라】

보여준 법문 부분에서 앞은 명칭을 밝혔다.

집착이 없다는 것은 경계로 말하니, 소지장에서 벗어났기 때문이며,

망념이 없다는 것은 마음으로 말하니, 마음의 본체가 망념을 여읜 까닭에 번뇌가 없으며,

영원히 소지장과 번뇌장이 다함을 청정이라 말하니, 청정하면 법신을 장엄할 수 있다.

뒤의 '我自得' 이하는 작용을 밝혔다.

이미 소지장과 번뇌장이 없으면 愛見이 없기에 구함이 없는 마음으로 법을 구하나 싫어함이 없고 멈춤이 없다.【초_ 제5. 견고 장자의 "망념이 없다는 것은 마음으로 말한다."는 것은 無 자를 2가지로 사용하였다. 만일 '無著念[집착과 망념이 없음]' 3글자를 연이어 해석하면 이의 無著은 止로 말한 것이나 생각마다 분명히 기억하는 데에 걸림이 없다. 이는 止·觀을 모두 갖추고 있다. 또한 소지장과 번뇌장을 여의면 이는 곧 지혜의 결단으로써 법신을 장엄하니 3가지 공덕을 두루 갖추었다.】

● 論 ●

南方에 有城하니 名爲沃田者는 以約此善友의 以智德澤資也니 人多善增德厚일세 以立其名故라

長者名堅固解脫者는 明求法無懈니 如下自言이라
爾時善財 詣彼致敬하야 申請所求에 長者 云我得無著淸淨念
莊嚴은 明第六般若 無相智慧로 莊嚴諸法하야 卽於一切法에 念
自無著也니라

　　남방에 옥전성이 있다는 것은 이 선지식의 지혜와 공덕으로 윤택한 바탕임을 들어 말한다. 그 사람에게 선업이 더하고 공덕의 두터움이 많기에 그 이름을 붙인 것이다.
　　장자의 이름을 '견고해탈'이라 말함은 법을 구하는 데 게으름이 없음을 밝힌 것으로, 아래에서 스스로 말한 바와 같다.
　　"그때, 선재동자가 견고장자에게 찾아가 공경을 다하여 구하는 바를 말하자, 장자가 '나는 집착의 생각이 없는 청정한 장엄을 얻었다.'고 답하였다."는 것은 제6 반야의 無相智慧로 모든 법을 장엄하여 일체 법에 스스로 집착의 생각이 없음을 밝힌 것이다.

第六 妙月長者 幻智智光善友
　　제6. 묘월장자, 환지지광 선지식

經
向妙月所하야 禮足圍遶하며 合掌恭敬하고 於一面立하야
白言호되 聖者여 我已先發阿耨多羅三藐三菩提心호니
而未知菩薩이 云何學菩薩行이며 云何修菩薩道리잇고

我聞聖者는 善能誘誨라하니 願爲我說하소서

妙月이 答言하사대 善男子야 我得菩薩解脫호니 名淨智光明이니라

善男子야 我唯知此智光解脫이어니와 如諸菩薩摩訶薩은 證得無量解脫法門하나니 而我云何能知能說彼功德行이리오

善男子야 於此南方에 有城하니 名出生이오 彼有長者하니 名無勝軍이니

汝詣彼問호되 菩薩이 云何學菩薩行이며 修菩薩道리잇고 하라

是時에 善財 禮妙月足하며 遶無數匝하고 戀仰辭去하니라

묘월장자의 도량을 찾아가 발에 절하고 두루 돌고 합장하고 공경하면서 한쪽 곁에 서서 여쭈었다.

"거룩하신 이여, 저는 이미 아뇩다라삼먁삼보리심을 내었습니다.

하지만 보살이 어떻게 보살의 행을 배우며, 어떻게 보살의 도를 닦는지 모르겠습니다.

제가 듣자오니 거룩하신 이께서 잘 가르쳐주신다 하니, 바라건대 저를 위하여 말해주십시오."

묘월장자가 대답하였다.

"선남자여, 나는 보살의 해탈을 얻었는데, 그 이름을 '청정한 지혜 광명'이라 한다.

선남자여, 나는 오직 이 지혜 광명의 해탈만을 알 뿐이지만, 저 보살마하살은 한량없는 해탈의 법문을 증득하였다.

내가 그런 공덕의 행을 어떻게 알며, 어떻게 말할 수 있겠는가. 선남자여, 이 남쪽에 성이 있는데, 그 이름을 '출생성'이라 하고, 그 성중에 장자가 있는데, 그 이름을 '무승군장자'라 한다.

그대는 그를 찾아가 '보살이 어떻게 보살의 행을 배우며, 보살의 도를 닦는가.'를 묻도록 하라."

그때, 선재동자는 묘월장자의 발에 절하고 수없이 돌고 우러러 사모하면서 하직하고 떠나갔다.

● 疏 ●

眞智廓妄이 名爲淨智오 後智照法이 名爲智光이니 能淨能光이 若秋空滿月일새 故名妙月이라

진실한 지혜로 망념을 말끔히 떨쳐버림을 '청정한 지혜'라 말하고, 후득지로 법을 관조함을 '지혜 광명'이라 말한다. 청정한 지혜와 지혜 광명이 가을 하늘의 보름달과 같기에 그 이름을 묘월이라 한다.

● 論 ●

此城中에 有一長者하니 名妙月者는 明此中長者 會第六無相智慧門하야 以方便波羅密로 爲一體故니 明十地已前에 第六地三空無相智慧門은 是出世間解脫이오 十地已後에 十一地中三空

寂滅智慧門은 是處世間成第七方便波羅密하야 與大慈悲로 一
體無二하야 以從大慈悲母하야 智幻所生인 此最後地라
十住十地中엔 七八二位 相融이어니와 此十一地中엔 六七兩位 和
融一體니 須知升進形勢 如是니라
善財 往詣하야 致敬頂禮하고 申請所求에 妙月長者 云我唯知此
淨智光明解脫者는 是妙月長者는 約德立名이오 慈悲智光은 是
破惑義라 以破世間衆生惑故로 因慈悲利生破惑立名이니 此明
三空慈悲淨智 總一體用圓滿故니라

　이 성중에 묘월장자가 있다는 것은 이 장자는 제6 무상지혜 법문을 회통하여 방편바라밀과 일체가 되었음을 밝힌 것이다.

　십지 이전에 제6지의 三空無相智慧 법문은 출세간의 해탈이며,

　십지 이후에 11지의 三空寂滅智慧 법문은 세간에 거처하면서 제7 방편바라밀을 성취하여 대자비와 일체로서 둘이 없다. 대자비의 어머니로부터 智幻을 낳아준 최후의 지위임을 밝힌 것이다.

　십주와 십지에서는 제7, 제8의 2지위가 서로 원융하게 통하지만, 이 11지에서는 제6, 제7의 2지위가 융화하여 일체이다. 반드시 위로 닦아나가는 형세가 이와 같음을 알아야 한다.

　선재동자가 찾아가 공경을 다하여 이마를 땅에 대어 예배를 드리면서 구하는 바를 말하자, 묘월장자가 "나는 오직 이 청정한 지혜 광명의 해탈만을 알 뿐이다."고 말한 것은 묘월장자란 장자의 공덕을 들어 그 이름을 내세운 것이며, 자비의 지혜 광명은 미혹을 타파한다는 뜻이다.

세간 중생의 미혹을 타파한 까닭에 자비로 중생을 이롭게 하면서 미혹을 타파함에 따라서 그 이름을 붙였다. 이는 삼공[人空, 法空, 俱空], 자비, 청정한 지혜가 모두 하나의 체용으로 원만함을 밝힌 때문이다.

第七 無勝軍長者 幻智無盡相善友
　제7. 무승군장자, 환지무진상 선지식

經
漸向彼城하야 至長者所하야 禮足圍遶하며 合掌恭敬하고 於一面立하야 白言호되
聖者여 我已先發阿耨多羅三藐三菩提心호니 而未知菩薩이 云何學菩薩行이며 云何修菩薩道리잇고 我聞聖者는 善能誘誨라하니 願爲我說하소서
長者 答言하사대 善男子야 我得菩薩解脫호니 名無盡相이니 我以證此菩薩解脫하야 見無量佛하고 得無盡藏호라
善男子야 我唯知此無盡相解脫이어니와
如諸菩薩摩訶薩은 得無限智와 無礙辯才하나니
而我云何能知能說彼功德行이리오
善男子야 於此城南에 有一聚落하니 名之爲法이오 彼聚落中에 有婆羅門하니 名最寂靜이니

汝詣彼問호되 菩薩이 云何學菩薩行이며 修菩薩道리잇고 하라
時에 善財童子 禮無勝軍足하며 遶無數匝하고 戀仰辭去하니라

점차 출생성에 나아가 무승군장자의 도량에 이르러 그의 발에 절하고 두루 돌고 합장하고 공경하면서 한쪽 곁에 서서 여쭈었다.

"거룩하신 이여, 저는 이미 아뇩다라삼먁삼보리심을 내었습니다.

하지만 보살이 어떻게 보살의 행을 배우며, 어떻게 보살의 도를 닦는지 모르겠습니다.

제가 듣자오니 거룩하신 이께서 잘 가르쳐주신다 하니, 바라건대 저를 위하여 말해주십시오."

무승군장자가 대답하였다.

"선남자여, 나는 보살의 해탈을 얻었는데, 그 이름을 '그지없는 형상'이라 한다.

나는 이런 보살의 해탈을 증득하여 한량없는 부처님을 뵈옵고 그지없는 법장을 얻었다.

선남자여, 나는 오직 그지없는 형상의 해탈만을 알 뿐이지만, 저 보살마하살은 한량없는 지혜와 걸림 없는 변재를 얻었다.

내가 그런 공덕의 행을 어떻게 알며, 어떻게 말할 수 있겠는가.

선남자여, 이 성 남쪽에 한 마을이 있는데, 그 이름을 '법'이라 하고,

그 마을에 바라문이 있는데, 그 이름을 '최적정바라문'이라 한다.

그대는 그를 찾아가 '보살이 어떻게 보살의 행을 배우며, 보살의 도를 닦는가.'를 묻도록 하라."

그때, 선재동자는 무승군장자의 발에 절하고 수없이 돌고 우러러 사모하면서 하직하고 떠났다.

⦿ 疏 ⦿

法門之名은 卽所成德相이 無窮盡故니라
'我以證'下는 以用釋名이니 得無盡藏은 謂聞諸妙法하고 又諸心境이 無非佛法故니 若佛若法이 皆無有盡이라 旣見佛得法無盡일새 故無能勝이오 衆德所聚일새 從喩如軍이오 亦能普勝諸魔軍故니라 皆從體出 故로 城名出生이라

그 법문의 명칭을 붙이는 것은 장자가 성취한 바의 공덕 모양이 다함이 없기 때문이다.

'我以證' 이하는 작용으로 명칭을 해석하였다.

"그지없는 법장을 얻었다."는 것은 미묘한 모든 법을 들었고, 또한 마음의 모든 경계가 부처와 법이 아님이 없기 때문이다. 부처와 법이 모두 다함이 없다.

이미 부처님을 친견하고서 법의 그지없음을 얻었기에 그 누구도 그를 이길 수 없고, 수많은 공덕이 쌓여 있기에 비유를 들어 '군사[軍]'와 같다 하였으며, 또한 모든 마군을 모두 이기기 때문이다.

모두 본체에서 나온 까닭에 성의 명칭을 '出生'이라 하였다.

◉ 論 ◉

南方者는 依初釋이오 有城名出生者는 表第八願波羅密이 出生
諸法과 及衆行故오
長者名無勝軍者는 表勝一切無明憍慢生死邪見惡賊魔軍故라
善財 往詣禮敬하고 申請所求에 長者 答云我得菩薩解脫호니 名
無盡相者는 明一切心境이 總如來相일새 於一毛處에 念念出生
無盡諸相이니 無念理中에 智幻所生이어니 何有盡相이리오

　남방이란 처음의 해석을 따른 것이며,

　성의 이름을 출생이라 말한 것은 제8 서원바라밀이 모든 법과 모든 행을 낳아줌을 밝힌 때문이며,

　장자의 이름을 무승군이라 말함은 일체의 무명, 교만, 생사, 삿된 견해, 흉악한 적의 마군을 이김을 나타낸 때문이다.

　선재동자가 찾아가 공경히 절을 올리면서 구하는 바를 청하자, 장자가 "나는 보살의 해탈을 얻었는데, 그 이름을 '그지없는 형상'이라 한다."고 대답한 것은 일체의 마음 경계가 모두 여래의 모양이기 때문에 한 터럭이 작은 곳일지라도 한 생각의 찰나마다 그지없는 모든 모양을 낳아줌을 밝혔다. 망념이 없는 진리 속에서 智幻으로 낳은 것인데, 어찌 끝이 있는 모양이 있겠는가.

第八 最寂靜婆羅門 幻智誠願語善友
　제8. 최적정바라문, 환지성원어 선지식

漸次南行하야 詣彼聚落하야 見最寂靜하고 禮足圍遶하며 合掌恭敬하고 於一面立하야 白言호되

聖者여 我已先發阿耨多羅三藐三菩提心호니 而未知菩薩이 云何學菩薩行이며 云何修菩薩道리잇고 我聞聖者는 善能誘誨라하니 願爲我說하소서

婆羅門이 答言하사대 善男子야 我得菩薩解脫호니 名誠願語니 過去現在未來菩薩이 以是語故로 乃至於阿耨多羅三藐三菩提에 無有退轉하야 無已退하며 無現退하며 無當退니라

善男子야 我以住於誠願語故로 隨意所作하야 莫不成滿호라

　　차츰차츰 남쪽으로 내려가다가 법이라는 마을에 이르러 최적정바라문을 보고서 발에 절하고 두루 돌고 합장하고 공경하면서 한쪽 곁에 서서 여쭈었다.

　　"거룩하신 이여, 저는 이미 아뇩다라삼먁삼보리심을 내었습니다.

　　하지만 보살이 어떻게 보살의 행을 배우며, 어떻게 보살의 도를 닦는지 모르겠습니다.

　　제가 듣자오니 거룩하신 이께서 잘 가르쳐주신다 하니, 바라건대 저를 위하여 말해주십시오."

　　바라문이 대답하였다.

"선남자여, 나는 보살의 해탈을 얻었는데, 그 이름을 '진실한 서원의 말'이라 한다.

과거·현재·미래 보살들이 이 말을 인하여, 내지 아뇩다라삼먁삼보리에 물러서지 않는다. 이미 물러선 이도 없고, 현재 물러서는 이도 없고, 장차 물러설 이도 없다.

선남자여, 나는 '진실한 서원의 말'에 안주한 까닭에 마음대로 하는 일들이 원만하게 성취되지 않음이 없다.

◉ 疏 ◉

授法中에 先은 標名이니 有二義故니 一은 始終無妄故니 如從初發心으로 立弘誓言하야 必如言行하야 不乖先語故오 二者는 隨行不虛故니 如忍辱仙人이 言我不瞋에 令身還復니라
後'過去'下는 以用釋名이니 旣如次釋前二義라 虛誑言 息일새 故云寂靜이니 寂靜이 卽爲淨行이라 言行은 君子之樞機니 苟能誠實이면 斯則可法이라 故城名 爲法이니라【鈔_ 第八最寂靜은 卽'如次釋前二義'者는 先은 釋始終無妄이오 後'善男子我以住是'下는 釋隨行不虛니 心行稱言이라 故所作成滿하야 通二利滿이라
'虛誑言息'下는 以法釋名이니
於中에 初는 釋最寂靜이오
次寂靜이 卽爲淨行은 釋婆羅門이오
後'言行君子之樞機'下는 釋其城名이라
然此一句는 卽周易繫辭니

'子曰 君子 居其室하야 出其言이 善이면 則千里之外 應之하나니 況其邇者乎아 居其室하야 出其言이 不善이면 則千里之外 違之하나니 況其邇者乎아 言 出乎身하야 加乎民하고 行 發乎邇하야 見乎遠하나니 言行은 君子之樞機라(樞機는 制動之主라) 樞機之發이 榮辱之主니 言行은 君子之所以動天地也니 可不愼乎아 雖爲外典이나 意與斯合이라 但所行 內外異耳라】

법을 전수한 부분에서 앞은 명칭을 밝혔다. 여기에는 2가지 뜻이 있기 때문이다.

(1) 처음부터 끝까지 허망함이 없기 때문이다. 처음 발심으로부터 큰 서원을 세워 말하면 반드시 말한 것처럼 행하여 앞서 말한 바와 어긋나지 않기 때문이다.

(2) 행을 따라 헛되지 않기 때문이다. 저 인욕선인이 "나는 성내지 않는다."고 말하고서 그 자신을 반드시 그 말대로 실천하도록 하였다.

뒤의 '過去' 이하는 작용으로 명칭을 해석하였다. 차례와 같이 앞의 2가지 뜻을 해석하였다. 헛되거나 속이는 말이 없기에 고요하다. 고요함이 곧 청정한 행이다. 언행이란 군자의 길흉이 달려 있는 중요한 부분이다. 진실로 성실하면 남들이 본받는 까닭에 성의 명칭을 '法'이라 하였다.【초_ 제8. 最寂靜에서 "차례와 같이 앞의 2가지 뜻을 해석하였다."는 것은 앞에서는 처음부터 끝까지 허망함이 없음을 해석하였고, 뒤의 '善男子我以住是' 이하는 행을 따라 헛되지 않음을 해석하였다. 마음의 행이 말한 것과 부합한 까닭에 하는 일들이 원만 성취되어 자리와 이타의 원만에 모두 통한다.

'虛誑言息' 이하는 법으로 명칭을 해석하였다.

그 가운데 첫째는 最寂靜을 해석하였고,

다음, 고요함이 곧 청정한 행이라 함은 바라문을 해석하였으며,

뒤의 '言行君子之樞機' 이하는 성의 명칭을 해석하였다. 그러나 이 구절은 주역 계사에서 인용된 문장이다.

공자가 말하였다.

"군자가 방 안에 거처하면서 그 하는 말이 선하면 천리 밖에서도 응해 오는데, 하물며 가까이 있는 이들이야. 방 안에 거처하면서 그 하는 말이 선하지 못하면 천리 밖에서도 떠나가는 법인데, 하물며 가까이 있는 이들이야.

말이란 나의 몸에서 나와 백성에게 더해지고, 행실은 가까운 나의 몸에서 나와 멀리 있는 이들에게 나타난다.

말과 행실이란 군자의 '문지도리와 쇠뇌의 발사 장치'와 같다. (樞機는 제동을 거는 주체이다.) 문지도리와 쇠뇌의 발사 장치는 발동에 따라 영화와 오욕이 달라지는 주체이다.

말과 행실이란 군자가 이를 통하여 천지를 감동시키는 것이니, 이를 삼가지 않을 수 있겠는가."

이 구절은 비록 불교 이외의 경전이지만 그 뜻은 이와 부합된다. 다만 행하는 바에 안팎의 차이가 있다.】

善男子야 我唯知此誠語解脫이어니와
如諸菩薩摩訶薩은 與誠願語로 行止無違하야 言必以誠하야 未曾虛妄하야 無量功德이 因之出生하나니 而我云何能知能說이리오
善男子야 於此南方에 有城하니 名妙意華門이오 彼有童子하니 名曰德生이며 復有童女하니 名爲有德이니
汝詣彼問호되 菩薩이 云何學菩薩行이며 修菩薩道리잇고 하라

　선남자여, 나는 오직 이 '진실한 서원의 말'의 해탈만을 알 뿐이지만, 저 보살마하살은 진실한 서원의 말과 행함이 어긋나지 않으며, 말은 반드시 진실하여 허망하지 않아, 한량없는 공덕이 여기에서 나오고 있다.

　내가 그런 공덕의 행을 어떻게 알며, 어떻게 말할 수 있겠는가.

　선남자여, 이 남쪽에 성이 있는데, 그 이름을 '묘의화문'이라 하고,

　그곳에 동자가 있는데, 그 이름을 '덕생'이라 하고, 어린 아가씨가 있는데, 그 이름을 '有德'이라 한다.

　그대는 그를 찾아가 '보살이 어떻게 보살의 행을 배우며, 보살의 도를 닦는가.'를 묻도록 하라."

● 疏 ●

指後云'妙意華門'者는 妙意華者는 卽蘇滿那華니 其城門側에 有之故니라 亦在南天하니 當受其訓하야 得求友之妙意와 勝因之華故니라 童子는 表於淨智니 智則萬德由生이오 童女는 表於淨悲니 悲爲衆德之本이라 以悲智相導일새 故二人同會니 會緣之終에 此二滿故며 將見慈氏하야 紹佛位故니라【鈔_ '會緣之終 此二滿'者는 卽悲智滿이라 言'將見慈氏紹佛位'者는 慈氏悲滿이오 佛位智滿耳라】

뒤의 선지식을 가리키면서 '묘의화문'이라 말한 '妙意華'는 소만나화이다. 그 성문 곁에 있기 때문이다. 또한 남쪽 지방에 있는 꽃이다. 마땅히 그 뜻을 받아 선지식을 찾는 미묘한 뜻과 뛰어난 인연의 꽃을 얻었기 때문이다.

동자는 청정 지혜를 상징한다. 지혜는 모든 공덕이 나오는 유래처이다. 어린 아가씨는 청정 大悲를 상징한다. 대비는 모든 공덕의 근본이기 때문이다.

이처럼 大悲와 大智는 서로 이끌어주는 것이기에 두 사람이 함께 모인 것이다. 만남의 인연 끝부분에서 이 두 사람을 말한 것은 지혜와 자비가 원만하기 때문이며, 장차 미륵을 친견하고서 부처의 지위를 계승하기 위한 때문이다.【초_ "만남의 인연 끝부분에서 지혜와 자비가 원만함"이란 지혜와 자비의 원만이다.

"장차 미륵을 친견하고서 부처의 지위를 계승한다."는 것은 미륵은 大悲의 원만이고, 부처의 지위는 大智의 원만이다.】

時에 善財童子 於法尊重하야 禮婆羅門足하며 遶無數匝하고 戀仰而去하니라

그때, 선재동자는 법을 존중히 여기면서 최적정바라문의 발에 절하고 수없이 돌고서 우러러 사모하면서 떠나갔다.

● 論 ●

此城南에 有一聚落하니 名爲法者는 衆人所居를 名之聚落이오 以無體性을 名之爲法이오 取其寂靜을 名之中有婆羅門이라
名最寂靜者는 處之及名이 總皆寂靜이니 表力波羅密이 隨俗不俗하야 衆會不諠이 名爲力用自在라
善財 往詣하야 致敬頂禮하고 申請所求에 云我得菩薩解脫호니 名誠願語者는 誠是實也니 明所願이 依言誠實하야 無虛妄言이라
此是信士의 語從心願일세 所言이 依眞하야 而無虛誑하야 語言體眞也니 所願이 皆眞故로 名句文及聲과 言辭及所說이 一切皆性眞故라 此爲解脫이며 此是法師位니 表法界爲聚落에 一切言說이 自眞하야 人法이 悉皆如然이니 表言不虛也니라

성의 남쪽에 하나의 취락이 있는데, 그 이름을 '법'이라 한 것은 많은 사람이 거처하는 곳을 취락이라 말하고, 체성이 없는 것을 '법'이라 말하며, 그 寂靜을 취함을 中有바라문이라 말한다.

最寂靜이라 말함은 처소와 명칭이 모두 고요하여, 역바라밀이 세속을 따르면서도 속되지 않아서, 대중법회가 시끄럽지 않음을

力用自在라 함을 나타낸 것이다.

선재동자가 찾아가 공경을 다하여 이마를 땅에 대어 예배를 드리면서 구하는 바를 청하자, "나는 보살의 해탈을 얻었는데, 그 이름을 '진실한 서원의 말[誠願語]'이라 한다."고 말한 것은 誠이란 진실이다. 원하는 바가 말의 진실에 의하여 허망한 말이 없음을 밝힌 것이다.

이는 信士의 언어가 마음의 서원을 따르므로 말하는 바가 진실에 의해 허망하거나 속임이 없어서 언어의 자체가 진실함이다. 서원하는 바가 모두 진실이기에 명칭, 구절, 문장, 음성, 언어, 말한 바가 일체 모두 자성이 진실하기 때문이다.

이를 해탈이라 하고, 이를 법사의 지위라 한다. 법계로 마음을 삼아, 일체의 언설 자체가 진실하여 사람과 법이 모두 그와 같이 진실함을 밝힌 것으로, 말이 헛되지 않음을 나타낸 것이다.

입법계품 제39-15 入法界品 第三十九之十五
화엄경소론찬요 제112권 華嚴經疏論纂要 卷第一百之十二

화엄경소론찬요 ㉕
華嚴經疏論纂要

2025년 2월 11일 초판 1쇄 발행

편저자 혜거
발행인 박상근(至弘) • 편집인 류지호 • 편집이사 양동민
편집 김재호, 양민호, 김소영, 최호승, 정유리 • 디자인 쿠담디자인
제작 김명환 • 마케팅 김대현, 이선호, 류지수 • 관리 윤정안
콘텐츠국 유권준, 김대우, 김희준
펴낸 곳 불광출판사 (03169) 서울시 종로구 사직로10길 17 인왕빌딩 301호
　　　　대표전화 02) 420-3200 편집부 02) 420-3300 팩시밀리 02) 420-3400
　　　　출판등록 제300-2009-130호(1979. 10. 10.)

ISBN 979-11-7261-128-6 04220
ISBN 978-89-7479-318-0 04220(세트)

값 35,000원

잘못된 책은 구입하신 서점에서 바꾸어 드립니다.
독자의 의견을 기다립니다. www.bulkwang.co.kr
불광출판사는 (주)불광미디어의 단행본 브랜드입니다.